U0573561

# 第七届全国文献编目工作研讨会

# 论文集

《第七届全国文献编目工作研讨会论文集》 编委会◎编

中国广播影视出版社

**图书在版编目（ＣＩＰ）数据**

第七届全国文献编目工作研讨会论文集 /《第七届
全国文献编目工作研讨会论文集》编委会编 . -- 北京：
中国广播影视出版社 , 2024.6. -- ISBN 978-7-5043
-9239-8

Ⅰ. G254.3-53

中国国家版本馆 CIP 数据核字第 2024CK5420 号

第七届全国文献编目工作研讨会论文集
《第七届全国文献编目工作研讨会论文集》编委会　编

责任编辑　王　波
责任校对　张　哲
装帧设计　中北传媒

出版发行　中国广播影视出版社
电　　话　010-86093580　010-86093583
社　　址　北京市西城区真武庙二条 9 号
邮政编码　100045
网　　址　www.crtp.com.cn
电子邮箱　crtp8@sina.com

经　　销　全国各地新华书店
印　　刷　三河市龙大印装有限公司

开　　本　787 毫米 × 1092 毫米　　　1/16
字　　数　434（千）字
印　　张　26
版　　次　2024 年 9 月第 1 版　　2024 年 9 月第 1 次印刷

书　　号　ISBN 978-7-5043-9239-8
定　　价　99.00 元

**主办**

中国图书馆学会学术研究委员会

**承办**

国家图书馆出版社

**会议总协调人**

王　洋

**论文评审（按姓氏拼音排序）**

曹树金　贺　燕　纪陆恩　司　莉　杨　慧　喻爽爽

**论文编辑**

协调人：刘华梅

编　辑：白　鸽　韩佳芮　王天琪　朱云秦

**会务**

赵　悦　袁乐乐　张　静

## 优秀论文

# 交流论文

# 优秀论文

# 基于场景交互的意象转换系统对元宇宙图书馆搭建与使用效果分析

黄雅麟[①]

**摘　要：** 随着信息社会的深入发展，传统图书馆的时空限制无法满足借阅者的需求，远程用户无法进行即时借阅与浏览，现存的数字图书馆大多是以检索获取的方式进行设计，不能为用户提供借阅体验。本文研究在元宇宙概念的启发下，对图书馆进行虚拟映射构建，并从意象转换、系统搭建和路径寻优等方面进行设计。测试结果显示，意象转换系统能根据人体的视觉特点进行优化，路径寻优的生成效果能满足借阅体验。98.2%的满意率显示构建的元宇宙图书馆能满足志愿者的借阅体验，这说明该方案行之有效。

**关键词：** 元宇宙；意象转换；图书馆；场景交互

## 1　引言

科技发展为人们的生活带来了便利，随着算力系统的量级提升，物联网与人工智能应运而生，发达的网络技术为工作与生活拓宽了空间。元宇宙作为全息技术和交互系统的结合概念正逐步崛起，与物联网相比增加了多感官交互的可能性。元宇宙的本质是将现实世界的内容进行映射，以此创造出虚拟世界。在这一过程中，全息技术将作为现实与虚拟交互的通道。尽管元宇宙相关技术仍待开发，但部分内容已投入使用，例如，构建存储人类知识的元宇宙图书馆。与传统的网络图书馆相比，元宇宙图书馆是先将图书内容数字化，再根据人们的感官世界进行具象化。

---

① 黄雅麟，湖南省少年儿童图书馆馆员。

目前国内外学者对元宇宙图书馆进行了研究，按照问题领域大致分为技术升级和应用优化。许可等学者认为元宇宙作为新型理念，其多重风险不可忽略；他们还研究了元宇宙在图书馆的应用方案，就未来发展而言，场景塑造、认知引导、文化安全等元素是元宇宙图书馆的发展方向[1]。储节旺等学者从元宇宙视域对知识生态系统进行研究，对知识本身存在的环境和资源进行多维度探讨，促进探究元宇宙知识生态系统运行机理的认知情况；他们还从哲学范式进行审视，认为虚拟的知识生态系统的内涵与外延都产生了变化，多源异构的知识主体能通过映射行为将领域拓展，这种场域性的分析对元宇宙图书馆的搭建和技术采纳具有启发性意义[2]。梁洁纯等学者从空间建设来分析元宇宙相关技术对图书馆的变革影响，他们认为"第三空间"的属性应包含社交与展示属性，并且要具备自由、平等、个性化和多样化等特点。在技术尚不成熟的情况下，人本意识还无法达到要求，应当将这些空间属性作为技术发展的推进方向，最后提出了两种元宇宙图书馆建设方案[3]。学者们在元宇宙交互技术方面也进行了相关研究，彭影彤研究团队在现实映射的过程中加入机器人作为中介，以此产生的现实用户、机器人与虚拟数字人将形成交互格局，这种机制能极大地利用现存技术构建机器人假身和虚拟化身。此外，他们所构建的格局还能通过交互程度和定义模式的尺度把控，重现人类社会的不同场景，这种事件映射方式能控制现实世界的主观规则[4]。王效岳等学者对图书馆的元宇宙现实增强系统进行研究，他们认为尽管元宇宙处于探索阶段，但现实增强系统已经较为成熟，因此将现有的现实增强技术进行升级，以顺应元宇宙图书馆的发展特征[5]。

元宇宙的概念界定和技术应用仍在探索阶段，在现有认知水平和技术支持下，本文将探索图书馆的元宇宙构建路径，通过上述现实增强技术进行意象转换，并对图书馆借阅场景进行构建，为元宇宙的多元映射提供参考。

## 2　基于虚拟现实的交互型元宇宙图书馆构建

### 2.1　基于虚拟现实的场景交互

元宇宙注重虚拟与现实的映射，交互环节存在于现实事物的虚拟化和使用者的互动，基于这种特点将选取虚拟现实（Virtual Reality，以下简写为 VR）作为连接技术。

VR 在游戏行业较为常见，开发者为了营造更加强烈的沉浸感，不断优化和升级该技术。在元宇宙的视域下，VR 的交互性、构想性以及技术本身具备的沉浸感符合感官互动的需求。研究构建的元宇宙图书馆将通过 VR 技术创造虚拟环境，让借阅者产生身临其境的感官体验。图书馆的场景交互性将通过数据设备与传感器进行真人控制，而流动的数据将作为虚拟环境的映射实体，这种方式与传统的全息技术相比更具双向特征。VR 的另一特征是空间的构想性，元宇宙图书馆的数据内涵包括固定与构想两类，物联网的理念是将客观实体进行数据化，这部分内容将以固定类虚拟现实存在，例如场馆服务台、书架等设施[6-8]。图书馆的构想类数据将通过 VR 进行创设，例如图书馆的藏书形式、知识展现形式等，部分知识的图像化或具象化将成为元宇宙图书馆建设的创新点，这能促进人们改变对知识本身的认知，而非书本。

基于上述需求，元宇宙的交互场景将采用 3dMax 对图书馆的硬件进行三维建模。该技术的配置需求不高，且开发成熟，同时对插件的兼容性使该工具具有良好的扩展性。虚拟导航系统将选取 Unity 作为开发工具，该开发工具也较为成熟，且开发机制简单，并能兼容三种脚本[9-10]。交互场景将选择 HTC Vive 作为中介技术，其原理是将影像进行棱镜反射，再通过视网膜成像造成视神经错觉。目前的头戴式显示器拥有超高的双眼分辨率，视觉效果接近真实，同时数据延迟也会提升交互体验感，能让用户动作实时响应。研究将采用三模块设备作为交互装置，其中显示器制造视觉体验，手持控制器进行交互，定位器进行位置校正。总体技术路径如图 1 所示。

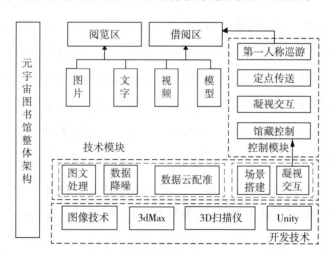

**图 1　基于交互体验的元宇宙图书馆技术框架**

图 1 的结构框架在正式使用前将对图书馆进行三维建模，建模内容主要包括图书馆本身具备的物理场域（如书架、服务台布置）、固定声音建模与常规动态行为建模，这部分内容也是元宇宙图书馆长期维护的固定模块。用户的交互体验将直接施加在三维模型建构的结果上，因此对模型精度、环境效率和实时展示效果要求较高。框架中的视觉显示技术的优劣直接决定用户体验，因此将采取基于双眼的立体显示。考虑到交互场景的眼动场景为凝视，存在 4—6cm 的距离差，因此双眼成像的内容有所区别。双眼的差距能使观测物体更加具象与立体，基于这种原理，研究将在 VR 系统中加入立体显示。空间定位是框架中另一内容，它决定了第一人称巡游、定点传送和凝视交互等方面的体验。研究的定位器是 HTC Vive 的传感器，其原理是 Valve 的灯塔定位，即在所处空间的对角线安置基站，内部的水平与垂直扫描模块将实现激光定位。研究的定位传感器将设置多个红外与激光接收器，定位将从第 1 个接收信号开始计时，第 2、第 3 个信号开始进行横、纵向计时，最后一个信号将进行重置。整个过程是通过时间差计算相对位置，而多个接收点将确定用户的具体状态，这种定位原理的合理布置使算力需求较小，且无须图像采集，这符合交互场景的延迟需求。最后一个内容是三维模型之间的接触距离，例如，在架书籍从书架到用户手上将通过书与架的碰撞到书与手的碰撞，这类碰撞检测会辅助图像技术为用户提供真实的虚拟体验。

## 2.2 元宇宙图书馆的系统开发与实现

在整体系统框架下将进行图书馆的系统开发与实现，该过程包括模型创建和管理模块的优化。基于图书馆馆藏内容，所有模型构建分为固定数据和操作数据，前者是利用已有数据直接加入模型，后者需要进行扫描等传感操作进行实时搭建。最上层的模型是图书馆建筑结构与外观，这部分数据可以利用工程建设时的数据作为固定数据直接上传，而个性化布置则需要进行扫描，扫描过程将以手持或无人机搭载 Magic Wand 的形式进行。该设备扫描速率高、分辨率高，体积与负重也符合搭载环境。Magic Wand 采集器的操作面板包括设备控制、状态操作、采集操作和数据处理等模块，光线补充将以插件的形式作为补充，同时扫描时产生的多余数据将进行裁剪或重扫，以保证图书馆模型的沉浸感[11-12]。若在反复扫描与修剪后，数据仍存在问题，此时将采用点云库的滤波进行处理，以消除数据密度不规则、离散与高噪声。传统滤波包括统计滤波和半径滤波，其中统计滤波是根据信息区的高斯分布情况计算聚类均值，在允许区以外的点将被过滤；半径滤波是用来删除边缘点的方式，运行逻辑如图 2 所示。

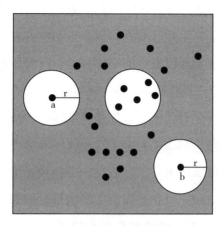

**图 2　半径滤波运行逻辑**

如图 2 的半径滤波掩饰中，若阈值为 1，则不满足条件的 a 点将被过滤；若阈值为 2，则 a、b 点均被过滤。研究的离群点主要经扫描测量产生，因此将先进行统计滤波，再根据图像数据情况进行半径滤波。三维数据中存在单面数据满足需求，但多组数据进行坐标匹配时产生偏差的情况，此时将对三维数据进行精确配准，研究将采用优化的最小二乘法配准方式，该算法也称 ICP。该算法的运行路径是寻找测试数据和参考数据间的旋转、平移参数，此时假设待匹配点分别为 $X$、$Y$，若从 $Y$ 中寻找距离 $X$ 中 $x_i$ 最近的点 $y_i$，并以 $x_i$ 和 $y_i$ 作为对应点计算变换矩阵，误差将按式（1）进行输出。

$$E(R,t) = \frac{1}{n} \sum_{i=1}^{n} \left\| y_i - \left( Rx_i + t \right) \right\|^2 \qquad \text{式（1）}$$

式（1）中的 $R$ 为旋转变换矩阵，$t$ 为平移变换矩阵，$n$ 为邻近点个数。ICP 将进行迭代计算，直至误差达到最小值。算法运行开始时将进行采样，获取 $X$、$Y$，并计算二者的初始关系，随后按照上述计算方案剔除误差点，再按初次关系计算平移、旋转变换矩阵并输出新的对应点集合，再按式（2）计算新的对应点与 $y_i$ 的距离。

$$distance = \frac{1}{n} \sum_{i=1}^{n} \left\| x_i' - y_i \right\|^2 \qquad \text{式（2）}$$

式（2）中的 $x_i'$ 是新的对应点，此时的距离若大于阈值将进行再计算，直到满足条件。系统设计中还将增加路径巡游功能，以满足借阅者在元宇宙图书馆的寻找体验。从运行逻辑来看，借阅者在服务台查询到图书位置后将进行导航，此时的导航系统可通过生成目的地碰撞区或范围的方式进行，但这种方式会消耗用户大量时间。研究的优化路径是在目的区域内生成无碰撞边界作为节点，这种类似游戏存档点的触发机制将提高巡游效率。导航算法将选取 Unity 中的 Astar 算法，该算法先将地形网格化，再对物体类型进行障碍分类。算法运行前期将对地形与物件进行定义，其中宽阔地形定义为不可行区域，书架、桌椅等设置为障碍物；运行时将添加虚拟人物进行导航，并判断目的地为何种图书类型，最后通过脚本生成可行路径。

最后将对整个系统进行全局优化。首先是降低用户的操作难度，主要的功能搭建放在前期建设，而互动模块则以 VR 为主。其余软件设置将以现实情况预构建，省略静态选择。其次是保证元宇宙图书馆的开放性，以路径寻优为主，将根据优先权重生成可行域，而非最佳路径，用户可在延展的空间内自行选取到达路径。最后将对图书馆的部分内容进行图像化还原，例如书籍原本的封面装帧，以避免千篇一律的数字阅读。

## 3 基于场景交互的元宇宙图书馆使用效果分析

上述研究通过 VR 技术进行了意象转换，将现实内容通过预搭建的方式构建，再根据图书馆的使用情况进行了系统搭建。研究将测试元宇宙图书馆的转换结果和使用效果。意象转换系统主要是将图书馆内实物进行虚拟化，这部分内容将作为固定设施进行前期布置，研究对书架进行实物转换，结果如图 3 所示。

（a）书架实物　　　　　　　　　　　（b）意象转换生成书架

**图 3　意象转换系统测试**

图 3 的意象转换结果是对实物（a）进行映射，再进行优化得到虚拟图（b），优化内容包括光影效果处理、书架结构美化以及藏书预制。其中背光侧的暗区进行了多次采集和降噪，生成结果符合光影对比；同时也对窗外过亮的自然光进行亮度柔化。意象转换系统生成的效果较好，图书馆的其他实物可根据该路径进行分别生成，而重复书架可根据该结果进行重复使用。

研究提出了一种路径巡航算法，为用户进行最优路径推荐。为验证该算法的路径寻优性能，研究将其与粒子群算法（PSO）和遗传算法（GA）的路径寻优效果进行对比。先设置一个包含 20 个坐标的图书馆路径寻优问题，分别利用本文提出的路径巡航算法、PSO 和 GA 来进行求解，求解的仿真结果如图 4 所示。可以看到，在图 4（a）、图 4（b）和图 4（c）中，坐标点位相同，但不同路径寻优算法下求解得到的最优路径有一定的差异。其中，GA 算法的寻优路径总长度最长，PSO 算法的寻优路径总长度与 GA 算法相比较短，但长于本文提出的路径巡航算法。

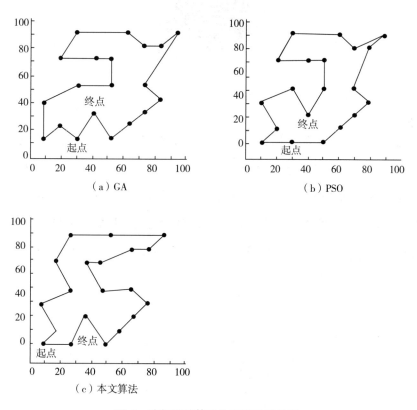

图 4　路径巡航算法的路径寻优效果

在巡游定义完成的前提下将进行路径规划，出发点和到达点的路径区域以及权重结果如图 5 所示。

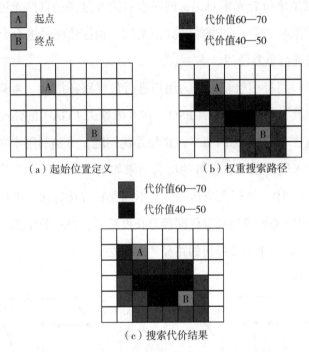

（a）起始位置定义　　　（b）权重搜索路径

（c）搜索代价结果

图 5　路径寻优搜索结果

图 5（a）为路径寻优的初始状态，即起点与终点设置。图 5（b）是 Astar 算法对虚拟环境的搜索，结果将以路径代价的形式展示，总代价由横、纵向代价进行相加。图 5（c）是最终生成结果，经过不可通行区域与障碍物的排除操作，生成结果将以空间区域的形式展示，借阅者可以在允许空间内进行巡游，以到达目的地。图 6 是场馆区域内巡游导航的最佳路径，该读者先到服务台查询图书，再前往政治、法律区域进行借阅。

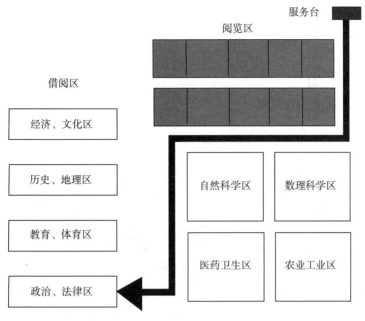

**图 6　虚拟查询借阅路径测试**

图 6 的路径规划中，读者从服务台出发到最远的法律区进行借阅，路径中障碍物是布置桌椅的阅览区以及其他在役书架。该路径经过三次转向，且每次转向都呈直角，因此这种路径规划能合理规划空间，且节省路径。以图 6 所示的图书馆路径规划问题为例，探讨研究提出的路径巡航算法、PSO 算法和 GA 算法在图 6 场景中的规划路径的距离，如图 7 所示。在图 7（a）中可以看到，本文提出的路径巡航算法在迭代至 61次时，路径长度不再发生变化，为 10.6m，这也是图 6 所示场景中的最佳路径长度。这说明研究提出的路径巡航算法能够较为高效、准确地找到最佳路径。而 PSO 算法在迭代 160 次后路径长度接近 10.6m，比本文提出的路径巡航算法迭代次数多 99 次。GA算法则在迭代 200 次后仍未达到最短路径。在图 7（b）中，找到最优路径时，本文提出的路径巡航算法需要耗时 17s；PSO 算法需要耗时 40s；GA 算法需要耗时 47s。上述结果可以表明，研究提出的路径巡航算法在图书馆路径规划中有着较好的作用，优于传统的路径规划算法。

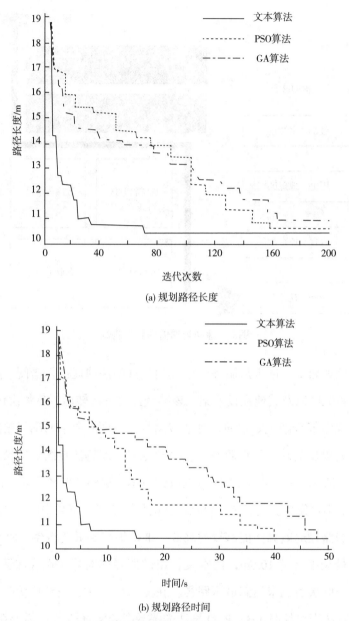

(a) 规划路径长度

(b) 规划路径时间

图7 三种算法的规划路径距离和时间

在系统测试完成后将进行用户体验测试,研究招募了30名志愿者参加体验。基于借阅需求将选取某高校五个学院、十个专业的学生作为志愿者,同时根据体验需求将排除色盲与视力 1.0 以下的学生。测试开始前先对志愿者进行适应性训练,该部分内容主要介绍元宇宙图书馆功能以及 VR 设备的使用情况和注意事项,并对设备进行实操。由于 VR 设备与现实存在差异,可能导致部分志愿者身体不适,志愿者将有权停止任何训练，并另行招募，直至达到预训练目标。实际体验过程将预先登记志愿者期望借阅的图书类型，再进行人机交互，研究将对志愿者体验情况进行 MOS 评分，对问卷进行信度分析，结果如表 1 所示。

表 1　志愿者体验信度分析

| 项目 | 内容 | CITC | $\alpha$ 系数（无项） | Cronbach $\alpha$ 系数 |
|---|---|---|---|---|
| 元宇宙图书馆整体观感 | 场景真实性 | 0.537 | 0.822 | 0.833 |
|  | 图书馆容量 | 0.771 | 0.776 |  |
|  | 内容设计 | 0.795 | 0.714 |  |
|  | 内容准度 | 0.662 | 0.801 |  |
| 元宇宙图书馆系统设计合理度 | 第一人称漫游 | 0.641 | 0.786 | 0.821 |
|  | 定点传导 | 0.687 | 0.724 |  |
|  | 凝视交互 | 0.551 | 0.744 |  |
|  | 展示控制 | 0.623 | 0.831 |  |
| 虚拟体验主观感受 | 设备舒适度 | 0.801 | 0.884 | 0.922 |
|  | 设备操作性 | 0.841 | 0.882 |  |
|  | 借阅体验 | 0.836 | 0.886 |  |

表 1 的信度分析中，每一类大项的信度系数均大于 0.8，说明数据质量可信。志愿者对各项内容的整体评价满意度如图 8 所示。

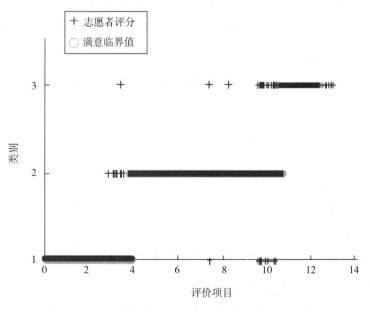

图 8　志愿者对元宇宙图书馆评价结果

图 8 的评价结果中，用户对研究搭建的图书馆进行三类评价，满意率达到 98.2%，这说明研究所搭建的元宇宙图书馆的意象转换系统、系统设置能够满足学生需求，在完成各专业学生借阅需求的同时还能通过优化巡游系统提升学生的体验感。

## 4 结语

随着视觉技术与算力的发展，虚拟现实的转换效率和质量得到了显著提高，再加上物联网等方向的引导，元宇宙概念走入大众视野。在元宇宙发展初期，仅能进行简单场景与项目的意象转换，作为知识储存的图书馆项目便是其中之一。为了更好地建立元宇宙图书馆，研究设计了一套基于 VR 的元宇宙交互框架，该框架分别从场景构建、交互设计和巡游系统进行搭建，以满足借阅者的各种体验。在实际构建时，先将建筑结构、藏书等固定内容进行预先导入，再通过 Unity3D 对书籍外观等实物进行扫描。为了对扫描所得数据进行优化，研究采取混合滤波的方式对多余与误差数据进行裁剪，同时采用 Astar 算法进行路径规划。结果测试先对构建内容进行实验，结果显示意象转换系统柔化处理了光影内容，而实物定义系统能将不可通行区域和障碍物进行精准定义，以增加巡游体验。路径寻优结果生成了不同前行代价的区域，为借阅者提供了可行域；实际路径测试生成了最优的借阅方案。最后对志愿者体验进行评价，结果显示持满意态度的志愿者为 98.2%，说明该方案能够满足借阅需求。由于元宇宙概念仍在探索，研究将在后续开发更加轻便的交互设备，以满足更多人群的借阅体验。

## 注释：

［1］许可、乔利利、赵星:《元宇宙的黑暗面及对图书馆应用的启示》，《图书馆杂志》2023 年第 1 期。

［2］储节旺、李佳轩、唐亮亮:《元宇宙视域下的知识生态系统探析——要素、机理与展望》，《情报科学》2023 年第 4 期。

［3］梁洁纯、许鑫:《临境图开：元宇宙视域下图书馆"第三空间"建设》，《图书馆论坛》2023 年第 2 期。

［4］彭影彤、高爽、尤可可等:《元宇宙人机融合形态与交互模型分析》,《西安交通大学学报（社会科学版）》2023 年第 2 期。

［5］王效岳、高旭、白如江:《面向元宇宙图书馆的增强现实系统设计研究》,《山东理工大学学报（社会科学版）》2022 年第 4 期。

［6］王铎、陶冰心、郑国梦:《基于期望与确认理论的 VR 图书馆服务用户持续使用行为影响因素研究》,《现代情报》2020 年第 8 期。

［7］丁家友、郭欣宜:《面向公共图书馆残障群体服务的 VR/AR 技术应用》,《图书馆论坛》2021 年第 10 期。

［8］秦菊:《VR 技术与数字媒体技术的结合及应用》,《电视技术》2022 年第 9 期。

［9］汪成哲:《基于 3DMax 及三维激光扫描的产品包装设计》,《激光杂志》2022 年第 1 期。

［10］Ross Laws, David H. Steel and Neil Rajan, "Research techniques made simple：Volume scanning electron microscopy," *Journal of Investigative Dermatology* 142, no.2(2022), pp. 265–271.

［11］Arūnas Gudinavičius and Greta Markelevičiūtė, "Using augmented reality in book publishing from a small language market perspective," *Publishing Research Quarterly* 36(2020), pp. 43–54.

［12］Jonathan P. Bowen and Tula Giannini "The digital future for museums," in *Museums and Digital Culture: New Perspectives and Research*, eds. Jonathan P. Bowen and Tula Giannini (Switzerland: Springer Nature, 2019), pp. 551–577.

# 网络环境下知识组织工具维护系统的开发
## ——以《中分表》Web 维护系统为例

刘华梅[①]

**摘　要：**对知识组织工具进行稳定持久的更新维护是保障其良好运行的重要前提。《中图法》和《中分表》作为我国图书情报界使用最广泛的知识组织工具，一直在《中图法》编委会的管理下进行持续稳定的维护更新。本文介绍的《中分表》Web 维护系统，实现了在网络环境下，编辑人员异地、协同完成分类法、主题词表、一体化词表的编制、修订、维护和管理工作，进而更好地促进《中分表》的推广、使用和发展。

**关键词：**《中图法》;《中分表》；知识组织工具；Web 维护系统

对知识组织工具进行稳定持久的更新维护是保障其良好运行的重要前提。《中图法》和《中分表》作为我国图书情报界使用最广泛的知识组织工具，一直在《中图法》编委会的管理下进行持续稳定的维护更新。随着知识组织工具电子化、网络化、语义化、关联化的发展，设计并开发出易用、适用、多方协作的更新维护系统是大势所趋。因此，我们设计开发了《中分表》Web 维护系统，即在网络环境下，实现编辑人员异地、协同完成分类法、主题词表、一体化词表的编制、修订、维护和管理工作，进而让更多的专业人士或有兴趣人士参与到词表的修订维护中，更好地促进《中分表》的推广、使用和发展。

---

① 刘华梅，国家图书馆副研究馆员。

## 1　系统总体设计

为便于功能划分和不同角色用户应用场景描述，《中分表》Web 维护系统从逻辑上分为编辑平台和发布平台两部分：编辑平台是供专业人员使用，对《中分表》进行编辑维护和管理的平台；发布平台是供普通浏览者使用，用户可查看词表并以评注形式参与修订，增加了系统的互动性和扩展性。

编辑平台的主要功能包括数据导入、词表浏览检索、数据校验编辑、评注管理、日志管理、数据统计导出等，编辑平台数据经过审核发布到发布平台。发布平台用户可以进行词表浏览检索，并以评注形式提出意见，进而反馈到编辑平台，供编辑平台用户参考和引用。这样，编辑平台和发布平台形成一个完整的闭环，共同实现对词表的维护和修订。

## 2　系统工作模式和实现功能

《中分表》Web 维护系统编辑平台以《中分表》为核心，支持其词表数据的协同编辑、远程维护和网络发布，包括两大功能模块：动态编辑维护模块和批式数据处理模块。动态编辑维护模块可满足类目、主题词等概念单元自动或半自动地增、删、改操作，支持概念间逻辑关系的自动校验和自动推理，支持概念间映射关系的创建编辑和动态建立，支持根据日志和评注等多种途径维护词表数据。批式数据处理模块实现对数据的批量操作，支持多标准格式数据、多来源词表数据的批量导入和批量导出，支持数据格式及逻辑关系的整体性校验，支持生成特定数据、处理临时数据、生成印刷排版数据、日志管理和评注管理等。

动态编辑维护模块和批式数据处理模块是相对独立的两个功能模块，共同完成分类表、主题表的维护管理任务，但二者又是紧密联系、不可分割的。下面分别介绍两个系统模块的工作模式和实现功能。

### 2.1 动态编辑维护模块

#### 2.1.1 操作权限控制机制

编辑平台作为一个词表编辑管理系统，需要对编辑用户和数据进行分层次、分等级、分权限的管理。本系统用户角色分为编辑者、审核者、浏览者、管理员。其中，编辑者和审核者是词表的主要编辑人员，还可以根据需要再分级；浏览者是发布平台的用户，只可登录发布平台；管理员审核和设定用户角色及操作权限，但管理员不可动态修改词表数据，只可操作批式数据处理模块。数据状态分为草稿、待审核、已初审、已终审。用户角色的操作权限和数据状态是对应的，低级用户不可以修改高级用户修改过的数据，同级用户之间可以互相修改。系统设定了新旧数据控制机制，可以设定低级用户不可修改旧数据，从而保证了数据的安全性。

#### 2.1.2 并发控制机制

作为网络环境下的词表维护系统，重点是实现多人异地同时操作，加上词表数据之间纵横交错的复杂关系，并发问题是必须解决的问题。系统规定多人同时编辑同一条数据 A 或 A 的相关数据时，第一个打开 A 的用户有 5 分钟编辑保存时间（即锁定 5 分钟）；后续用户打开同一条数据时，系统会提示"×××在编辑"；打开数据 A 的关联数据时，系统会提示"关联款目有人正在编辑，不能保存"，但都可以进入编辑页面，在锁定的 5 分钟内不可保存。当第一个用户退出后或 5 分钟自动解锁后，后续打开的用户采用"优先保存"原则。没有更改内容的直接保存，有更改内容则保存时提示"数据已被修改，是否刷新"，选择"是"则刷新到最新数据，需要重新修改保存。还有一种情况，数据 A 在打开编辑时，如果数据 B 要和数据 A 进行关联，也会提示要进行关联的数据正在被编辑，不能保存。有效的并发控制机制可以确保数据的一致性和准确性。

#### 2.1.3 词表数据编辑维护

词表数据编辑维护是整个系统的核心功能，用于对分类法、主题词表以及一体化词表进行编制和修订，适于单条记录的手工操作，编辑模式分为 MARC 格式和表单模式。MARC 格式适用于图书馆专业人士，表单模式适用于普通用户，系统自动进行两种格式的转换，无须人工干预。词表数据编辑维护模块主要实现以下功能：分类款目或主题款目单条记录的增加、删除、修改、移动、查找操作；分类概念之间关系、主题概念之间关系、分类和主题概念之间反向关系的自动获取和动态建立；数据格式和逻辑关系的自动校验和自动推理等。《中分表》作为一部分类主题一体化的词表，类目之间、主题词之间、类目和主题词之间都有着复杂的关系，我们制定了一套完整的校验规则。分类校验包括字段格式及有效性、重复性、类号合法性、类目级别正确性、类目注释正确性、主题词串对应性等；主题校验包括字段格式及有效性、重复性、主题词合法性、重复关系、盲关系、单项关系、合法关系、族关系、类号对应性等。完整的校验规则和自动推理、反向关系自动构建，确保了数据的准确性和稳定性。

### 2.1.4　日志操作机制

本系统日志处设计有两大亮点，不仅能记录每一步操作过程，自动标识修改类型，而且设计了从日志处恢复操作的功能，即通过查看数据操作日志，可以看到自己所有的操作过程，如果觉得修改有问题不想修改了，就可以利用恢复操作返回修改前的内容和状态。此过程也会受用户角色、操作权限及校验规则的控制，如果没有权限或校验不通过则不能恢复；如果有权限且校验通过则恢复，同时自动恢复关联修改的数据。

### 2.1.5　评注处理机制

普通用户不可以直接修改词表数据，但可以以评注的形式在发布平台参与词表修订。评注形式包括简单评注、复杂评注和新增评注三种类型。简单评注是以描述性语言说明需修改的内容，复杂评注和新增评注是以表单形式直接修改词表数据，但会以评注内容单独存储，不会直接修改数据。评注会反馈到编辑平台，编辑者再对评注进行处理，可参考简单评注中的有用信息修订词表。复杂评注和新增评注，经编辑者审核后认为可以采纳的，可以直接引用，校验通过后即对该条数据直接修改。

### 2.1.6　与外部数据的关联

系统支持与其他系统之间进行交互关联，目前支持从类目、主题词处直接跳转到百度检索该款目信息，还可跳转到关联数据显示该款目信息。

## 2.2　批式数据处理模块

### 2.2.1　数据导入

正式库、临时库的数据都由系统管理员批量导入。系统导入格式统一为 MARC 格式。系统为每次导入数据设定一个导入批号，方便用户查询到此批数据。数据导入时系统管理员可以选择是否打开校验，如果打开，则会对导入数据进行校验，校验通过，数据入库；校验数据存在问题，系统生成校验问题报告（标明哪条数据存在什么问题），是否入库根据导入方式而定。按照数据处理规则，数据导入方式分为重载导入、批量追加数据和批量替换数据三种。重载导入即先清空当前系统数据再重新导入，相当于对当前词表进行重置。批量追加数据即在原有数据的基础上，再导入一批新数据，分两种情况：一种是完整记录直接批追加，另一种是不完整记录批追加。批量替换数据即用新导入的数据替换系统里已有的数据，分为三种情况：第一种是完整记录完全替换，第二种是按字段替换记录部分内容，第三种是按字段追加记录部分内容。系统会根据数据与数据之间的关联关系，自动将新导入数据与系统原有数据建立双向关联关系；系统还会自动生成控制号、自动推理生成族关系、自动生成汉语拼音等。数据入库后，用户可对数据进行编辑和管理。

### 2.2.2　数据检索、统计及导出

系统管理员可以对数据进行批量检索、统计和导出。检索方式分为词表数据检索、指定项检索和字段自定义检索三种。词表数据检索，检索点包括类名、类号、类目注释、主题词、记录控制号、评注等。指定项检索，检索点包括数据状态、发布情况、数据类型、学科、类级、主题字顺等。字段自定义检索，即按字段自定义检索内容，如可以检索某字段含有的内容、可以按起止位置和长度检索特定字段等。此处支持组合检索，就是多个检索点的组合，组合条件可选择与、或、非，实现更为详细的查询。

系统支持对检索命中数据进行批量导出，导出格式包括 MARC、Excel、XML、SKOS、TXT，用户可根据需要选择。其中，导出 SKOS 格式，系统默认配置一个参数管理文件，用户可以自定义设置对应关系。系统还支持定制化导出，即用户可自定义导出字段命令，自行设置分类或主题的导出字段或不导出字段。

### 2.2.3 数据批校验

数据批校验功能与动态维护系统实时校验规则相同，包括分类和主题两大类，每一类下又分为不同小类，用户可根据需求检索特定数据，进行局部校验，数据校验有问题的会生成校验报告，供用户修订词表使用。批校验和动态维护校验相互协调运用，保证了词表数据的质量。

### 2.2.4 生成特定数据

此功能方便用户对数据进行批量操作，一方面辅助动态维护系统，实现对数据的补充和完善，如可批生成主题词汉语拼音、批生成族首词、批生成反向参照关系、批生成记录控制号等。另一方面，根据定制需求生成特定数据为他用，如批生成主题词串款目、轮排索引、生成 Web 版数据、生成浏览排版数据等。

### 2.2.5 临时库管理

临时库是辅助词表维护设置的临时数据处理场所，可以对数据进行预处理，在引入一批新数据建立分类或主题记录时，可以先导入临时库进行校验、编辑和处理，从而保证更规范的数据导入正式库。

### 2.2.6 系统管理

系统管理员负责系统整体的管理和维护，包括系统设置、用户管理、日志管理、评注管理、数据备份等。系统管理员负责审核用户、设置用户角色权限、设置款目显示信息，支持查询、删除或导出用户登录日志、数据检索日志、数据操作日志，支持查询、删除、引用、导入、备份评注信息，支持发布系统公告。系统管理员还负责将数据进行批发布，即将编辑平台数据同步到发布平台，供普通用户浏览。

## 3 结语

在系统开发研制过程中，我们尽量模拟《中分表》编制、修订的各个环节，兼顾编表、用表两方面需求，将类表、词表编制的规范和规则有机地融合进系统，这样，既可以充分发挥知识组织编制人员的知识优势，又可以充分利用计算机数据处理的强大能力[1]。

本系统设计合理，功能完备。首先，友好多样的编辑模式、严谨的逻辑校验规则，以及自动推理的机助动态构建方式，保证了词表维护系统的准确性、安全性、智能性和稳定性。其次，完整的用户角色权限控制机制和并发处理机制、多样化的用户参与方式，既实现了网络环境下多点协同的工作模式，又可以满足网络环境下社会用户参与词表修订的需求。最后，支持多种规范数据（MARC、SKOS、XML等）的兼容互换，支持生成各种定制数据等，为知识服务、数据服务奠定了实时更新数据的基础。

《中分表》是目前国内使用最广泛的、适合各种信息资源的、分类主题一体化的知识组织工具，研究以其为原型的Web维护系统，基本可以满足国内各种结构类型分类法、主题词表、规范文档等知识组织工具的构建和维护管理需求。因此，该系统可推广使用。

## 注释：

[1] 卜书庆:《知识组织系统构建与知识服务研究》，国家图书馆出版社，2014，第34—35页。

# 约翰·D. 拜拉姆编目思想及影响

宋文燕[①]

**摘　要：** 约翰·D. 拜拉姆是美国图书馆学与信息资源组织领域的知名专家，现代图书馆事业的杰出代表人物。他在图书馆技术服务、编目领域成绩斐然，曾主导或主持了多个影响深远的国际编目标准、信息模型开发等文件的编制修订项目，如 ISBD、FRBR、NACO 等。他研究领域广泛，在在线目录、网络搜索等领域也颇有建树。拜拉姆的思想对当今国际编目领域产生了深远的影响，推动了国际编目事业的新发展，为智慧图书馆建设提供了思想借鉴。

**关键词：** 约翰·D. 拜拉姆；编目思想；ISBD；FRBR；NACO

## 1　拜拉姆其人其事

约翰·D. 拜拉姆（John Donald Byrum）是现代图书馆事业的杰出代表人物，曾获得美国图书馆协会（American Library Association，以下简写为 ALA）埃斯特·J. 皮尔西荣誉奖（The Esther J. Piercy Award）（1975 年）[1]、玛格丽特·曼荣誉奖（The Margaret Mann Award）（1998 年）、麦尔威·杜威奖章（The Melvil Dewey Medal）（2006 年）等奖项。他在书目标准制定、书目控制、信息模型开发等领域洒下了辛勤的汗水，作出了卓越的贡献。

1940 年，拜拉姆出生于美国华盛顿韦纳奇。1962 年，他从哈佛学院毕业时获得了历史学学士学位。之后，拜拉姆在华盛顿大学和斯坦福大学进修研究生课程。1966 年，他从罗格斯大学图书馆服务研究生院毕业时获得了硕士学位。拜拉姆在图书馆领域的

---

① 宋文燕，国家图书馆副研究馆员。

第一个专业职位是西雅图华盛顿图书馆大学助理图书馆员。1967 年，他重返常春藤盟校，任职于普林斯顿大学图书馆编目部。1969 年，他被任命为该部门的首席编目员。

1976 年，拜拉姆离开普林斯顿大学图书馆，开始了他在美国国会图书馆（Library of Congress，以下简写为 LC）长达 30 年的辛勤耕耘。拜拉姆先后担任了许多与编目有关的要职，如描述性编目部和主题编目部负责人、地区和合作编目部主任、LC 门户应用程序问题小组主席等[2]。拜拉姆在 LC 努力工作，LC 也为他在国际书目控制等领域提供了良好的平台。作为多个编目部门的负责人，拜拉姆在建立和发展拥有近千个成员机构的国际项目——合作编目项目（Program for Cooperative Cataloging，以下简写为 PCC）中发挥了积极而且重要的作用，该项目的工作成果惠及所有的图书馆。此外，作为国际编目标准化的领军人物，拜拉姆参与和领导了许多国际编目项目，他在项目中的真知灼见推动了项目顺利发展。

拜拉姆积极参与图书馆社区工作，并且担任了许多要职，充分展现了他的领导和创新才能。如他在担任 ALA/RTSD 目录代码修订委员会主席、英美编目规则修订联合指导委员会代表期间[3]，指导了 AACR 的修订工作，研究 AACR 在研究型图书馆的应用情况，并从编目员中收集关于如何改进代码的建议等。参与此工作的同行认为，在多年的 AACR 调研期间的讨论和谈判过程中，正是这些讨论和谈判促进了英美编目规则第二版（AACR2）的制定和修改，"可以毫不含糊地说，没有约翰的工作，AACR2 可能永远不会实现"[4]。拜拉姆在 IFLA 活跃了 20 多年，曾是该组织编目部常务委员会的名誉成员、参考书目部常务委员会秘书以及 ISBD 评估组主席等[5]。作为 IFLA 书目记录功能需求（Functional Requirements for Bibliographic Records，以下简写为 FRBR）研究组的创始人和重要成员，拜拉姆及其同事们一起开发了 FRBR 模型。

拜拉姆是一位有影响力的"图书馆人"，他被美国图书馆员公认为是 ALA、RTSD、ALCTS 以及 IFLA 等组织权威的代言人。2006 年拜拉姆退休后，前往乔治梅森大学（George Mason University）旁听了许多课程，还在养老院和动物收容所担任志愿者。不幸的是，2018 年拜拉姆与世长辞。他的朋友及同事们称赞他是几十年来在国家和国际编目工作方面的领军人物，也是一位睿智而有价值的导师[6]。

## 2 拜拉姆的编目思想及主要贡献

### 2.1 ISBD 相关标准的修订和制定

1969 年，国际图联编目委员会召开了国际编目专家会议，这次会议提出了一项决议：建议制定标准，以规范书目著录的形式和内容。编目委员会为此开展了关于 ISBD 概念提出和构想的工作。到现在为止，ISBD 已存在了 50 余年。ISBD 的目标是促进书目数据的共享和交换。它的诞生和成熟已被证明是 IFLA 在促进编目标准化事业方面最成功的工作。可以说，在编目史上，没有任何其他标准能够像 ISBD 概念那样获得如此高度的认可。事实上，无论是过去还是现在，自 ISBD 产生以来，很多国家的书目机构、很多国家的编目代码以及全世界的编目人员都使用了其概念所适用的各种格式，ISBD 已成为供各类信息资源著录的国际标准。

拜拉姆自 1986 年以来一直担任 ISBD 评估组主席，在 ISBD 的许多应用构想中发挥了关键作用。例如，他参与制定了《国际标准书目著录（电子资源）》，即 ISBD（ER）。ISBD（ER）项目是国际图联 1994 年由编目和信息技术部门发起的，目的是考察快速变化的技术对数字出版物和类似资料的格式和类型的影响。1990 年《国际标准书目著录计算机文件》，即 ISBD（CF）出版，该标准主要关注软件程序和机器可读数据库这两种计算机文件。在其诞生之初的几年内，努力提供国际编目界可接受的条款，并得到认可。随着技术迅速发展对书目世界的影响，再加上 ISBD（CF）采用的 AACR2 规则的修订以及用户书目需求对 ISBD 提出的新要求等，促成了 IFLA 编目和信息技术部门和 ISBD（CF）开发小组决定对现有标准进行更新。ISBD（CF）审查小组由拜拉姆担任主席，负责新标准的修订[7]。

1995 年 4 月，ISBD（CF）修订工作启动，编辑们编制"白皮书"[8]，总结了七个需要解决的问题，包括互动多媒体、一般资料标识（GMD）、信息源、复制、文件设置、出版问题，以及与定义、出版日期和特殊资料名称等有关的观点和疑问涉及影响计算机文件编目的问题。为了确保 ISBD 之间的一致性，ISBD 维护小组对草案文本进行了认真研究并提出修改建议，包括变化等。1997 年，公布修改后的 ISBD（ER）最终版本。相比于 ISBD（CF），ISBD（ER）与 ISBD 总则框架保持一致，适应了技术发展的需要和用户检索的需求，扩大了文献类型，增加了一些包括技术、新 GMD 和资源的新名词，增加了有关多媒体、远程互联网的检索条款，对除了第六项丛编项和第八项标准书号项外其他著录项目进行了修改[9]。在由 ISBD（CF）顺利发展为 ISBD（ER）的过程中，拜拉姆突出的领导、沟通、协调能力发挥了重要的作用。

## 2.2 支持名称规范合作项目

在规范控制理论研究和实践探索领域，以 LC 为首的美国图书馆界发挥了重要的引领作用。例如，规范控制的理念最早由美国目录学家提出，规范文档的建立和维护由费洛斯（Fellows）较早阐释，规范控制的操作由 ALA 规定，等等。20 世纪 70 年代开始，计算机技术的发展应用和图书馆建设的需求促进了规范控制的飞速发展。拜拉姆作为 LC 地区和合作编目部门的主任，大力支持以"名称规范合作项目"（Name Authority Cooperative Program，以下简写为 NACO）为代表的合作编目项目。同时，他倡导，通过在世界范围内推广以 AACR、ISBD 等为代表的编目规则以及以 MARC 为代表的目录格式的应用，增强编目规则在全世界使用的一致性，进而实现世界范围内的合作编目。

### 2.2.1 分析 NACO 困境，指导解决方案

1976 年 NACO 成立时，仅有一个机构与其达成了协议。随着采用普遍认可的国际编目规则和机读目录格式的趋势增强，特别是对规范控制价值认识的提高，美国以外的 NACO 合作者越来越多，促使 NACO 蓬勃发展。然而，20 世纪七八十年代，人们普遍对名称规范工作的成本效益持怀疑态度，这给 NACO 管理层施加了很大的压力，要求他们简化流程和程序。拜拉姆通过研究分析后指出，对 NACO 产生影响的现实困境来自两方面[10]：一方面，图书馆社区逐渐认识到任何目录都是依赖于统一和独特的标题作为书目数据的检索点，并且国家图书馆本身无法为作为整体的图书馆社区感兴趣的所有资料提供受控的标目；另一方面，为了在创建书目数据时，进一步降低规范记录的费用，通常会指示编目员尽可能减少对手中资料的研究，省略当时常规提供的引文或其他数据。

为了解决名称规范工作的成本效益问题，NACO 管理团队采取了积极而有效的措施[11]：通过压缩培训周期、重写文档、放宽标准等方式保持其目标；通过向分布式国

家和国际数据库添加更多规范记录，实现更可靠、及时和有效编目；通过网络和专家培训获得更好的解决问题的能力。随着时间的推移，虽然 NACO 模式发生了变化，但把创建更具成本效益和用户友好的政策和程序以满足参与者需求的目标确立下来。

### 2.2.2　NACO 合作模式

NACO 项目由不同规模的图书馆组成，包括学术图书馆、公共图书馆、特殊图书馆，也包括供应商。其基本原则是，成员同意在创建或更改规范记录时遵循一套通用的标准和指南，以保持大型共享规范文档的完整性[12]。规范控制的价值、编目成本效益以及资源共享的益处越来越被认可。NACO 成员每年按规定数量提交数据，承诺把积极开展规范工作作为编目活动的一部分，努力实现规范记录的共享这一公共书目事业。同样，成员也能从项目中受益，不仅可免费获得培训和编目资料，接受最低成本培训，而且有资格参加业务交流和名称规范相关政策、标准的制定等[13]。

对那些想加入但无法提供所需的最低记录数量的机构，NACO 开辟了"漏斗项目"，使这些机构获得参与的机会，即与其他机构合作将名称规范记录贡献给国家级规范文档[14]。"漏斗项目"的成员通过创建数量较少的规范记录一步步巩固自己的努力，从而在群体中作出更大的贡献。2002 年，来自"漏斗项目"的贡献占新名称记录的 17.5%（当年新创建 28 396 个此类记录）和 15% 的更新的名称记录（当年更新总量为 6 650），提供了明确的证据表明"漏斗项目"的生产力[15]。

## 2.3　开发 FRBR

FRBR 是 IFLA 于 1998 年出版的一份研究报告，主要对书目记录描述的对象在整个生命周期过程中的不同阶段的不同实体类型进行了详细分析。拜拉姆作为 FRBR 研究组的创始人和重要成员，参与了 FRBR 项目的全部过程，并且发挥了重要作用。他在文章中对 FRBR 的目标、概念和建议进行了思考[16]，有助于我们对其有更深入的理解。

### 2.3.1　FRBR 的目标

1990 年，国际图联 UBCIM 计划和 IFLA 书目控制部门在斯德哥尔摩召开研讨会。会议通过了九项决议，其中一项决议直接导致了 FRBR 研究的形成。1991 年，六名来自 IFLA 编目部委员会的成员组成 FRBR 研究组，负责 FRBR 开发相关事宜。FRBR 研究涵盖了最广泛意义上的书目记录的全部功能，即记录不仅包括描述性元素，还包括检索点（名称、题名、主题等）、其他组织元素（分类等）和注释[17]。FRBR 研究组建议，国家书目机构创建的记录要符合基本的功能和基本的数据要求。这对国家书目机构来说，只要符合基本数据要求的核心标准，就能够通过共享增加书目数据，降低编目成本，并且通过这种国际协定确保记录满足用户的基本需求。

### 2.3.2　重申 FRBR 未来研究的领域

FRBR 研究组发现，尽管 FRBR 在进行评估时收到的反馈对改进 FRBR 有所帮助，但在某些情况下，并非每个人都理解 FRBR 的范围和目的。因此，研究组在 FRBR 报告中增加了"进一步研究的领域"章节，目的是明确 FRBR 在引入概念和主题时没有提到的内容，而这些概念和主题可能随后会被其他人接受。如 FRBR 率先提到使用实体关系（E-R）建模方法来确定适于规范记录的数据元素的可能性，实际上 IFLA 为此决定在规范控制领域进行一项研究；将 FRBR 方法应用于国家编目代码的可能性，解决编目记录重复使用而变得复杂以及用于交流书目数据的 MARC 格式等问题。FRBR 指出了其他可能受益于 E-R 模型的国际应用，以及来自该研究的建议，特别是基本的国家书目记录。

### 2.3.3　FRBR 模型和方法论总结

拜拉姆和奥利维亚（Olivia）讨论了已确定的书目实体，特别是那些与基本国家书目记录的建议原则相关的实体。之后，对基本国家书目记录和研究中使用的 E-R 方法的建议原则进行了评估。他们提出，在人们完全理解这些原则之前，应该先研究其对特定实体类别的定义，该实体类别被称为第 1 组实体，即作品、内容表达、载体表现和单件。他们认为，第 1 组实体对理解书目世界至关重要，并对第 1 组实体进行了简要描述，还举例说明了该模型所必需的书目清晰程度。他们的总结，有助于我们清晰地了解实体之间的关系以及成为国家书目记录的每个属性和关系的重要程度，有助于编目实践中正确地解构信息源、实现用户功能。

### 2.3.4 全面理解 FRBR

拜拉姆和奥利维亚在论文中用大量篇幅对规范控制、关系（第 1 组实体的关系、第 1 组实体与第 2 组实体的关系、主题关系）、基本级国家书目记录、描述性元素、组织元素、应用的一般原则等 FRBR 的重要方面进行了阐述。为了使 FRBR 应用于编目教育中，IFLA 国际编目部在其 2000—2001 年的行动计划中纳入了一个与 FRBR 和图书馆学校编目课程相关的具体行动项目，任务是推广"丹麦模式"，让其他国家的图书馆学校教授 FRBR。"丹麦模式"是通过研究导向的系统分析和设计，将 FRBR 完全整合到编目员的基础教学课程中。而且，FRBR 作为一个模型，可以用于分析和测试任何编目代码和最终系统设计的优缺点。无论是对 FRBR 的全面阐述还是特定的推广模式，这些都是使编目课程更具价值的重要组成部分。

## 3 目录功能实现的探索

随着网络搜索引擎技术的飞速进步，传统图书馆在线目录越来越不能满足用户对信息检索的需求。2003 年，IFLA 国际编目规范专家系列会议第一次会议产生的法兰克福原则草案声明，概述了今天目录的五个功能要求，扩展了传统目录的"查找"和"集中"目标，增加了一些全新的任务，即查找、识别、选择、获取和导航。拜拉姆认为，虽然在大多数情况下，在线目录能非常有效地执行这些扩展任务，但在新信息环境下，在线目录无法及时有效地提供常见和最新访问的资料。

目录功能的扩展，促使图书馆必须通过增加书目记录内容、提供可以链接到电子资源的目录、丰富数据库、增加书目产品类型等措施，来改进图书馆在线目录功能，满足用户的信息检索需求。尽管在线目录将继续作为图书馆物理馆藏访问控制的主要工具，但联合搜索门户网站最终将成为图书馆数字资源的主要 Web 门户[18]。即便如此，拜拉姆也认为联合搜索应用程序形式的图书馆门户的主要作用是统一和集成各种来源的信息，在线目录将继续作为图书馆集合的馆藏和访问控制的主要工具，它还将提供对相对较少的具有高研究价值或特殊兴趣的目标远程电子资源的有限访问。拜拉姆具有远见卓识，他预测，假设在线目录最终实现了其全部功能，它将作为用户对数字资源和服务的主要 Web 网关，提供高水平的无缝集成，并根据用户的个性化需求进行跨资源搜索的工具包[19]。可以说，他的设想为编目界提供了在线目录领域研究和努力的方向，也突出了他以用户为中心的理念。

拜拉姆一直关注在线目录功能的实现，并对此进行了大量研究。他分析后指出，由于信息搜索者受到网络搜索引擎的限制，期望通过用户友好的 Web 体验获得即时的满足感，而传统的图书馆 OPAC 不能提供相同的易用性或信息检索，用户的期望与检索实际的差距越来越突出。因此，国家书目机构和图书馆需要提供比传统更多的内容和增强 OPAC 的功能来缩减差异[20]。在丰富书目记录方面，LC 成功地实施了旨在联结研究人员、目录和 Web 资源的项目，增加目录记录本身的内容，并将书目描述与相关的电子资源联系等一系列工作。除了实现整合的任务之外，新一代的 OPAC 还需要提供许多额外的功能，如菜单排序、浏览功能、结果显示、相关性排名、提供帮助提示，以及拼写自动纠错、自然语言搜索、用户流行度跟踪等[21]。拜拉姆认为，这些都可以帮助图书馆用户更好地访问馆藏，也能帮助图书馆了解、掌握用户的需求。

拜拉姆除了在以上领域颇有建树，在其他领域也提出了自己的独到见解。例如，为在国家书目中提供书目访问远程电子资源遇到的挑战及问题提出了解决方案，提出把远程电子资源纳入国家书目的范围，为此可以合作建设数据库、开发更多的自动化工具，来创建和维护书目信息和元数据、加强研究和开发以改进编目工具、扩大教育和培训机会，以使编目员和其他图书馆工作人员更好地理解和服务等[22]。

## 4  拜拉姆编目思想影响

拜拉姆把自己的一生都奉献给了国际书目控制、国际编目规则，以及编目标准的制定、推广和实施工作。他研究领域广泛，很多都紧紧围绕着用户任务而进行。他的编目思想对现当代编目实践影响深远，推动了国际编目事业的新发展。

### 4.1  为国际编目项目提供范本和可依据的标准

拜拉姆在多个项目、标准和模型的评估、开发过程中发挥了重要作用，其思想集中体现在他撰写的文章中。例如，他对 ISBD、FRBR 等的产生背景、目的、前景等真实的历史记录和展望，不仅能让我们清晰地了解相关项目的背景、发展过程以及为此做了哪些工作，而且为编目史的研究提供了不可多得的历史资料。他的记录不仅在更加广泛的范围内让更多人认识和重视 ISBD、FRBR，而且在项目发展过程中形成的一些规范或流程，为国际编目项目提供了范本和可依据的标准。例如，ISBD 项目评估的主要目标、项目启动和完成之间的九个步骤以及不断评估 ISBD 标准化程序和评估人员组成等的论述，不仅使在互联网上更有效地开展业务成为可能，而且从那时起也为 IFLA 各项目的评估提供了范本和依据的标准。除此以外，拜拉姆还强调"IFLA 必须保持领导地位，通过自身的标准化工作协调这些项目，并重新启动国家图书馆和国家及多国编目委员会的承诺，以便合作进行创建、维护书目的实践，以便以经济有效的方式交换编目数据，以便惠及全世界的用户"[23]。

此外，NACO 通过快速增长证明了自己，越来越多的图书馆决定作为合作伙伴参与建立和维护共享数据库。对那些非英语书目机构，无论这些机构的模型是在一个国家内建立的，还是在共同的语言和共同编目传统的基础上跨越国界建立的，NACO 为专业人士提供了一种使规范数据能够跨越语言和文化界限而且有效共享的方法。同时，NACO 为构建和维护共享名称规范数据库提供了一个可行的共建共享的合作模型。正如拜拉姆所指出的那样，这些"对塑造编目实践的未来具有深远的意义"[24]。

## 4.2 影响和促进世界书目记录标准变革

1998 年，IFLA 编目部常务委员会批准 FRBR 时，决定对 ISBD 系列进行全面评估，以确保 ISBD 的规定与 FRBR 的规定保持一致，特别是与 FRBR 的基本级国家书目记录的数据要求保持一致。ISBD 图书、连续出版物、地图资料版率先对 FRBR 的影响进行了研究，并对自身进行了修订，随后 ISBD"家族"其他成员也逐一进行了修改。与此同时，正在修改中的 AACR2 也研究了 FRBR 可能对编目规则的影响，由此催生了 RDA 的诞生。拜拉姆和奥利维亚认为，基本级国家书目记录的规范以及用于达到这些结果的 E-R 方法都影响并推进了书目标准化的进程[25]。作为已被编目界广泛接受为最新的国际编目规则的 RDA 构建的基石和思想基础是 FR 家族概念模型。RDA 既是对以 AARC2 为代表的传统编目规则的继承，又是对以 FR 家族为代表的现代编目理念的体现。

FRBR 模型经过多年的发展，随着编目环境、编目理念和编目实际的需求，它已与 FR 家族其他两个模型，即规范数据的功能需求（FRAD）和主题规范数据的功能需求（FRSAD），一起被整合成新的国际图联图书馆参考模型（IFLA-LRM），该模型的目的是成为在实体—关系框架内开发的高层概念参考模型，为国际编目标准和编目规则的应用从模型上提供了基础。

### 4.3　为智慧图书馆建设提供值得借鉴之处

随着人工智能技术的飞速发展，智慧图书馆从 2003 年理念提出[26]到今天已然成为图书馆界研究的热点之一。智慧图书馆作为一个不受空间限制的、可感知的图书馆模式或者作为图书馆的一个发展阶段[27]，它在提高知识共享性、为用户提供高效便捷的服务方面具有与传统图书馆无法比拟的优势，然而它也是从传统图书馆不断创新发展而来。无论是以共享合作的模式整合、维护、发布资源，还是使目录功能最大化实现的云搜索方式，智慧图书馆的核心还是以用户为中心，实现资源和知识的可见性、可获取性、重用、复用和共享，目的就是为用户提供最便捷的服务。

拜拉姆在编目标准和编目项目的管理、合作、开发等方面的真知灼见，对目录功能实现的探索以及对网络环境中跨语言等国际标准的研究，为智慧图书馆构建过程中资源的重构、发现、提供服务等提供了思想和标准基础。此外，智慧图书馆的建设和实现是一项系统工程，需要多学科、跨语言和文化、多部门协同。拜拉姆在多个国际项目中的合作、管理、评估模式和工作流程等的实施建议，大多已成为 IFLA 各项目开发、管理、评估的基本范式和标准，其思想精髓也值得智慧图书馆借鉴。

## 注释：

[ 1 ] Wedgeworth R and Esther J., "Piercy Award, 1975：John D. Byrum, Jr," *Library Resources and Technical*, no.19(1975), pp. 402–405.

[ 2 ] "Steering Committee and Logistical Team," Program for Cooperative Cataloging, accessed May 4, 2021, https://www.loc.gov/aba/pcc/conser/summit/team.html.

[ 3 ] 同［1］

[ 4 ] Madison O, Ruschoff C and Gorman M, "Remembering John D. Byrum，1940–2018," accessed Apirl 4, 2021, https://alcts.ala.org/news/2018/remembering–john–byrum/.

［5］同［2］

［6］Madison O, Ruschoff C and Gormanrr M,"Remembering John D. Byrum, 1940–2018," accessed April 12, 2021, https://alcts.ala.org/news/2018/remembering–john–byrum/.

［7］Byrum J D,"ISBD（ER）Project Definition and Process," accessed May 4, 2021, http://archive.ifla.org/IV/ifla64/061–74e.htm.

［8］同［7］

［9］于青、严皓:《从 ISBD（CF）到 ISBD（ER）:修订过程、政策和规则》,《山东图书馆季刊》1999 年第 2 期。

［10］Byrum J D,"NACO: A Cooperative Model for Building and Maintaining a Shared Name Authority Database," *Cataloging & Classification Quarterly* 38, no. 3–4(2004), pp. 237–249.

［11］同［10］

［12］"About NACO," Program for Cooperative Cataloging, accessed May 15, 2021, http://www.loc.gov/aba/pcc/naco/about.html.

［13］"PCC Membership Benefits," Program for Cooperative Cataloging, accessed April 15, 2021, http://www.loc.gov/aba/pcc/about/benefits.html.

［14］"PCC NACO Funnel Projects," Program for Cooperative Cataloging, accessed April 15, 2021, https：//www.loc.gov/aba/pcc/naco/nacofunnel.html.

［15］同［10］

［16］Byrum J D and Madison O,"Reflections on the Goals, Concepts and Recommendations of the IFLA Study on Functional Requirements of Bibliographic Records," accessed May 4, 2021, https://lib.dr.iastate.edu/cgi/viewcontent.cgi?article=1003&context=libadmin_conf.

［17］Madison O,"IFLA Study on the Functional Requirements for Bibliographic Records Report," accessed April 18, 2021, http://archive.ifla.org/IV/ifla63/63mado.htm.

［18］Byrum J D,"Online Catalogs and Library Portals in Today's Information Environment," *Journal of Library Administration* 43, no.1 (2005), pp. 135–154.

［19］同［18］

［20］Byrum J D, "Recommendations for Urgently Needed Improvement of OPAC and the Role of the National Bibliographic Agency in Achieving It," accesssed May 4, 2021, https://archive.ifla.org/IV/ifla71/papers/124e–Byrum.pdf.

［21］Yu H and Young M, "The Impact of Web Search Engines on Subject Searching in OPAC," *Information Technology and Libraries* 23, no.4 (2004), pp. 168–180.

［22］Byrum J D, "Challenges of Providing Bibliographic Access to Remote Electronic Resources in National Bibliographies: Problems and Solutions—An Overview," in *IFLA Conference Proceedings*, 2002, pp. 1–7.

［23］Byrum J D, "The Birth and Re–birth of the ISBDs: Process and Procedures for Creating and Revising the International Standard Bibliographic Descriptions," accessed May 4, 2021, http://www.ffzg.unizg.hr/infoz/biblio/nastava/dz/text/byrum.htm.

［24］Byrum J D, "NACO: A Cooperative Model for Building and Maintaining a Shared Name Authority Database," *Cataloging & Classification Quarterly* 38, no. 3–4 (2004), pp. 237–249.

［25］同［15］

［26］Aittola M, Ryhänen T and Ojala T, "SmartLibrary: Location–Aware Mobile Library Service," in *International Symposium on Human Computer Interaction with Mobile Devices and Services*, ed. Luca Chittaro (Berlin: Springer–Verlag, 2003), pp. 411–415.

［27］程焕文、钟远薪:《智慧图书馆的三维解析》,《图书馆论坛》2021年第6期。

# 编目员在新一代图书馆服务平台中的作用发挥和能力拓展研究

武丽娜① 刘 阳② 杨 慧③ 贾延霞④ 迟 语⑤

**摘 要**：目的 / 意义：传统编目业务逐渐向社会化工作转型使编目员面临着职业发展的挑战。新一代图书馆服务平台的应用使得编目工作从幕后走向台前，编目工作的价值凸显，为编目员提供了更多的发展机遇。编目员应适应转型，借助自身优势，在新一代图书馆服务平台的应用中发挥更大价值。方法 / 过程：基于文献调研、对使用新一代图书馆服务平台 ALMA 的图书馆以及主流招聘网站中编目业务相关部门的设置和岗位职责进行调研，分析编目员岗位在新环境下的岗位职责和角色定位。介绍清华大学图书馆编目员在新一代图书馆服务平台中的实践。结果 / 结论：基于上述调研和实践分享，为国内编目员在新一代图书馆服务平台中的作用发挥和能力拓展提供指导。

**关键词**：图书馆；图书馆服务平台；编目员；能力

## 1 引言

新一代图书馆服务平台在图书馆的应用方面带来了图书馆资源管理业务相关部门和岗位设置的调整。ALMA 是 ExLibris 公司 2012 年推出的云端资源管理系统，目前 ALMA 已在图书馆服务平台市场占据主导地位[1]。清华大学图书馆部署了 ALMA 系

---

① 武丽娜，清华大学图书馆资源建设部副主任、副研究馆员。

② 刘阳，清华大学图书馆助理馆员。

③ 杨慧，清华大学图书馆副研究馆员。

④ 贾延霞，清华大学图书馆资源建设部副主任、副研究馆员。

⑤ 迟语，清华大学图书馆馆员。

统后，对纸本和电子资源的管理逐渐由多个系统迁移至 ALMA 系统统一管理，资源组织揭示、管理的一体化程度大大提高，图书馆部门间业务联系更加密切，资源管理与用户发现获取的关联更为紧密，同时对资源组织揭示的综合业务能力也提出了更高要求。当前，国内关于新一代图书馆服务平台的研究集中在管理系统平台的选择和电子资源管理等方面[2-5]，但是未见专门探讨新一代图书馆服务平台与编目员的研究。本文拟通过编目员视角，基于文献调研，探讨传统编目员面临的挑战和机遇，对应用 ALMA 系统的图书馆的相关岗位设置和职责、国外招聘网站编目员的职责和要求进行调研和分析，并结合清华大学图书馆的实践，以期对国内图书馆如何更好地设置编目员岗位职责，编目员如何在新一代图书馆服务平台的应用中发挥作用、提升业务能力提供有益参考。

## 2　编目员面临的挑战和机遇

以"编目"或"编目员"为关键词对近十年论文的题名进行检索，在中国知网平台得到 8103 个检索结果，在 ProQuest 图情数据库得到 5168 个检索结果。前者主题集中在业务外包、联合编目、质量控制、编目员发展、编目规则、RDA 等方面，后者检索结果覆盖最多的主题包括技术服务、信息获取、分类、元数据、编目规则、主题索引、图书馆员、专业教育、未来发展、RDA 等。通过对主题的分析和文章题目的浏览，发现国内对编目员的发展研究涉及角色转换、职业素养、工作情景等方面；国外研究更为深入，涉及资源发现、质量控制、关联数据、数字和档案资源编目等。虽然国内图书馆也在逐步开展相关工作，但是结论性的研究较少。

综合文献调研结果，多位国内学者认为，大数据时代编目部门及编目员必须开拓和创新、提升综合能力，才能在新环境下继续生存并求得更好的发展。卜书庆在分析我国图书馆信息组织工作社会化等基础上，认为编目工作应向元数据的编制与拓展转型[6]。程焕文认为，MARC 面临的不是消亡而是发展。文献编目始终是图书馆特有的核心技术方法，图书馆人应该守护图书馆的专业技术领地[7]。顾犇认为，近十几年来图书馆编目工作经历的工作量化、人员流动和边缘化三次阵痛，导致了图书馆编目工作的衰落；并指出当前存在的问题，如标准尚未与国际接轨且国内也未统一、在技术变革面前尚有惰性等[8]。胡小菁认为，编目工作的衰落将无可挽回，但现阶段编目工作的需求仍然存在，编目部门应基于编目工作的专业性主动面向书刊以外的馆藏资源开拓新领域，编目员也需要将自己的编目技能提高并泛化到广义的元数据领域[9]。贾延霞等认为，未来编目员职责范围将拓展到新的领域，涉及元数据编目、数字项目管理及咨询、书目数据整合处理等新职能[10]。

国外关于编目员职责拓展的研究起步更早，当前也得到更多关注。研究普遍认为，编目员可以借助自身优势，在新一代图书馆服务平台中发挥更大的作用。编目员应积极适应变化、拓展多方面能力，更好地进入新的角色，而图书馆也应该开展相关培训以促进编目员能力的发挥。例如，编目员可以在新一代图书馆服务平台的选型、实施、数据问题的甄别和校正、工作流和工作模式的变化以及人员安排方面有更多参与[11]。美国爱荷华州立大学图书馆（Iowa State University Library）在 2011 年针对美国研究图书馆学会的编目员角色和职责进行调研发现，编目员的角色正在朝着四个方向发展：非 MARC 元数据编目、参与图书馆机构仓储建设、参与本馆特色资源编目、对供应商提供的电子资源书目数据进行质量控制和批处理。编目员正越来越多地在一个技术驱动的电子资源环境下工作。图书馆应思考编目员需要何种职责，以及如何培训编目员以适应这些变化[12]。

## 3　编目员的岗位职责发展趋势调研和分析

随着新一代图书馆服务平台的推广应用，有必要对系统用户和招聘网站中编目员相关业务的岗位设置和工作职责进行调研，分析图书馆编目员岗位设置和职责的发展趋势，推动编目员的转型和发展。本文选取 20 所应用 ALMA 系统的图书馆，对其图书馆主页的组织机构图、编目业务所在部门和相关岗位设置、职责等内容进行网站调研。

### 3.1　新一代图书馆服务平台用户编目员岗位的设置和职责调研分析

本文选取 20 所应用 ALMA 系统的图书馆（清华大学、香港中文大学、香港大学、台湾大学、哈佛大学、波士顿大学、莱顿大学、首尔大学、宾夕法尼亚大学、西北大学、华盛顿大学、卡内基梅隆大学、威斯康星大学、加利福尼亚大学戴维斯分校、加利福尼亚大学圣塔芭芭拉分校、伊利诺伊大学厄巴纳–香槟分校、达特茅斯学院、莱斯大学、范德堡大学、普林斯顿大学），调研其在主页发布的组织机构图、部门业务介绍等栏目，重点关注编目业务所在部门、编目相关岗位的岗位名称和职责。从编目业务所在部门来看，其中 13 家图书馆将编目业务纳入采购和编目、元数据服务部门（如采编与馆藏发展部、编目和元数据服务、元数据服务等），7 家图书馆将编目业务纳入技术服务部门（如技术服务部、电子资源管理部）。部门名称关键词主要包括编目、采访编目、馆藏发展与管理、技术服务、元数据服务、书目记录质量控制、电子资源编目等。

从编目及相关业务所在的岗位名称、工作内容等方面来看，编目业务日益向传统书刊以外的电子资源、特藏资源、数字资源、多媒体资源编目等业务拓展。编目对象除书刊资源以外，还包括档案、古籍、手稿、数字资源、音乐、政府文档、数字资源等多种资源类型。编目业务向电子资源拓展，与技术服务有更多的融合。调研的岗位中包括连续出版物编目、数据库编目、电子资源协调、元数据和书目服务等电子资源编目以及馆藏发展、资源分类等。比如，香港大学、普林斯顿大学将编目业务归属于技术服务部门；哈佛大学成立了电子资源管理部，分类与元数据管理、电子资源协调和统计馆员都隶属该部门；卡内基梅隆大学将采购、编目、技术服务纳入图书馆技术与技术服务部；西北大学元数据服务部设立了编目员、元数据规范馆员、连续出版物元数据协调员；华盛顿大学设有连续出版物及电子资源专家岗位。此外，岗位设置上更加重视编目业务与专业背景的交叉融合，如范德堡大学有专门研究和负责亚洲资源编目的馆员。

### 3.2 招聘网站中编目员相关部门设置与岗位职责调研分析

笔者基于文献调研和主流招聘网站编目员岗位调研两个角度，对招聘网站中编目员相关部门设置和岗位职责进行调研和分析。分析编目业务相关招聘信息，可以帮助我们洞察岗位特点，并了解编目业务的发展趋势。

格克尔（Geckle）等对来自美国图书馆学会招聘信息等多个机构 2013—2016 年的 400 个面向编目或元数据服务相关岗位馆员的招聘广告进行调研，从这些招聘信息中提取到 56 个含有 cataloging 和 metadata 的岗位名称，包括 Catalog and Acquisitions、

E-Resources Cataloger、Technical Services、Special Collections Cataloger、Digital Metadata Librarian、Electronic Resources Metadata Specialist、Database Management and Metadata Librarian、Metadata/Discovery Librarian 等。其中，"metadata"通常与数据库管理、电子资源管理和发现服务相关，需要承担更多的职责，对专业化要求也更高。作者基于调研提出编目员的工作变得技术性和复杂性更强，包含"metadata"的岗位名称应该更加清晰地明确馆员的工作内容、岗位职责中应该更加关注元数据标准、编目业务的专业性和技术支持技能需要结合等观点[13]。美国加利福尼亚州立大学图书馆副馆长荷莉·于主编的《图书馆电子资源管理：研究与实践》(*Electronic Resource Management：Research & Practice*)一书中分析了《大学与研究图书馆新闻》和《高等教育纪事报》中 2001—2006 年的电子资源馆员岗位的招聘广告，发现接近一半的招聘广告包含"通过编目、电子资源管理系统或在网站上组织电子资源"这一岗位职责。作者总结了 12 项提及最多的资质，其中电子资源经验或知识、图书馆专业经验、编目经验或知识、元数据标准经验或知识名列其中[14]。

以"Library cataloguer"为关键词在主流招聘网站 INDEED[15]进行检索，得到 76 个检索结果，招聘单位主要来自学术图书馆和拍卖公司。分析和浏览岗位名称及职责有以下三点发现。一是学术图书馆编目员的称呼在向早期资料编目员 (Early Materials Cataloger)、技术服务助理 (Technical Services Associate)、古籍资源高级编目员 (Advanced Cataloger of Rare Books)、双语馆员 (Bilingual Library Classifier)、编目 / 元数据馆员 (Cataloging/Metadata Librarian) 等称呼转变。二是学术图书馆对编目员的业务要求和胜任力要求越来越高。例如，某大学对编目和元数据助理馆员的任职资格要求包括图书馆专业学士学位，至少两年的编目经历 (需包括原编和复杂套录编目经历)，能够利用 RDA、MARC21 格式、LC 分类、规范控制等进行编目；能够实践新的编目标准；具备对供应商数据进行批处理的经验；理解 LRM (FRBR/FRAD/FRSAD) 规则；有主动服务终端用户的意识；能够适应工作环境变化，学习新软件工具；理解编目、技术服务领域的发展趋势；能够利用创新和批判性思维来分析问题；出色的书写和口头表达能力；具备 ALMA 系统管理经验、具备数据批量处理和导入经验、熟悉元数据标准、理解与发现相关的元数据问题、理解关联数据和 RDF、对 DC 和非 MARC 数据的编目经历等优势，会优先考虑。三是"cataloger"除了出现在学术图书馆的招聘信息中，也逐渐出现在公司（如拍卖公司）的招聘信息中。对象范围更加广泛，编目对象还覆盖古籍资料、歌曲编目（Timepieces Cataloger）、珠宝编目（Jewelry Cataloger）、动画片和壁纸编目（Animation/Anime Art Cataloger）等，对编目员的专业要求低于学术图书馆。另外也证明，编目员有更大的职业拓展空间。

## 4　清华大学图书馆编目员在新一代图书馆服务平台中的职责和发展

清华大学图书馆于 2017 年使用新一代图书馆服务平台 ALMA，对资源的管理也从原 Millennium 系统、SFX、METLIB 等多系统迁移至 ALMA，多部门协作、多系统的互操作性也更为明显。编目员除了继续承担纸本资源编目和质量控制，还在电子资源采访和组织揭示、发现系统、数据库编目等业务上承担更多的工作。编目员的专业优势使得他们可以在岗位变化中更快地适应新角色，并借助自身优势，在资源管理中发挥更大作用。

在 ALMA 里，纸质资源（ALMA–P）、电子资源（ALMA–E）、数字资源（ALMA–D）有统一的三层结构数据模型（图 1），以便实现统一资源管理。以电子资源为例，对同一个知识实体，比如《图书馆杂志》（*The Library*），通常情况下，ALMA 里只有 1 条书目记录，其电子资源列表有 2 个，对应不同的可访问年限。在 ALMA 中，对这种书刊进行激活之前，需要对这个知识实体所在的两个资源库进行激活和编目。因此，在 ALMA 中，*The Library* 这个知识实体和这两个资源库都有相应的书目数据。新系统环境下，基于 ALMA 的电子资源管理后台与前端展示系统 Primo 以及中央发现索引（Central Discovery Index）的联动构成了电子资源从管理到发现的流程。在 ALMA 中完成编目的资源呈现在 Primo、资源导航中，甚至 ALMA 被作为链接解析器，ALMA 与更细粒度资源发现和获取的关系更为紧密。因此，书目数据的质量是影响用户在前端对资源的检索和获取体验的重要方面[16-17]。

清华大学图书馆借助 ALMA 系统实现了各类资源的统一组织和管理，而编目员在系统切换、数据库编目、电子图书、电子期刊编目和规范控制中发挥了重要作用。除了对纸本资源和电子资源编目，编目员也在尝试对馆藏数字资源、研读间等实体资源进行编目。

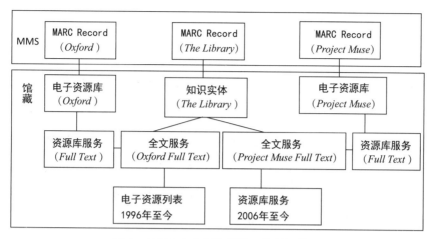

图 1 ALMA 中电子资源管理的数据模型

## 4.1 编目员在系统切换中发挥的作用

清华大学图书馆 ALMA 系统上线过程中，资深编目员在业务流梳理、业务规范编写和历史数据迁移过程中承担了相应的工作。比如，历史数据的迁移工作繁杂且艰巨，需要迁移的数据包括书目数据、馆藏数据、名称规范数据等。难度主要表现在需要厘清原系统各类数据转换到 ALMA 的映射关系和对历史数据的清洗两个方面。数据清洗及校验工作需要经验极为丰富的编目员进行主导，而且编目员在其中发挥重要的作用[18]。

## 4.2 数据库编目

清华大学图书馆对数据库的管理基于 METLIB 系统进行，期望逐步实现基于 ALMA 的管理。编目员制订了本馆数据库编目细则，并开展基于 ALMA 的数据库编目。数据库编目细则涵盖了总库、子库与书目的关系，著录文字、著录信息源、著录必备字段、学科和主题规范字段的选择等。在编目细则的制订过程中，编目员需要熟悉 MARC21 著录格式、RDA 编目规则，熟悉 ALMA 系统的书目数据导入和批处理方法，具备利用 MARCEDIT 等工具对编目数据进行批处理的经验。对多个子库、多个访问站点、多题名、多语种等特殊情况的数据著录和提取规则能够参照相应规范。

### 4.3 电子图书和电子期刊编目

随着电子资源采购量的增加,电子资源揭示的数量也迅速上涨。对数据库、电子图书、电子期刊的编目也成为必然需求。大部分电子资源数据需要依赖 ALMA 知识库或数据库商提供的数据,因此编目员与数据提供商的合作更为紧密。新的信息环境和技术手段也使得编目员可以通过多种途径获取和处理元数据。但在实际工作中我们也会发现知识库书目不全、书目数据简单或不准确等情况,此时编目员的判断和对数据进行加工完善的能力就尤为重要。书目数据质量直接影响用户在发现端对资源的检索和判断,因此对编目员的能力提出了更高要求。

清华大学图书馆在电子资源批量编目方面有很好的工作基础[19-23]。对电子书来说,外文电子书书目数据主要来源有两个,一是知识库数据(Community Zone,以下简写为 CZ),二是数据库商提供或数据库平台下载的 MARC 数据。如 CZ 无相应书目数据,则由编目员套录美国国会图书馆等外部数据源,或由馆员自行按照 RDA 规则编目。有些 CZ 数据涵盖了丰富的 MARC 数据,但是有些数据质量不高,如中文期刊元数据质量较差。因此,馆员在进行数据批处理时面临着导入数据库商提供的 MARC 数据还是直接引用知识库 MARC 数据的选择。总体来看,外文电子书书目数据质量较高。数据质量也逐渐受到数据库商的重视,如爱思唯尔(Elsevier)会面向图书馆开展书目数据质量调查,关注元数据与资源发现的关系[24]。中文电子书只有部分数据库商可以提供书目数据,编目员需要依据本馆编目规则对这些数据进行修正。对没有书目数据的中文电子书,需要依据数据库商提供的数据完成字段的批处理,并利用数据批处理软件 MARCEDIT 转换为 MARC 格式。当数据中存在题名、并列题名、变异题名、无总题名的合订本、有总题名的多部著作合订本、多著者等复杂情况时,数据处理过程变得相当烦琐,特别是在数据量较大时,较为耗时。以《瀚文民国书库》为例,该数据库有图书 20 万种,编目员需要按照书目著录规则,利用 Excel 的分类、排序、筛选、函数等多个功能对这批数据进行整理,然后用 MARCEDIT 软件转换成 MARC 数据。书目数据装入系统后,如发现问题,可使用 ALMA 的规范性原则(normalization rule)等功能实现对数据的字段、子字段、标识符等的批处理。电子资源书目数据的批处理需要馆员熟悉 CNMARC、MARC21 书目记录格式和 RDA 编目规则,掌握常用操作软件 Excel、MARCEDIT 等。

与电子书不同的是，电子刊的书目数据来自各个数据库商，CZ 中覆盖较为完整。存在继承关系的期刊和中文期刊书目数据问题较为突出。对于有继承关系、题名或刊号变更等情况，CZ 的书目数据不能及时体现最新情况，或书目数据之间往往缺少继承关系字段。对于中文刊，书目数据往往较为简单。这些情况，需要编目员依据经验进行人工数据修正或编目。

## 5  结语

新的信息服务环境促使编目员更加注重数据质量和数据规范，主动关注现有数据的质量以及当前的实践和对馆藏目录的影响。编目员应对用户需求有更多的理解，对获取资源有更多的参与，与参考咨询的同事、技术部同事有更多的合作。编目员需要具备对内容提供商提供的数据的判断、质量控制和批处理能力，在变化的工作环境中，编目员仍在持续发挥作用[25]。

新系统对编目员的业务能力有更高的要求，编目员需要具备更多的专业技能并且有持续学习的能力。2017 年 1 月，美国图书馆协会（ALA）下属的图书馆馆藏与技术服务协会理事会通过了一项决议，发布了《编目和元数据专业图书馆员核心能力》标准。能力标准从知识能力、专业技能和行为能力三个方面界定了图书馆编目和元数据专业馆员的核心能力[26]。国内图书馆应该借鉴该标准，有针对性地开展编目业务能力培训或课程，从知识、技能和人际沟通等方面提高编目工作者的业务能力和专业素养，优化编目岗位工作职责安排，综合提升图书馆的数据服务能力。同时，图书馆在编目员招聘、岗位设定、图情教育等方面可参考该标准[27]。

新的信息技术环境使得关联数据和 DC 数据的发展受到日益关注，编目员需要拓展思路，关注以 RDA 编目的书目数据用关联数据发布[28]、利用 DC 等元数据标准开展网络资源编目，为图书馆馆藏资源的组织和发展开拓方法[29]。

在编目员职业培训方面，国外涌现出一些针对编目技术馆员专业发展的在线培训机构，如 Library Juice Academy[30]，该机构由来自各大学图书馆和公共图书馆馆员、大学院系信息管理相关专业的教授、主任、讲师等授课，授课内容覆盖元数据、关联数据、分类法、馆藏分析、资源获取、RDA、Excel、MARCEDIT 等当前电子资源管理和编目领域的方方面面。国内高校图书馆界也开展一系列培训，如 CALIS 开展针对编目员的中西文图书编目培训。但当前培训内容分散在各个机构，希望之后可以整合并形成系统化的培训体系。新的信息环境对编目员的业务素养和多方面的专业技能提出了更高要求，但同时也为编目员的职业发展提供了更多可能性。编目员应该以敏锐、开放的心态关注工作环境的变化，适应新的信息服务环境，在编目角色的转型和发展中寻找突破口，发挥更大的价值。

## 注释：

［1］曾建勋：《FOLIO 的启示》，《数字图书馆论坛》2019 年第 10 期。

［2］刘素清：《从电子资源管理视角分析我国高校图书馆服务平台的发展》，《大学图书馆学报》2018 年第 4 期。

［3］白雪、李广利、牛爱菊：《Alma 环境下电子资源元数据的管理及对用户的影响——以北京师范大学图书馆为例》，《新世纪图书馆》2019 年第 5 期。

［4］田晓迪、孙博阳：《下一代图书馆服务平台的电子资源全流程管理功能——以 Alma 为例》，《图书情报工作》2016 年第 17 期。

［5］周义刚、聂华：《新一代图书馆服务平台调研及思考——基于北京大学图书馆的需求》，《图书馆杂志》2019 年第 2 期。

［6］卜书庆：《与图书馆共存亡的元数据编制工作》，《国家图书馆学刊》2015 年第 6 期。

［7］程焕文：《文献编目：图书馆的最后专业技术领地》，《国家图书馆学刊》2015 年第 6 期。

［8］顾犇：《十字路口的图书馆编目工作》，《国家图书馆学刊》2015 年第 6 期。

［9］胡小菁：《图书馆编目的衰落与转型》，《国家图书馆学刊》2015 年第 6 期。

［10］贾延霞、赵秀君：《编目员的未来：编目员的职责拓展研究》，《图书馆建设》2011 年第 7 期。

［11］Wynne S C and Hanscom M J, "The Effect of Next-Generation Catalogs on Catalogers and Cataloging Functions in Academic Libraries," *Cataloging & Classification Quarterly* 49, no. 3(2011), pp. 179–207.

［12］Boydston J M K and Leysen J M, "ARL Cataloger Librarian Roles and Responsibilities Now and In the Future," *Cataloging & Classification Quarterly*, no. 2(2014), pp. 229–250.

［13］Geckle B J and Nelson D N, "Classifying Librarians: Cataloger, Taxonomist, Metadatician?" *The Serials Librarian* 72, no. 1–4(2017), pp. 57–64.

［14］荷莉·于:《图书馆电子资源管理：研究与实践》, 齐凤艳、李春利、魏治国译, 大连理工大学出版社, 2014。

［15］详见：https://cn.indeed.com/。

［16］武丽娜、贾延霞、窦天芳等:《图书馆新服务平台环境下电子资源访问故障研究及实践》,《图书情报工作》2020 年第 4 期。

［17］武丽娜、贾延霞、杨慧等:《电子期刊有效揭示和维护的实践与思考》,《图书情报工作》2018 年第 12 期。

［18］窦天芳、杨慧:《清华大学图书馆一体化资源管理平台建设——以 ALMA 系统实施为例》,《数字图书馆论坛》2020 年第 5 期。

［19］贾延霞、杨慧:《电子资源批量编目的实践及研究》,《图书情报工作》2014 年第 18 期。

［20］贾延霞:《Excel 和元数据处理工具在电子资源批量编目中的应用》,《图书馆杂志》2014 年第 1 期。

［21］贾延霞、杨慧:《利用数据库商提供的电子资源 MARC 数据的策略》,《图书馆建设》2012 年第 8 期。

［22］贾延霞、吕肖华、杨慧等:《电子期刊编目方法新尝试——以清华大学图书馆的实践为例》,《图书馆建设》2011 年第 4 期。

［23］贾延霞、杨慧:《中文电子图书的 OPAC 揭示与利用：以超星电子图书的编目实践为例》,《图书馆杂志》2011 年第 3 期。

［24］详见：https://forms.office.com/r/BHAX8ieS4w。

［25］Abrahamse, Ben and Prairie Village, "The Cataloger's Challenge：Changing Work，Enduring Values," *Technicalities* 40, no. 2(2020), pp. 8–10.

［26］"Core Competencies for Cataloging and Metadata Professional Librarians," ALCTS Board of Directors, accesssed May 1, 2021, https://alair.ala.org/bitstream/

handle/11213/7853/Core%20Competencies%20Cataloging%20Metadata%20
Professional.pdf?sequence=1&isAllowed=y.

[27] 孙丽娟：《美国〈编目和元数据专业馆员核心能力〉标准：问题与启示》，《图书
馆理论与实践》2020 年第 4 期。

[28] 刘炜、胡小菁、钱国富等：《RDA 与关联数据》，《中国图书馆学报》2012 年第
1 期。

[29] 禹梅：《基于 DC 元数据的宁夏非物质文化遗产数字资源描述研究》，《图书馆理论
与实践》2019 年第 12 期。

[30] 详见：http://www.libraryjuiceacademy.com/courses.php。

# 新视野新动向
## ——IFLA 2021
## "新视野：21世纪新兴的元数据标准和实践"在线会议述评

杨雯霞① 丁建勤②

**摘　要**：受新冠肺炎疫情影响，IFLA 2021年元数据报告专场于2021年5月27日在线上举行，会议主题为"新视野：21世纪新兴的元数据标准和实践"。七个IFLA编目和元数据相关部门报告了最新的工作进展和计划，三位专家进行了座谈。国内业界应关注新视野下持续整合、协调、推进编目和元数据标准，标识符、实体管理和规范控制，编目和元数据核心能力等新动向，加快国际标准的国内转化和更新进程，强化规范控制，加快新型编目人员培养。

**关键词**：编目和元数据标准；IFLA；规范控制；国家书目；编目和元数据核心能力

## 1　会议概述

受新冠肺炎疫情影响，国际图联（The International Federation of Library Associations and Institutions，以下简写为IFLA）2021年全体会员大会以线上的形式召开。其中元数据报告专场（Metadata Reporting Session）已于2021年5月27日举行（ZOOM会议），主题为"新视野：21世纪新兴的元数据标准和实践"（New horizons：emerging metadata standards and practices in the 21st century）[1]，笔者有幸注册参加了本次会议。

线上会议由IFLA书目组、编目组、主题分析与检索组[2]联合举办，由专题介绍、

---

① 杨雯霞，上海图书馆馆员。
② 丁建勤，上海图书馆研究馆员。

专家座谈和问答三个主要环节构成[3-5]。

## 1.1 专题介绍

七个 IFLA 编目和元数据相关部门（评审组、委员会、分委员会）分别报告了最新的工作进展和计划[6-7]。

书目组秘书瑞贝卡·卢巴斯（Rebecca Lubas）代表书目组常设委员会（Bibliography Standing Committee）报告了《电子时代国家书目通用实践》（*Common Practices for National Bibliographies in the Electronic Age*）的编写情况，后续将做好翻译，提交至 IFLA 出版以及持续更新等工作。

编目组常设委员会主席文森特·布莱（Vincent Boulet）代表编目组常设委员会（Cataloguing Standing Committee）介绍了"2019—2021 年编目组行动计划"（Cataloguing Section Action Plan 2019—2021）。"行动计划"主要涵盖保持标准之间的一致性、确定元数据图书馆员的关键能力、在国际范围内推广本部门的关键文件、专注于规范控制和身份管理四个重点领域[8-9]。

雅典娜·萨拉巴（Athena Salaba）代表主题分析与检索组常设委员会（Subject Analysis and Access Standing Committee）介绍了体裁/形式的书目参照和词表的编纂、主题分析和检索信息服务所需要的知识及其能力等数项在研工作。

梅兰妮·罗氏（Mélanie Roche）和帕特·里瓦（Pat Riva）代表书目概念模型评审组介绍了 IFLA "图书馆参考模型"（IFLA Library Reference Model，以下简写为 LRM）的进一步整合，包括翻译、网页修订、RDA 类和属性到 LRM 的映射，正在开发的 LRMoo 将与 CIDOC CRM7.1 兼容。

戈登·邓西尔（Gordon Dunsire）代表 ISBD 评审组介绍了 ISBD 转型，近期更新将扩展至地图、手稿、非打印材料等载体表现的组成部分，ISBD 与 LRM 模型的协调，与外部环境的各种标准（比如维基数据）等的协调。

关联数据技术分委员会主席（LIDATEC）约瑟夫·哈夫纳（Joseph Hafner）分享了新的 IFLA 名称空间。IFLA 名称空间包含了关联数据形式的 IFLA 各种标准，如 FRBR、ISBD、MulDiCat、UNIMARC、LRM。今后，IFLA 名称空间将更及时地更新关联数据形式的 IFLA 标准。

赫洛伊丝·勒孔特（Héloïse Lecomte）代表 UNIMARC 永久委员会（Permanent

UNIMARC Committee，以下简写为 PUC）介绍了 UNIMARC 对 LRM 的适应。目前 PUC 仍致力于使用户通过 UNIMARC 进行实体编目，但该项工作目前并未有大的突破性进展。

## 1.2　专家座谈和问答环节

专家座谈环节由 IFLA 主题分析与检索组主席、肯特州立大学的雅典娜·萨拉巴主持，邀请了 IFLA 编目组常务委员会成员、智利国会图书馆信息资源制作部参考资料制作课的安吉拉·奎罗斯（Ángela Quiroz U.），法国国家图书馆元数据部主任、法国国家项目"书目转换"联合主席弗雷德里克·约安尼克·塞塔（Frédérique Joannic-Seta）和洞察与分析（SaltFlats）董事总经理、圣何塞州立大学兼职教授约翰·霍洛迪斯基（John Horodyski）三位专家，围绕新冠疫情流行带来的思考方式和工作方法的改变、高度自动化环境下标准的改变和人机协同工作、未来书目描述和主题检索的演变、元数据馆员所需的技能及其知识储备四个话题展开。

最后是问答环节，专家们回答了九个提问，涉及标准转换下的数据迁移、UNIMARC 映射 LRM 的著录、ISBD 和 RDA 及其与 LRM 的关系等。

## 2　编目和元数据发展的新动向

本次会议从某种程度上反映了国际编目和元数据发展的诸多新动向。

### 2.1　新视野下持续整合、协调、推进编目和元数据标准等

IFLA LRM 的设计目的是在关联数据环境中进行使用以及在关联数据环境中支持和提升书目数据的使用频率。IFLA LRM 是一个在实体—关系模型框架下开发的高级概念参考模型。它整合了之前单独开发的 FRBR、FRAD、FRSAD 等 IFLA 概念模型[10]。

会议报告内容清晰地体现了与 LRM 相关的工作是 IFLA 编目和元数据部门近年来工作内容的重中之重。不仅需要考虑 LRM 和 IFLA 内部各标准、原则之间的协调，也需要考虑 LRM 模型和其他外部的模型、标准的映射及兼容性。

面向对象的 LRMoo 模型将兼容 2021 年 3 月 8 日发布的 CIDOC CRM7.1 版本（官

方正式版）。一旦 LRMoo 的开发工作完成，LRMoo 模型将会超越并替代 FRBRoo v2.4。LRMoo 也对 FRBRoo 中的许多方面进行了简化。为了给用户迁移到 LRMoo 提供更多的支持，LRMoo 也会提供迁移指南。帕特·里瓦指出："2021 年 6 月 22 日至 6 月 25 日，LRMoo 工作小组将举行下一次会议，届时应有完整的草案。"

ISBD 评审组正在协调 LRM 与 ISBD。作为一个概念模型，LRM 无法直接用于编目和元数据的制作，目前 IFLA 仍致力于 ISBD、UNIMARC 等数据标准的更新和协调。目前 ISBD 与 LRM 模型的协调主要聚焦于载体表现，选择这一层次是因为它与 ISBD 目前提供的指示和规定最为接近。但协调对于 ISBD 中元素的精细程度、数据来源、布局等都会有影响。国际标准书目著录评审组也需要更多的时间来进行这项工作。UNIMARC 也在持续努力，以适应 LRM。

IFLA 命名空间（IFLA Namespaces）致力于实现 IFLA 标准的关联数据发布，以适应语义网环境。2020 年 7 月发布的新命名空间包含了关联数据形式的 FRBR、ISBD、MulDiCat、UNIMARC、LRM 等 IFLA 标准。其中，LRM 已在名称空间中与 RDA 工具包（RDA Toolkit）进行关联[11-12]。

在新技术、元数据、语义网和人工智能应用的环境下，主题分析与检索组下辖的自动化主题分析与检索小组正在探索自动化的主题分析与检索当下的局面和未来的可能性。雅典娜·萨拉巴提到，工作小组目前在探索包含"在主题分析与检索方面，没有人工干预的情况下机器能做多少？ AI 应该应用到哪个程度？"[13]等问题。为了探索这些问题，目前主题分析与检索委员会以"人工智能和主题检索的自动化处理"为题征文，征集论文将发表在《编目和分类季刊》（*Cataloging & Classification Quarterly*）特别问题这一辑中[14]。

值得注意的是，编目和元数据标准的传播、推广、影响测度也受到重视，如作为重点领域之一的"在国际范围内推广本部门的关键文件和标准化工作"，被列入"2019—2021 年编目组行动计划"，并编有具体指标。

## 2.2 标识符和实体管理：规范控制的新共识

随着语义 Web 标准和技术的发展，图书馆对创建和链接标识符以实现更好的全球共享实体管理途径越来越感兴趣。通过将注册的标识符与指定单个身份或已标识实体的特征数据相关联，实现通过使用标识符来区分实体[15]。2020 年年底，美国合作编目项目（PCC）MARCURI试点NACO子组（The PCC URIs in MARC Pilot NACO subgroup）发布了"NACO 024最佳实践指南"（NACO 024 Best Practices Guidelines），建议规范记录024字段增加URIs[16-17]，强化外部关联，实现实体管理。

"规范控制和ID管理：对IFLA标准和编目员实践的影响"被列为"2019—2021年编目组行动计划"四个重点领域之一。鉴于个人名称（Names of Persons）和经典匿名作品（Anonymous classics）文档是重要的编目工具，编目组将持续予以维护。应指出的是，由中国国家图书馆、香港图书馆协会（Hong Kong Library Association）、香港特别行政区大学图书馆长联席会（Joint University Librarians Advisory Committee，JULAC）、澳门图书馆暨资讯管理协会（Macau Library and Information Management Association，MLIMA）和澳门大学图书馆（The University of Macau Library）合作完成的"中国人名"（Names of Persons—Chinese Names）已于2020年10月16日发布，内容包括上述三地人名结构[18]。鉴于"中国经典匿名统一题名"（Anonymous classics：A list of uniform titles for Chinese works）已于2011年发布，至此中国个人名称和经典匿名作品已基本完成。

目前，IFLA继续致力于UNIMARC规范格式的维护。会上，赫洛伊丝·勒孔特重申了2012年就定下的原则："用UNIMARC为FRBR和LRM编目时，作品和内容表达实体记录用UNIMARC规范格式著录，UNIMARC书目格式仅用于著录载体表现，这一点与MARC21不同。"[19]2020年，UNIMARC永久委员会根据LRM或RDA为作品、内容表达层属性在UNIMARC规范格式中创建了10个新字段，进行了4处更改，并弃用了部分编码字段。赫洛伊丝·勒孔特在会上指出："UNIMARC用户现在可以有两种选择。第一种是维持之前的做法。第二种，如果用户希望进行实体编目并用于数据交换，可以将作品和内容表达通过UNIMARC规范数据进行编目。"[20]

新环境下保持基于IFLA不同标准下的取值词表的一致性也受到重视，其中MulDiCat的工作尤为重要，MulDiCat包含了图书馆社群中的不同术语在多个语种中的定义。主题分析与检索组编纂的体裁/形式参照和词表已于2021年5月完成首次更新，今后每6个月或视需要将持续更新。

## 2.3 编制中的新版《电子时代国家书目通用实践》

万维网带来的变化以及数字媒体的迅猛发展使许多国家书目赖以建立的关键假设受到质疑。因此，IFLA 书目组需要为寻求该领域信息的人提供当前最佳实践的准确指导[21]。目前，书目组正致力新版《电子时代国家书目通用实践》(*Common Practices for National Bibliographies in the Electronic Age*)[22]的编制，这一版本是对 2015 年发布的《数字时代国家书目机构的最佳实践》(*Best Practice for National Bibliographic Agencies in a Digital Age*)[23]的更新。这是继 2009 年发布的《数字时代的国家书目：指南和新方向》(*National Bibliographies in the Digital Age：Guidance and New Directions*)[24]之后，又一国家书目领域的研究成果。瑞贝卡·卢巴斯指出，"这些是根据优秀实践成果提出的建议，并非代表书目组的观点"[25]。尽管目前新版《电子时代国家书目通用实践》还未正式出版，但这份草稿已在官网公开并可供使用[26]。这个版本与之前的版本相比，添加了更多的样例。瑞贝卡·卢巴斯提到："原先版本中不少样例已经与时代脱节，现在这个版本中最大的财富就在于这些来自世界上各个国家的国家书目在现实中的实践和建议。"[27]

应注意的是，2021 年 4 月 28 日举行的 IFLA 第三届国际书目大会专家座谈环节，也以国家书目资源为主题进行了讨论。会上，专家们强调了国家书目即使在具有许多国际书目数据库的数字环境中也有其特殊作用。首先，国家书目收集了一个地区的国家成果。其次，从根本上来说，国家书目是权威元数据的提供者。在缺少关注、不为人所见的情况下，国家书目的维护会受到阻碍。因此，国家书目需要持续的支持和倡导[28]。

## 2.4 关注编目和元数据核心能力

随着时代的发展，包括编目理念（如 FRBR 和 LRM）、编目原则（如 ICP）、编目和元数据标准（如 RDA、DC 和 BIBFRAME）以及技术环境（如关联数据和语义网）在内的图书馆编目环境正发生着巨大的变化，这些变化对编目人员的素质能力提出了新的挑战，因此重新评估和完善编目馆员的核心能力变得越来越迫切。"2019—2021 年编目组行动计划"、主题分析与检索组在研工作和专家座谈话题均涉及编目和元数据馆员的核心能力。

"2019—2021 年编目组行动计划"关注的第二个重点领域是"识别元数据馆员的核心能力并进行相应的培训"，包括工作领域内所必要的资格和元数据创建者所需要的能力。

主题分析与检索组主题分析与访问的趋势及其教育在研工作，旨在辨别支持主题分析与检索信息服务所需要的知识和能力，并提供培训。

专家座谈第三个话题为"五年内，您如何看待书目描述和主题检索的演变？哪些技能或能力是需要的？在新兴的书目环境中，元数据专业人员需要哪些知识、技能和培训？"安吉拉认为"为了适应新的环境"，编目员确实需要"了解新的元数据环境"和编目变化，需要知道"编程、人工智能、本体论、RDA、BF"这些新技能，"让自己不落伍"。约翰认为"接下来的三年"，"速度、适应能力、响应性以及改变的能力（是重要的）"，"类似 AI 机器学习的方向可能是观察对此的响应性的正确答案"。"数据分析"和"监管"是元数据管理的目的，"优质的数据也很重要"，"你需要用这样的数据去创造更好的检索、优化用户体验，这也是自动化如此有意义的原因"。"数据是你能利用的最有用的资源，我们给内容提供更好的检索"，"这也是应对未来所有元数据可能的变化的答案"。弗雷德里克认为"对编目员来说，最首要的是编目数据的质量"。"编目员所使用的实体关系模型也要适应超越其图书馆范围的生态环境，编目员越发需要整合其他领域的数据或实体，例如档案馆、博物馆等。法国国家项目'书目转换（bibliographic transition）'的一个目标就是帮助用户制作描述文化或者教育资源的实体。""编目员需要考虑的不仅是编目记录的制作完成，还需要考虑数据的整个生命周期，需要了解数据集的批处理，至少会以表格形式处理数据。这必须成为每个编目员具备的能力。"[29]

应注意的是，早在 2017 年 1 月，美国图书馆协会（American Library Association，以下简写为 ALA）图书馆馆藏与技术服务协会（Association for Library Collections and Technical Services，ALCTS）理事会就发布了《编目和元数据专业馆员核心能力》（*Core Competencies for Cataloging and Metadata Professional Librarians*）。与 IFLA 编目组"2019—2021 年编目组行动计划"仅提出"元数据馆员"核心能力相比，ALA 更加强调编目、元数据一体化，从知识能力、技能、行为能力三方面重新概括界定了图书馆编目和元数据专业馆员的核心能力。这点在本次会议座谈环节专家发言中也得到了体现。

## 3 启示和思考

### 3.1 积极跟踪标准更新进展，加快国内转化和更新进程

编目和元数据标准是 IFLA 重要的标准化工作领域，取得的成果也最为丰富，包括整合、协调在内的持续更新，以适应新环境和新变化，是确保标准生命力的重要举措。一方面，可以优化和完善标准自身的不完善之处；另一方面，包括关联和映射在内的标准之间的联系和调整，与更广阔的社群间实现整合，将使标准走出图书馆，扩大标准的适用面和影响力。

《中华人民共和国标准化法》第八条明确规定，"国家积极推动参与国际标准化活动，开展标准化对外合作与交流，参与制定国际标准，结合国情采用国际标准，推进中国标准与国外标准之间的转化运用"[30]。2015 年，《第四届全国文献编目工作研讨会讨论共识》也提出，"跟踪国际编目规则的变化，推进国内编目规则在新的技术环境下的发展和统一"[31]。因此，应积极跟踪包括 IFLA 在内的编目和元数据标准的创设和更新动态，如 LRM、ICP、ISBD、UNIMARC、RDA、BF 等，及时评估、转化和更新国内标准。应该说评估、转化和更新进程尚有进一步改善的空间，如 2021 年 3 月 9 日发布的《信息与文献资源描述》国家标准（GB/T 3792—2021）依据的是 2011 年的 ISBD 统一版，评估、转化时间跨度长达十年左右。

确保标准生命力的另一重要举措是推广应用。国内业界可在借鉴、参考 IFLA 编目和元数据标准传播、推广、影响测度及其指标的基础上，结合国内实际情况，建立和完善常态化的标准维护机制，出台和完善相关举措，开展成效和影响测度。

### 3.2 积极探索标识符和实体管理，强化规范控制

规范控制一直是国内中文编目的痛点和难点。国家书目机构"有责任记录个人、家族、团体、地名的规范检索点以及与本国相关作品的权威参考文献，以此作为创建权威书目数据的一部分工作，并且向其他国家书目机构、图书馆和其他行业（例如档案馆和博物馆）提供规范数据"[32]，由此可见，国家图书馆在规范控制领域承担着至关重要的职责。令人鼓舞的是，国家图书馆拟推进"全国名称规范推广工作"[33]，"通

过增加规范记录唯一标识符实现实体的区分、关联、同步更新"[34]。

关联数据为语义网时代的规范控制提供了新的解决方案。2017 年，上海图书馆实施了中文关联书目数据发布项目。在国家图书馆全国联合编目中心的支持和帮助下，对于人物实体，回溯批处理挂接国家图书馆规范记录[35]。具体而言，先将上海联编 150 余万条书目数据中涉及的人名（701、702 字段）与国家图书馆规范档进行匹配，然后与上海图书馆人名规范库进行匹配，匹配成功的直接获取上海图书馆人名规范库中的 HTTP URI；反之，则生成新的 HTTP URI[36]。

应注意的是，中文编目规范控制标识符和实体管理应用，尚需进一步探索，努力形成和完善技术、业务方案。

### 3.3　积极跟踪和借鉴国外进展及成果，"加快新型编目人员培养"

"在当前信息技术环境不断变化的背景下，元数据在图书馆中发挥的作用越来越大，编目工作范畴日益扩展，为了积极应对挑战，提高编目工作核心竞争力"，"加快新型编目人员培养"是编目从业人员应对编目环境变化的共同愿望，这业已成为共识[37]。编目和元数据馆员角色应定位为"分类编目者、索引者、主题分析者、权威控制者、编目成果品质控制者、编目政策制定者、标准与程序制定者、维护资料库与自动化系统者、数位资源 / 数位图书馆 / 数位典藏的整理与组织者、知识组织者、资料、馆藏与书目诠释者"[38]。

目前，国内编目员对新技术的了解尚存在不足，如编目员表示"了解关联数据及其在图书馆的一些应用的"占 38%，表示不了解的占 62%[39]。因此，应积极跟踪和借鉴国外进展及成果，努力构建体现新知识、新技能的培训内容和课程体系，强化编目元数据一体化以及技术能力要求，注重原则、标准规范的本地化运用，凸显行为能力。值得欣喜的是，国内已有专家进行了初步的探索[40]。

### 注释：

[ 1 ] 编目精灵：《IFLA 在线会议：新视野：21 世纪新兴的元数据标准和实践》，https://catwizard.net/posts/20210413144734.html，访问日期：2021 年 6 月 28 日。

［2］IFLA Division of Library Services（国际图联图书馆服务部）下设 Bibliography Section、Cataloguing Section、Subject Analysis and Access Section 等组织（详见：https://www.ifla.org/library-services）。国内对 "Section" 的译法并不统一，本文参照 "［IFLA］专业部门"（详见：http://www.nlc.cn/newtsgj/iflaygt/gjtlzwyyzx/gygjtl/zybm/index.htm#3)，将 Bibliography Section、Cataloguing Section、Subject Analysis and Access Section 译为书目组、编目组、主题分析与检索组。

［3］同［1］

［4］"New horizons：emerging metadata standards and practices in the 21st century," IFLA, accessed June 8, 2021, https://www.ifla.org/node/93730.

［5］"Webinar：New horizons：emerging metadata standards and practices in the 21st century," IFLA, accessed June 28, 2021, https://www.ifla.org/publications/node/93897?og=53.

［6］"Cataloguing and Subject Analysis and Access Sections. New horizons：emerging metadata standards and practices in the 21st century," IFLA Bibliography, accessed May 29, 2021, https://www.ifla.org/files/assets/bibliography/webinar_new_horizons-20210527-slides.pdf.

［7］编目精灵:《IFLA 元数据相关部门：2021 年工作重点》, https://catwizard.net/posts/20210601111040.html, 访问日期：2021 年 6 月 3 日。

［8］编目精灵:《IFLA 编目部行动计划 2019—2021》, https://catwizard.net/posts/20210603111003.html, 访问日期：2021 年 6 月 25 日。

［9］"Action plan 2019—2021," Cataloguing Section, accessed June 28, 2021, https://www.ifla.org/files/assets/cataloguing/plans/action_plan_cataloguing_section2019_2021.pdf.

［10］"IFLA Library Reference Model（LRM）," IFLA, accessed June 28, 2021, https://www.ifla.org/publications/node/11412.

［11］编目精灵:《IFLA 命名空间：IFLA 标准作为关联数据》, https://catwizard.net/posts/20160224205934.html, 访问日期：2021 年 6 月 1 日。

［12］详见：https://www.iflastandards.info/。

［13］"New horizons: emerging metadata standards and practices in the 21st century," IFLA, accessed December 28, 2023, https://www.ifla.org/events/new-horizons-emergingmetadata-standards-and-practices-in-the-21st-century/.

［14］"Call for Papers：CCQ Special Issue：Artificial Intelligence（AI）and Automated Processes for Subject Access," IFLA, accessed June 28, 2021, https://www.ifla.org/node/93614?og=70.

［15］编目精灵：《从规范控制到身份管理：PCC 的工作》，https://catwizard.net/posts/2021 0118162218.html，访问日期：2021 年 6 月 15 日。

［16］"NACO—Name Authority Cooperative Program," Program for Cooperative Cataloging, accessed June 29, 2021, https://www.loc.gov/aba/pcc/naco/.

［17］台北图书馆：《The PCC URIs in MARC Pilot NACO subgroup 发布 "NACO 024 Best Practices Guidelines"》，https://catweb.ncl.edu.tw/report/page/31481，访问日期：2021 年 6 月 1 日。

［18］"Names of Persons—Chinese Names," IFLA, accessed June 28, 2021, https://www.ifla.org/files/assets/cataloguing/pubs/ifla_names_of_persons_chinese_names_2020.pdf.

［19］同［13］

［20］同［13］

［21］"Common Practices for National Bibliographies in the Electronic Age," IFLA, accessed June 26, 2021, https://www.ifla.org/files/assets/bibliography/common_practices_for_national_bibliographies_2021-01.pdf.

［22］"Common Practices for National Bibliographies," IFLA, accessed June 26, 2021, https://www.ifla.org/bibliography/projects.

［23］"Guidelines for the Future – Sharing Best Practice for National Bibliographies In A Digital Age," IFLA, accessed June 28, 2021, https://blogs.ifla.org/bibliography/2015/06/25/guidelines-for-the-future-sharing-best-practice-for-national-bibliographies-in-a-digital-age/.

［24］Žumer M：《数字时代的国家书目：指南和新方向》，https://www.ifla.org/files/assets/hq/publications/series/39-zh.pdf，访问日期：2021 年 6 月 29 日。

［25］同［13］

［26］同［21］

［27］同［13］

［28］"Panel on National Bibliographic Resources during the 3rd International Bibliographic Congress，April 28，2021," IFLA, accessed June 26, 2021, https://blogs.ifla.org/bibliography/2021/05/05/panel–on–national–bibliographic–resources–during–the–3rd–international–bibliographic–congress–april–28–2021/.

［29］同［13］

［30］国家法律法规数据库:《中华人民共和国标准化法》，https://flk.npc.gov.cn/detail2.html?MmM5MDlmZGQ2NzhiZjE3OTAxNjc4YmY4NzY0MzBhOTE%3D，访问日期：2021 年 6 月 29 日。

［31］国家图书馆采编部:《第四届全国文献编目工作研讨会讨论共识》，国家图书馆学刊，2015 年第 6 期。

［32］IFLA:《国际图联关于世界书目控制的专业声明》，顾犇译，https://www.ifla.org/node/92265，访问日期：2021 年 6 月 28 日。

［33］索晶:《关联数据知识与资源组织之二：全国名称规范推广工作及系统实施》，http://olcc.nlc.cn/page/document.html，访问日期：2021 年 6 月 28 日。

［34］刘小玲:《关联数据知识与资源组织之三：名称规范推广工作业务模式》，http://olcc.nlc.cn/page/document.html，访问日期：2021 年 6 月 28 日。

［35］丁建勤:《上海市文献联合编目中心中文书目规范控制构想及其进展》，http://olcc.nlc.cn/page/document.html，访问日期：2021 年 6 月 28 日。

［36］夏翠娟、许磊:《中文关联书目数据发布方案研究》，《数字图书馆论坛》2018 年第 1 期。

［37］同［31］

［38］王梅玲:《网路时代资讯组织人员专业能力之研究》，图书资讯学研究，2007 年第 2 期。

［39］陈琦、冯亚惠、吴旻等:《转变与突破——国内公共图书馆编目工作调查分析报告》，《图书馆论坛》2013 年第 6 期。

［40］宋琳琳、蔡沅欣:《我国高校元数据课程调查与对比——以〈编目和元数据专业馆员核心能力〉为视角》，《图书馆论坛》2020 年第 12 期。

# 内容二维码在图书馆智慧化转型中的著录及服务

郑春蕾①

**摘　要：**在纸屏融合出版物等复合型出版物迅速发展的今天，二维码技术作为信息存储、传递和识别的一种关联手段得到广泛重视。本文从图书馆智慧化转型的角度出发，在明确内容二维码概念的基础上，介绍相关研究进展，分析其在文献著录和服务方面的特点及优势，进而建议智慧图书馆应积极参与到纸屏融合出版物的良性循环中。

**关键词：**内容二维码；图书馆智慧化转型；文献著录；读者服务；纸屏融合出版物

2015 年国家新闻出版广电总局、财政部联合发布了《关于推动传统出版和新兴出版融合发展的指导意见》，重点任务第一条"创新内容生产和服务"提出"顺应互联网传播移动化、社交化、视频化、互动化趋势，综合运用多媒体表现形式，生产满足用户多样化、个性化需求和多终端传播的出版产品"[1]。这一内容的提出直接促进了纸屏融合出版物等复合型出版物的蓬勃发展，二维码技术作为信息存储、传递和识别的一种关联手段得到广泛重视。2017 年党的十九大报告首次明确提出建设"智慧社会"，图书馆作为重要的信息和知识服务机构必将投身其中。智慧化转型中的图书馆初期是在外部添加的业务中使用二维码，借助纸屏融合出版物发展的大趋势，内容二维码也日益受到重视。本文从图书馆智慧化转型的角度出发，明确内容二维码的概念，论述其著录管理的特点，利用优势更好地服务读者，并积极促进纸屏融合出版物的良性发展。

---

① 郑春蕾，首都图书馆副研究馆员。

## 1　内容二维码的概念及相关研究

二维条码（Two-dimensional barcode），简称二维码，是按一定规律在平面（二维方向上）分布的、黑白相间的、记录数据符号信息的某种特定的几何图形，能存储文本、数字、图片、声音及指纹等信息。二维码技术是在代码编制上利用构成计算机内部逻辑基础的 0、1 概念，使用若干个与二进制相对应的几何形体来表示文字数值信息，通过图像输入设备或光电扫描设备自动识读以实现信息自动处理[2]。为了区别于图书馆外部添加的宣传、标记、识别等业务用途的二维码，本文讨论的内容二维码（Two-dimensional barcode integrated into the book）定义为：以纸质文献为主要载体，能借此链入与文献内容相关的音频、视频、网页、动画、文档等其他类型资源的二维码。二维码技术的优势使得内容二维码具备以下特点：高密度编码，数据信息容量大；编码范围广，记录内容多样化；译码可靠性高，容错能力强，具有纠错功能，读取迅速；保密性高，内容防伪性好；相对尺寸可调，能够依据文献排版[3]。技术要求和制作成本较低为二维码在普通图书中的应用提供了便利。

为了打造虚实结合的智慧感知空间，内容二维码最早出现在教学辅导类图书上，相关研究也始于此。《教辅图书内容二维码的发展现状与对策分析》[4]《教辅图书二维码应用探析》[5]等文章分析了内容二维码在出版行业的发展，提出问题并优化应用。图文视听与纸质图书相融合的阅读效果在移动终端普及的助力下，使得越来越多的不同类型的文献利用内容二维码表达主旨。《基于二维码技术的纸屏融合出版物现状分析》[6]和《二维码融合出版物标准问题研究——以图书为例》[7]正是在这一形势下关注融合出版物中二维码的标准问题，为其健康稳定发展提供了理论和现实依据。面对二维码的广泛应用，图书馆作为搜集、整理、保存、传播、研究各类文献的信息机构最初关注以下几个方面：二维码与条形码、RFID、NFC 的对比研究[8]；二维码作为文献标识在馆藏管理、流通等方面的应用[9]；在图书馆数字化过程中二维码提供的移动情景服务[10]；二维码基于不同移动操作系统的使用[11]；二维码基于微信发展的相关应用[12]等。上述是二维码技术在图书馆中迅速推广后的实践与思考，但涉及内容二维码的研究并不多。内容二维码在图书馆智慧化转型中同样发挥着重要的媒介作用，通过科学的著录管理能够为读者提供更多的优质服务。

## 2　内容二维码在图书馆智慧化转型中的著录管理

印刷在文献上的内容二维码在图书馆业务流程中首先进入编目环节。由于内容二维码所包含的信息无法直接显示，需要借助一定的设备及网络才能进行阅读观看，所以如何在著录中体现其特点成为需要考虑的问题。文献著录是在编制文献目录时，按照一定规则，对文献的形式特征和内容特征进行分析、选择和记录的过程[13]。内容二维码的著录明确其在机读目录中的形式，为图书馆的知识产品向精准化、深层次转变提供了数据支持，也是智慧化转型的基础一步。

### 2.1　内容二维码是否作为"图"著录在相应字段

从定义来看，二维码是具有一定功能的几何图形。《新版中国机读目录格式使用手册》[14]在105（编码数据字段：专著性文字资料）"图表代码"中"a=图表"注解"用于下列代码以外的其他图表类型，如示意图、曲线图或未专门编码的图表类型"，其中"下列代码"包括地图、肖像、航行图、设计图、图版、乐谱、摹真本、盾徽、谱系表、表格、样品、录音资料、透明图片、彩饰。二维码显然不包含在指定代码中，应属于"其他图表类型"。所以，内容二维码应作为"图"在105"图表代码"著录为"a"。同时，215（载体形态项字段）"$c 其他形态细节"与105的"图表代码"相对应，包含内容二维码的文献在215$c 需要著录"图"。

### 2.2　内容二维码链接的信息作为电子资源如何著录

智能技术驱动下的内容二维码所含信息量较大，多数情况下具有随书光盘等电子资源的功能。电子资源是指以数字化形式储存，由计算机控制抑或需要使用计算机外部设备或其他专门化工具读取的信息资源。根据国际标准著录（ISBD）的规定，电子资源的编目主要以直接访问和远程访问两种方式处理[15]。随书光盘作为分离于图书主体部分并配合主件使用的附加资料[16]著录在215（载体形态项字段）"$e 附件"中，如果有 ISBN、ISRC 等信息，则在307（载体形态附注字段）"$a 载体形态附注"加以标注。而内容二维码包含在图书主体中，按照规则不能著录在215$e、307$a 等位置，其载体形式也不允许使用135（编目数据字段：电子资源）等字段。由此可见，内容二维码扫描后链接的音频、视频、图片、程序等电子资源应按照远程访问的方式处理，编目时使用 337（系统要求附注字段：电子资源）、856（电子地址和电子访问字段）等专用字段，说明二维码链入的资源形式、耗用流量大小、是否需下载其他智能应用等情况。例如，《大家小书青春版》系列之《乡土中国》在题名页的对页上注明相应视频课程需要下载 App、扫码才能收看，使用 337 字段说明如下：337##$a 本书视频课要求下载"三人行老师"App 扫码收看。

### 2.3 内容二维码建立索引如何著录

随着文献中内容二维码的增多，其呈现方式的规范要求被提上日程。各类图书依据内容而设置不同数量的二维码，吉鹏云等[17]提出当二维码超过 12 个时，需要建立索引表。就目前笔者所见，仅凭数量来判断文献是否建立二维码索引表，不符合实际情况。例如《经济学原理》（ISBN 978-7-1116-5378-3）一书，每个二维码都附在对应文字的旁边，虽然数量较多，但读者通过目录在正文中找到所需内容，即可通过一旁的二维码链接到相应的电子文档或视频。这种情况下建立二维码索引，反倒容易造成混乱。对内容二维码与正文相分离的情况，建立二维码索引则有助于读者查询和使用，例如《汽车底盘电控技术》（ISBN 978-7-1116-3934-3）一书。

内容二维码建立索引后，在文献著录中是否作为正文索引在书目数据中反映，应取决于二维码及其所代表内容在正文中所占的比例。105 字段的"索引指示符"表示文献是否含有其正文的索引[18]，如果二维码所链接的信息占比超过 50%，笔者认为 105 的"索引指示符"应该为"1"，即有索引。以《汽车底盘电控技术》（ISBN 978-7-1116-3934-3）为例，书后二维码索引反映的内容不及正文的一半，在 105"索引指示符"应该为"0"，即无索引。

## 3 内容二维码在图书馆智慧化转型中的服务机遇

图书馆的智慧化转型不是对新技术的盲目追捧和简单应用，而是为了良好的读者体验及自身整体功能价值的提升。内容二维码的著录管理是通过书目数据对其进行揭示、便于查找，服务则是依靠智能技术支撑下耐心细致的读者工作。内容二维码链接的音频、视频、文档、网页、动画等资源满足了读者在任何环境下获得优质体验的需求，但其稳定性、准确性、流畅性、时效性等容易出现偏差。图书馆应充分发挥内容二维码在视听体验生动、内容更新及时等方面的优势，为读者提供个性化的专业服务，也为出版机构生产优质的二维码内容贡献智慧。

### 3.1　协助读者呈现内容二维码的链接信息

内容二维码的优势之一就是读者扫描进入所链接的服务端，就可以获得与纸质文献相关的音频、视频等信息。手机、平板电脑等手持设备的日益普及，图书馆提供免费 Wi-Fi 环境，读者即可自行连接进行阅览。同时，作为公共文化服务提供者的图书馆也不能忽视未配备或不擅长使用智能设备人群的需求，如残障人士、低收入者、老年人、儿童等，为他们提供阅读二维码内容相应的设备及帮助是图书馆义不容辞的责任和义务。图书馆在智慧化转型的过程中可以借助大数据技术分析读者信息来判断其需求，利用自身软硬件开展精准服务。例如，当有借用手持设备记录的读者再次借阅时，系统会优先提示是否借用，满足个性化需求。

### 3.2　持续提供有关内容二维码的信息服务

为了防止内容二维码的链接信息失效以供读者持续使用，图书馆可以利用数据挖掘及存储、机器学习等技术有针对性地发现信息，并转换成智慧产品。技术的发展为更广泛的信息传播创造了有利条件，尽管图书馆同版权人在文本与数据挖掘的权益上存在一定冲突，但只要双方保持协商合作，就能够有效地应对新技术带来的挑战。例如，通过扫描机械工业出版社出版的《汽车底盘电控技术》（第4版）后的二维码，就可以直接链接到机械工业出版社二维码云平台，显示对应内容的资源名称、大小等信息，点击播放即可观看。图书馆能否对此类信息进行提取、重组、分析，提升文献及其数据的价值，就需要与版权人协商，以达到彼此利益的平衡点。

### 3.3　参与到内容二维码制造的良性循环中

除了负责内容生产的作者和编辑、后期维护的运营团队对内容二维码进行管理，智慧化转型中的图书馆作为用户和传播者也需要增强主观能动性，与相关机构积极沟通，促进二维码融合出版物的良性循环。现阶段以二维码为中介的纸屏融合出版物依托的数字资源平台安全性与稳定性较差，数字资源质量参差不齐，缺乏专业的运营维护，导致读取二维码差错频发，用户体验差[19]。图书馆可以依据多年积累的文献经验及智能技术，在充分了解内容的基础上，加强同出版机构的合作，及时纠正版本不兼容、内容失效等问题。同时，在服务过程中有意识地收集读者关于内容二维码链接信息中的广告滥用、内容相关性差、用户数据泄露等反馈，不定期地反映给出版机构，让它们多渠道了解用户需求，为生产优质的二维码内容提供支撑。

## 4　结语

目前，智慧图书馆还处于探索阶段，以内容二维码为中介的纸屏融合出版物也在起步，两者还有诸多问题亟待解决。首先，图书馆在智慧化转型的过程中针对内容二维码已发现的问题应进行充分的讨论与总结，为链接信息等电子资源的著录及服务制定可操作的细则。其次，智慧图书馆应抓住内容二维码等关联技术飞速发展的机遇，利用数据分析、挖掘、存储等工具，为读者提供更多高质量、个性化的服务和知识产品。最后，图书馆作为智慧社会的行动者，依据自身的业务特点，参与到内容二维码的规范制定中，促进整个纸屏融合出版物行业的良性发展。

## 注释：

[1] 新闻出版广电总局、财政部:《新闻出版广电总局、财政部关于推动传统出版和新兴出版融合发展的指导意见》,http://www.gov.cn/gongbao/content/2015/content_2893178.htm,访问日期：2021 年 5 月 6 日。

[2] 金鑫:《出版社如何安心使用二维码？》,《中国新闻出版广电报》2023 年 9 月 27 日,第 3 版。

[3] 陈海龙、陈希亮:《利用二维码实现图书馆随书光盘云服务》,《新世纪图书馆》2017 年第 1 期。

[4] 田鹏:《教辅图书内容二维码的发展现状与对策分析》,《出版广角》2015 年第 4 期。

[5] 王津、刘华坤:《教辅图书二维码应用探析》,《北京印刷学院学报》2018 年第 2 期。

［6］刘兆寅、张新华:《基于二维码技术的纸屏融合出版物现状分析》,《台州学院学报》2018 年第 1 期。

［7］吉鹏云、柯积荣、开军武:《二维码融合出版物标准问题研究——以图书为例》,《科技与出版》2018 年第 9 期。

［8］陈扬扬、宓永迪:《二维码与 RFID 和 NFC 技术在图书馆中的应用》,《科技情报开发与经济》2013 年第 5 期。

［9］钱宇:《二维码与图书馆的深度结合——二维码替代条形码》,《国家图书馆学刊》2016 年第 1 期。

［10］朱雯晶、夏翠娟:《二维码在图书馆移动服务中的应用——以上海图书馆为例》,《现代图书情报技术》2012 年第 Z1 期。

［11］颜达龙、刘松鑫、吴雅真:《基于 Android 的移动图书馆助手》,《科技与创新》2015 年第 18 期。

［12］芦晓红:《图书馆微信小程序的应用现状与展望》,《图书馆学研究》2018 年第 11 期。

［13］全国图书馆联合编目中心、国家图书馆中文采编部:《中文书目数据制作》,国家图书馆出版社,2013。

［14］国家图书馆:《新版中国机读目录格式使用手册》,北京图书馆出版社,2004。

［15］同［14］

［16］同［14］

［17］同［7］

［18］同［14］

［19］同［8］

# 交流论文

# 智慧图书馆下中文名称规范文档研究现状及进展

白　鸽①

**摘　要：**在智慧图书馆体系下，中文名称规范文档建设过程中，应以用户的需求为导向，以与国际接轨为原则，以共享数据的应用成果为检验，实现中文名称规范文档数据共建和共享相结合。本文分析了个人和机构名称规范文档建立与共享的现状。

**关键词：**中文名称规范文档；智慧图书馆；关联数据

## 1　引言

随着网络和信息技术的飞速发展，用户日益增长的信息需求与落后的传统图书馆信息提供功能之间的矛盾越发突出。为解决这一难题，智慧图书馆的概念应运而生。在智慧图书馆体系下，大量纷繁复杂的数据经过合理分类、分析、整合后形成相关信息并共享，可以更好地促进各机构合作交流，推动各领域学术发展。

传统规范工作通过书目信息以及书目数据库记录的信息，对个人、家族、团体、作品名称进行整合，通过对检索点进行规范控制，集中同一责任者的不同著作，整合同一著作的不同版本或译本。

然而随着信息技术的发展，传统规范工作面对的不只是书目信息，还有网络资源，包括大量不规范的人名、地名、团体等数据，给知识导航、检索、统计评价等工作带来很大困难。当前研究主要涉及个人和机构名称的规范控制。

---

① 白鸽，国家图书馆馆员。

## 2  个人责任者规范研究现状

中国常见姓氏有 500 多个，人口众多导致重名概率增大。在个人名称的区分上优先选取生卒年作为附加成分，若无生卒年信息，则选取学科领域作为区分。著录时应尽可能展现实体的完整属性，既包括生卒年、性别、国别、朝代、民族、籍贯等自然属性保证标目的客观性；也包括学科领域、职业、职称等社会属性揭示标目的内涵，以贴近用户需求[1]。

在规范工作过程中，通常会选择学术数据库作为信息来源进行维护，然而作者姓名歧义给信息选取工作带来了极大困难。曾健荣等提取科技文献作者的论文信息，包括标题、摘要、关键词、作者单位和合作者作为属性特征，利用近邻传播聚类算法进行聚类，解决同名消歧问题[2]。昌宁等提取多源异构数据进行预处理，使同一姓名作者文献组成的待消解的重名数据集，通过合作关系构建学术圈以发现歧义，对数据进行领域—机构两步消歧法，实现科技文献作者的同名消歧[3]。

在中国为了实现名称规范数据的共享，中国国家图书馆、中国高等教育文献保障系统管理中心、香港地区大学图书馆协作咨询委员会和我国台湾汉学研究中心为用户提供了"中文名称规范联合数据库检索系统（CNASS）"。但各成员馆所做规范规则及格式不同，导致数据缺乏关联性，无法高效实现数据共享。

国际上用虚拟国际规范文档（VIAF）将多个国家不同机构的名称规范文档合并到由联机计算机图书馆中心（OCLC）托管的集成服务系统中，将各个机构提交的表示同一个实体的记录聚合起来，分配唯一的 ID 号，作为一个 VIAF 记录，从而提高图书馆规范文档的使用率，使全球规范数据资源得以共享[4]。

在智慧图书馆的时代背景下，根据深度挖掘知识体系的需求，对个人规范数据如何共享进行了深入研究。为了加强个人名称规范数据的关联性，薛秋红等将中文名称规范文档的数据进行语义化处理，利用 PARIS 算法，实现了语义化的中文名称规范数据与维基数据（Wikidata）的实体对齐，扩大规范数据的共享范围[5]。刘永等介绍了分众分类法的特点以及在图书馆传统服务中的应用[6]。熊回香等分析了分众分类法需要对微内容筛选后进行标准化和结构化研究，并与传统分类法融合，从而实现跨平台、跨社区的资源共享[7]。李捷佳等研究了豆瓣网作者数据与中文名称规范文档数据的链接，运用关联数据技术方法，通过构建资源描述框架，建立作者—作品—人物数据模型，实现了豆瓣网作者数据与中文名称规范文档数据的链接，并将其发布为关联数据，论证了分众分类词表和中文名称规范文档进行语义化链接的可行性[8]。

为了使中文规范文档更好地链接到 VIAF，发挥中文规范文档的作用，王瑞云等基于 FRBR–LRM 框架将个人名称规范记录转换为实体—属性—关系的 RDF 表示，利用记录内嵌的外部 LC 记录号重定向到 VIAF 记录，对原记录的作品关系等属性进行扩展，设计中文同名个人规范记录识别与聚簇算法，充分利用扩展后的作品关系，提高记录识别和聚簇的效率，实现其检索服务的关联聚簇功能[9]。

## 3 机构责任者规范研究现状

全国组织机构代码管理中心把组织机构定义为"依法成立的机关、事业、企业、社团及其他依法成立的单位"。机构数据来源广泛、层级关系复杂，机构更替、重组频繁，简称、全称、俗称交替使用，导致机构名称存在多样性、模糊性、复杂性、动态性，影响了机构名称的识别度，给学术研究和知识挖掘造成了困扰[10]。机构规范文档是解决机构名称著录混乱、层级结构规则模糊的有效方法。从知识组织的角度推进机构规范文档的建设和应用，从而确保机构名称的唯一性、机构层级关系的有序性、机构间关联关系的规范化。

李家琪等探究机构筛选的方法，将机构发文的稳定性和活跃度及机构的学科影响作为筛选机构的重要指标，并运用模糊计算构建模糊集合，确定筛选机构的隶属函数，设计机构的筛选方法，从而得到全面性且具有代表性的机构数据，为机构规范文档的构建提供优先规范的对象[11]。吕冬晴等构建了机构—作者向量与机构—年度向量，对更名、合并、拆分、重组 4 种演化关系，提出动态相似度阈值设定方法，探究科研机构名称演化识别方法[12]。杨昭等探究机构名称归一化的方法，作者从语言学角度识别机构数据，构建机构名称归一化模型，提出机构名称实体边界识别方法，编制机构多层级词表，实现了大学命名和学院命名两种类型机构名称实体边界识别和二级机构识别[13]。周毅等对比多种标准词表组合和以 Schema.org 为核心词表两种关联数据模型构建方法，以 Schema.org 为核心标准词表更适合作为国家科技图书文献中心（NSTL）名称规范数据的关联数据模型，为科研机构名称规范关联数据模型的开发提供研究思路[14]。柴俊红等从分配规则、元数据、互操作、推广使用及可持续发展等方面提出构建机构唯一标识符的对策和建议[15]。

## 4 展望

在 RDA 的指导下，名称规范的著录方式逐渐统一化，使不同机构的名称规范数据更好地聚合，形成唯一的识别编码，以便转化为 RDF 形式，从而更好地链接到 VIAF 数据库中。在个人名称规范文档的建立与应用经验的基础上，对机构名称规范文档的建立过程中，国际标准名称识别码（ISNI）作为目前最广泛的机构标识符，可作为构建机构唯一标识符的最优依据。会议作为特殊的团体名称，近年来已有学者提出建立会议名称规范文档。

个人、机构、会议唯一标识符的建立，是为了将三者更准确地结合，从而构成完整的信息网络体系。在智慧图书馆的体系下，智能化处理海量的资源，提供相关的不同平台的交互信息，使用户在一次检索过程中得到更为丰富的信息，不仅能满足用户个性化的需求，还能对相关知识体系进行快速且准确的定位以及深度挖掘。

中文名称规范文档建设过程中，应以用户的需求为导向，以与国际接轨为原则，以共享数据的应用成果为检验，实现将中文名称规范文档数据共建和共享相结合，高效并准确地实时更新数据的目标。中文名称规范文档应用过程中，如何与各开放网站、数据库相关联；在智慧图书馆的体系下，如何将数据进行有效的汇集与消歧；如何推动中文唯一标识符的构建和应用，提供更丰富的知识服务等问题都需要深入研究。

### 注释：

[1] 王彦侨：《RDA 对中文人名规范的启示》，《图书馆杂志》2019 年第 1 期。

[2] 曾健荣、张仰森、王思远等：《基于多特征融合的同名专家消歧方法研究》，《北京大学学报（自然科学版）》2020 年第 4 期。

[3] 昌宁、窦永香、徐薇：《基于多源数据的科技文献作者同名消歧研究》，《情报科

学》2021 年第 6 期。

［4］柴俊红、刘革:《虚拟国际规范文档（VIAF）的应用研究及启示》,《图书馆建设》2020 年第 2 期。

［5］薛秋红、贾君枝、刘会洲:《中文名称规范数据与 Wikidata 语义关联实现》,《情报理论与实践》2019 年第 10 期。

［6］刘永、张春慧:《分众分类的特点与应用策略研究》,《情报科学》2015 年第 6 期。

［7］熊回香、王学东:《面向 Web3.0 的分众分类研究》,《图书情报工作》2010 年第 3 期。

［8］李捷佳、贾君枝:《基于关联数据的作者数据聚合研究》,《情报科学》2019 年第 1 期。

［9］王瑞云、贾君枝:《基于作品关系扩展的中文同名个人规范记录识别与聚簇研究》,《图书情报工作》2017 年第 5 期。

［10］曾建勋、郭红梅:《基于知识组织的机构规范文档构建方法研究》,《中国图书馆学报》2021 年第 1 期。

［11］李家琪、赵捷、杨代庆:《机构规范文档构建中机构筛选方法研究》,《中华医学图书情报杂志》2018 年第 5 期。

［12］吕冬晴、陆红如、成颖等:《基于机构—作者向量的科研机构名称演化识别方法研究》,《情报学报》2020 年第 6 期。

［13］杨昭、任娟:《中文文献题录数据机构名称归一化研究》,《图书情报工作》2020 年第 4 期。

［14］周毅、张建勇、刘峥等:《科研实体名称规范的关联数据模型构建》,《图书情报工作》2020 年第 10 期。

［15］柴俊红、陈辰:《机构唯一标识符构建研究现状、问题及对策分析》,《情报理论与实践》2019 年第 3 期。

# 国家标准编目研究

常　青①

**摘　要**：本文介绍了国家图书馆的国家标准馆藏情况，国家标准篇名编目中常见的著录与标引问题。首先介绍了编目著录需要注意的查重问题以及题名与责任说明项、附注项、款目连接块的著录方式，其次重点介绍了笔者实践中遇到的主题标引和分类标引问题，最后提出了自己的思考与建议。

**关键词**：国家标准；标准篇名编目；国家图书馆

## 1　国家标准概述

标准文献是指按规定程序制定，经公认权威机构（主管机关）批准的一整套在特定范围（领域）内必须执行的规格、规则、技术要求等规范性文件，简称标准。2017 年 11 月 4 日修订的《中华人民共和国标准化法》规定的标准是指农业、工业、服务业以及社会事业等领域需要统一的技术要求。标准包括国家标准、行业标准、地方标准和团体标准、企业标准。国家标准分为强制性标准、推荐性标准[1]。

国家图书馆的国家标准馆藏分为纸质资源和电子资源两部分。截至 2021 年 7 月 1 日，通过国家图书馆官网的 OPAC 系统[2] 查询国家标准汇本编有 2037 册。国家图书馆官网的中文数据库栏目可以查询到《国家标准全文数据库》，其收录了由中国标准出版社出版的、国家标准化管理委员会发布的所有国家标准，占国家标准总量的 90% 以上。标准的内容来源于中国标准出版社。截至 2021 年 7 月 1 日，国家图书馆标准全文数据库收录国家标准 59554 条。

---

① 常青，国家图书馆馆员。

## 2 国家标准汇编的编目

国家图书馆除了将国家标准汇编本当作一个整体，像普通图书新书一样进行编目，还把每篇标准进行编目，即标准篇名的编目。21 世纪初，国家图书馆中文采编部相关科组根据《新版中国机读目录格式使用手册》《中国文献编目规则（第二版）》等编目工具制定了《标准汇编篇名数据细则》[3]，以指导标准篇名数据的编目工作。

国家图书馆使用以色列艾利贝斯（ExLibris）公司的 ALEPH 系统进行编目，可以实现相同数据库和不同数据库之间数据的相互挂接。中文书目数据放入 NLC01 库，标准篇名数据放入 NLC03 库。通过连接字段将两个库有关系的数据相连，既可以查看某条标准被哪些图书收录，也可以从查看某标准汇编本收录了哪些标准[4]。

## 3 标准篇名的编目

### 3.1 著录

#### 3.1.1 查重

查重是文献采编中一项重要的工作，也是回溯整理工作中必不可少的环节。在计算机环境下查重，是利用计算机强大的检索功能来查看此条标准是新标准还是已有标准，如果是新标准需要新建，如果是已有标准需要维护。查重工作需要有耐心，也需要一定的技巧，提高查重的准确率，是保证标准篇名数据质量的关键。高质量的查重工作可以使同一标准篇名数据的标准出版物号保持前后一致，从而避免"同标准异号""异标准同号"的现象。同时，有利于发现和纠正数据库中的错误记录。总之，查重是避免制作重复数据，以及做好标准篇名编目工作的关键所在。查重可以通过标准出版物号、标准名称、责任者、主题、中图分类号等方式进行检索。

2017 年 3 月 23 日国家标准委网站发布 2017 年第 7 号国家标准公告。公告显示 1077 项强制性国家标准被转化为推荐性国家标准，不再强制执行。相应的标准代号由 GB 改为 GB/T，而标准顺序号和年代号均不变[5]。如果查重不严谨，仅查询 GB/T 会导致查重不全，又新建一条数据，造成重复。

例如：GB 5696—2006 预应力混凝土管，已经有标准篇名数据。如果仅查询 GB/T 5696—2006，发现没有数据，就新建一条，会导致数据重复。编目员如果发现重复数据，应维护原有数据，增加款目连接块 463 字段与 ALEPH 连接字段 LKR。维护好旧数据后，删除重复数据。

463#1\$1010^^\$a978-7-5066-6245-1\$12001^\$a 建筑结构材料标准汇编 \$h 上册 \$vpp.521-547

LKR##\$aUP\$b005662662\$1NLC01\$m 预应力混凝土管 \$n 建筑结构材料标准汇编 . 上册

另外需要注意，1994 年及之前发布的标准以 2 位数字代表年份；1995 年及之后发布的标准，改为以 4 位数字来表示编号后的年份。所以在查询 1994 年及之前发布的标准时，要尤其注意年份问题，不要新建导致重复数据。例如，"GB2766—1995 穿鳃式止血钳通用技术条件"和"GB 2766—81 穿鳃式止血钳技术条件"是同一标准。

### 3.1.2 题名与责任说明项

本项主要著录正题名、分辑题名、并列题名、其他题名信息、责任者和文献资料标识。由于国家标准的专业性，正题名中经常出现专有名词或生僻字，如"饲料添加剂亚硫酸氢烟酰胺甲萘醌"，著录时要特别留意，避免输入错别字。另外，几乎每条标准都有对应的英文并列题名，都是不常用的生僻单词，而且不同时期对同一个名称的翻译可能不同，著录时要避免出现翻译错误。同时还要留意 \$9 拼音子字段中有没有多音字或者错误拼音。文献资料标识为 \$b 标准。

责任者主要选取起草、提出、归口等。其中起草者著录在 \$f 子字段，提出和归口者著录在 \$g 子字段，每个子字段至多著录三个责任者，如果存在四个及以上的责任者，著录时在第一个责任者后加"[等]"。有检索意义的其他题名、并列题名在 510 字段做检索点，有检索意义的责任者在 701、702、711、712 字段做检索点。《饲料工业标准汇编（下册）》（第六版）中有部分标准篇名责任者为四川省饲料工作总站"农业部饲料质量监督检验测试中心（成都）"起草。200 字段照录，此为有检索意义的责任者，在"7—知识责任块"字段做两个 711 字段。

### 3.1.3 附注项

凡未在题名与责任说明项、款目连接块、标准编号与获得方式中著录而又有必要补充说明的内容，均可著录于本项。附注文字应简洁明了，尽可能采用固定导语和规范用语。

300 字段：采用程度（选择使用，可重复）。

309 字段：标准批准、实施和修改日期（必备，不可重复）。

330 字段：主题内容与适用范围（选择使用，可重复）。若有"部分替代"问题，可在此字段进行说明。

### 3.1.4 款目连接块

CNMARC 的"4××款目连接块"提供了数据记录之间的连接技术，是机读目录一个最明显的特点，也是最能体现机读目录的优势之处，使机读目录中相关记录形成网络连接，充分发挥计算机的功能，在文献检索中为用户提供更多的信息，提高用户检索的质量[6]。

432 字段：代替标准（选择使用，不可重复），主要连接 094 和 200 字段[7]。

例如：432#1$1094 $bGB/T3372—2000$12001$a 拖拉机和农业、林业机械用轮辋系列

需要注意的是，无论此标准篇名与代替的标准篇名是否相同，都应该著录上被代替的标准篇名，即 432 字段的 $a 子字段不能少。

463 字段：连接来源文献记录，即连接单册。主要连接书目记录的 010 和 200 字段。

例如：463#1$1010^^$a978-7-5066-9583-1$12001^$a 中国国家标准汇编 $h782$iGB 35658~35685$e2017 年制定 $Vpp.235-245

## 3.2 标引

### 3.2.1 主题标引

随着时代的发展和科技的进步，标准突出了科技的先进性等，现有词表不能满足标准的标引，所以可以选用自由词标引。自由词标引又称非控标引，是直接使用未经规范化处理的自然语言词汇，作为描述和表达文献内容主题的一种标引。自由

词有以下三种定义：第一种，所谓自由词，是指词表以外的未经规范化处理的自然语言词汇[8]。第二种，为了弥补主题词表收词不全的缺点，往往允许标引员采用自然语言的语词，即自由词。这种自由词主要是一些新出现的词和各种专有名词，如产品名、型号名、文献名、人名、机构名等。这实际上是一种将自然语言与情报检索语言结合起来使用的方式[9]。第三种，自由词是文献中使用但词表未收的专指词，多半是专有名词，具有较大的识别功能[10]。

例1：GB/T 33899—2017 工业物联网仪表互操作协议

6100#$a 工业物联网 $a 仪表 $a 互操作 $a 协议

标准篇名的标引中，使用的自由词多半是专指词，属于自然语言范畴，其专指度一般高于词表中的正式词。用自由词标引，既可弥补情报检索语言表达新概念滞后的缺点，也可弥补其专指度低的缺点。例1中的"工业物联网"即为自由词，而《中国分类主题词表》（第二版）中的正式主题词，无法精准地表达出这一概念。

主题标引主要是揭示表达新技术、新事物等的名词术语。

例2：GB/T 33919—2017 生物数字标本数据交换规范

330#$a 本标准规定了计算机系统中用于交换的生物数字标本数据的项目、格式和交换方式。本标准适用于我国生物数字标本数据的交换。

610#$a 生物数字标本 $a 数据 $a 交换

尽量选择词表中的正式主题词，不能选用正式词时再选用自由词。尽管标准篇名的主题标引采用610字段（非控主题词），但如果有正式主题词能准确表达标准的概念时，依然选取正式主题词。

例3：GB/Z 20649—20062001#$a 电子成像 $i 在 WORM 光盘上记录证据文件的电子记录系统的推荐管理方法

330##$a 本标准适用于一次写入多次读出介质来存储文件电子影像的光学存储系统。

6100#$a 电子成像 $a 光存储 $a 数据记录系统 $a 管理

可从标准的标题提取，标题的引用次序遵循国家标准的分面组配公式，相对主要的概念排在前面，相对次要的概念排在后面。主标题表达文献的主要研究对象，提供主要检索途径。主标题的选择对于揭示文献内容十分重要[11]。标准篇目的主标题多为表达新技术、新事物对应的主题词。主标题确定后，根据其他主题词与主标题之间的关系可以排列、确定引用次序，通用或限定因素、空间因素、时间因素、文献类型因素的主题词为副标题。在我国，一般根据《文献主题标引规则》（GB 3860—2009）使用的分面组配公式，按"主体因素→通用或限定因素→空间因素→时间因素→文献类型因素"的次序排列序列[12]。

例4：GB/T 19436.4—2016 2001#$a 机械电气安全 电敏保护设备 $h 第 4 部分 $i 使用视觉保护装置（VBPD）设备的特殊要求

330##$aGB/T 19436 的本部分规定了电敏保护设备（ESPE）的设计、制造和测试的要求。该设备作为安全相关系统的一部分，专门设计用于探测人体，它采用视觉保护装置（VBPD）实现敏感（或感应）功能。

6100#$a 机械设备 $a 电气安全 $a 视觉保护装置 $a 特殊要求

### 3.2.2  分类标引

由于国家图书馆为大型综合图书馆，标准篇名的分类标引与普通图书一样，采用《中国图书馆分类法》（第五版）进行分类标引，并未采用中国标准文献分类法，也未采用资料法仿分。号码配置必须结合不同成分的号码进行组配标引，应使用复分表复分。对标准篇名的分类，大多采用总论复分表的 –6 参考工具书的 –65 标准进行复分。理论上讲任何一级类目都可加 –65，专类无标准号加 –65。

例1：GB/T 19570—2017 污水排海管道工程技术规范

330##$a 本标准规定了污水排海管道工程的路由勘察及选择、污水排海混合区、管道设计及施工等技术要求。本标准适用于污水排海管道工程。由我国进行的国外污水排海管道工程建设可参考使用。

6100#$a 污水排海 $a 管道工程 $a 技术规范

690##$aP756.2–65$v5

注：本标准为海底铺管，应入 P756.2-65，海洋工程下位类海下工程；不能入 U172-65，管道线路工程。

用《中图法》进行号码组配需要注意：删除含义相同的号码。大部分标准篇名的编目《中图法》分类号 690$a 子字段加 -65 复分，分类号本身已经包含标准意义的除外。

例 2：GB/T 35475—2017 红木制品用材规范

6100#$a 红木制品 $a 用材 $a 规范

330##$a 本标准规定了红木制品用材的术语和定义、分类、通用要求、检验方法与判定、标识、运输和储藏。本标准适用于红木制品用材。

690##$aTS67$v5

注：不加 -65 复分，因为 TS67 已经表示木材产品标准与检验。

分类要明确该标准的对象，整体把控其内涵和外延。使用《中图法》需要做好类目辨析，根据类目注释了解相关类目的含义和范围，切忌用某个片面词查询《中图法》。很多标准名称并不能准确反映其内容，只有仔细阅读标准全文，才能正确把控。

例 3：GB/T 34140—2017 辐射防护仪器 用于放射性物质中子探测的高灵敏手持式仪器。

330##$a 本标准适用于探测和定位发射中子的放射性物质的手持式仪器。这些高灵敏仪器的设计目的主要用于探测由放射性物质非法贩运或非故意转移引起的在正常本底范围内的细微变化。

6100#$a 辐射防护仪器 $a 中子探测 $a 手持式仪器

690##$aTL816-65$v5

注：该标准是辐射防护仪器，应分类到 TL816 中子和其他辐射探测器。查询辐射防护，还有 TH771 辐射防护设备，属于卫生防疫器械。R143 防护用具和设备，属于医学防护。TL75 核设施和铀矿山辐射监测防护和卫生。X591 放射性物质污染及其防治，是从环境科学角度定义辐射污染。

标准篇名的分类对编目员的工程技术方面的专业知识要求极高。如果本身知识背景不够强大，就需要加强专业知识，不断学习，充实知识储备，提高专业素养，同时也非常考验编目员的《中图法》分类的掌握水平。只有对《中图法》的整体结构把控越熟悉，才能越准确地找到对应的类目；相似、关联类目之间的区别和联系要了然于胸，才能分类精准。

## 4 思考与建议

由于某些原因，国家图书馆于2021年年初停止了标准篇名编目的项目。此项目持续了十几年，编制了大量的标准篇名数据，并实现了与国家标准汇编书目数据的挂接。析出文献更能在深层次揭示宿主文献的内容。读者可以通过标准出版物号、标准名称、责任者、主题、中图分类号等方式查找需要的标准。但国家图书馆所做的工作主要是保存收藏标准文献的纸质本和电子资源，给读者提供全文阅览的服务，对文献的数据挖掘工作做得不够。中国标准文献馆早在2012年已经开始研究利用计算机技术对标准文献进行内容挖掘与对比，实现对标准文献内容快速提取和建库，为标准比对工作提供技术支撑，提高标准比对工作的效率，扩大标准比对范围和扩充品类，为提高我国标准质量和水平提供基础支撑[13]。未来，当有足够的人力、物力、财力以及技术支持时，国家图书馆将对标准文献进行更深度的数据挖掘。之后，将积极探索与中国标准文献馆以及各地方标准文献馆开展资源共建共享的方法，以便为读者提供更优质、更全面、更深入的服务。

## 注释：

［1］中华人民共和国中央人民政府:《中华人民共和国标准化法》，http://www.gov.cn/
xinwen/2017–11/05/content_5237328.htm，访问日期：2021年6月15日。

［2］详见：http://opac.nlc.cn/。

［3］此内容来自《标准汇编篇名数据细则》，为国家图书馆内部资料。

［4］王彦侨、翟军:《关于国家标准汇编编目的实践与思考》，《山东图书馆学刊》2010
年第4期。

［5］国家质量监督检验检疫总局、国家标准化管理委员会:《2017 年第 7 号国家标准公告》,http://std.sacinfo.org.cn/gnoc/queryInfo?id=4EBEA47E8BD1B921FC1E99294F4B8C29,访问日期：2021 年 6 月 15 日。

［6］邵仰东:《关于 CNMARC 款目连接块若干问题之研究》,《国家图书馆学刊》2000 年第 3 期。

［7］同［2］

［8］刘湘生、汪东波:《文献标引工作》,北京图书馆出版社,2001,第 102 页。

［9］马张华、侯汉清:《文献分类法主题法导论（修订版）》,国家图书馆出版社,2009,第 357 页。

［10］张琪玉:《情报语言学基础》,武汉大学出版社,1997,第 226 页。

［11］朱芊:《中文图书主题标引规则》,《图书馆理论与实践》2017 年第 12 期。

［12］陈树年、汪东波:《文献主题标引规则 GB/T 3860—2009》,中国标准出版社,2010,第 5 页。

［13］计雄飞、张宝林、李抵非等:《标准文献内容挖掘与比对》,《标准科学》2012 年第 8 期。

# 智慧图书馆资源建设研究进展①

陈　磊②　依何阿妞③　阳广元④　白美程⑤

**摘　要：** 本文从文献特征和重点研究内容两方面对当前智慧图书馆资源建设研究进展进行梳理分析，发现其研究内容主要集中于智慧图书馆视域下馆藏资源建设面临的挑战和发展机遇、智慧图书馆视域下馆藏资源建设的策略、新技术在智慧图书馆馆藏资源建设中的应用和智慧图书馆视域下不同类型图书馆的馆藏资源建设等方面的研讨，认为未来应该加强智慧图书馆馆藏资源建设的信息伦理和馆藏资源建设服务平台等方面的研讨。

**关键词：** 智慧图书馆；资源建设；公共图书馆；信息伦理

## 1　引言

资源建设历来是图书馆的重要工作之一，随着智慧图书馆的发展，这项工作逐渐从理论走向现实，传统馆藏资源建设工作也必将面临新的挑战和发展机遇，因此传统馆藏资源建设工作必须主动进行自我变革和转型，才能更好地适应智慧图书馆的新环境，为智慧图书馆的发展贡献力量。为厘清当前智慧图书馆资源建设的研究现状和重点研究内容，笔者以"主题＝'智慧图书馆'＋'资源建设'"为检索式在中国知网数据库中进行分析样本文献的"精确"检索（检索时间为 2023 年 4 月 27 日，检索结果

① 本文系西南民族大学中央高校基本科研业务费专项资金资助（项目编号：2023SYB32）的阶段性研究成果。
② 陈磊，西南民族大学铸牢中华民族共同体意识研究中心研究员，图书馆文献建设部部长、馆员。
③ 依何阿妞，西南民族大学图书馆馆员。
④ 阳广元，西南民族大学图书馆副研究馆员。
⑤ 白美程，佳木斯大学图书馆馆员。

经去重和剔除非相关文献后得到有效文献 33 篇），并从智慧图书馆资源建设研究领域的文献特征和重点研究内容两方面对当前智慧图书馆资源建设的研究进展进行剖析，以为未来智慧图书馆资源建设的理论研究和实践工作提供一定的参考借鉴，促进智慧图书馆资源建设研究领域的纵深发展。

## 2 文献特征分析

### 2.1 情报来源分析

据统计，智慧图书馆资源建设研究领域的 33 篇文献刊载于 25 种情报来源，如表 1 所示，其中有 18 篇刊载于图情类期刊，占总载文的 54.55%，核心期刊有 2 种，累计载文 4 篇，占总载文的 12.12%，这在一定程度上表明智慧图书馆资源建设研究领域的情报来源虽然大部分集中在图情类期刊，但是整体呈现较分散的状态，而且高质量的学术成果较少，不利于智慧图书馆资源建设研究领域的深度发展。另外，依据布拉德福定律（Law of Bradford）可知，《河南图书馆学刊》《情报探索》《图书馆》《科技风》《兰台世界》（因《科技风》和《兰台世界》并列第四位，所以此处均列入）等为智慧图书馆资源建设研究领域的核心情报来源，但并未形成核心情报来源群，未对其进行持续性的跟踪支撑。

**表 1　情报来源分布列表（排名前 15）**

| 序号 | 情报来源 | 载文篇数 | 占总载文比例 | 累计占总载文比例 |
|------|----------|----------|--------------|------------------|
| 1 | 《河南图书馆学刊》 | 3 | 9.09% | 9.09% |
| 2 | 《情报探索》 | 3 | 9.09% | 18.18% |
| 3 | 《图书馆》 | 3 | 9.09% | 27.27% |
| 4 | 《科技风》 | 2 | 6.06% | 33.33% |
| 5 | 《兰台世界》 | 2 | 6.06% | 39.39% |
| 6 | 2021 教育科学网络研讨会 | 1 | 3.03% | 42.42% |
| 7 | 《北华航天工业学院学报》 | 1 | 3.03% | 45.45% |
| 8 | 《参花（上）》 | 1 | 3.03% | 48.48% |
| 9 | 《传播力研究》 | 1 | 3.03% | 51.52% |
| 10 | 第十届上海国际图书馆论坛 | 1 | 3.03% | 54.55% |

| 序号 | 情报来源 | 载文篇数 | 占总载文比例 | 累计占总载文比例 |
|---|---|---|---|---|
| 11 | 《广州广播电视大学学报》 | 1 | 3.03% | 57.58% |
| 12 | 《国际公关》 | 1 | 3.03% | 60.61% |
| 13 | 《继续教育研究》 | 1 | 3.03% | 63.64% |
| 14 | 《江苏科技信息》 | 1 | 3.03% | 66.67% |
| 15 | 《科技传播》 | 1 | 3.03% | 69.70% |

注：因篇幅原因只列出了排名前15的情报来源，而且载文1篇的情报来源按刊名首字母升序排列。

## 2.2 发文作者分析

据统计，智慧图书馆资源建设研究领域的33篇文献涉及41位发文作者，其中发文最多的作者是吉林省社会科学院肖莉杰馆员（发文2篇，占总发文的4.76%），其余40位作者的发文量均只有1篇，如表2所示。依据普赖斯定律（Price Law）可知，当前智慧图书馆资源建设研究领域的高产作者只有1位，即吉林省社会科学院肖莉杰馆员，但还未形成核心发文作者群。

**表2　发文作者分布情况（排名前15）**

| 序号 | 作者 | 发文篇数 | 占总发文比例 | 累计占总发文比例 |
|---|---|---|---|---|
| 1 | 肖莉杰 | 2 | 4.76% | 4.76% |
| 2 | 鲍艳娟 | 1 | 2.38% | 7.14% |
| 3 | 常李艳 | 1 | 2.38% | 9.52% |
| 4 | 陈微 | 1 | 2.38% | 11.90% |
| 5 | 陈晓云 | 1 | 2.38% | 14.29% |
| 6 | 陈燕琳 | 1 | 2.38% | 16.67% |
| 7 | 党佳莉 | 1 | 2.38% | 19.05% |
| 8 | 杜京容 | 1 | 2.38% | 21.43% |
| 9 | 樊国萍 | 1 | 2.38% | 23.81% |
| 10 | 郭振宇 | 1 | 2.38% | 26.19% |
| 11 | 郝蕊霞 | 1 | 2.38% | 28.57% |
| 12 | 胡裕阳 | 1 | 2.38% | 30.95% |
| 13 | 解登峰 | 1 | 2.38% | 33.33% |
| 14 | 李靓 | 1 | 2.38% | 35.71% |
| 15 | 李秋平 | 1 | 2.38% | 38.10% |

注：因篇幅原因只列出了排名前15的发文作者，而且发文1篇的作者按姓氏首字母升序排列。

## 2.3 研究机构分析

据统计，智慧图书馆资源建设研究领域的 33 篇文献涉及 32 个研究机构，其中发文最多的研究机构是武汉大学（发文 2 篇，占总发文的 5.56%），如表 3 所示。借鉴普赖斯定律计算高产作者的方式可发现，当前智慧图书馆资源建设研究领域的高产研究机构有 4 所，分别是武汉大学、上海大学、南京大学、吉林省社会科学院，但还未形成核心研究机构群（因高产研究机构的累计发文比例远低于 50%[1]）。

表 3　发文机构分布情况（排名前 15）

| 序号 | 研究机构 | 发文篇数 | 占总发文比例 | 累计占总发文比例 |
|---|---|---|---|---|
| 1 | 武汉大学 | 2 | 5.56% | 5.56% |
| 2 | 上海大学 | 2 | 5.56% | 11.11% |
| 3 | 南京大学 | 2 | 5.56% | 16.67% |
| 4 | 吉林省社会科学院 | 2 | 5.56% | 22.22% |
| 5 | 北华航天工业学院图书馆 | 1 | 2.78% | 25.00% |
| 6 | 滨州市滨城区图书馆 | 1 | 2.78% | 27.78% |
| 7 | 德州职业技术学院图书馆 | 1 | 2.78% | 30.56% |
| 8 | 福建生态工程职业技术学校 | 1 | 2.78% | 33.33% |
| 9 | 广州开放大学 | 1 | 2.78% | 36.11% |
| 10 | 广州市海珠区图书馆 | 1 | 2.78% | 38.89% |
| 11 | 国防大学政治学院 | 1 | 2.78% | 41.67% |
| 12 | 国家图书馆 | 1 | 2.78% | 44.44% |
| 13 | 河北中医学院 | 1 | 2.78% | 47.22% |
| 14 | 菏泽市图书馆 | 1 | 2.78% | 50.00% |
| 15 | 湖北大学知行学院图书馆 | 1 | 2.78% | 52.78% |

注：因篇幅原因只列出了排名前 15 的研究机构，而且发文 1 篇的研究机构按名称首字母升序排列。

# 3　重点研究内容剖析

## 3.1　关于智慧图书馆视域下馆藏资源建设面临的挑战和发展机遇的研究

要开展智慧图书馆馆藏资源建设的研讨，首要问题是明确图书馆馆藏资源建设在智慧图书馆视域下面临的挑战，以及智慧图书馆给图书馆馆藏资源建设带来的发展新机遇，这样才能更好地促进智慧图书馆馆藏资源建设的新发展。学者们对该问题进行了较深入的研讨，认为智慧图书馆为馆藏资源建设带来了采访工作向"强化征询读者意见"转型，有利于为读者提供个性化服务，资源管理走向"智慧化"，提高馆藏资源利用率，资源存储走向"合作远程化"和优化图书馆馆藏结构，特色资源推广更加便利，提高读者受众的使用积极性，便于实现信息与资源的共享和实现图书馆职能突破等[2-4]新发展或好处；面临虚实间不协调、过度关注智慧图书馆技术，资源急剧膨胀导致读者信息过载，硬件老旧且更换难度大、技术落后且更新难度大，专业技术人才匮乏[5-7]等问题或困境，指出应从树立智慧馆藏（以下均含特藏）服务理念、创新馆藏资源服务方式、强化馆藏资源信息化建设和丰富馆藏资源内容等方面推进智慧图书馆馆藏资源的建设[8]。

## 3.2 关于智慧图书馆视域下馆藏资源建设策略的研究

在对智慧图书馆视域下馆藏资源建设面临的挑战和发展机遇等问题研究的基础上，学者们进一步对如何开展智慧图书馆视域下馆藏资源建设的策略进行了深度剖析，以推动智慧图书馆视域下馆藏资源建设工作的有效开展。如张馨允认为应从坚持资源建设基础性工作、协调虚实馆藏实现存取与拥有并重和以最大限度满足读者个性化需求为目标，促进智慧图书馆资源建设的有效推进[9]；刘婧等认为应从制定资源数字化标准规范、"纸质＋数字"资源共建等方面推进智慧图书馆青少年数字资源建设[10]；肖莉杰在深度剖析大数据时代给智慧图书馆带来的影响和优势的基础上，提出大数据时代智慧图书馆馆藏资源建设的策略包括：做好特色馆藏资源与智慧图书馆建设规划、完善智慧图书馆馆藏资源开发的技术支撑、打造特色馆藏数据库与共享平台[11]；杨茗茗深度剖析了智慧图书馆视域下以读者为中心的馆藏资源建设，认为可通过读者意见直接反馈、读者参与图书采购和读者决策采购等方式参与馆藏资源建设，并构建了由获取读者数据、获取资源数据、处理数据和应用数据构成的馆藏资源建设模式，指出应解决的问题：数据应用、拓展数据资源、保护读者隐私[12]；李思锦等指出智慧图书馆馆藏资源建设的基本策略：拓宽服务渠道和丰富服务内容，坚持以用户为中心，切实提高学科服务水平，构建符合一流学科建设的信息资源保障体系，加大合作力度以节约有效资源，构建纸电同步的采访模式，合理规划各类信息资源建设的比例，加强馆藏信息资源结构及利用的分析研究，开拓采选渠道以提高采选质量[13-14]。

### 3.3　关于新技术在馆藏资源建设中应用的研究

学者们还从新技术角度深度探讨新技术为智慧图书馆馆藏资源建设带来的发展机遇以及实现方式等，肖莉杰在深度剖析大数据时代对智慧图书馆影响的基础上，提出了大数据背景下智慧图书馆馆藏资源的建设策略[15]；荀雪莲等从技术层面深度剖析了大数据网络爬虫技术在智慧图书馆馆藏资源建设中的运用，并进行了案例实践测试[16]；吴君胜深度剖析了网络爬虫技术的背景及原理，构建并实现了基于网络爬虫技术的智慧图书馆馆藏资源建设系统[17]；党佳莉深度剖析了智慧图书馆的内涵与特点，认为"互联网+"时代智慧图书馆馆藏资源建设策略为：突出建设利用规划合理性，夯实技术支撑基础；积极转变图书馆服务理念，迎合时代发展需求；打造数据库与共享平台，扩大馆藏资源知名度；打造省、市协作与区域性跨系统共建共享模式；融合线上线下服务模式，满足用户个性化需求[18]。

### 3.4　关于智慧图书馆视域下不同类型图书馆馆藏资源建设的研究

学者们除了从挑战与机遇、建设策略、新技术等方面对智慧图书馆资源建设进行了深度剖析，还从不同类型的图书馆的馆藏资源建设出发，对不同类型的智慧图书馆馆藏资源建设进行了探讨，如刘婧等从青少年用户角度深度剖析了公共图书馆智慧化资源建设的思路以及服务模式[19]；肖莉杰认为影响科研机构特色馆藏资源建设的因素包括历史资源、信息资源管理定位、文献资源地域分布和经费分配与管理四方面，指出应从建设智慧图书馆馆藏资源共享平台、创建省内科研机构馆藏联盟与地区协作模式、构建区域性跨系统共建共享模式和实现馆藏资源与服务融合等方面来推进科研机构智慧图书馆的资源建设[20]；李秋平以高校图书馆特藏资源的建设为切入点，深度剖析了智慧图书馆特藏资源建设的必要性，并且提出了包括服务理念、服务方式、信息化建设和资源内容等在内的智慧图书馆特藏资源建设策略[21]。

## 4　总结与展望

上文通过文献特征和重点研究内容两方面对当前智慧图书馆资源建设研究进展进行了梳理分析，发现当前智慧图书馆资源建设研究领域还未形成核心情报来源群、核

心发文作者群和核心研究机构群等；研究内容主要集中在智慧图书馆视域下馆藏资源
建设面临的挑战和发展机遇、智慧图书馆视域下馆藏资源建设的策略、新技术在馆藏
资源建设中的应用和智慧图书馆视域下不同类型图书馆的馆藏资源建设等方面。虽然
智慧图书馆资源建设研究领域已经取得了一定的成就，但是笔者认为未来还应该加强
以下两方面的研讨。

第一，加强馆藏资源建设信息伦理问题的研讨。随着智慧图书馆视域下馆藏资源
建设的"智慧化"，不可避免地会涉及一些信息伦理问题，如读者参与采购时的隐私保
护、馆藏资源采集时是否越界等，这些都是在智慧图书馆视域下开展馆藏资源建设需
要面临和解决的重要问题，因此未来应该加强这方面的信息伦理问题的探究，以在法
律允许的范围内开展馆藏资源的"智慧化"建设，避免图书馆因馆藏资源建设而牵扯
法律纠纷。

第二，加强馆藏资源建设服务平台的建设。随着智慧图书馆建设的深入，原有馆
藏资源建设平台也会逐步失去在智慧图书馆环境中的生存空间，取而代之的必将是更
"智慧化"的馆藏资源建设服务平台。然而当前对"智慧化"的馆藏资源建设服务平台
的研讨较少且深度不够，因此未来应该加大这方面的研究和实践力度，以尽快开发出
通用性更强的"智慧化"馆藏资源建设服务平台，从而进一步提升馆藏资源建设的个
性化、精准化和互补能力等。

## 注释：

［1］李文以：《〈档案管理〉1995—2005 年核心作者群分析》，《档案管理》2006 年第
4 期。

［2］张馨允：《智慧图书馆背景下的馆藏资源建设探究》，《兰台世界》2016 年第 1 期。

［3］杨茗茗：《智慧图书馆背景下读者需求中心的馆藏资源建设》，载《图书馆新时代：
坚守、转型、颠覆——第十届上海国际图书馆论坛论文集》，上海图书馆，2020，
第 4 页。

［4］肖莉杰：《科研机构智慧图书馆特色馆藏建设模式研究》，《文化创新比较研究》
2019 年第 24 期。

［5］同［2］

[6] 李秋平：《智慧图书馆背景下高校图书馆特藏资源建设探析》，《情报探索》2019年第2期。

[7] 肖莉杰：《大数据背景下智慧图书馆馆藏资源建设对策研究》，《传播力研究》2019年第5期。

[8] 同[6]

[9] 同[2]

[10] 刘婧、常李艳、潘雪莲：《公共图书馆智慧化资源建设与服务模式研究——基于青少年用户视角》，《图书馆》2019年第11期。

[11] 同[7]

[12] 同[3]

[13] 李思锦：《智慧图书馆背景下高校图书馆信息资源建设策略研究》，载《2021教育科学网络研讨会论文集（六）》，中国管理科学研究院教育科学研究所，2021，第3页。

[14] 赵国忠：《智慧图书馆背景下高校图书馆信息资源建设策略研究》，《情报探索》2021年第9期。

[15] 同[7]

[16] 荀雪莲、姚文彬：《大数据网络爬虫技术在智慧图书馆信息资源建设上的应用》，《北华航天工业学院学报》2020年第4期。

[17] 吴君胜：《基于网络爬虫技术的开放大学智慧图书馆信息资源系统的设计与研究》，《广州广播电视大学学报》2022年第6期。

[18] 党佳莉：《"互联网+"时代智慧图书馆馆藏资源建设策略》，《兰台内外》2022年第13期。

[19] 同[10]

[20] 同[4]

[21] 同[6]

# OLCC、SICC 年度出版物著录差异分析

陈松喜①

**摘　要：** 本文对全国图书馆联合编目中心（OLCC）、上海市文献联合编目中心（SICC）的年度出版物编目数据实例进行比较，分析二者年度出版物著录差异原因，提出年度出版物规范著录方法，以促进编目数据在全球范围共建共享。

**关键词：** 年度出版物；OLCC；SICC；著录规范

## 1　引言

笔者因工作需要，经常登录 OCLC 全球图书馆中心的 WorldCat 书目数据库检索书目数据，发现该数据库中，年度出版物书目数据重复率较高，导致查找、检索该类书目效率低。年度出版物是出版周期等于或者大于一年的定期出版的连续性出版物，包含年度报告、年鉴、按年出版的指南、手册、名录、会议录、统计、进展、评论、综述等，是连续性出版物的一个分支[1]。由于目前年度出版物的品种与数量繁多，著录规范缺失，书目数据著录存在差异，导致这类书目数据在交换、合并过程中，产生大量重复书目数据，造成广大读者检索、利用图书馆的馆藏文献效率不高。例如，社会科学文献出版社的"经济形势分析与预测"一系列年度出版物，笔者在 WorldCat 中检索，查到其正题名至少有七种不同著录方式，如例 1 所示。

例 1：

方式一：2001#$a 经济蓝皮书 $e1997 年中国经济形势分析与预测

---

① 陈松喜，东莞图书馆副研究馆员。

方式二：2001#$a 一九九八年中国 $e 经济形势分析与预测

方式三：2001#$a1999 年中国：经济形势分析与预测

方式四：2001#$a2001 年中国 $e 经济形势分析与预测

方式五：2001#$a2003 年：中国经济形势分析与预测

方式六：2001#$a2004 年 $e 中国经济形势分析与预测

方式七：2001#$a2009 年中国经济形势分析与预测

例 1 中，该系列书目的年度信息，既可以独立按正题名著录，也可以与其他文字组合成正题名著录。WorldCat 中文书目数据中由国内图书馆上传的书目数据占比较大，因不同机构编目员对题名判断有异，导致书目批量查重、合并不准确，产生重复书目数据。本文对全国图书馆联合编目中心（OLCC）、上海市文献联合编目中心（SICC）两大编目中心的数据实例进行比较，分析年度出版物的 200 字段题名著录差异，以期引起同行对年度出版物编目工作的重视。

## 2　年度出版物著录差异类型

年度出版物可以视为多卷书的一种特殊形式，曾有学者对多卷书总结出六种著录方法[2]。但年度出版物有其自身的特点：出版时间跨度长，无规定终止期，题名排版印刷格式变化等。OLCC、SICC 等不同机构的编目员，对正题名及年度信息判别不统一，对其著录主要有如下五类差异。

### 2.1　题名是否分拆著录差异

编目员对题名的主次部位判断不同，导致对年度出版物的题名文字著录顺序存在明显的差异。例如 ISBN 978-7-5038-9109-0 一书，题名文字分为"2017"、"中国家具"与"年鉴"三部分，从上到下排列成三行印刷，两大编目中心对题名分别著录，如例 2 所示。

例 2：

OLCC：2001#$a 中国家具年鉴 $h2017

SICC：2001#$a 2017 中国家具年鉴

　　　　5401#$a 中国家具年鉴 $h2017

例 2 中，OLCC 把年度 "2017" 提取出来，独立按卷（册）号著录。SICC 则把年度 "2017" 视为正题名的组成部分，直接著录在正题名的首位置，但是为了便于读者检索，编目员还在 540 字段附加题名项著录。该书目数据中，两家编目中心对年度信息的选择、判定不相同，分别著录在正题名的首尾两端。

## 2.2　卷（册）号与副题名著录差异

编目员对题名的年度信息理解不同，有的视为正题名的补充说明，按副题名著录；有的视为卷（册）号著录。例如 ISBN 978-7-02-012283-7 一书，题名页中的书名文字分为 "阿赫玛托娃诗全集" "1921—1957" 两行文字印刷，两大编目中心著录如例 3 所示。

例 3：

OLCC：2001#$a 阿赫玛托娃诗全集 $h1921—1957

SICC：2001#$a 阿赫玛托娃诗全集 $e1921—1957

例 3 中，两大编目中心对年度信息均进行分拆，但 OLCC 把年度信息按卷（册）号著录，SICC 则把年度信息按副题名著录，两者对年度信息的理解、著录角度完全不一致。

## 2.3　卷（册）号与丛编附注著录差异

有的编目员先将年度信息从题名项中分割出来，再在附注项著录。例如 ISBN 978-7-5017-7880-5 一书，两大编目中心著录如例 4 所示。

例 4：

OLCC：2001#$a 中国出口贸易壁垒监测与分析报告 $h2007

　　　　300##$a 中国产业与流通系列研究报告·2007

SICC：2001#$a 中国出口贸易壁垒监测与分析报告

2252#$a 中国产业与流通系列研究报告

308##$a 丛书 2007 卷

例 4 中，对年度信息的处理方式不统一，OLCC 的年度信息按卷（册）号著录，同时在 300 字段一般附注项重复著录。SICC 则把年度信息从题名项中分离出来，再在 308 字段丛编附注项著录。

## 2.4　集中与分散著录差异

年度出版物集中著录、分散著录的差异，主要由不同编目机构对编目细则制定、执行的差异引起。例如 ISBN 978-7-5037-5948-2 套书，OLCC 与 SICC 分别按分散、集中两种不同方式著录，如例 5 所示。

例 5：

OLCC：2001#$a 中国经济普查年鉴 $h2008$i 综合卷 $f 徐一帆总编辑

2001#$a 中国经济普查年鉴 $h2008$i 能源卷 $f 徐一帆总编辑

2001#$a 中国经济普查年鉴 $h2008$i 第二产业卷

　　　$f 刘富江，马京奎，魏贵祥主编

2001#$a 中国经济普查年鉴 $h2008$i 第三产业卷 $f 徐一帆总编辑

SICC：2001#$a 中国经济普查年鉴 $h2008

　　　$f 国务院第二次全国经济普查领导小组办公室编

3271#$a1~2，第二产业卷 $a3，第三产业卷 $a4，能源卷 $a5，综

合卷

例 5 中，该年度出版物含有年度、分卷题名等多种信息，不同编目机构编目员的著录方式差异较大。OLCC 选择分散为四条书目数据，作分散著录；但 SICC 选择将四个不同分册著录为一条书目数据，作集中录著。两者集中、分散著录不统一。

### 2.5 辅助区分信息著录差异

一些年度出版物除了有年度，还有辅助区分等信息，例如同时有总卷（册）号、分卷（册）号等信息。此类年度出版物著录的差异更多，主要差异有两项：一是年度、卷（册）号等信息著录顺序先后差异，即谁著录在前，谁著录在后；二是年度信息与卷（册）号是否分开著录，使用多个子字段著录。例如 ISBN 978-7-115-24392-8 一书，两大编目中心著录如例 6 所示。

例 6：

OLCC：2001#$a 无线电合订本 $h2010（上）$f《无线电》编辑部编

SICC：2001#$a 无线电合订本 $h2010 年（上）$f《无线电》编辑部编

例 6 中，OLCC 卷（册）号少录入"年"字。此外，在编目实践中，对上册、下册等信息著录，也存在是否增加卷（册）号子字段标识符著录，即使用两个或多个卷（册）号子字段标识著录等差异。

## 3 年度出版物著录差异原因

对以上年度出版物编目数据比较分析，发现年度信息既可以按正题名、副题名或卷（册）号著录，也可以在丛编附注项著录。笔者分析年度出版物著录差异，主要由编目数据来源多样化、汉字方块文字排版灵活、出版发行时间跨度大等原因造成。

### 3.1 编目数据来源多样化

目前，图书馆编目数据来源多，尚无一个集中图书出版、发行、流通的环节。例如，把出版社、书商、图书馆等不同行业紧密关联，形成大统一的编目中心；图书馆编目数据既有从 OLCC、SICC 等不同编目中心套录下载的，也有图书馆自己原编加工的等。此外，图书馆编目工作大力推行社会化，社会人员参与图书馆编目工作日益增多，这些不同行业、不同机构的编目员，由于依据的编目细则不同、著录方式理解不同等原因，导致这些年度出版物编目数据差异日益加大。

### 3.2 汉字方块文字排版灵活

汉字为方块文字，与拉丁文字不同，汉字作为可以横向、竖向书写的文字，给书名排版带来丰富的变化[3]。方块文字排版灵活，一些年度出版物的题名文字排版，除了常规排列在一条直线上，还有分为两行（列）或多行（列）排列。有的更复杂，题名文字横向、竖向排列均有，再加上文字大小、字体颜色等差异。这些差异，让不同编目员对题名文字著录的顺序理解不同，导致数据著录存在差异。

### 3.3 出版发行时间跨度大

年度出版物连续出版时间跨度长，在我国已连续发行 30 年以上的年度出版物不在少数。一些年度出版物在不同时期，存在更换出版社出版的情况。这些图书由不同出版机构出版，存在不同的设计风格；加上在不同时期，不同编目员判断差异，也容易产生编目数据差异。此外，有的年度出版物存在不同时期先后用 ISBN、ISSN 两种不同标准号出版的情况。例如"广州年鉴"系列书，先用 ISBN 按普通图书形式出版，后又改用 ISSN（1006-8333）按连续出版物出版。这些在不同时期、按不同形式出版的年度出版物，排版设计差异多，导致编目员理解不同，编目数据著录差异难以避免。

## 4 规范年度出版物著录方式

早在 20 世纪 80 年代，计算机编目尚未在我国普及时，我国图书馆界前辈对年度出版物的编目工作非常重视，并进行深入研究。例如，江乃武认为，年度出版物已发展为与报纸、期刊并列的文献类型，不能将它和期刊混同而无视，应当真正把它作为一种文献类型看待并予以研究，充分发展和利用它[4]。李锡初探讨年度时间的先后次序判断问题[5]。朱崇阶认为，书名前表示时间界限的文字是书名的一部分，应当照录[6]。这些观点均言之有理，各有千秋。笔者认为，受限于过去手工编目、技术条件环境制约，适用于早期年度出版物的编目方法，在当今网络时代，未能妥善解决计算机网络编目实践的新问题。目前，对年度出版物的著录规范，应该简单、合理，坚持按多卷书、分散著录的办法著录。

### 4.1 年度出版物统一按多卷书著录

首先，把年度出版物作为一个有机整体，对同一系列不同时期的年度出版物的正题名选择、判定，应保持前后一致，不应因题名文字列次序不同而产生差异。其次，应将题名中的年度信息视为卷（册）号，统一著录在正题名之后。例如政府年度报告、各类标准汇编等，年度只是说明时间编写年，著录时可将其视为图书的卷（册）号。例如 ISBN 978-7-5360-6409-6 一书，应著录如例 7 所示。

例 7：

2001#\$a 中国随笔年选 \$h2011

5171#\$a2011 中国随笔年选

例 7 中，该图书封面题名为"中国随笔年选"，题名页题名为"2011 中国随笔年选"。笔者认为，对这种年度出版物的封面题名与题名页题名文字排版不一致的情况，不应拘泥于普通图书的著录规则，应把该系列的年度出版物视为一个整体，以同一种方式著录。为便于读者用不同的题名检索，可以在 517 字段其他题名等字段作补充著录。

此外，一些年度出版物的出版周期是间隔一年甚至数年。对此有一种观点认为，对书名开头的公元纪年起迄时间的图书，其年度只是说明其内容的时间范围，著录时可视为副书名[7]。在当今网络编目的环境下，笔者不认可这种观点，时间间隔一年或数年出版等不同出版周期的年度出版物，不应改为副题名著录，而应按多卷书形式著录，这样不仅简单明了，而且前后各分册均统一，不易引起著录差异。例如 ISBN 978-7-5161-0511-5 一书，OLCC 编目数据如例 8 所示。

例 8：

2001#\$a 中国动漫产业发展报告 \$e2010—2011\$f 盘剑主编

例 8 中，该分册的年度信息"2010—2011"OLCC 按副题名著录；但该系列书的 2012 年度分册按多卷书著录，造成同一系列书的不同分册，著录标准前后不统一。故笔者认为，该分册的年度信息"2010—2011"不应按副题名著录，应改为按卷（册）号著录，该系列年度出版物的不同分册，著录格式才能前后一致。

### 4.2　年度出版物统一按分散著录

年度出版物有分散著录、集中著录两种不同的著录方式。笔者在长期工作实践中发现，OLCC 与 SICC 均以分散著录为主；但中国高等教育文献保障系统 CALIS 书目数据库中，集中著录和分散著录两种方式均常见。笔者认为，年度出版物不宜集中著录，为了避免书目数据重复，年度出版物应分散著录，防止出现不同分册集中著录、分散著录不统一的情况。例如"国家级实验教学示范中心"一系列书，OLCC 与 SICC 两大编目中心均按分散著录，但在中国高等教育文献保障系统 CALIS 中，却集中著录为一条书目数据，如例 9 所示。

例 9：

CALIS：010##\$a978-7-121-04292-8\$b2005\$dCNY90.00

010##\$a978-7-121-07538-4\$b2006\$dCNY200.00

010##\$a978-7-121-11967-5\$b2007\$dCNY100.00

2001#\$a 国家级实验教学示范中心

215##\$a3 册 \$c 图 \$d28cm

5171#\$a2005 国家级实验教学示范中心

5171#\$a2006 国家级实验教学示范中心

5171#\$a2007 国家级实验教学示范中心

目前，随着国内各种类型的大型图书馆先后把馆藏书目数据批量上传、灌装到 OCLC 全球图书馆中心，便于馆藏文献在全球范围内互借共享。当这些由不同编目机构的集中、分散著录的差异编目数据，一旦批量装入 OCLC 全球图书馆中心，由于当前书目查重、检索技术条件的制约，导致在 OCLC 的 WorldCat 书目数据查重不准确，书目数据库中就会产生大量重复的书目数据，影响读者检索书目、查找文献的效率。

## 5  结语

不同机构的编目人员，日常独立在自己的业务系统中检索、编制书目数据，这些著录差异不易察觉，影响也不大；一旦这类数据上传至 OCLC 全球图书馆中心等大型联机编目中心，集中在同一个书目数据库中，差异就非常明显，并导致书目查重合并不准确，产生不少重复书目数据。由于年度出版物相关著录细则的缺失，导致年度出版物著录差异，造成年度出版物的编目数据在数据交换、数据合并过程中产生诸多问题。笔者在 OCLC 全球图书馆中心的 WorldCat 数据库中检索这些年度出版物书目数据，发现书目重复较多的情况，感觉极不便利，影响检索效率。笔者希望本文的研究，可以起到抛砖引玉的作用，引起出版界、图书馆界对年度出版物编目工作的重视，从而促进不同编目机构的交流与合作，完善年度出版物的编目规则，更有利于中文图书编目数据在全球范围内共建共享。

### 注释：

［1］江乃武：《论"年度出版物"》，《图书情报工作》1996 年第 1 期。

［2］邓福泉：《再谈多卷书的著录方法——兼答黄京华同志》，《图书馆杂志》2007 年第
2 期。

［3］陈松喜：《不规范排列书名对正题名著录的影响及对策》，《图书馆论坛》2013 年第
2 期。

［4］江乃武：《我国解放前的年度出版物和不定期刊》，《图书馆学研究》1992 年第 2 期。

［5］李锡初：《书名前说明时间界限的文字著录》，《江苏图书馆学报》1984 年第 2 期。

［6］朱崇阶：《冠有时间界限文字的书名著录——与李锡初同志商榷》，《江苏图书馆学
报》1984 年第 4 期。

［7］刘美华：《对书名以年代开头的普通图书书名项著录的一点思考》，《蒙自师范高等
专科学校学报》2000 年第 3 期。

# 智慧环境下的信息组织建设浅析

韩佳芮[①]

**摘　要：**智慧图书馆作为一种新型图书馆业务模式，已经成为国内外图书馆事业的重要发展方向。智慧图书馆可为用户提供不同于传统图书馆的个性化、智能化、沉浸式的知识服务，其在技术、服务、管理等众多领域的创新和应用，也为图书馆提供了更多的可能性和发展机遇。随着技术的进步，智慧图书馆信息组织的技术手段也在不断发展。如何合理利用人工智能、大数据、云计算等技术，为智慧图书馆的信息组织建设提供新思路和新路径，同时新技术的发展也使信息组织建设面临一些挑战。本文就如何应对这些挑战提出一些初步的建议。

**关键词：**智慧图书馆；信息组织；挑战

## 1　智慧图书馆的概念和现状

智慧图书馆是指利用物联网、云计算、人工智能等现代技术，实现图书馆空间、资源、服务、管理的全面智慧化升级，使图书馆成为知识管理、传播、交流的中心，从而能够为用户提供个性化、智能化、沉浸式的知识服务的一种新型图书馆业务模式[1]。智慧图书馆不是数字图书馆的翻版，而是在数字图书馆的基础上，突破了传统的书刊报资源，将各领域的新型数据资源纳入馆藏，通过资源与服务的整合，开展线上线下融合的知识服务。

目前，国内外智慧图书馆的建设处于不同的阶段。大多数发达国家已经在 20 世纪 90 年代就开始数字化图书馆的建设，并且积极推动智慧图书馆的发展，在智慧图书

---

① 韩佳芮，国家图书馆副研究馆员。

馆信息组织建设方面已有较为成熟的经验和案例[2]。例如，美国国会图书馆利用机器学习等技术手段，对其海量的数字资源进行自动标引、分类、聚类和可视化展示，提高了资源检索和利用效率。英国国家图书馆通过与谷歌等第三方机构合作，将其部分印刷文献进行数字化转换，并通过网络免费开放给公众阅读。法国国家图书馆通过建立数字法兰西平台，将其收藏的各类数字资源进行整合和开放，并提供多种检索和浏览方式。荷兰皇家图书馆通过建立欧洲数字图书馆，将欧洲各国的文化遗产资源进行汇集和共享，并提供多语言和多媒体的服务接口。国内方面，近年来我国加快了全国智慧图书馆体系建设的步伐，以提升图书馆的知识服务能力和文化影响力。国家图书馆提出了全国智慧图书馆体系建设思路，包括推动传统图书馆向智慧图书馆转型、建立全国图书借阅云平台、打造多元立体知识仓储、形成智慧化知识图谱、实现知识内容的智能挖掘与关联、提供精准推荐与利用等内容。一些大型图书馆，如国家图书馆、清华大学图书馆、北京大学图书馆，已经完成了数字化和自动化的基础建设，基本实现了智慧图书馆的运营[3]。一些区域性智慧图书馆也正快速发展，例如上海图书馆的"数字上海"工程、深圳图书馆的"数字文化馆"等[4]。此外，各地还积极应用物联网、云计算、人工智能等现代信息技术，规划智慧空间、建设智慧场馆、创新智慧服务、推进智慧管理，为用户营造虚实结合、动态交互、沉浸体验的知识获取与交流环境。

## 2 图书馆信息组织的基本原则和方法

智慧图书馆建设已经成为国内外图书馆事业的重要发展方向，其在技术、服务、管理等众多领域的创新和应用，也为图书馆提供了更多的可能性和发展机遇。研究图书馆信息组织建设对智慧图书馆的建设和管理起着重要的作用，并且需要根据实际情况进行灵活应用。下面对图书馆信息组织的基本原则和方法加以分析研究。

总体来说，图书馆信息组织的基本原则包括主题一致性原则、性质分类原则、形式一致性原则和知识层次分区原则等。主题一致性原则是指将主题相同、内容相近的图书归为同一类别，形成一个由同一学科领域的文献组成的体系。这个原则的核心是让读者能够快速、准确地找到自己所需的信息[5]。性质分类原则是指按照图书所反映的事物在自然、社会等方面的不同性质和特点，把它们分为若干类别，形成有机而稳定的知识体系。如按不同出版形式对文献进行分类，可分为专著、期刊、报纸、征订、研究报告等[6]。这个原则的目的是帮助读者梳理知识框架，对全局有一个更好的认识。形式一致性原则指对于同一种资料，应采用统一的描述方式，避免冗余和混乱。该原则是指对于同一类文献，按照统一的规则和格式进行描述和分类，以便读者能够快速定位所需要的资料。知识层次分区原则是根据内容的难易程度、逻辑结构、深度和广度等不同要素建立层次结构。该原则是指将同类文献按其所涵盖的知识层次进行分类、分区，以便读者在查找文献时可以更加清晰准确地确定所需文献的主题和范围。

图书馆信息组织的方法主要包括分类法、标引法、主题词法、书目法和数据库检索等。分类法是先按主题或内容将文献分为若干类别，再按类别分配不同的编号或符号。分类法属于层次分明的结构，通常包括数个大类和各自的子类。标引法是通过标引员阅读全文或摘要，确定文献的主题和内容，进而确定应该给文献贴上何种标签或索引词，以便用户可以搜索到所需要的文献。标引法适用于特定领域和少量文献的分类。主题词法是根据文献内容中的主题词、关键词、计算机可检索的词语，制订一个统一的规范词汇表，然后根据文献主题词在词汇表中的位置，给文献分配相应的主题词。主题词法可以更好地利用先前标引的经验。书目法是将文献按作者、书名、出版日期等信息进行排列，使用户可以根据文献的特定信息查找到所需的文献或相关信息。数据库检索是将文献由人工进行分类、标引和加工转变为一种机器可识别的形式，建立相应的数据库，并为用户提供搜索和浏览服务，常用的数据库检索工具有 Web of Science、PubMed 等。

这些方法各有特点，各种方法应用于图书馆信息组织时，可以根据不同情况和需要进行综合或选择使用。

## 3 智慧图书馆信息组织的技术手段

随着技术的进步，智慧图书馆信息组织的技术手段也在不断发展[7]。其中，人工智能、大数据、云计算等技术的应用，为智慧图书馆的信息组织提供了新思路和新路径[8]。

智慧图书馆信息组织的技术手段主要包括以下几个方面。语义分析和自然语言处理，是指通过分析文本的语言特征，识别和提取其中的主题、关键词、实体等信息，在信息检索和知识管理中具有重要作用。数据挖掘与知识图谱构建，是指通过对大量数据进行挖掘和分析，发现其中的规律、关联和趋势，构建相应的知识图谱，为读者提供更加全面和准确的信息支持。机器学习和深度学习，是利用大规模数据集训练机器学习算法，从而实现智能问题解决、预测、分类等功能。元数据标准是指建立完善的元数据标准，对文献信息、人员信息、出版信息等数据进行描述和规范，便于数据交流和共享。互联网技术和移动技术是将图书馆信息技术与互联网技术和移动技术相融合，实现信息资源共享和传播，满足远程访问和移动服务的需求。人工智能和大数据是综合运用人工智能和大数据等技术手段，构建更加智慧、高效的图书馆信息系统，为读者提供精准和个性化的服务。

## 4 智慧环境下信息组织面临的挑战

在智慧图书馆背景下，信息组织工作面临一些挑战，有在新技术环境下产生的问题，有来自信息组织工作乃至公共文化服务自身的内在要求。大体说来，包括数据资源的日益多元化、规模化和智能化，图书馆信息组织面临其他行业知识服务的竞争和知识创新的压力，技术发展造成公共文化服务的均等化和普惠化的特点受到挑战，等等。

### 4.1 数据资源的多元化、规模化和智能化

智慧图书馆背景下的数据资源，在资源类型、来源、格式、质量等方面具有多样性和复杂性。智慧图书馆包括实体资源、数字化实体资源、原生数字资源和创新型数字资源[9]。这些资源类型繁多、来源广泛、格式各异、质量参差不齐。例如，图书馆不仅要收藏传统的印刷文献，还要收藏口述历史资料、网络原创作品、社交媒体信息等。这要求图书馆必须建立多元立体的知识资源体系，并对其进行精细加工和揭示，进而形成智慧化知识图谱[10]。

数据资源规模的快速增长，对数据资源的存储、检索、利用等方面提出了更高的要求。数据资源的规模呈现爆炸性增长态势，智慧图书馆面临海量数据资源的管理和服务挑战。这就要求图书馆必须提高数据资源的存储能力和安全性，采用云计算、边

缘计算等技术手段，实现数据资源的高效分布式存储和备份。数据资源的规模也影响了数据资源的检索和利用效果。传统的关键词检索方式已经难以满足用户对数据资源的精准获取和深度学习需求。这要求图书馆必须利用人工智能、大数据分析等技术手段，实现数据资源的智能化检索和利用，为用户提供基于问题场景和个性化需求的知识服务。

数据资源智能化的处理和分析，面临多方面的技术难点。数据资源的质量不均、规范不统、语义不明等，导致数据资源的整合和挖掘效果不理想；数据资源的安全性和隐私性问题，导致数据资源的共享和开放受到限制；数据资源的动态性和实时性问题，导致数据资源的更新和维护困难。智慧图书馆需要对数据资源进行智能化处理和分析，以提高数据资源的价值和效益。智能化技术可以根据用户需求和行为模式，对信息进行自动分类和推荐。同时，智能化技术可以自动生成摘要和关键词，从而加快信息组织与检索的速度。

### 4.2　知识服务的竞争和知识创新的压力

图书馆信息组织工作面临知识服务领域的竞争和用户需求变化的压力。智慧图书馆面临着来自多方主体的知识服务竞争，包括出版机构、互联网平台、数字技术服务商、社会化生产者等[11]。这些主体在数字学术出版、网络文学创作、在线听书服务、知识社区运营等方面，形成了知识内容免费和付费获取相结合的多元消费生态，催生出新的知识服务业态和商业模式[12]。这就要求图书馆以更加开放的态度参与其中，与各方主体实现协同创新和共建共享，从而更好地发挥知识信息服务中介功能。智慧图书馆也面临着来自用户的知识服务需求变化，包括对数据资源的多样化、规模化和智能化需求，对知识服务的精准化、个性化和场景化需求，对阅读学习环境的虚实结合、动态交互和沉浸体验需求等。这就要求图书馆必须利用数据化、智能化等管理手段，为用户营造多元立体的知识资源体系和交流环境，最大限度地发挥图书馆作为文化空间的价值。

智慧图书馆需要在知识服务内容、方式和评价方面进行创新，以提高知识服务的竞争力。对知识服务方式进行线上线下融合、虚实结合、动态交互等优化，以及对知识服务方式进行场景化、个性化、沉浸式等改进；对知识服务评价指标进行数据驱动、用户导向、效果导向等调整，以及对知识服务评价指标进行多维度、全过程、动态反馈等完善。知识服务创新涉及多种技术和方法，如自然语言处理、机器学习、知识图谱、深度学习等。这些技术和方法可以帮助图书馆实现数据资源的智能化处理和分析，提高数据资源的价值和效益；可以帮助图书馆实现知识服务的智能化检索和利用，提高知识服务的精准度和满意度；可以帮助图书馆实现知识服务的智能化评价和优化，提高知识服务的质量和效率。

### 4.3　公共文化服务的均等化和普惠化受到挑战

公共文化服务是指政府和社会力量为满足公民基本文化需求，提高公民文化素养，促进社会和谐发展而提供的文化产品和服务。公共文化服务是社会主义先进文化的重要载体，是保障人民群众基本文化权益的重要手段，是提升国家文化软实力的重要途径。

智慧社会是指以现代信息技术为支撑，以数据资源为核心，以智能化为特征，以创新发展为动力，以人民为中心，以高质量发展为目标，以共建共享为原则，以协调发展为保障的社会形态。智慧社会对公共文化服务提出了更高的要求和更大的挑战，也为公共文化服务提供了更多的机遇和更广的空间[13]。

公共文化服务在智慧社会中具有重要的价值和作用。智慧社会在便利生活的同时，也加剧了技术应用带来的不平等，智慧图书馆背景下的信息组织工作，应如何在发挥知识创新的同时，满足公共文化服务的基本保障，仍然是需要深思的问题。

## 5　智慧背景下信息组织如何应对挑战

### 5.1　利用灵活的技术手段和科学的管理方法处理数据资源的多元化、规模化和智能化

随着数字技术的发展和应用，图书馆所面对的数据资源类型越来越多样，包括文本、图像、音视频、地理空间、社交媒体等；数据资源规模越来越庞大，涉及海量数据、大数据、超大规模数据等；数据资源处理方式越来越智能，涉及人工智能、机器学习、深度学习等。

面对这一挑战的应对策略，一是构建多源异构数据资源的融合整合机制，实现对

不同类型、不同格式、不同来源的数据资源的统一标识、统一描述、统一存储和统一管理，提高数据资源的可发现性、可访问性和可利用性。二是构建大规模数据资源的分布式处理框架，实现对海量数据、大数据、超大规模数据的高效采集、清洗、转换、分析和挖掘，提高数据资源的价值发现和价值创造能力。三是构建智能化数据资源的知识表示和推理方法，实现对文本、图像、音视频等非结构化或半结构化数据的语义理解、知识抽取、知识融合和知识推理，提高数据资源的语义表达和语义服务能力。

以"国家数字图书馆知识服务平台"为例，该平台利用人工智能技术，对国家数字图书馆服务网络中的各类文献数据资源进行智能化处理和分析，形成了包括中华文化知识图谱、中国古籍知识图谱、中国现代文学知识图谱等多个领域知识图谱，并通过智能问答、语义检索、知识推荐等方式，为用户提供基于知识图谱的深度学习服务。

## 5.2 深耕馆藏资源，关注用户需求，优化服务内容，促进知识服务的良性竞争和创新

这一挑战主要是指随着数字经济的发展和竞争，图书馆所面对的知识服务需求越来越多元，包括个性化、差异化、定制化等；知识服务供给越来越丰富，包括互联网平台、社交媒体平台、专业数据库平台等；知识服务形式越来越多样，包括文本检索、语音检索、图像检索等。面对这一挑战的应对策略：一是构建以用户为中心的知识服务需求分析模型，实现对不同用户群体、不同场景、不同任务目标的知识服务需求的深入理解和精准把握，提高知识服务的针对性和有效性；二是构建以数据为基础的知识服务内容生成方法，实现对海量数据资源中隐含的知识信息的自动提取、组织和呈现，提高知识服务质量，丰富知识服务的内容和形式；三是构建以技术为支撑的知识服务交互方式优化策略，实现用户与系统之间的信息交流和反馈机制的持续。

智慧图书馆需要在知识服务创新方面有强大的技术支撑和管理保障，以保证知识服务创新的可持续发展。这包括建立数据资源的质量评估和保障机制，提高数据资源的可信度和可利用度；建立数据资源的安全保护和隐私保护机制，平衡数据资源的开放性和保密性；完善信息管理体系，优化流程，提高效率，建立数据资源的动态监测和实时更新机制，提高数据资源的时效性、准确性和完整性；建立知识服务创新的协

同机制，促进各方主体的共同参与和贡献；建立知识服务创新的激励机制，鼓励图书馆人才的创新能力和创新精神。

### 5.3　消除技术壁垒，保障公共文化服务的均等化和普惠化

这一挑战主要是指，随着社会主义现代化建设的推进和人民群众对美好生活的向往，图书馆所面对的公共文化服务责任越来越重，包括消除城乡、区域、群体之间的公共文化服务差距，实现公共文化服务的公平分配和有效供给；充分考虑不同人群的个性化、差异化的文化需求，实现公共文化服务的多样选择和优质享受。

面对这一挑战，从信息组织的角度考虑，一是构建融合传统文化、现代科技和社会资源的公共文化服务模式，实现对中华优秀传统文化的传承弘扬，以及对数字技术、智能技术等现代科技的充分利用，提高公共文化服务的创新性和吸引力。二是加快信息建设，推进智慧图书馆建设和数字资源开发利用，拓宽网络空间和移动终端上的公共文化服务渠道。三是加强创新驱动，引入现代信息技术和智能技术，提升公共文化服务智能化水平，丰富公共文化服务内容和形式。四是通过技术手段，布局基础设施，消除信息差，使信息组织工作的成果能够切实利民惠民。如利用云计算、大数据、人工智能等技术，构建全国智慧图书馆体系，实现对公共图书馆、文化馆（站）等公共文化设施的数据资源的集中存储、管理和共享，为用户提供便捷高效的知识服务；利用 5G 网络、物联网、边缘计算等技术，打造智慧场馆，实现对公共图书馆、文化馆（站）等公共文化设施的空间、设备、用户行为等数据的动态采集和智能分析，为用户提供虚实结合、动态交互、沉浸体验的知识获取和交流环境；利用区块链、数字身份、数字证书等技术，构建数字版权保护体系，实现对公共图书馆、文化馆（站）等公共文化设施的数字资源的安全保护和隐私保护，为用户提供安全可靠的知识内容；利用语音识别、自然语言处理、机器翻译等技术，构建多语言知识服务平台，实现对公共图书馆、文化馆（站）等公共文化设施的多语言资源的智能处理和利用，为用户提供多元包容的知识传播。

## 6 结论与展望

智慧图书馆信息组织建设是图书馆事业发展的重要方向，也是适应数字经济和社会需求变革的必然选择。本文从数据资源的多元化、规模化和智能化，知识服务的竞争和创新，公共文化服务的均等化和普惠化三个方面，分析了智慧图书馆信息组织建设面临的挑战，并对如何应对这些挑战提出了一些初步的建议。在此基础上，智慧图书馆信息组织建设应该遵循以用户为中心，满足用户的多样化、个性化、优质化的知识服务需求；以数据为基础，充分利用海量数据资源中蕴含的知识价值；以技术为支撑，不断创新信息组织的方法和手段；以协作为机制，实现跨界、跨领域、跨机构的资源共享和服务协同。本文希望能够为智慧图书馆信息组织建设提供一些参考和启示，也期待与业内同人进行更深入的交流和探讨。

## 注释：

［1］张玥：《探讨大数据环境下图书馆数字资源有效融合问题》，《农业图书情报学刊》2018 年第 5 期。

［2］陈建新：《浅议智慧图书馆的发展》，《中小企业管理与科技（中旬刊）》2019 年第 12 期。

［3］吕静：《物联网环境下智慧图书馆的构建》，《科教导刊（下旬）》2017 年第 15 期。

［4］宋文婷：《数字图书馆推广工程的实施现状与建议——以上海图书馆为例》，《信息通信》2017 年第 5 期。

［5］侯辉：《试论网络时代的图书馆如何提供优质信息服务》，《卫生职业教育》2009 年第 6 期。

［6］席玉秋：《图书馆信息资源建设》，《山东纺织经济》2011 年第 4 期。

［7］蒋玲：《高校智慧图书馆创新服务探讨》，《内蒙古科技与经济》2013 年第 21 期。

［8］冯耕：《AIoT 技术驱动下智慧图书馆建设思考》，https://www.duobiji.com/140268.html，访问日期：2022 年 12 月 20 日。

［9］吴建中、郭生山：《关于智慧图书馆建设的几点思考——专访吴建中先生》，《图书

馆理论与实践》2022 年第 2 期。

［10］饶权:《现代图书馆越来越"智慧"》，https://culture.gmw.cn/2020–11/13/content_
34364720.htm，访问日期：2022 年 12 月 20 日。

［11］张秀丽、马新蕾:《图书馆智慧化知识服务建设路径研究》,《情报探索》2022 年
第 4 期。

［12］同 [10]

［13］董晶、吴丹:《基于移动视觉搜索技术的智慧公共文化服务模型研究》,《图书与
情报》2018 年第 2 期。

# 基于 ALEPH 系统和 RFID 技术的图书单册管理研究

何　欢①

**摘　要：** 本文以图书的入藏流程为前提，重点介绍了在 ALEPH 系统和 RFID 技术结合下，图书单册从馆藏分配到上架、入藏所经历的过程，分析了在具体操作和信息关联方面常见的六种问题及其对应的解决方案，最后就如何系统性完善单册管理提出针对性工作建议。

**关键词：** ALEPH 系统；RFID 技术；图书；单册管理

## 1　引言

随着互联网、物联网技术的快速发展，图书馆在经历了传统的闭架管理和以馆员为中心的开架管理后，正逐步向以读者为中心的智慧图书馆转型[1]。当代图书馆为读者提供自助查询、自助借还等图书借阅服务，读者根据查询结果提供的架位号或定位指示灯找到所需图书，并在自助借还机上完成借阅和归还。读者可以自主、高效地完成这一系列动作，对图书馆来说，意味着避免机械劳动、节约人力成本和时间成本。

这种便捷有效的服务模式得益于现代图书管理系统与射频识别技术（RFID）的有机结合。看似简单的借阅活动背后，是由一系列过程作为支撑的，其中涉及的图书管理系统与智能设施、图书信息与 RFID 设备关联环节，可作为图书单册管理的研究内容。图书单册管理是否到位，决定了图书流通与典藏入库能否顺利完成，以及是否可以为读者提供良好的借阅体验。

---

① 何欢，四川省图书馆馆员。

## 2 图书单册管理流程

### 2.1 图书入藏工作流程

无论是传统图书馆还是现代智慧图书馆，采编、流通与典藏都是图书馆基础业务的重要组成部分。以 ALEPH 系统为例，图书通过采购、交存或赠送的方式到馆，以订单形式进入 ALEPH 采访系统，之后会在 ALEPH 编目系统完成书目数据编制与馆藏分配，然后在 RFID 标签转换系统对图书条形码与 RFID 标签进行关联，最后才能实现上架、定位、借阅以及典藏等业务。如图 1 所示。

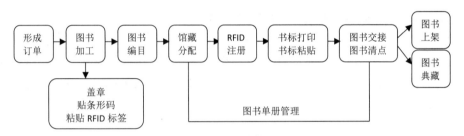

**图 1　图书入藏流程和图书单册管理**

### 2.2 图书单册的馆藏分配情况

图书在编目后进入馆藏分配界面，录入图书条形码、选定馆藏地与单册状态后更新信息，就完成了馆藏分配。图书馆一般以基藏一本、借阅若干的方式，对同一书目记录下的若干单册进行分配；工具书、地方文献以及外文图书则设有专门的阅览室，将单册分配到对应的馆藏地即可。

图书馆藏地的分配是在 ALEPH 编目系统中实现的，一般由编目人员将图书条形码录入，然后根据馆藏分配规定选取馆藏地，并保证单册状态与馆藏地一致，且新单册的处理状态为编目中。

### 2.3 RFID 标签注册情况

图书完成馆藏分配后，需在 RFID 标签转换系统中注册。该系统的作用是将图书条形码与 RFID 标签进行一一关联，将图书信息与馆藏信息一同写入 RFID 标签中。当然，也可以在需要的时候更新、改写标签信息。RFID 标签会成为图书信息读取来源，使得图书在清点或借阅时更方便、更高效。具体操作方法是将粘贴了 RFID 标签的图书部位放置于 RFID 读取器上，系统显示读取标签数为"1"时，将条码录入关联条码处进行注册；如果系统读取标签数为"0"，说明本书未粘贴标签需补粘标签；如果系统读取标签数"≥2"，则说明粘贴了多根标签，需找出多余的标签。

注册完成后可通过明细选项，勾选题名、条形码、馆藏地等信息，导出已注册图书的清单，以便与流通部门和典藏部门进行交接。如需注册的图书数量较多，建议一次注册数量不超过 50 本，并分批进行多次注册。一是防止系统或网络出现故障造成注册失败，二是便于工作人员清点、统计、查找或改错。

## 2.4 流通、典藏环节的单册管理工作

图书完成注册和统计以后，交由流通部门或典藏部门进行清点。在此过程中，工作人员会对图书的品种、数量再次进行核对，并修改图书单册状态，使图书由可借阅变更为保存本状态。

具体操作方法是在 Aleph Web 综合服务中选择单册管理系统（AIMS），新建任务然后获取单册[2]。获取单册的方式有两种，一是用条码枪将图书条形码逐条扫入；二是同时开启 RFID 键盘仿真系统，通过读取器识别已注册的图书。在实际操作中，工作人员更倾向通过 RFID 键盘仿真系统识别录入条形码，因为将图书依次放置在读取器上，比翻开图书找到粘贴的条形码再进行扫描便捷很多。

当图书完成单册获取后，可通过单册处理对图书的"单册处理状态"进行批量修改，使图书从编目状态转换到所需要的状态。这样，每本图书就可以进行上架借阅或典藏处理了。

# 3 图书单册管理中常见问题及解决方法

## 3.1 常见问题原因分析

通过政府采购途径入藏的图书一般会采用数据加工外包的方式，即由中标书商完成编目数据制作、馆藏分配以及 RFID 标签注册。采编工作人员会对部分图书进行数据抽检，并依照清单核对图书数量以及价格，然后交由流通部门或典藏部门。这种方式

减小了图书馆工作人员的工作量，从经济和工作效率层面考虑是非常必要的，但图书馆工作人员不可能对每本书的入藏流程进行一一核对，无法保证每本书的正确性。

另有交存图书、赠送图书以及部分回溯图书在入藏时，一般由本馆工作人员完成相应工作。但由于年代久远数据维护不全面、图书管理系统变更数据迁移有误以及图书加工不规范等原因，也会造成图书单册信息错误、RFID 标签注册有误等情况[3]。

图书经过 ALEPH 编目系统完成馆藏分配、RFID 标签注册以及单册信息更新后，进入借阅状态或典藏书库，这一过程中的任何环节出现问题都有可能造成图书信息错误、单册无法外借或系统不能识别，所以需要及时对错误进行修正。

## 3.2 常见问题以及解决方法

图书单册管理主要有 RFID 标签注册失败、图书单册信息与 RFID 标签信息不一致，以及回溯图书中经常会遇到更换条形码或更换 RFID 标签等问题，如图 2 所示。

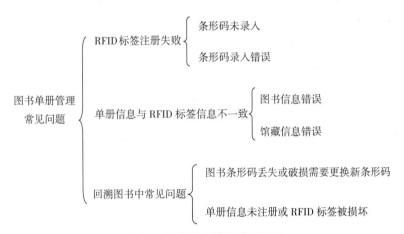

**图 2 图书单册管理常见问题**

### 3.2.1 条形码未录入

在 RFID 标签转换系统对图书进行注册的时候，有时会出现"SIP 图书信息接口读取失败"的对话框，造成这种情况的原因是图书未进行馆藏分配。这时只需回到 ALEPH 编目系统中将图书条形码重新录入并分配到相应的馆藏中即可重新注册。

### 3.2.2 条形码录入错误

图书在馆藏分配时录入错误的条形码也会导致 RFID 标签注册失败。录入条形码时一般采用条码枪扫描的方式，由于条形码印刷模糊等情况，会造成录入错误的条形码，如果工作人员没有及时发现并改正，就无法注册 RFID 标签。因此，重新录入正确的图书条形码就可以继续进行注册。

### 3.2.3 图书信息错误

在分配馆藏的时候，一个常见的错误就是将 A 书的条形码录入 B 书的书目数据之下。这个错误不会造成 RFID 平台无法注册，错误的图书信息会在清点、盘点图书或读者借阅时被发现。

此时，需要将图书条形码从 B 书的单册信息中删除，重新添加到 A 书的书目记录下。在 ALEPH 编目系统中，修改单册信息不会影响图书条形码与 RFID 标签的关联，图书可以继续流通。

### 3.2.4 馆藏信息错误

馆藏信息错误可分为两种，一种是馆藏分配错误，另一种是 ALEPH 与 RFID 的馆藏信息不一致。

普通图书在入藏时，如果是因为 ALEPH 系统中馆藏分配错误导致 RFID 馆藏信息错误的，只需改正 ALEPH 编目系统中的馆藏信息。

当出现 ALEPH 系统与 RFID 中馆藏信息不一致的情况时，大多是因为馆藏规则发生变化，导致在对图书进行批量变更馆藏地时，发生了单册遗漏，造成馆藏地信息错误。这种情况仍以 ALEPH 系统的馆藏信息错误为主，可以选择在 ALEPH 编目系统中逐条修改，或在 Aleph Web 综合服务的单册管理系统中进行批量更改。出现不一致的地方如果该单册曾被定位过，定位信息会与馆藏信息不符，则需要重新通过 RFID 图书盘点机进行定位。

### 3.2.5 图书条形码丢失或破损需更换新条形码

由于回溯图书是在图书管理系统较为普及后陆续进行机读目录编制的，故图书条形码在长期的使用过程中会遇到因为粘贴不牢固造成丢失或磨损的情况，这时就需要给图书更换新的条形码。

重新粘贴条形码后可选择同时更换新的 RFID 标签进行注册，这种操作方式便利；如果不更换 RFID 标签，需先到 RFID 标签转换系统注销界面删除原有关联信息，再重新进行注册。如果不注销原有的关联信息，则不能对新的图书条形码和原有的 RFID 标签进行注册和关联。

### 3.2.6　单册信息未注册或 RFID 标签被损坏

回溯图书中还有一种常见的问题是未对图书进行 RFID 标签注册，或即使注册过也没有办法在 RFID 上读取。这是由回溯图书入藏持续时间较长，其间工作人员变更、图书馆系统更新更换以及图书保存不当造成的。

当遇到单册信息未注册的情况时，先检查 RFID 标签能否继续使用，能够使用则直接注册，不能使用就需更换新标签。更换新标签后可在 RFID 标签转换系统更换界面重新录入图书条形码，使图书单册信息与新标签进行关联。

## 4　图书单册管理工作启示

### 4.1　做好与读者的沟通工作，提升用户体验

图书单册管理的目的是让读者有更好的借阅体验，但是难免由于操作不规范、检查不到位等原因造成问题图书，最终被读者发现。这时，图书馆工作人员一定要向读者进行解释，真诚地表达歉意，争取得到读者的谅解；另外，要及时处理问题图书，并根据读者需求完成后续服务工作，提升服务满意度。

图书在借阅环节被读者发现问题是图书馆工作人员最不希望遇到的情况，但恰恰很多问题图书是在这个时候被发现的。所以，建议盘点图书和整理上架时要做好查错工作。现今，图书馆一般会采用 RFID 图书盘点机进行定位与盘点，故在扫描定位和维护数据时要加强对图书的单册管理，发现问题及时处理，做好把关工作。

## 4.2 重视工作流程规范化管理

图书单册管理的每个步骤环环相扣，是联结读者与图书、工作人员的一座座桥梁，一个环节出现问题会对接下来的每一步都产生影响。所以，图书单册管理需重视工作流程的规范化，严格按照工作程序执行，操作过程中要及时发现问题并修正，尽量降低错误率。

对此，可细化图书单册管理中各项工作指标，对每个流程进行规范，形成一套完整的、详细的操作指南，无论是本馆工作人员还是外包加工人员，都按照规定的操作方法执行。还可以对这些指标进行量化，统计各个环节的错误率，找到薄弱之处，对其进行相应的强化管理，减少错误的发生。

## 4.3 回溯图书批量管理工作发展空间广阔

新书入藏的时候，因工作流程较为规范清晰，图书都进行相同的规范操作，发生错误的概率较低，个别图书发现问题后及时更改，并不会产生严重的影响。图书馆保存的一些年代较为久远的图书，如珍贵的古籍文献、民国文献等，有专门的管理办法，可根据本馆实际情况按需入藏。其他的图书，无论是 1987 年前使用统一书号的图书，还是之后使用 ISBN 号的图书，均须按现行方式入藏，这些回溯图书在单册管理时出现问题的概率较高。一是由于馆藏规则发生改变，批量更改馆藏信息时容易出错；二是由于图书管理系统更换，数据批量导出导入会造成单册信息丢失。故很多回溯图书会在盘点时发现问题并退回到编目部门重新进行数据完善。

目前，以这样的方式处理较为费时费力，并且大量的错误可能还没有被发现。因此，需要对图书批量管理进行更为深入的研究。一是对有相同问题的图书，能够按照特定的规律通过计算机批量提取并进行改正，避免工作人员重复性、低效率的劳动。二是为今后做好准备工作。当代社会对工作效率的要求非常高，低效率且重复的劳动会被社会淘汰。所以，图书馆今后需在批量管理工作上进行更深入的研究，让图书单册管理工作以辅助形式存在[4]。

## 5 结语

信息技术与智能设施有效结合是当代图书馆提供良好服务的重要保障，这需要我们打破知识壁垒，对其进行深入研究。在图书馆中负责图书单册管理的工作人员，绝大多数不是信息技术专业出身，从事信息技术工作的馆员不一定会做具体的图书单册管理工作。所以，需要图书馆工作人员积极主动地跨学科、跨部门学习所需知识，这样才能进行更好的沟通与合作。对于图书馆中的智能设施，工作人员也不能停留在表层的基本操作，要深入研究每个设备的工作方式，既要利用好其优越的方面，也要对避免不了的漏洞及时寻求解决方案，并想办法优化工作方法，从而使图书馆的智能设施设备发挥更大的作用。

### 注释：

［1］许锴:《基于 RFID 技术的图书馆智能管理系统》,《现代电子技术》2020 年第 12 期。

［2］肖婵:《基于 ALEPH 单册管理系统的图书清点工作——以首都师范大学图书馆为例》,《农业图书情报学刊》2016 年第 8 期。

［3］夏玫:《RFID 在读者流通服务管理中的应用初探》,《内蒙古科技与经济》2019 年第 11 期。

［4］杨爱华:《智慧图书馆视域下大型馆开架书库管理研究与策划》,《图书馆学研究》2021 年第 1 期。

# 上传资格培训线上考试的总结与反思

胡　砚[①]

**摘　要：** 全国图书馆联合编目中心多年来致力于联机联合编目的理论探讨和实践积累，形成了一套完整的"培训—上传—校对—反馈"的书目数据共建共享体系。联编中心于2017年开始搭建"全国图书馆联合编目中心线上考试平台"，并于2020年年初次投入使用。本文对该平台首次使用的效果进行了分析，总结出该平台的优势，也指出平台现存的不足，为该平台下一步的调整升级提出建议。

**关键词：** 上传资格；线上考试平台；联编中心

随着互联网时代的到来，图书领域迎来了诸多机遇和挑战，书目数据的共建共享更是大势所趋。统一的数据著录标准和规范的数据格式，已经成为书目数据共建共享的必备条件之一[1]。全国图书馆联合编目中心（以下简称联编中心）多年来致力于联机联合编目的理论探讨和实践积累，形成了一套完整的"培训—上传—校对—反馈"的书目数据共建共享体系[2]。自2000年起，联编中心逐年举办编目培训，编目员通过培训考试后统一颁发书目数据上传资格证书，在具备书目数据上传资格的成员馆中，只有具备此证书的编目员，才有资格为联编中心上传书目数据。正是由于联编中心始终秉持"从数据源头抓起，提升数据质量"的理念，才成功确保了联编中心上传数据的质量。经过十几年的发展完善，全国图书馆联合编目中心数据上传资格证书的权威性日渐提高，成为行业内普遍认可的资格证书。一方面为了维护证书的权威性，另一方面出于各成员馆人员调度方面的考虑，从2016年开始，联编中心对编目培训的认证工作进行了调整，将原来无时效限制的培训证书改为有效期五年，有效期满后需要重新注册认证。针对重新

---

① 胡砚，国家图书馆副研究馆员。

认证的这项工作，为避免增加编目员额外的财政支出和时间消耗，联编中心于 2017 年开始进行在线考试平台的搭建工作，并于 2018 年启动了在线题库建设方案，确保重新认证的编目员可以足不出户地完成上传资格证书的相关工作。2020 年受疫情影响，线下培训考试面临诸多挑战，为确保上传资格培训如期进行，联编中心经过反复评估，最终决定采用线上培训模式，提前启用考试平台辅助进行培训认证工作。

## 1  考试平台的特色

与线下考试一样，考试平台的目的是对编目员的业务能力进行考查，因此题目的设计也沿袭线下考试的模式，在分数安排上遵循"轻客观、重主观"的原则，在内容安排上遵循"轻理论、重实践"的原则，从编目员的实际工作情况出发，模拟编目员的日常工作内容，对编目工作的规范度和细节完善度进行考查。

与传统的线下考试相比，考试平台具有自己鲜明的特色。在题型设计方面，考试平台拥有选择题、判断题、填空题、文献标引题、文献著录题等多种题型，并设置了开放接口，可以根据需要添加其他类型的试题。在试卷分析方面，联编中心的阅卷人员可以通过平台的试题分析功能，准确地判断出每个人的知识薄弱点，甚至是某个馆、某个地区的薄弱点。与以往的阅卷教师主观判断相较而言，这种具有详细数据分析的归纳总结更有助于中心的资料汇总，为中心在各地区开展编目培训提供一定的数据支撑，使得培训更具有针对性，更有的放矢。

鉴于考试平台的初次使用，在试题题型方面考试平台延续了线下考试的特点，分为客观题与主观题两大类。客观题分为单选题和多选题，其中单选题占总分值的 20%，多选题占总分值的 15%，依据评分规则，单选题有且只有一个正确答案，多选题有多于一个正确答案且多选、少选、错选均不得分，这便在无形中增加了试题的区分度。客观题的考查内容以客观著录内容为主，考查的侧重点在于编目员对客观著录的信息源、著录标准等方面的解读，知识点相对单一，不存在主观发挥的内容。主观题分为文献标引题和文献著录题，其中文献标引题占总分值的 25%，文献著录题占总分值的 40%。文献标引题需要根据所提供的作品内容提要和规范主题词、分类号，为文献选择合适的主题词和正确的分类号进行标引，要求写出正确的字段、子字段以及字段指示符。为了更好地反映考生的实际水平，题目中给出数个备选主题词和分类号，由考生根据题目要求选择和组配。文献著录题则需要根据所给出的文献信息，正确著录题目要求的相关字段及子字段。

鉴于线上考试的特殊性，为了维护考试的公平公正，考试平台在功能上进行了很多设计。首先，考试平台账号由系统维护人员为每位考生配备用户名和密码，不允许自由注册，这就在客观上避免了反复刷题的可能性；其次，考试平台内所有文字禁用复制粘贴功能，在操作上确保考查方式与编目员的日常工作更加契合；再次，平台内所有试题全部由业内专业人员编纂，与实体书无关，无法在各个网站或图书馆馆藏检索或揭示系统找到原型，避免了搜索、复制答案的可能性；最后，平台采取随机抽题或随机抽卷的方式，确保来自同一单位的人员不会取得相同的考题，同时在知识点和难易程度上进行平衡，力求真实地反映每位考生的真实水平。

为了确保考查内容的广度和深度，平台耗费大量的人力物力进行题库内容的建设，自构建知识点网络到题库初具规模，历时数年，遴选知识点 90 个（见表 1），试题千余道（见表 2），形成了一套完整的考试题库（见表 3）。强大的题库为全面考查知识点提供了强有力的保障，也为试卷的多样化提供了可能性。

### 表 1　知识点数量汇总

单位：个

| 章节 | 知识点数量 |
| --- | --- |
| 第一章　图书编目基本知识 | 4 |
| 第二章　中文普通图书书目数据编制细则概述 | 3 |
| 第三章　中文图书各功能块填写细则 | 73 |
| 第四章　著录方式的选择 | 8 |
| 第五章　CNMARC/ 规范格式 | 1 |
| 第六章　联编中心的服务及联编系统相关操作 | 1 |

### 表 2　试题量汇总

单位：道

| 题型 | 单选题 | | | 多选题 | | | 文献标引题 | | | 文献著录题 | | |
| --- | --- | --- | --- | --- | --- | --- | --- | --- | --- | --- | --- | --- |
| 难度 | 易 | 中 | 难 | 易 | 中 | 难 | 易 | 中 | 难 | 易 | 中 | 难 |
| 数量 | 473 | 129 | 6 | 84 | 190 | 5 | 26 | 18 | 8 | 25 | 22 | 19 |

表 3　题库试题分布（部分）

单位：道

| 知识点 | 单选题数量 | | | | 多选题数量 | | | | 标引题数量 | | | |
|---|---|---|---|---|---|---|---|---|---|---|---|---|
| | 易 | 中 | 难 | 汇总 | 易 | 中 | 难 | 汇总 | 易 | 中 | 难 | 汇总 |
| 个人名称主题 | 2 | 0 | 0 | 2 | 1 | 1 | 0 | 2 | 4 | 1 | 0 | 5 |
| 团体名称主题 | 0 | 0 | 1 | 1 | 2 | 0 | 0 | 2 | 4 | 1 | 1 | 6 |
| 题名主题 | 0 | 3 | 0 | 3 | 1 | 0 | 0 | 1 | 2 | 4 | 0 | 6 |
| 论题名称主题 | 3 | 6 | 0 | 9 | 1 | 4 | 0 | 5 | 3 | 1 | 3 | 7 |
| 地理名称主题 | 1 | 3 | 0 | 4 | 0 | 1 | 0 | 1 | 3 | 2 | 1 | 6 |
| 非控主题词 | 5 | 1 | 0 | 6 | 0 | 2 | 0 | 2 | 3 | 0 | 0 | 3 |
| 《中图法》分类号 | 11 | 8 | 3 | 22 | 2 | 1 | 3 | 6 | 7 | 9 | 3 | 19 |

## 2　考试平台的优势

　　鉴于 2020 年考试平台初次投入使用，为保证试题难易程度的稳定，平台采取随机抽卷的方式进行考查，由专家依据拟考查知识点的范围，根据考查范围遴选考题，最后将考题组成 10 份难度大致相同的考卷，由考生随机抽取作答。经过层层遴选，最终选择了涉及 43 个知识点的 163 道题进行组卷分配，对来自全国 82 个单位的 188 名学员进行线上考试，并将考试成绩按 A、B、C、D、E 分为五档（见表 4）。

表 4　考试成绩分档

单位：名

| 成绩 | 卷 1 | 卷 2 | 卷 3 | 卷 4 | 卷 5 | 卷 6 | 卷 7 | 卷 8 | 卷 9 | 卷 10 | 总计 |
|---|---|---|---|---|---|---|---|---|---|---|---|
| A | 4 | 3 | 2 | 4 | 6 | 2 | 1 | 4 | 8 | 5 | 39 |
| B | 7 | 9 | 4 | 0 | 2 | 9 | 5 | 7 | 6 | 4 | 53 |
| C | 2 | 5 | 6 | 3 | 4 | 5 | 1 | 2 | 1 | 3 | 32 |
| D | 1 | 4 | 5 | 3 | 1 | 3 | 3 | 6 | 1 | 2 | 29 |
| E | 3 | 0 | 6 | 2 | 4 | 4 | 8 | 4 | 3 | 1 | 35 |
| 总计 | 17 | 21 | 23 | 12 | 17 | 23 | 18 | 23 | 19 | 15 | 188 |

本次考试试卷平均分为 73.68，优秀率为 20.74%，及格率为 81.38%，过差率为 4.26%，试卷总体难度系数为 0.26，题目正确率统计如表 5 所示，知识点正确率统计如表 6 所示。由此可以看出，试卷整体难度适中，能够较好地反映学员的整体水平。表 7 和表 8 分别给出了正确率最高的 10 个知识点和正确率最低的 10 个知识点。联编中心将以此为依据对接下来的培训及日常工作进行调整，以最大限度地弥补现有工作的短板。

表 5　题目正确率统计

单位：道

| 题目正确率 | 数量 | 占比 |
|---|---|---|
| 91%~100% | 58 | 35.58% |
| 81%~90% | 24 | 14.72% |
| 71%~80% | 30 | 18.40% |
| 61%~70% | 19 | 11.66% |
| 51%~60% | 14 | 8.59% |
| 0~50% | 18 | 11.04% |

表 6　知识点正确率统计

单位：个

| 知识点正确率 | 数量 | 占比 |
|---|---|---|
| 91%~100% | 9 | 21.43% |
| 81%~90% | 4 | 9.52% |
| 71%~80% | 13 | 30.95% |
| 61%~70% | 3 | 7.14% |
| 51%~60% | 2 | 4.76% |
| 0~50% | 11 | 26.19% |

表 7　正确率最高的 10 个知识点及正确率

| 知识点名称 | 正确次数 | 出现次数 | 正确率 |
|---|---|---|---|
| 3.7.3　主题分析块之 605 题名主题 | 198 | 206 | 96.12% |
| 3.7.5　主题分析块之 607 地理名称主题 | 180 | 189 | 95.24% |
| 3.7.1　主题分析块之 600 个人名称主题 | 196 | 207 | 94.69% |
| 3.7.2　主题分析块之 601 团体名称主题 | 175 | 189 | 92.59% |
| 3.8.3　知识责任块之 711 团体名称——主要责任者 | 67 | 73 | 91.78% |
| 3.8.4　知识责任块之 712 团体名称——次要责任者 | 67 | 73 | 91.78% |
| 3.8.5　知识责任块之 730 团体名称——非规范责任者 | 67 | 73 | 91.78% |
| 3.7.6　主题分析块之 610 非控主题词 | 21 | 23 | 91.30% |
| 3.7.7　主题分析块之 690 中国图书馆分类法 | 1073 | 1185 | 90.55% |

表 8　正确率最低的十个知识点及正确率

| 知识点名称 | | 正确次数 | 出现次数 | 正确率 |
|---|---|---|---|---|
| 4.2.1 | 多卷册图书之集中著录 | 9 | 19 | 47.37% |
| 4.2.2 | 多卷册图书之分散著录 | 9 | 19 | 47.37% |
| 4.3 | 丛编 | 9 | 19 | 47.37% |
| 4.4.1 | 单册分析之单册记录 | 9 | 19 | 47.37% |
| 4.4.2 | 单册分析记录 | 9 | 19 | 47.37% |
| 4.5.1 | 无总题名图书之第一合订记录（基本记录） | 9 | 19 | 47.37% |
| 4.5.2 | 无总题名图书之其余合订记录（分析记录） | 9 | 19 | 47.37% |
| 3.6.8 | 相关题名块之 517 其他题名 | 87 | 189 | 46.03% |
| 3.4.5 | 附注块之 307 载体形态附注 | 20 | 55 | 36.36% |
| 3.6.1 | 相关题名块之 500 统一题名 | 4 | 23 | 17.39% |

## 3　对未来工作的展望

从试题分析的结果中不难发现，考试平台还有很大的提升空间。

第一，知识点尚需细化。目前的知识点分布已经完全覆盖了考试范围，但就某个细微的知识点而言，如"题名与责任说明"一项，还有进一步细化的空间，对同时考查多个知识点的题目，尚需明确知识点所属及试卷的难度。

第二，难易程度划分尚需精确。虽然试卷总体难度系数为 0.26，属于正常范围，但也不难看出，试卷七的难度系数达到 0.42，这就说明个别试题的难度系数是高于预估值的。事实上，试题的难度很难以"易—中—难"三档分类，尤其对于划分"容易题中的难题"和"难题中的容易题"，尚需明确细致的考核标准，如何根据本次考试的结果，对试题整体难度进行重新评估，是考试平台需要深入讨论的问题。

第三，试卷分值分配尚需优化。线下考试受书写速度的影响，著录题数量难以再度增加，线上考试则有了更多选择。毕竟对于专业编目员来讲，录入速度远高于手写速度，在相同的时间下，增加著录题的数量成为可能。因此，如何压缩客观题的数量和分值，增加著录题的题量和分值，更好地体现编目员的真实水平，暴露编目员工作中的问题，将成为下次考试的重点问题。

考试只是手段，不是目的，联编中心设立考试机制的目的是希望借此引起编目人员对数据质量的重视，增强规范意识，避免由于习惯等原因导致著录不统一的问题。在这个书目数据共建共享的时代，只有数据准确统一，才能为用户提供更精准的服务[3]。

## 注释：

[1] 袁乐乐：《OLCC 联合编目数据质量控制研究》，《图书情报导刊》2019 年第 8 期。

[2] 张元芸：《联合编目环境下中文图书多层次著录问题的分析与思考——以 OLCC 上传数据问题为例》，《图书馆工作与研究》2013 年第 8 期。

[3] 周小敏：《基层图书馆的编目培训实例研究》，《图书馆建设》2012 年第 11 期。

# 智慧图书馆背景下图书捐赠服务的调查与思考①

胡云霞②

**摘　要**：目的/意义：随着信息技术的进步，高校智慧图书馆的建设如火如荼，图书捐赠服务作为智慧服务的一部分，也面临新的变革。本文基于当前高校图书馆捐赠服务的不足，提出建立一套规范高效的捐赠服务流程，提高捐赠服务的质量。方法/过程：通过网站实验法和实证分析法，对国内排名前十的高校和杭州下沙高教园区的高校图书馆的捐赠制度、捐赠展示、捐赠网站等情况进行调查分析，总结并剖析高校图书馆在捐赠工作中存在的赠书入藏标准不规范、宣传力度不大、专业人员能力缺乏、重数量轻质量等问题。结果/结论：针对存在的问题，提出进一步提高捐赠工作水平的对策，以期为高校图书馆捐赠服务的研究发展提供借鉴与参考。

**关键词**：智慧图书馆；高校图书馆；捐赠图书；捐赠服务

## 1　引言

捐赠图书是高校图书馆文献资源的重要补充，也是拓展图书馆馆藏深度和广度的重要方式。接受捐赠在一定程度上能缓解图书馆购书经费不足与读者需求之间的矛盾，对图书馆获得社会支持与促进区域文化交流合作具有积极的作用[1]。随着互联网、物联网、云计算、人工智能技术的迅速崛起，图书馆发生了颠覆性的变革，智慧图书馆成为未来图书馆发展的新模式，而高校图书馆也开始关注并致力于智慧图书馆的建设。图书捐赠服务作为高校图书馆的一项重要服务，在智慧图书馆建设背景下，也是智慧

① 本文系杭州市哲学社会科学规划课题"助力新型智慧城市建设的智慧图书馆服务实践与创新研究——以杭州为例"（项目编号：M21YD043）的研究成果之一。

② 胡云霞，浙江传媒学院图书馆副研究馆员。

服务的组成部分。高校图书馆在新的发展背景下，如何对捐赠图书进行合理收藏和利用，以确保捐赠图书的工作有序、高效开展，确保捐赠图书藏书结构的系统、科学、实用？这是值得思考和亟待解决的问题。

## 2　高校图书馆开展捐赠服务调查情况

### 2.1　调查对象

本次调研根据武书连发布的《2020 中国大学综合实力排行榜》，选取排行榜前十所高校的图书馆为调研对象，同时选取我馆所在的杭州下沙高校园区周边高校的图书馆作为调研对象，考察其捐赠服务开展的现状。

### 2.2　调查结果

调研以各大高校图书馆主页和捐赠网页为主，关注图书馆捐赠制度、捐赠展示、捐赠网站的相关开展情况。对于图书馆主页上查询不到的捐赠信息，笔者通过 E-mail 或电话咨询的方式进行核实，确保调研收集的数据真实可靠。调研时间为 2020 年 5—12 月。调研结果如表 1 和表 2 所示。

表 1　2020 年排名前十的高校图书馆捐赠服务概况

| 图书馆名称 | 捐赠服务 | 主页链接路径 | 入藏范围 | 受赠方式 | 捐赠回馈/受赠反馈 | 捐赠管理条例（办法） | 捐赠者权益 | 专题网站 | 捐赠查询入口 | 捐赠展示 | 文献特藏 |
|---|---|---|---|---|---|---|---|---|---|---|---|
| 清华大学 | 有 | 一级捐赠 | 有 | 到馆、邮寄捐赠、上门提取 | 捐赠纪念证书 | 有 | 有 | 有 | 捐赠查询 | 捐赠新闻、捐赠主题展、捐赠精品室、重要捐赠榜、最新捐赠榜、捐赠鸣谢、历年捐赠名录、毕业生赠书专栏 | 清华文库 |
| 北京大学 | 有 | 一级捐赠 | 有 | 到馆、邮寄捐赠、上门提取 | 捐赠证明 | 有 | 有 | 有 | 无 | 重要捐赠、捐赠名录、捐赠新闻、捐赠鸣谢 | 北大文库 |
| 浙江大学 | 有 | 二级读者服务—书刊捐赠 | 有 | 到馆、邮寄捐赠、上门提取 | 感谢函、捐赠证书 | 有 | 有 | 无 | 有 | 文献捐赠目录 | 浙大文库 |
| 上海交通大学 | 有 | 二级资源—图书捐赠或互动—图书捐赠 | 有 | 到馆、邮寄捐赠、上门提取 | 捐赠回执、捐赠证书 | 有 | 有 | 无 | 无 | 无 | 交大文库 |
| 武汉大学 | 有 | 一级捐赠 | 有 | 现场捐赠、邮件捐赠、上门提取、捐赠仪式 | 收藏证 | 有 | 有 | 有 | 有 | 捐赠专题报道、捐赠目录查询、学生爱心捐赠 | 武汉大学文库 |

续表

| 图书馆名称 | 捐赠服务 | 主页链接路径 | 入藏范围 | 受赠方式 | 捐赠回馈/受赠反馈 | 捐赠管理条例（办法） | 捐赠者权益 | 专题网站 | 捐赠查询入口 | 捐赠展示 | 文献特藏 |
|---|---|---|---|---|---|---|---|---|---|---|---|
| 南京大学 | 有 | 一级捐赠 | 有 | 到馆、邮寄捐赠、上门提取 | 感谢函 | 有 | 有 | 有 | 无 | 捐赠新闻 | 南大人文库 |
| 华中科技大学 | 有 | 主页显著服务—读者捐赠 | 有 | 到馆捐赠、邮寄捐赠、上门提取 | 收藏证 | 有 | 有 | 无 | 无 | 捐赠名录 | 无 |
| 复旦大学 | 有 | 二级互动—图书捐赠 | 有 | 到馆、邮寄捐赠、上门提取 | 感谢信、捐赠证书 | 有 | 有 | 有 | 有 | 捐赠专题报道、捐赠清单 | 复旦人著作室 |
| 四川大学 | 有 | 三级文献服务—读者参与—图书捐赠 | 有 | 到馆、邮寄捐赠、上门提取 | 感谢函 | 有 | 有 | 无 | 无 | 无 | 明远文库 |
| 吉林大学 | 有 | 二级服务—图书捐赠 | 有 | 到馆、邮寄捐赠、上门提取 | 捐赠证书 | 有 | 有 | 无 | 无 | 捐赠名单 | 吉大学人书库 |

表2　2020年杭州下沙高校园区的高校图书馆捐赠服务概况

| 图书馆名称 | 捐赠服务 | 主页链接路径 | 入藏范围 | 受赠方式 | 捐赠回馈/受赠回执 | 捐赠管理条例（办法） | 捐赠者权益 | 专题网站 | 捐赠查询入口 | 捐赠展示 | 文献特藏 |
|---|---|---|---|---|---|---|---|---|---|---|---|
| 浙江工商大学 | 有 | 二级服务—图书捐赠 | 有 | 到馆、邮寄捐赠、上门收取 | 捐赠证书 | 有 | 有 | 无 | 无 | 无 | 浙商大文库 |
| 杭州师范大学 | 有 | 二级互动—图书捐赠 | 有 | 到馆、邮寄捐赠、上门收取 | 感谢函、捐赠证书 | 有 | 有 | 无 | 无 | 文献捐赠目录 | 师大文库 |

续表

| 图书馆名称 | 捐赠服务 | 主页链接路径 | 入藏范围 | 受赠方式 | 捐赠回馈/受赠回执 | 捐赠管理条例（办法） | 捐赠者权益 | 专题网站 | 捐赠查询入口 | 捐赠展示 | 文献特藏 |
|---|---|---|---|---|---|---|---|---|---|---|---|
| 中国计量大学 | 有 | 三级读者服务—其他服务—书刊捐赠 | 有 | 图书馆捐赠办公室 | 捐赠荣誉证书 | 有 | 无 | 无 | 无 | 无 | 量院文库 |
| 杭州电子科技大学 | 有 | 无 | 有 | 到馆、邮寄捐赠 | 捐赠证书 | 内部规定 | 无 | 无 | 无 | 无 | 杭电文库 |
| 浙江理工大学 | 有 | 无 | 有 | 到馆、邮寄捐赠、上门收取 | 捐赠证书 | 内部规定 | 无 | 无 | 无 | 无 | 理工文库 |
| 浙江财经大学 | 有 | 无 | 有 | 到馆、邮寄捐赠、上门收取 | 捐赠证书 | 内部规定 | 无 | 无 | 无 | 无 | 浙财文库 |
| 浙江传媒学院 | 有 | 无 | 有 | 到馆、邮寄捐赠、上门收取 | 收藏证书 | 内部规定 | 无 | 无 | 无 | 无 | 浙传文库 |

## 2.3 调研结果分析

调查发现，高校图书馆普遍开展了捐赠服务。从主页链接路径的情况来看，排名前十的高校图书馆比较重视捐赠图书的宣传，在图书馆主页显著的位置设置了捐赠栏目的链接，如清华大学、北京大学、武汉大学、南京大学、华中科技大学等的图书馆都将捐赠栏目位于一级链接，可见捐赠服务在图书馆已得到了重视和关注。相比而言，杭州下沙高校园区的高校图书馆开展捐赠服务的意识相对薄弱，部分图书馆还没有在主页上设置相关的捐赠栏目，其余图书馆将捐赠栏目设置在二级网页或三级网页。

从赠书规范制度方面来看，各大重点高校图书馆都制定了捐赠管理条例，明确规定赠书的入藏范围，详细说明了捐赠者的归属权。而杭州下沙高校园区的高校图书馆在赠书规范制度建立方面还处于起步探索阶段，尚未形成明文规定的捐赠管理条例，只有部门内部一些约定俗成的规范，尚未对捐赠者的归属权作出解释说明。

如表1、表2所示，仅有清华大学、北京大学、武汉大学、南京大学、复旦大学五所高校的图书馆创建了捐赠专题网站，清晰直观地反映该馆开展捐赠服务的实际情况，为高校图书馆特色资源的建设提供了有力的保障。值得一提的是，南京大学新一代图书馆打造的服务平台NLSP创新服务理念，增设了读者捐赠功能，读者在线提交捐赠申请后，由馆员在后台进行维护和管理，读者可以在统一检索中查询到自己的捐赠信息[2]。调查发现，只有浙江大学、武汉大学、复旦大学三所高校的图书馆设置了独立的捐赠查询入口，专供读者查询捐赠书目的信息。大部分高校图书馆并未在主页上设置独立的捐赠查询入口，而是将捐赠书目的信息整合到OPAC书目查询系统中，通过书目查询系统进行检索。

调查发现，大部分重点高校的图书馆在专题网站上进行捐赠展示。清华大学、北京大学、武汉大学高校图书馆的捐赠展示内容丰富多彩，形式多种多样，体现了图书馆对捐赠工作的重视以及对捐赠者的尊重。清华大学将捐赠网站作为对外宣传和服务的窗口，通过"网上展览厅"中"捐赠精品室"和"捐赠主题展"栏目，生动直观地向读者展现了图书馆的特色资源，"网上展览厅"图文并茂、精彩纷呈的展示，使捐赠展览突破时空限制，随时随地供读者查阅，为读者构建了多元的视觉体验[3]。相比而言，杭州下沙高校园区的高校图书馆在捐赠展示方面存在欠缺，没有关注捐赠展示的环节，图书馆网站上没有查询到有关捐赠展览的相关信息。

## 3 高校图书馆捐赠工作中存在的问题

### 3.1 缺乏一套科学规范的入藏标准

目前，我馆尚未制定出一套科学规范的捐赠工作标准和规则，对捐赠图书的接受原则及接受流程、捐赠图书的入藏标准等尚未做出具体明确的规定，以致在实际的捐赠工作中无章可循、无据可依。图书馆以往的做法只是将是否为正式出版物作为是否纳入馆藏的一个准则，但这一准则太过笼统，以致一些内容陈旧、复本量过大、品相不完整的图书纳入馆藏。

### 3.2 图书捐赠的宣传推广力度不大

通过前期的调研发现，国内一些知名高校的图书馆比较重视图书捐赠工作的宣传推广，不仅在图书馆主页上设置捐赠图书的栏目，及时公布捐赠图书的相关信息，而且利用图书馆微信、微博等媒介宣传赠书行为的意义。部分高校图书馆在宣传推广方面还比较欠缺，处于被动地接受在校师生、社会组织的捐赠，没有采取主动的方式，争取更多的热心人士参与到捐赠活动中来[4]。

### 3.3 藏书空间匮乏制约捐赠工作的有效开展

藏书空间不足是阻碍图书馆可持续发展的重要因素，图书馆还存在大批捐赠图书堆积在地下库等待上架的现象，其中不乏有一些具有较高的学术价值和收藏价值的图书，但是由于藏书空间的匮乏，导致无法发挥其作用。面对日益增加的捐赠图书，如何在有限的空间最大限度地利用和收藏？如何让其"物尽其用"？这将是高校图书馆重点思考和探索的问题。

### 3.4 捐赠工作人员专业知识和专业能力欠缺

捐赠工作人员作为图书馆与院系、外界沟通的桥梁，应当具备较强的组织协调能力、语言文字表达能力、业务发展能力和开拓创新能力[5]，图书馆捐赠服务工作的成败在某种程度上取决于捐赠工作人员素质的高低。当捐赠工作人员的专业素养和业务技能不足以满足图书馆发展的要求时，如何走出传统的工作模式，变被动服务为主动服务，加强与院系及外界的联系？如何激发自身业务发展能力，拓宽捐赠渠道，提升捐赠图书服务？这些都是未来捐赠工作人员努力的方向。

### 3.5 关注赠书数量的增加，忽视赠书质量的提升

由于捐赠图书来源渠道的广泛性、随机性等特点，接收到的捐赠图书质量良莠不齐，存在复本量过大、陈旧过时、内容浅显、不适用等问题[6]。在学校迎评促建期间，为了弥补馆藏量不足的现状，高校图书馆更多地追求捐赠图书数量的增加，而忽视了捐赠图书质量的提升。在馆藏量指标达标的情况下，应该更重视捐赠图书质量的提升，而不仅仅注重捐赠图书数量的增加。

## 4　捐赠工作的实施过程探索

通过网络、电话咨询等途径进行广泛调研，在广泛吸取他馆经验的基础上，结合本馆的实际情况，对本馆的捐赠工作进行规范化的实践，着手制订捐赠工作标准和规则，以期使本馆的捐赠工作有章可循、有据可依，同时便于捐赠者提前知晓和了解本馆的捐赠图书相关政策，确保捐赠工作的顺利开展。

### 4.1　规范捐赠图书的处理过程

首先，捐赠图书在经图书馆接收后，其所有权即归图书馆所有。

其次，图书馆接收捐赠图书后，应向捐赠者出具收藏证书以表感谢和纪念，对捐赠人尽量做到有赠必复。

再次，对接收的捐赠图书及时进行登记并编制捐赠图书目录，对于符合入藏标准的受赠文献，均依一般图书资料处理，进行加工、分编、典藏入库；为了便于快速识别捐赠图书的不同，在加工环节对捐赠图书的书名页加盖赠书章。编目过程中，以捐赠者人名建立批次号；典藏过程中，将赠书分配到"捐赠书库"，通过这些标注，让读者能检索到相关赠书的信息。对于不符合入藏标准的受赠文献，报请主管审核并以合适的方式进行处置，一般以转赠、交换、剔旧的方式进行妥善处理。

最后，编目处理时，建立捐赠图书目录与文献资源入藏明细，为捐赠图书的宣传和捐赠图书利用情况的分析统计提供便利。

### 4.2　规范捐赠图书的接收流程

捐赠图书的接收流程为：采编部工作人员与捐赠者联系沟通捐赠事宜—到馆接收捐赠图书（邮寄接收图书或上门接收图书）—登记—根据图书捐赠管理办法分别处理—不宜入藏图书（转赠或剔旧）/宜入藏图书—验收并加盖赠书章—编目—典藏—清点统计—向捐赠者颁发捐赠证书。如图1所示。

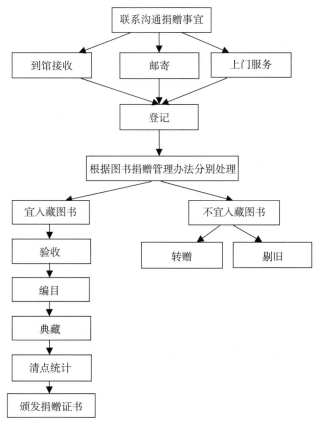

**图1 捐赠图书的接收流程**

# 5 改进和完善捐赠工作的建议

## 5.1 完善捐赠工作标准和规则

对捐赠工作进行规范化、制度化的实践是捐赠工作顺利开展的重要手段，因此，制订一套适合高校图书馆实际情况的捐赠工作标准和规则，明确接收捐赠图书的范围以及处理捐赠图书的方法，将是图书馆面临的一项刻不容缓的任务。在前期的研究中，高校图书馆进行了捐赠工作规范化的实践探索，初步拟定了捐赠管理办法，但还需不断改进和完善，比如在捐赠图书法律归属权方面还有待加强，明确捐赠双方的权利和义务，保护捐赠双方的合法权益。

## 5.2 加大宣传力度，拓宽宣传途径

图书馆可采取多样化的形式来加大宣传力度。利用图书馆网站，在主页设置一级链接，开设捐赠图书栏目，及时公布图书馆接收捐赠图书的相关信息，加强宣传赠书行为的意义；利用图书馆微信公众号、微博等媒介平台进行宣传，及时公布捐赠活动、最新捐赠名录、捐赠指南、捐赠途径等；在图书馆网页与图书馆微信公众号上增设捐赠图书的查询功能，让读者和捐赠者能随时查询到相关的捐赠图书信息[7]。通过这些方式，充分体现我馆对捐赠行为的高度重视，从而激发更多的热心人士参与到捐赠活动中来。

## 5.3 客观著录捐赠图书

在对捐赠图书著录的过程中，图书馆应严格遵循机读编目著录原则和编目规则，尝试在著录字段中将捐赠图书的具体信息（捐赠者、捐赠形式等）加以体现，尽可能以准确、完全、详细、规范的描述揭示捐赠图书的特性。尝试专人负责捐赠图书的典藏，合理分配和调拨馆藏地，以便于读者检索和查阅。

## 5.4 关注与捐赠者的联系反馈

捐赠工作人员要加强与捐赠者的交流与沟通，尤其是后期在捐赠图书流通上架的环节，应主动告知捐赠人赠书的去向及当前的使用情况。借助微信、QQ等社交通信软件，及时与捐赠者反馈与互动，以示对捐赠者的尊重，同时增强捐赠者参与捐赠活动的认同感。高校图书馆根据不同类型的捐赠者提供针对性的反馈形式，可以定期向捐赠者反馈捐赠图书的收藏利用情况，也可以给予捐赠者借阅期限延长或册数增加方面的奖励政策[8]。

## 5.5 加强捐赠图书的质量控制

对捐赠图书进行合理的质量控制和适当的引导，确保捐赠工作有序、健康地发展[9]。根据学校教学科研的需要，结合我馆的藏书结构，针对性地甄选出具有学术价值和保存价值的捐赠图书来补充馆藏，努力构建具有鲜明特色的本校藏书体系，围绕学校的重点学科和特色专业建设，为学校的教学和科研提供强有力的文献信息

服务保障，以满足不同层次读者获取知识的需求。

## 5.6　重视毕业生捐书赠书活动

充分利用毕业生赠书是高校图书馆扩充馆藏文献资源的有效途径之一[10]。毕业生即将离校之际，在学生所在的寝室楼设立专门的收赠地点，为激发毕业生的捐赠热情，每位捐赠者都能获得图书捐赠证书，将给予捐赠数量多的毕业生以"阅读达人"的称号。鼓励毕业生在书内签名留下寄语，将大学期间的书籍继续留给学弟学妹们，将知识传递下去，让爱心接力下去。为充分发挥捐赠图书的使用效益，捐赠图书的利用方式有：入馆藏、建立漂流书架、转赠到贫困地区等[11]，图书馆积极探索新的服务方式，营造书香校园气氛，促进文献资源的共建共享。

在智慧图书馆建设的进程中，不管信息化技术如何飞速发展，服务永远是图书馆的核心要素，是图书馆永恒的主题。图书捐赠服务作为智慧服务的一部分，高校图书馆应力求将图书捐赠工作纳入数字化建设中，提高图书捐赠的服务水平，最大限度地发挥捐赠图书的价值。

## 注释：

［1］何兰满、诸葛列炜、吴晓珊：《近十年国内外高校图书馆赠书管理研究综述》，《图书馆论坛》2012 年第 3 期。

［2］邵波、张文竹：《下一代图书馆系统平台的实践与思考》，《图书情报工作》2019 年第 1 期。

［3］张蓓、晏凌、袁欣等：《利用网站深化高校图书馆捐赠工作》，《图书馆建设》2011 年第 12 期。

［4］杨新涯、罗丽、王彦力等：《高校图书馆图书捐赠服务研究》，《大学图书馆学报》2017 年第 5 期。

［5］李娜、李文兰：《完善赠书管理 激发捐赠热情》，《图书馆工作与研究》2011 年第 3 期。

［6］肖乃菲：《国内赠书管理工作的研究现状与分析》，《图书馆》2014 年第 5 期。

［7］官文娟:《高校图书馆图书捐赠现状的调查与分析——以华东地区"211 工程"高校为例》,《图书馆学研究》2018 年第 7 期。

［8］安兴茹:《高校图书馆接受赠书的管理工作研究——以中山大学图书馆接受国内赠书为例》,《图书馆论坛》2007 年第 1 期。

［9］刘光宏:《论赠书质量的引导与控制》,《大学图书馆学报》1997 年第 4 期。

［10］崔秀艳、亢琦:《高校书刊捐赠网络化现状的调查与思考》,《图书馆工作与研究》2013 年第 6 期。

［11］韦庆媛、张蓓、陈杰渝等:《网络环境下接收赠书模式探析——清华大学图书馆毕业生赠书系统设计实践》,《图书馆建设》2007 年第 5 期。

# 《数据安全法》视域下图书馆数据分类分级保护研究及启示

李金阳①

**摘　要：**信息和数据服务职能是图书馆的核心业务职能之一，当前图书馆在智慧化转型过程中信息和数据安全面临诸多挑战。《数据安全法》的出台为我国建立健全数据安全治理框架和体系指明了方向，为我国数字经济良性有序发展提供基础性法律保障。本文结合《数据安全法》的相关规定，从图书馆数据分类分级保护的角度出发，针对条款释义、标准溯源、保护机制等方面展开深入分析，以期为图书馆行业开展数据分类分级实践和综合保护提供新思路。

**关键词：**数据安全法；信息安全；数据分类分级

## 1　引言

习近平总书记指出，随着信息技术和人类生产生活交汇融合，互联网快速普及，全球数据呈现爆发增长、海量集聚的特点，对经济发展、社会治理、国家管理、人民生活都产生了重大影响[1]。为了规范数据处理活动，保障数据安全，促进数据开发利用，保护个人、组织的合法权益，维护国家主权、安全和发展利益，2021年6月10日，第十三届全国人民代表大会常务委员会第二十九次会议通过《中华人民共和国数据安全法》（以下简称《数据安全法》）[2]，并予以公布，自2021年9月1日起正式生效施行。《数据安全法》顺应了大数据时代的发展趋势，为我国数字经济的良性有序发展提供了基础性法律保障，在数据安全与发展、数据安全制度、数据安全保护义务、政务数据安全与开放等方面提出了明确的要求和规定，对于维护国家信息安全和数字主权、推动数据应用安全发展具有重要作用。在这部法律中，也正式提出数

---

① 李金阳，苏州市吴中区图书馆副研究馆员、高级工程师。

据分类分级保护规定，这条规定有利于数据利用的风险预判和数据流动秩序的建立，受到社会各界的广泛关注。在这部法律的草案制定和正式出台的过程中，笔者保持持续的关注，图书馆行业在智慧化转型的过程中，在资源建设和信息组织方面要格外重视数据安全管理工作；结合《数据安全法》颁发和施行的契机，我国图书馆业界该如何贯彻落实数据分类分级执行标准，采取什么措施应对信息数据安全保护和应用发展中的新挑战，这些问题都需要进一步思考和分析。

## 2 图书馆信息安全和数据安全相关法律

随着互联网技术的发展和大数据时代的来临，各类信息在网络上快速流动，对社会经济发展产生巨大的推动作用。信息和数据在产生各项价值的同时，安全问题也日益突出。信息与数据在生产和应用过程中的风险急需法律的保护，我国先后出台了《中华人民共和国网络安全法》（以下简称《网络安全法》）[3]和《数据安全法》，将信息网络安全和数据安全上升到国家安全的高度并予以重视。除此之外，我国于2018年11月5日颁发的《中华人民共和国公共图书馆法》（以下简称《公共图书馆法》）[4]，也对图书馆的信息收集、管理、保护、开放进行了相关规定。这些法律的制定和施行，促进了信息科技在图书馆行业的建设、服务和管理中发挥作用，对保障和提高图书馆的服务效能具有重要意义。图书馆行业在快速转型和发展的同时，不能将"安全"抛在身后，要发展与安全并重，广泛宣传各项法律的相关条款内容，明确图书馆在信息收集、组织、应用中的各项责任与义务，以法律为依据，制定具体的规范和操作细则，让图书馆信息数据在生产和应用过程中得到安全保护，从而促进图书馆事业健康稳定的发展。

《数据安全法》中的"数据"是指任何以电子或者其他方式对信息的记录。"数据"与"信息"是两个相互区别又联系紧密的概念，数据是信息的解释和具化，信息是数据集合予以表达的内容。信息安全与数据安全也存在紧密的联系。信息安全的定义是为数据处理系统建立和采用的技术和管理的安全保护，保护计算机硬件、软件、数据不因偶然和恶意的原因而遭到破坏、更改和泄露[5]。数据安全的定义是通过采取必要措施，确保数据处于有效保护和合法利用的状态，以及具备保障持续安全状态的能力。数据安全是在信息安全的总体框架范畴内，是信息安全的子集，但更加强调对数据内容的保护与发展。国家为信息安全事件分类分级出台了标准化指导性技术文件，分为有害程序事件、网络攻击事件、信息破坏事件、信息内容安全事件等7个基本分类，包括以故意、过失或非人为原因引起的各类问题。此次《数据安全法》也对数据分类分级保护制度做出了相关规定。数据分类分级制度具有数据安全法益识别功能，能够为认定数据犯罪提供评价依据，有助于完善数据安全保护的法律体系[6]。以下将针对数据分类分级的规定以及相关标准的溯源展开详细论述。

## 3  《数据安全法》的数据分类分级制度相关条款释义

数据安全法益的界定是我国数据安全立法的基础和立足点，对数据类别和级别的判定和等级化保护是数据安全立法的一项基本制度。我国政府非常重视数据分类分级的管理办法和制度，国务院办公厅于2018年印发的《科学数据管理办法》中，第一章第四条提到"科学数据管理遵循分级管理、安全可控、充分利用的原则，明确责任主体，加强能力建设，促进开放共享"。在此次《数据安全法》的制定过程中，数据分类分级保护制度成了各部门和专家审议的重点：数据的分类分级规范是数据安全管理的基础，在数据的采集、存储、传输、共享、销毁等环节中具有重要意义[7]。

《数据安全法》第二十一条规定："国家建立数据分类分级保护制度，根据数据在经济社会发展中的重要程度，以及一旦遭到篡改、破坏、泄露或者非法获取、非法利用，对国家安全、公共利益或者个人、组织合法权益造成的危害程度，对数据实行分类分级保护。"该条款明确了国家建立数据分类分级保护制度，并强调对重要数据的保护，尤其是关系到国家安全、国民经济命脉、重要民生、重大公共利益等属于国家核心数据的数据，要实行更加严格的管理制度。数据分类分级管理有利于后续数据管理单位在进行数据利用时进行风险判断，也有利于数据流动秩序的建立。根据该条规定，数据管理主体单位要制定出体现"差异化"的数据管理制度，针对重要数据的保护，需要采取高于其他类型数据的保护水平。

《数据安全法》第二十一条还提到："各地区、各部门应当按照数据分类分级保护制度，确定本地区、本部门以及相关行业、领域的重要数据具体目录，对列入目录的数据进行重点保护。"从这一角度看，数据分类分级保护制度是体现立法者价值导向和评判导向的基础性制度，未来各类数据运营主体，尤其是掌握重要经济、民生、信息发布的单位，如社保管理、公立医疗机构、图书馆、研究机构等，都会面临与重要数据相关的合规要求。但如何贯彻和实施这条法律，不仅需要原则性的规定，还需要能够具体落地、便于细化的基本规则，包括实施机制、实施主体以及相应的法律责任等内容[8]。未来国家可能会制定重要数据目录，形成合法合理、科学可行的相关规定或指导意见，图书馆行业需要对重要数据目录、相关规范的后续工作保持关注。

《数据安全法》将数据分类分级制度在过去的《科学数据管理办法》和非强制性（推荐性）国家标准的基础上又推进了一大步，从基础性法律和上位法的角度明确责任主体、促进开放共享，加强数据资源在收集、存储、开放和应用等各个环节的安全保护。

## 4 图书馆数据安全保障工作的重要性

互联网、大数据、人工智能等技术的发展为图书馆行业赋能，传统图书馆运作方式的转型势在必行，智慧图书馆将成为未来图书馆的发展方向。信息组织和咨询工作作为图书馆的核心业务，从数字化转型的时代开始，就已开展和推动以数字形式存储信息资源的工作，并提供相关接口和工具对信息资源采取高效的操作，实现信息资源的数字化和网络化。从业务流程来看，图书馆的信息组织工作由信息发现与加工、信息分类与索引、用户访问与检索等组成；从模块组成来看，图书馆的信息组织体系由对象数据库、元数据库、数据加工系统、查询服务系统、服务总线等组成。随着数据存储和自然语言处理技术的不断发展，各个图书馆的数字资源规模日趋庞大、门类更加精细、标准化程度不断提高，以及访问入口和来源越来越丰富。未来，大规模信息存储、检索、访问的应用也更加复杂，智慧图书馆不仅要关注数据存储和管理模式的优化，在数据安全挑战日趋严峻的今天，更需要在数据治理能力、数据运营规范、数据管理制度等方面提供坚实的保障。

图书馆要想促进信息和数据安全的保护与发展，法律的支持和保障非常重要。《公共图书馆法》和《数据安全法》的出台，对图书馆加强信息和数据安全运维、提升保护意识具有重要的作用。《公共图书馆法》与《数据安全法》既有关联，也存在区别：《公共图书馆法》较为强调从信息层面上的综合治理、管控及共建共享，并从信息的服务与使用方面提出相关规定;《数据安全法》的核心要素是"数据",更加强调数据管理体系、制度建设、数据应用边界等方面的合规性和安全性。对于图书馆而言,《公共图书馆法》与《数据安全法》互为补充,又各有侧重,两者的结合对图书馆的信息组织和数据管理的方方面面以法律的形式做出了规定,这说明了国家高度重视图书馆行业信息数据的应用管理,从法律层面支持数字化图书馆规范、有序、稳定地发展,为图书馆的智慧服务和智慧创新保驾护航。

根据《数据安全法》,数据治理与安全防控能力将是图书馆信息组织工作的核心能力之一,其目标是确保数据管理流程处于有序、规范和可控的状态,确保信息资源和数据资产得到有效的管理,并产生最大化的数据资产价值[9]。信息和数据是图书馆服务的生命线,数据安全意识和数据操作规范尤为重要,要制定图书馆的数据分类分级标准和规范,为树立意识和制定规范提供评价依据。《数据安全法》中的"数据处理"包括数据的收集、存储、使用、加工、传输、提供、公开等。这一系列工作都是图书馆在信息组织和数据处理的核心流程,图书馆的数据分类分级制度要贯穿数据的"全生命周期",体现本领域的数据安全监管职责。

## 5 图书馆数据分类分级保护标准溯源

大数据时代的来临,除了传统的信息资源数据,图书馆的数据门类还包括业务数据、用户数据和管理数据[10],这些数据资源类型丰富、结构复杂、规模庞大、更新速度快。如何对各门类数据进行分级保护、夯实数据载体、扩大数据应用的影响和效益,已成为智慧图书馆发展过程中的一大挑战。《数据安全法》提出的"数据分类分级保护制度"的规定,在暂未出台任何实施细则的前提下,图书馆行业可以参考以下四部国家标准化指导性技术文件,为本行业的数据分类分级工作提供参考和执行依据。

### 5.1 《信息安全技术 大数据安全管理指南》( GB/T 37973—2019 )[11]

该标准从 2020 年 3 月 1 日开始实施,用于指导拥有、处理大数据的企事业单位、政府部门等组织进行大数据的安全管理、风险评估等工作。标准对数据安全管理目标、主要内容、管理角色及职责进行了定义。图书馆行业可参照第七章

"数据分类分级"中的实施步骤（见图1）：首先，确定图书馆内部的数据分类，并设定初始安全级别；其次，在综合分析业务、安全风险、安全措施等因素后，对安全级别进行评估和调整，确定最终安全级别。

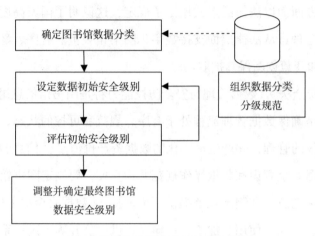

图1　图书馆数据分类分级实施步骤

## 5.2　《信息分类和编码的基本原则与方法》（GB/T 7027—2002）[12]

该标准于 2002 年 12 月 1 日开始实施，也是《信息安全技术 大数据安全管理指南》中 7.3 章节"数据分类方法"的直接引用标准。标准规定了信息分类编码的基本原则和方法，提出了线分类法、面分类法和混合分类法三种信息分类的基本方法。数据编码的目的在于标识、分类和参照，这是数据分级的前提。图书馆在面对信息分类和编码时，要注重科学性、系统性、可扩延性、兼容性、综合实用性，例如，采用层次码递增格式对资源数据、业务数据、服务数据和管理数据等大类自上而下进行细化，以便规范管理和查阅（见表1）。

表1　固定递增格式数据分类层次码示例

| 代码 | 图书馆数据类别名称 |
| --- | --- |
| 110 | 服务数据 |
| 110·11 | 读者数据 |
| 110·1101 | 读者个人数据 |

## 5.3 《信息安全技术 云计算服务安全指南》( GB/T 31167—2023 ) [13]

图书馆数据分级方法按照《信息安全技术 大数据安全管理指南》的相关规定由单位组织的主管领导、业主专家、安全专家等共同确定。图书馆数据分类可按照该标准 6.3 的规定，参照政府数据标准将非涉密数据分为敏感、公开数据。对于读者信息可参照《信息安全技术 个人信息安全规范》( GB/T 35273—2020 ) [14] 中的附录 A 和附录 B，对个人信息和个人敏感信息进行判定，防止泄露、非法提供或滥用，避免危害人身和财产安全的事件发生（见表 2）。

表 2　现有数据分级标准参照

| 信息类型 | 信息级别 | 参照标准 |
|---|---|---|
| 非涉密政府数据分级 | 敏感信息 | GB/T 31167—2023 |
|  | 公开信息 |  |
| 个人（读者）信息分级 | 个人信息 | GB/T 35273—2020 |
|  | 个人敏感信息 |  |

## 5.4 《信息安全技术 网络安全事件分类分级指南》( GB/T 20986—2023 ) [15]

网络安全事件的分类分级是快速有效处置网络安全事件的基础之一，该标准主要针对网络安全事件进行分类分级描述。网络安全事件包括恶意程序事件、网络攻击事件、数据安全事件、信息内容安全事件、设备设施故障事件、违规操作事件、安全隐患事件、异常行为事件、不可抗力事件和其他事件十个基本分类，每个基本分类分别包括若干个子类。网络安全事件分级包括特别重大事件（Ⅰ级）、重大事件（Ⅱ级）、较大事件（Ⅲ级）、一般事件（Ⅳ级）四个级别。图书馆在信息组织和数据维护中，应对各类故障和安全事件，根据重要程度、系统损失和社会影响对事件进行分级处理（见表 3）。

**表 3　网络安全事件分类分级标准**

| | |
|---|---|
| 网络安全事件分类 | 恶意程序事件<br>网络攻击事件<br>数据安全事件<br>信息内容安全事件<br>设备设施故障事件<br>违规操作事件<br>安全隐患事件<br>异常行为事件<br>不可抗力事件<br>其他事件 |
| 网络安全事件分级 | 特别重大事件（Ⅰ级）<br>重大事件（Ⅱ级）<br>较大事件（Ⅲ级）<br>一般事件（Ⅳ级） |

# 6　图书馆数据安全管理策略建议

## 6.1　加强技术主权分类分级保护

图书馆的信息数据中心建设以网络服务和信息基础设施为条件，在软硬件设备、数据库系统、操作系统、中间件、开发语言等方面，或多或少对国外技术形成依赖，这与我国信息基础设施和计算机技术发展阶段相对滞后有一定关系[16]。部分西方发达国家在某些核心系统、学术软件或模块形成垄断性优势，对图书馆的数据安全基础平台和网络保护体系无疑构成了风险和挑战。科学无疆界，但技术有主权，图书馆应对基础性技术设备和信息资源服务网络进行分类分级设定，并制定相关的保护预案，防止本行业在运维服务、学科建设、学术发展等方面受到他人的制约。

## 6.2　制定数据分类分级管理规范

图书馆的数据安全与操作人员的安全意识密不可分，往往信息安全事件的产生是操作人员的不恰当行为所致。在日常操作中，数据安全操作要确保数据准确可靠，在具有访问权限的人员需要时确保数据可用，并防止未经授权的组织或个人访问数据[17]。图书馆应根据自身情况，制定合规合理的数据分类分级管理规范，以便工作人员在执行信息和数据操作时具备参考依据；并根据规范定期开展数据安全管理培训，大力提升馆员的专业技能、安全防范意识和信息安全素养。

### 6.3 完善信息安全分类分级应急体系

图书馆应密切按照《网络安全法》和《数据安全法》的相关规定，制定图书馆的信息安全和数据安全应急管理机制，针对已分类分级的信息和数据安全事件，提供事前准备、事中应对、事后处理的基础指南和参照准则。同时，图书馆应加强日常访问权限控制，定期对计算机漏洞进行检测修补，在身份验证、数据加密、远程备份等方面采取必要措施。当发生危害的信息安全事件时，及时启动相关预案，降低系统漏洞、计算机病毒、网络攻击、网络入侵等安全风险，采取相应的补救措施，并按照规定向有关主管部门报告。

### 6.4 开展数据安全治理体系审计

数据安全治理的目的是确保数据的安全和高效利用，提升业务价值以及公共管理能力[18]。数据安全治理建设是一个集成化、体系化、制度化的过程，要融技术建设、组织建设、制度规范建设为一体，形成可量化、可追溯、强管理的顶层架构。图书馆行业要在日常的工作中，持续提升安全防护水平，按照数据分类分级管理制度，开展信息和数据安全审计监督工作。对于一个日常运营以信息和数据为依赖的单位而言，信息安全和数据安全审计至关重要，有助于提前有效预判、改进和解决信息数据运维、管理和使用中存在的诸多问题，以确保数据安全措施和各项能力能够切实落地。

### 6.5 建立数据服务绩效评估机制

图书馆是信息、数据和知识的汇聚中心、中转中心和集散中心，数据服务能力是图书馆的核心服务能力之一。图书馆数据存储与分析平台作为公益性的信息共享与发布中心，为政府机关、社会公众、各类型企业提供参考咨询、信息查询、社会教育等服务。图书馆生产和掌握了规模化的数据，如何提高数据服务和安全发展能力也是非常重要的。重视数据安全是过程，在安全的保障中增强数据服务效能才是目的，要开展数据服务的绩效考核，厘清数据分级体系下的服务层级和服务重点。图书馆要统筹数据安全和发展，促进数据安全和数据的开发利用，以数据安全保障数据的开发利用和图书馆的业务创新。

## 7 结语

在图书馆信息化和智慧化的转型过程中，构建以大数据为基础的智慧化图书馆服务体系已成为行业的发展趋势之一。同时，数据作为图书馆的资源和资产，其重要性已得到业界的广泛认同。《数据安全法》的及时出台，对于图书馆的数据保护和分类分级安全体系的构建，起到了非常重要的规范和指导作用。图书馆行业要以《数据安全法》《网络安全法》《公共图书馆法》等法律法规及相关标准为依据，为单位或组织制定信息组织和数据安全方面的管理规定、安全管理目标和数据应用发展战略，与时俱进，不断完善图书馆的信息安全服务体系，更好地促进智慧图书馆的建设。

## 注释：

[1] 习近平:《习近平在中共中央政治局第二次集体学习时强调 审时度势精心谋划超前布局力争主动 实施国家大数据战略加快建设数字中国》,《人民日报》2017 年 12 月 10 日。

[2]《中华人民共和国数据安全法》, http://www.npc.gov.cn/npc/c2/c30834/202106/t20210610_311888.html，访问日期：2021 年 6 月 15 日。

[3]《中华人民共和国网络安全法》,http://www.npc.gov.cn/npc/c2/c30834/201905/t20190521_274248.html，访问日期：2021 年 6 月 10 日。

[4]《中华人民共和国公共图书馆法》,http://www.npc.gov.cn/npc/c2/c12435/201905/t20190521_276640.html，访问日期：2021 年 6 月 10 日。

[5] 商书元:《信息技术导论》, 中国铁道出版社，2016，第 321 页。

[6] 张勇:《数据安全分类分级的刑法保护》,《法治研究》2021 年第 3 期。

[7] 舒颖:《数据安全法草案二审：数据分级分类保护等成为审议焦点》,《中国人大》2021 年第 9 期。

［8］徐玖玖：《数据法治安全与发展价值的衡平路径——以〈数据安全法（草案）〉的突破与困境为视角》，《山东科技大学学报（社会科学版）》2021年第2期。

［9］卢凤玲：《融合数据治理体系的智慧图书馆框架研究》，《图书馆》2021年第5期。

［10］李玉海、金喆、李佳会等：《我国智慧图书馆建设面临的五大问题》，《中国图书馆学报》2020年第2期。

［11］国家市场监督管理总局、中国国家标准化管理委员会：《中华人民共和国国家标准GB/T 37973—2019 信息安全技术 大数据安全管理指南》，http://c.gb688.cn/bzgk/gb/showGb?type=online&hcno=D16FF5DF1E14AF4D3263C0D8FED78579，访问日期：2021年6月15日。

［12］中华人民共和国国家质量监督检验检疫总局：《中华人民共和国国家标准GB/T 7027—2002 信息分类和编码的基本原则与方法》，http://c.gb688.cn/bzgk/gb/showGb?type=online&hcno=6A19A2B9097E0AE7677B37513C2C2177，访问日期：2021年6月15日。

［13］国家市场监督管理总局、国家标准化管理委员会：《中华人民共和国国家标准GB/T 31167—2023 信息安全技术 云计算服务安全指南》，http://c.gb688.cn/bzgk/gb/showGb?type=online&hcno=467099CFA3FDDF956F9DDAA1D7B30BD2，访问日期：2024年2月23日。

［14］国家市场监督管理总局、国家标准化管理委员会：《中华人民共和国国家标准GB/T 35273—2020 信息安全技术 个人信息安全规范》，http://c.gb688.cn/bzgk/gb/showGb?type=online&hcno=4568F276E0F8346EB0FBA097AA0CE05E，访问日期：2021年6月15日。

［15］国家市场监督管理总局、国家标准化管理委员会：《中华人民共和国国家标准GB/T 20986—2023 信息安全技术 网络安全事件分类分级指南》，http://c.gb688.cn/bzgk/gb/showGb?type=online&hcno=CAE2104B8F1370E0D6E9BA4F43022157，访问日期：2024年2月23日。

［16］李洋、温亮明：《我国科学数据安全保障路径研究》，《图书馆》2021年第3期。

［17］马忠法、胡玲：《论我国数据安全保护法律制度的完善》，《科技与法律（中英文）》2021年第2期。

［18］李跃忠：《浅谈大数据时代背景下的数据安全治理》，《中国信息化》2021年第4期。

# 借助云计算技术构建智慧图书馆馆藏资源管理系统

李 静[①] 范 琦[②]

**摘 要**：本文构建了云计算技术支持下的智慧图书馆馆藏资源的存储管理、检索管理、平台服务管理与安全运行维护管理的应用架构，指明了图书馆资源管理工作中借助云计算技术的具体路径及应用方式；并从技术创新、规范建设与运行保障三个角度探讨了智慧图书馆馆藏资源管理工作应用云计算技术的启示，以期对图书馆智慧化转型中的信息组织工作提出一点浅见。

**关键词**：云计算；智慧图书馆；馆藏资源管理

## 1 引言

随着各种先进信息技术的发展，各大图书馆开始构建智慧图书馆的实践和探索。图书馆作为知识信息服务的天然机构，在向智慧化转型的发展过程中，必将受到构建智慧图书馆所采用的核心技术——云计算的影响，来重新架构信息资源的存在方式。图书馆馆藏资源的建设与管理是图书馆工作的重要组成部分，馆藏资源的水平必将是智慧图书馆建设的首要目标。因此，探讨智慧图书馆基于云计算环境的信息处理技术，思考云计算应用于图书馆馆藏资源管理的可能性及具体路径，不仅为图书馆的智慧化转型提供技术支持，而且也为图书馆的馆藏资源管理带来根本性改变。

国内对云计算在图书馆向智慧化转型中的关联研究已开展并逐步深入，主要围绕以下方面展开。第一，云计算与数字图书馆安全。秦晓珠等学者探索了云计算背景下

① 李静，北京市西城区图书馆副研究馆员。
② 范琦，北京市西城区图书馆馆员。

图书馆资源可能面临的安全风险[1-2]。第二，云计算在图书馆中的应用。这方面的研究主要集中在云计算可能给图书馆智慧化发展带来的改变[3-5]。第三，云计算在智慧图书馆中的应用[6-7]。上述文献中尚无专门针对云计算与智慧图书馆馆藏资源管理的研究资料，这为本文的研究开展提供了可行性。

## 2 图书馆馆藏资源管理的现状和问题

### 2.1 发展状况

当前，随着图书馆步入数字化发展时代，图书馆馆藏资源的建设出现了新的变化，针对馆藏资源的管理也呈现出新的发展态势。尤其是在我国公共文化服务水平提升的社会背景下，国家与地方政府对图书馆发展的扶持力度较大，无论是公立图书馆，还是高校图书馆，都日益重视馆藏资源的管理。从现有的管理态势看，当前图书馆馆藏资源的管理主要集中在纸质文献资源和数字信息资源两方面，其数量、结构、类型都呈现逐渐丰富、多元的发展趋势。图书馆馆藏资源的管理理念从传统的被动服务逐渐转变为网络时代的主动参与，馆藏资源的管理方式也向科学化与规范化迈进。

### 2.2 存在的问题

尽管在信息化时代的背景下，我国图书馆馆藏资源的管理水平已经得到了有效提升，但是图书馆依然存在发展不平衡、数字化馆藏资源管理力度不足、缺乏专业人员的智力支持与技术保障等突出问题，并成为制约图书馆馆藏资源管理智慧化转型的主要因素。

#### 2.2.1 缺乏组织优化，馆藏资源分散无序

绝大多数图书馆中的馆藏资源呈复合状态，除纸质馆藏资源外，较为方便快捷的数字化馆藏资源占比逐年上升。但是，很多图书馆并未实现对实物与虚拟资源的优化管理。部分图书馆在自身发展的过程中存在资源合并不畅的问题，同一种馆藏图书下出现了较多条目的重复数据或多个索引条码，纸质文献资源与数据资源出现无法区分的混乱状态。另外，无论是手写式、地方性特点强烈的特色馆藏，还是纸质文本、印

刷体的文献馆藏，或者是缩微型、网络信息化的数字馆藏，上述馆藏资源之间未能构建彼此融合的有机关联，馆藏资源管理呈现一种分散无序的状态；这些馆藏资源之间的互补作用未能得到充分发挥，影响了图书馆用户对其的检索与使用，进而影响了图书馆知识信息的智慧化水平。

### 2.2.2 缺乏科学管理，用户访问查询限制普遍

很多图书馆存在管理不科学、不到位的情况。随着用户对图书馆馆藏资源使用频次的上升，图书馆馆藏资源现有的管理水平不能满足逐渐增长的用户访问、查询、搜索需求。为了保障图书馆满足用户的需求，实现馆藏资源的开发和利用，很多图书馆通过网址过滤等方式设置了用户访问查询权限，造成了用户离开规定的范围将不能搜索图书馆的馆藏资源，极大地影响了用户的使用体验。另外，混乱的馆藏资源数据加剧了管理中存在的矛盾，不仅制约了图书馆馆藏资源建设的智慧化转型，而且影响了图书馆知识信息资源的利用率，降低了图书馆的信息服务质量。

### 2.2.3 缺乏政策支持，馆藏资源管理随意

我国目前还没有专门针对智慧图书馆馆藏资源管理及发展方面的相关政策，现有研究中涉及馆藏资源智慧化管理方面的也比较少，缺乏政策支持的智慧图书馆馆藏资源管理在现实中处于尴尬地位。在馆藏资源的统一管理与资源共享、在技术规范与用户服务等方面无法构建有力的保障体系与支撑体系，造成图书馆之间的管理水平差异较大。很多图书馆馆藏资源的管理及开发脱离实际，并未调查和了解馆藏资源管理的现状，存在任性妄为、过于随意的问题。

### 2.2.4 缺乏专业人员的智力支持与技术保障，馆藏资源建设进展缓慢

对当前图书馆而言，图书馆工作人员已不再是传统意义上的馆员，其身份已由原来的知识管理者角色转变为集知识管理、智力支持与技术保障于一身的高素质工作人员。如果图书馆馆员只懂得图书分类、整理、储存等纸质文献的馆藏资源管理，而不懂得对数字化馆藏资源的管理知识，必然无法胜任智慧图书馆馆藏资源的管理工作。馆员的专业化程度直接影响馆藏资源的科学化、智慧化，造成馆藏资源的建设进展缓慢。专业技术人才的匮乏已成为很多智慧图书馆不得不面临的突出问题。

## 3 智慧图书馆馆藏资源管理中应用云计算的必要性

基于上述图书馆馆藏资源管理中存在的问题，探索有效路径解决馆藏资源管理缺陷是非常必要的，也是图书馆智慧化建设的要求。云计算作为当前广为应用的数据集成与计算模式，对提高馆藏资源管理水平、实现智慧化馆藏资源管理具有良好的推进作用。

首先，智慧图书馆馆藏资源管理中应用云计算，是网络信息化时代的必然要求。计算机的普及、移动终端的推广促使用户能更为迅速便捷地获取知识信息。图书馆馆藏资源作为知识信息的重要来源与存储基地，更应适应网络信息化的时代需求，应用云计算这一先进技术，提升自身智慧化管理的水平。

其次，智慧图书馆馆藏资源管理中应用云计算，是图书馆自身发展的根本要求。当前，智能技术在经济社会发展的各领域广泛应用，"智慧社会"建设已被提到前所未有的战略高度，与之相配套的"智慧图书馆"必然相伴而生。云计算作为互联网时代的数字处理先进模式，能够助力图书馆管理智慧化转型，为图书馆馆藏资源管理带来新的发展契机。

最后，智慧图书馆馆藏资源管理中应用云计算，是图书馆书目数据实现智慧化转型的实际需求。面对网络时代的发展，绝大多数图书馆选择采用信息管理平台的方式完成对馆藏资源的实际管理，而用户也习惯于采用方便快捷的方式获取所学的知识信息。云计算凭借"云"的强大功能，为图书馆馆藏资源提供了容身之地，馆藏资源管理与开发促使图书馆选取更为有效的云计算方式完成资源数字化，以便达成更快捷、更安全、更智能的图书馆信息服务。

## 4 云计算在智慧图书馆馆藏资源管理中的具体应用

近年来，随着图书馆界对云计算的关注度逐年提升，越来越多的有识之士期待云计算在智慧图书馆领域的成熟应用，并开始探索云计算可能带来的图书馆界的可能性。而这一变革对智慧图书馆馆藏资源管理来讲可能更具有实践的重要性。随着云计算技术的应用，更多的馆藏资源将被置放于云端并开始运行。因此，云计算技术如何在馆藏资源管理中发挥作用是本文研究的重点与关键。

### 4.1 云计算在智慧图书馆馆藏资源存储管理中的应用

馆藏资源存储管理中引入云计算，在图书馆提升馆藏资源的存储管理水平方面成效显著。从技术的具体应用看，现有的云计算存储虚拟化技术、集群存储技术以及应用范围广阔的 SAN 与 NAS 技术，都可以在云计算存储过程中得到技术体现，这也是云技术应用于智慧图书馆馆藏资源管理的长处与特点的充分表现。

云计算存储形式具有自主控制特性，用户能够实现动态性的透明访问。在具体存储管理中，通过关联互联网上的存储基础设施的方式，实现软件虚拟化目标，最终构建统一协调的海量数据储藏与用户参与体系。云计算应用于智慧图书馆馆藏资源管理的体系架构的核心是控制节点与存储节点，其由云存储区域的前端与后端两部分网络共同构成。

从前端网络看，云计算支持下的馆藏资源存储管理的前端网络主要蕴含了防火墙、高速交换机、用于用户认证的设施以及网络加速装置四部分。上述构成分工合作，共同实现馆藏资源的前端网络管理。从后端网络看，云计算对馆藏资源存储的后端影响主要集中在节点设备与集群存储服务器两部分，以达到自主可控与动态性存储的目的。

### 4.2 云计算在智慧图书馆馆藏资源检索管理中的应用

云计算在馆藏资源检索管理中的应用主要以系统架构为核心，即构建以云计算技术支持为主的馆藏资源检索管理体系，向用户提供一种以交付为手段的检索服务。它立足于馆藏资源这一检索对象开放透明的检索节点，在云计算这一特殊而强大的计算能力支持下，实现馆藏数据资源的专门性、独立性检索，并以用户输入的关键词为依据，依照相关度进行检索结果排序，并提交用户的系列过程，详情如图 1 所示。

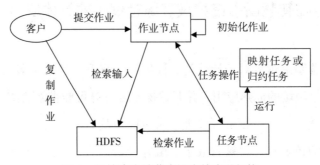

**图 1 云检索在馆藏资源中的应用架构**

以智慧图书馆馆藏资源分发、馆藏数据备份等功能为主体的分布式文件系统 HDFS 是"云"端馆藏资源检索管理的存在基础，以处理节点为依托建构的系统架构面向客户的检索需求而展开工作。其中，客户向馆藏资源云检索系统提出检索作业后，进入作业节点的系统即开始调度客户作业的检索任务，并完成馆藏资源云端数据的初步筛选检索。客户提交的具体作业随即被分割为无数切片，进入任务节点后，在操作过程中形成数据节点，并以映射规约的方式开展现有馆藏资源的云计算，客户检索查询的任务在系统运转的过程中得以实现。

## 4.3 云计算在智慧图书馆馆藏资源平台服务管理中的应用

立足于云计算的智慧图书馆云服务平台实质上是通过整合图书馆现有资源而达成用户访问目标的集群总成。图书馆馆藏资源平台的服务管理是图书馆云平台的有机构成，分属于云平台。

由此可见，馆藏资源平台服务管理中对云技术的应用主要体现在云数据库与云设备的使用方面。图书馆在云端存储馆藏资源数据，为公共用户与个人用户提供使用馆藏资源的机会，通过对馆藏资源信息的筛选与甄别，按照用户的检索需求，找出与用户要求相匹配的馆藏资源；通过任务、作业以及控制等相关节点进入云数据库主平台，完成馆藏资源的运行调度工作，最终向服务平台提供知识信息等资源数据。

## 4.4 云计算在图书馆馆藏资源安全运营与维护管理中的应用

云计算自身以较高的安全性能而著称，但是数据管理中不存在万无一失的安全保障。云计算应用于智慧图书馆馆藏资源安全运营与维护管理的过程中，云环境下安全保障系统的建设主要由馆藏资源数据安全、云应用的安全与虚拟化安全三部分构成。馆藏资源数据安全可以采用有针对性的途径，如加强馆藏资源数据的加密管理工作、隔离以及使用高级别的防火墙或通过检验的用户管理与控制。云应用的安全则以"云"这一终端的安全应用为核心，包括 SaaS、PaaS 以及 IaaS 的运营与维护过程中的实际保障。而虚拟化安全主要涉及云计算背景下，图书馆馆藏资源管理中应用的虚拟化软件与服务器的实际保障。

## 5 智慧图书馆馆藏资源管理中应用云计算的启示

在智慧图书馆馆藏资源管理中应用云计算，并在馆藏资源存储、检索、平台服务与安全运营维护等管理过程中充分发挥云计算的功用，必将为馆藏资源管理智慧化带来新的发展契机，促进我国图书馆发挥知识信息的优势，推动服务智慧社会的发展。在应用云计算的过程中，图书馆馆藏资源管理还应从技术创新、运行机制、安全保障等方面入手，强化管理成效。

### 5.1 推进技术创新的主导作用

云计算在智慧图书馆管理中的出现，本身就代表着当今世界范围内图书馆馆藏资源管理发展的一大趋势。作为以计算机、网络为发展基础的计算模式，云计算的出现不仅是互联网、大数据等资源整合的产物，更是技术创新的必然结果。因此，技术开发引领管理水平的提高，应重视云计算技术创新对馆藏资源管理的主导作用。如今在创新思维大行其道的时代，智慧图书馆更应在引进云计算这一技术的同时，注重馆藏资源管理思路与管理方式、管理内容的改革创新，结合图书馆馆藏资源的发展实际，深入研究云计算在馆藏资源管理运用过程中的新技术，探索馆藏资源管理的创新服务项目。

### 5.2 发挥运行机制的保障作用

作为机构内在运行方式与调整规律而存在的运行机制，本质上是以达成机构目标而发挥作用的。在云时代，向智慧化发展的图书馆馆藏资源管理的运行机制主要围绕确保图书馆馆藏资源管理有效开展的因素集合而展开，包括馆藏资源管理中的云计算应用结构、应用功能、各个组成部分之间的共享整合关联。这意味着馆藏资源管理的智慧化转型，不仅需要上述因素的功能发挥与运行方式的构建，还应形成科学有效的运行机制，以减少管理中的突发因素，确保云计算作用下的馆藏资源管理正常运行。

## 5.3 确保馆藏资源的规范科学化建设

面对形式不同、内容繁杂的海量图书馆馆藏资源，基于云计算管理工作的开展绝不能一蹴而就，需要系统工程的构建才能实现。因此，确立馆藏资源管理中以"云"为核心的规范科学的标准建设至关重要。这一标准规范蕴含着围绕"云"展开的馆藏资源管理选择标准、云服务规范、馆藏资源收集储存的行业规范以及确保云计算应用的馆藏资源基础设施标准与规范。除了有关智慧图书馆馆藏资源规章制度、规则标准的规范化建设，还应着重开展馆藏资源条目数据的规范化建设，可以尝试借鉴国外知名图书馆在馆藏资源智慧化管理中的成熟经验，参照其在云计算环境下构建的规范与标准，为云计算背景下的数据资源共建共享与整合提供助力。

智慧图书馆是融合了"云计算"等先进技术的新型图书馆。通过研究发现，智慧图书馆馆藏资源管理系统的构建需要经历一个发展的过程。但是，我们也应该看到智慧化的馆藏资源管理系统会为图书馆的服务带来革命性的变化。因此，在构建新的馆藏资源管理系统的过程中，应该克服各种困难，积极探索新理论和新技术，并且将"云计算"与当前图书馆的馆藏资源管理现状相结合，开发出适合图书馆应用的智慧化的馆藏资源管理解决方案。

## 注释：

［1］秦晓珠、张兴旺、李晨晖：《移动云计算环境下的数字图书馆云服务模式构建研究》，《情报理论与实践》2012年第5期。

［2］唐维、田瑞雪：《云环境下馆际协同数据挖掘研究》，《图书馆学刊》2016年第7期。

［3］黎春兰、邓仲华：《面向图书馆的云计算研究综述》，《图书馆杂志》2014年第5期。

［4］郑红英：《云计算环境下的图书馆管理策略》，《办公室业务》2015年第24期。

［5］张昕：《云计算技术在图书馆管理中的应用》，《湖南城市学院学报（自然科学版）》2016年第6期。

［6］赖群、黄力、刘静春：《借助"物联网"与"云计算"技术构建智慧图书馆》，《新世纪图书馆》2012年第5期。

［7］张义茹：《论新技术在智慧图书馆管理模式中的应用》，《内蒙古科技与经济》2017年第19期。

# 业务中台和数据中台双驱动下实体文献采编业务
数字化转型思考

李　蔓[①]

**摘　要：**本文在文献调研的基础上，分别阐述数字中台、业务中台、数据中台的概念，分析双中台建设模式在实体文献采编业务数字化转型中的作用，指出当前实体文献采编业务数字化转型的需求，并提出相关转型策略。

**关键词：**业务中台；数据中台；实体文献采编业务；数字化转型

## 1　引言

2015 年 12 月 16 日，习近平总书记在第二届世界互联网大会上首次正式提出"数字中国"的概念，至此我国正式进入数字中国建设的崭新时代。2022 年，中共中央办公厅、国务院办公厅印发的《关于推进实施国家文化数字化战略的意见》中，明确指出"统筹推进国家文化大数据体系、全国智慧图书馆体系和公共文化云建设，增强公共文化数字内容的供给能力，提升公共文化服务数字化水平"[1]。2023 年 4 月，中华人民共和国国家互联网信息办公室发布《数字中国发展报告（2022 年）》，报告中再次提出"稳步推进智慧图书馆、智慧博物馆、智慧美术馆、公共文化云建设"[2]。可见，智慧图书馆体系的建设已经成为"数字中国"中"数字文化"发展的重要任务之一，为图书馆传统业务在数字化转型过程中指明了目标和方向。

当智慧图书馆成为图书馆的核心战略后，图书馆迫切需要传统业务的数字化转型。实体文献采编业务作为图书馆的核心业务，其数字化转型不只是将实体文献转化为电

---

① 李蔓，国家图书馆馆员。

子文献，而是对业务模式、流程、内容、数据、方法、组织结构等进行互联网化、资产化以及智能化改造，打通上下游行业壁垒，以求最大限度"盘活"图书馆内部资源，将图书馆沉淀的数据变成数据资产，使数据为业务服务，进而为实体文献采编业务的升级优化和创新孵化提供最优建设路径以及最少试错成本。

数字中台建设已成为图书馆实现数字化转型的主要研究方向。国家图书馆以"十四五"信息化战略目标为导向，落实"一平台、多场景、微应用"的信息化核心理念，构建一个可以重复利用、灵活标准、前瞻创新的智能中台[3]。天津商业大学图书馆利用传统的图书馆管理系统，结合图书馆读者服务、资源使用，以及多种微服务应用后台积累的数据，通过中台架构进行沉淀并重新"打造"，形成统一的数据应用平台[4]。数字中台是智慧图书馆体系建设的主要组成部分，业内多从馆级层面的中台建设进行讨论研究，对融入业务中台和数据中台建设理论的实体文献采编业务数字化转型的思考较为稀缺，故本文以数字中台的概念和建设理论为切入点，思考实体文献采编业务在数字化转型中遇到的挑战，运用业务中台和数据中台的建设理念，力求探索出基于双中台建设的实体文献采编业务模式，以期为传统实体文献采编业务的转型发展提供参考。

## 2  数字中台概述

随着数字化时代的到来，各行业意识到信息技术的重要性，数字中台逐渐成为组织架构的关键组成部分，旨在提高组织主体运营效率和用户满意度等。

### 2.1  数字中台的概念

数字中台作为一个新兴的概念，近年来备受关注。在电子商务领域，阿里巴巴作为数字中台建设的典型代表，将中台理解为一个基础的理念和架构[5]，通过业务中台、数据中台、算法中台等多个中台共同协作，实现各业务之间的高效联通和信息共享，为上层业务提供支持。对图书馆领域而言，数字中台将图书馆的共性需求进行抽象，通过整合数据资源，形成大数据资产层，并以接口、组件等形式共享给各业务单元使用，打通前台需求与后台资源，快速响应上层应用，在满足常规报表生成、数据分析需求的同时，为催生业务创新提供基础[6]。综上所述，数字中台的核心在于整合、联通、共享和创新，它既是技术架构，更是组织和管理方式。数字中台将分散在不同业务系统中的数据和功能进行整合，联通各个部门之间的信息孤岛，实现信息共享和能力聚合，推动业务数字化转型和创新孵化。

### 2.2　业务中台与数据中台的定义及关系

数字中台按照功能划分，主要分为业务中台和数据中台两大类。业务中台是以业务能力为核心，将组织主体内部业务流程中可复用的公共能力拆分成业务组件，提供标准化的接口和服务，形成可共享的通用能力中心。业务中台实现组织主体的业务整合、资源共享和能力协同。数据中台是将组织主体内部和外部多源异构的沉淀数据进行采集、存储、清洗、计算、分析、挖掘和应用等，使数据变成数据资产，以共享的方式赋能业务中台，支持前台进行数据驱动的业务决策。

业务中台与数据中台既相互独立，又相辅相成。一方面，业务中台和数据中台是中间层独立存在的核心能力平台，业务中台提供业务输出能力，数据中台提供数据管理能力。另一方面，业务中台产生的业务数据可直接推送给数据中台，成为数据中台的数据源之一；数据中台将数据进行建模加工，反馈给业务中台指导业务开展，进而产生新的业务数据，最终形成业务和数据闭环。在业务中台与数据中台的共同协作下，可以高效整合后台资源，实现前台业务场景的灵活变化和创新发展。

## 3　双中台建设模式在实体文献采编业务数字化转型中的作用

双中台建设模式促进业务和数据深度融合，在实体文献采编业务数字化转型中起到关键作用。

### 3.1　业务提效与创新

在数字化时代，以用户为中心的业务能力是图书馆核心竞争力的关键因素。随着图书馆业务体系越来越复杂，传统业务系统变得臃肿庞大，开发和改造的难度增加，导致图书馆实体文献采编业务能力难以快速响应用户的多样化需求，业务的突破和创新受到阻碍。通过业务和数据双中台建设，一方面，业务中台为图书馆实体文献采编业务提供智能化的采编业务输出能力，提高采编业务的工作效率；另一方面，图书馆可以通过数据中台的分析，从沉淀数据中发现规律、趋势和异常，探索业务先机，推动业务创新孵化。

### 3.2　数据整合与赋能

随着图书馆信息化的深入推进，图书馆各部门开发各自的信息管理系统已成为一种常见现象。业务能力和数据能力分散在多个系统内，难以跨部门、跨业务共享和赋能，如图书管理系统的采购信息与财务系统的报账信息不对称。双中台建设模式可以将多个独立系统的业务能力和数据能力沉淀、组装，以共享的方式提供给相关业务部门使用。例如，实体文献采购数据通过业务中台存储到数据中台，财务系统可以通过数据中台提供的接口获取采购信息，完成报账操作。财务系统将实体文献采购项目经费数据反馈给数据中台，为采访人员对采购经费管理提供参考。

### 3.3　内部协同与优化

图书馆业务的数字化转型正在被数据驱动，传统的组织架构和业务流程难以满足多变的用户知识服务需求和适应知识服务市场竞争。图书馆需要构建以业务中台和数据中台为核心的数字化服务平台。从组织结构看，业务中台和数据中台可以推动组织架构、流程和文化的变革，促进实体文献采编部门或科组间的业务交流和数据共享，增强文献采编部门及相关部门的快速反应能力和业务创新能力。从业务流程看，业务中台和数据中台可将分散在不同部门中的通用采编业务能力整合到业务中台上，实现不同类型文献采编业务的协同和集成，减少内部资源的重复投入，达成资源的优化。

### 3.4　外部联通与共享

在新一代信息技术的推动下，图书馆上下游资源的连接越来越紧密，从传统单一的知识服务链条发展成多维交互的知识服务生态。对于图书馆实体文献采编业务而言，需要处理的外部业务关系已经不单是出版机构和读者，而是要面对"知识生产—知识传播—知识消费"整个知识产业链条上所有的行为主体。双中台的运营模式可以高效、快速、敏捷地处理实体文献采编业务流程中产生的业务关系，外部采编数据通过数据中台赋能给业务中台，使采编业务提能增效，实现全渠道用户数据的观察，促进用户生命周期的运营，提升图书馆在行业内的社会价值和学术价值。

## 4 实体文献采编业务数字化转型的需求

互联网技术的发展逐渐改变了人们获取知识的方式，图书馆实体文献采编业务面临着巨大的挑战。

### 4.1 实体文献资源建设思维需要适应知识市场环境的变化

随着数字营销时代的到来以及科技发展的不断推进，知识市场环境也在不断变化。在传统的知识市场环境下，知识的获取主要以实体文献为中心。实体文献通过图书馆、出版机构、经销门店和线下会议培训等渠道进行推介和宣传，将作为最终知识消费者的读者隔离在采编业务流程之外。随着信息技术逐渐成为引领知识服务泛在化的核心引擎，知识服务机构逐渐实现在线学习培训、线上直播营销、社交网络宣传等知识服务方式，用户成为知识服务的中心，知识服务与用户能够自动精准匹配。目前而言，多数图书馆的实体文献资源仍采用以实体文献为中心的建设思路。文献采编业务主要由人工方式进行，已无法适应当前的知识市场环境的变化。

### 4.2 实体文献采编需要利用智能化整合平台降低业务成本

随着大数据时代的到来，传统实体文献采编流程产生的业务成本随之增加。第一，实体文献采访信息分散在不同的信息系统中，如出版机构、图书馆、媒体、作者、第三方知识服务机构等。采访数据所呈现的格式和样式不尽相同。数据采集工作耗时耗力，难以实现全面整合。第二，图书馆采编业务部门或科组之间信息相互隔离，缺乏有效的信息共享和业务交流机制，形成信息孤岛。因此，不同采访业务部门可能会出现文献资源重复建设的情况，浪费文献采编资源和人力。由于信息孤岛的存在，部门或科组之间的业务沟通成本较高，导致实体文献采编工作进展缓慢。新一代信息技术为图书馆降低业务成本提供了有效的解决方案。智能化整合平台可以实现实体文献采编数据的自动化采集、整合和分析等工作，联通部门或科组之间的信息孤岛，提高采编的效率和质量，降低业务成本。因此，图书馆需要不断梳理和挖掘智能化整合平台的业务能力和数据能力，加强与其他知识服务机构的合作，提升实体文献采编的效能。

### 4.3 实体文献采编人员需要敏锐感知用户需求

用户需求的探知能力已经成为知识服务的核心竞争力之一。但在传统实体文献采编工作中，由于流水线式的业务组织架构和流程，采编人员难以快速准确地获取用户的需求。第一，在传统的实体文献采编流程和系统中，采编部门和流通部门之间的业务交流存在壁垒，采编人员无法获取即时有效的实体文献流通数据。第二，采编人员能够获取的有效用户信息非常有限，导致无法准确判断用户对实体文献的需求。第三，多元知识消费生态下的知识产业链条日益成熟，知识服务需求被重新定义，这对实体文献采编人员的用户需求探知能力提出了更高的要求。所以，采编人员需要积极参与到图书馆实体文献的全流程管理中，加强与流通部门的业务协作，能够快速准确地掌握用户个性化、差异化的知识服务需求，以便提升实体文献采编业务的效能。

### 4.4 实体文献采编智能化能力开发需要敏捷的开发运维团队

敏捷团队在实体文献采编智能化能力开发运维方面具有先天优势。首先，敏捷团队强调高度协作、自我管理和迭代开发，以适应不断变化的业务需求。其次，敏捷团队通常由跨职能的全职人员组成，团队成员具备全面的开发技能和业务专业知识，可以在项目中担任不同的角色。最后，敏捷团队的目标是在最短时间内为客户提供高质量的产品，进而根据客户的反馈不断进行优化和迭代。总之，敏捷团队的开发形式是实体文献智能化能力开发运维的优质选择之一。

## 5 业务能力与数据能力融合驱动下的实体文献采编业务数字化转型策略

随着智慧图书馆体系的提出，实体文献采编业务的数字化转型已成为必然趋势。笔者认为，实体文献采编业务可以从业务思维、业务能力、用户需求、敏捷团队四个方面探索可持续发展的数字化转型策略。

### 5.1 结合双中台战略理念重塑业务思维

面对数字化转型的迫切需求，实体文献采编业务需要对业务思维重新思考和认识。一方面，业务中台和数据中台建设的核心是以用户为中心，快速组合业务能力和数据能力，支撑多样化的前台应用场景。另一方面，从知识市场环境的变化可看出知识服务机构已经从经营实体文献向经营用户转变，过去是将一种实体文献广泛推荐给不同的读者，未来则会是向同一个用户提供精准多样的知识产品或服务，从而形成不同的知识服务场景。鉴于此，图书馆实体文献采编的业务思维要从实体文献向受众用户转换，从业务驱动向数据驱动转换，从人工处理向智能办公转换，从信息孤立向信息共享转换，从单一渠道向多元渠道转换等。

### 5.2 协助双中台建设团队梳理业务要素

双中台建设模式是将通用的业务能力和数据能力分别整合封装在业务中台和数据中台，以便不同的业务场景进行组合调用。所以，在双中台建设模式下，实体文献采编人员需要协助建设团队梳理实体文献采编业务中所包含的对象、能力、流程、规则、数据等要素，确保业务中台和数据中台的构建能够覆盖和支持实体文献采编业务的全流程。根据实体文献采编业务中的业务要素，建设团队可以更准确地理解业务需求，为业务中台和数据中台的建设提供有力支持，推动图书捐赠、实体文献供应链等智能业务场景的实现。

### 5.3 运用双中台数据能力支撑用户画像构建

实体文献采编业务的数字化转型过程中，用户画像构建是降低采编成本和建设特色馆藏的关键。实体文献用户画像构建是一个较为复杂的过程。首先，图书馆需要多维度、多渠道收集用户基础数据、流通数据、行为数据以及活动数据等；其次，通过数据建模的方式分析出用户的友好程度、阅读偏好、阅读意向、流失可能性等；最后，通过数据分析得出的结果对单个用户进行画像构建，挖掘用户的阅读需求。双中台的数据能力能够更加精准地实现全渠道、全场景的用户数据采集和分析，形成具有独特性的用户画像，最终沉淀为图书馆的用户数据资产。数字中台通过用户画像进行数据挖掘、机器学习等高级数据分析，提炼用户潜在的阅读需求和行为特征，为图书馆的知识服务提出优化建议以及为实体文献采编提供决策支持。在整个过程中，涉及敏感信息的数据要注意加密存储，并设置数据权限。

## 5.4 组建和培养双中台建设敏捷团队

组建双中台建设敏捷团队，一方面，要明确团队成员的角色和职责，团队成员要具备相关专业技能和经验，包括图书馆业务人员、业务构架师、数据分析师、技术开发人员、团队运营人员等，确保团队能够从不同维度审视问题，提供全面的建设方案。另一方面，确保团队始终保持较小规模，一般不超过 10 人，确保团队成员之间沟通顺畅、协作高效，且快速响应业务需求的变化，以便设计调整建设方案。此外，图书馆在应对敏捷思维、专业技能等方面进行人才培养储备，为双中台的运营和维护提供人才保障。

## 6 结语

在智慧图书馆时代，实体文献采编业务的数字化转型已成为行业发展的必然趋势。数字化转型能够帮助实体文献采编业务提高采编效率、降低采编成本，满足用户的个性化需求。在这个过程中，图书馆能够实现运营优化、资源整合以及价值创造，从而在激烈的知识服务市场竞争中占得先机。在实体文献采编业务的数字化转型过程中，业务中台通过抽象实体文献采编业务能力，实现了业务流程的优化和跨部门协同；数据中台通过对实体文献采编数据的统一管理和分析，为决策层提供数据支持，有助于采编人员作出更精准的采编决策。

随着信息技术的高速发展，图书馆要适应瞬息万变的知识服务市场，实现从以知识服务内容为中心向以知识服务对象为中心的转变。实体文献采编业务更要以用户为中心，通过对用户知识消费需求的洞察以及对知识生命周期的管理，使业务与数据形成知识服务闭环模式，最终实现业务服务化、数据资产化。

## 注释：

[1] 中共中央办公厅 国务院办公厅印发《关于推进实施国家文化数字化战略的意见》，https://www.gov.cn/zhengce/2022–05/22/content_5691759.htm，访问日期：2022 年 5 月 22 日。

[2] 国家互联网信息办公室:《数字中国发展报告（2022 年）》，http://www.cac.gov.cn/2023–05/22/c_1686402318492248.htm，访问日期：2023 年 5 月 22 日。

[3] 只莹莹:《中台在国家图书馆的应用思考》，《图书馆论坛》2021 年第 10 期。

[4] 赵霞琦、张文文:《基于中台架构利用支持向量回归实现图书馆智慧化服务——以天津商业大学图书馆为例》，《图书馆工作与研究》2022 年第 6 期。

[5] 欧创新、邓頔:《中台架构与实现：基于 DDD 和微服务》，机械工业出版社，2022，第 14 页。

[6] 同 [3]

# 数字出版环境下 ISSN 编目面临的问题和对策

李仕超[①]

**摘　要：**随着数字出版的发展，ISSN 编目工作面临着一系列问题和挑战，如不同载体连续性资源区分困难、连续性资源动态特征更加明显、ISSN 未能在数字环境中广泛应用、连续性资源关联关系更加复杂、ISSN 数据开放程度有待提高等。本文通过对上述问题的分析，介绍数字出版环境下 ISSN 编目的应对策略，即在数据中增加对载体类型的描述、加强连续性资源数据的动态维护、提高与其他标识的互操作性、建立 ISSN 关联数据模型以及促进 ISSN 数据的开放共享。ISSN 网络从以上方面着手，通过优化 ISSN 数据质量，提升服务水平，进而充分发挥 ISSN 在数字出版环境的作用。

**关键词：**ISSN 编目；ISSN 网络；连续性资源；数字出版

随着信息技术的发展，传统的出版行业正在经历一场巨变，传统的新闻出版机构正在加大数字化转型升级的力度，加快推动融合发展的进程。《中华人民共和国国民经济和社会发展第十四个五年规划和 2035 年远景目标纲要》指出："实施文化产业数字化战略，加快发展新型文化企业、文化业态、文化消费模式，壮大数字创意、网络视听、数字出版、数字娱乐、线上演播等产业。"[1]可以预见，在未来很长的一段时间，数字出版将会成为出版行业的新态势。

国际标准连续出版物号（International Standard Serial Number，以下简写为 ISSN）是为不同国家、不同语言、不同载体的连续性资源（包括连续出版物和不断更新的集成性资源）进行信息控制、交换、检索而建立的唯一的识别代码[2]。ISSN 标识的所有资源由 ISSN 网络（包括 ISSN 国际中心和各个国家中心）进行管理。随着数字出版的发展，连续性资源的类型不断丰富，从传统的电子期刊、电子报纸、数据库到今天的

---

① 李仕超，国家图书馆副研究馆员。

AR/VR 出版物、有声读物，ISSN 工作也迎来了新的机遇和挑战。一方面，作为可以区分不同载体连续性资源的唯一性标识，ISSN 可以在数字出版环境中发挥更大的作用；另一方面，面对日益丰富的出版形式和内容，对资源描述也更加复杂，给 ISSN 数据的制作交换等工作提出了新的挑战。

## 1　ISSN编目的意义

ISSN 编目是在 ISSN 国际中心相关规则的指导下，遵循 AACR2（英美编目条例第二版），采用 MARC 格式（包括 CNMARC 和 MARC21），以文献类型为依据，对不同的资源类型分别设立描述规则，并按照固定著录项的顺序构建著录框架。ISSN 网络会对每一个成功注册 ISSN 的连续性资源建立相应的书目记录。所有成功注册 ISSN 的连续性资源的书目数据都会存储至 ISSN 注册数据库，并可通过 ISSN 门户网站[3]进行订购查询。截至 2020 年年底，ISSN 注册数据库共收录了 200 余万种连续性资源的书目数据。此外，ISSN 网络也会不断更新数据库，每年新增记录大概是 50 000—70 000 条，更新和修正记录大概 130 000 条[4]，连续性资源的书目记录也会随时进行更新。目前，ISSN 注册数据库已经收录了全球最齐全的连续性资源书目数据，为世界各地的学者、研究人员、图书馆员等群体提供详尽而准确的信息。

## 2　数字出版环境下ISSN编目面临的问题

目前，各类数字化的连续性资源的编目规则通常与电子连续性资源的编目规则一致，数字化的连续性资源由于其复杂的格式特点，给 ISSN 编目工作带来很大挑战。

### 2.1　不同载体区分困难

随着网络出版的普及，很多出版机构会同时通过多种载体来出版刊物。为了保证连续性资源标识的唯一性，ISSN 网络会给不同载体的连续性资源分配不同的 ISSN 和识别题名。如果出版机构不能规范地使用 ISSN 和题名，就会造成不同载体连续性资源的混淆。最常见的就是不同载体连续性资源共用同一个 ISSN。例如，很多出版机构认为只要出版物内容相同就应该使用同样的刊名刊号，并不清楚网络版也需要申请 ISSN，导致网络出版期刊与纸质期刊使用同一 ISSN 和题名。这种现象不仅发生在各个期刊的官网上和数据库中，甚至有些书目数据的制作也并未对网络出版刊物和纸质出版物的 ISSN 和识别题名加以区分，给连续出版物的管理以及用户的查询使用带来了很大的不便。

## 2.2 动态特征更加明显

连续性资源与其他类型资源相比最大的特征就是其动态性，由于连续性资源会定期或不定期地持续出版，所以无法确定其停止出版的时间，并且时常发生不可预测的变化。因此，连续性资源常常被视为一个"生物"。根据《ISSN 手册》（*ISSN Manual*）的规定，如果连续性资源发生变更，则相应的数据也需要进行更新维护。在数字出版环境下，连续性资源的变化往往更加频繁，也更难掌握，因此数据维护的难度也有所增加。例如，在 MARC21 中，出版机构的变更只需要建立一个新的 260 字段或 264 字段来反映新的信息；然而，对于网络版连续性资源来说，对出版商变化的处理更为复杂，因为与印刷版连续性资源不同，网络版或电子版连续性资源需要链接到具体的网站，因此，出版机构的变更很可能导致原来的链接失效。

## 2.3 ISSN 未能广泛应用

随着数字出版的普及，以数字、字母或字符串为代表的标识符在连续性资源管理中具有重要的作用。通过分配给连续性资源唯一的识别符号，并通过附带的元数据来描述信息资源，从而达到资源的识别、管理、检索、交换等目的。由于在数字出版环境中，资源标识的范围不断延伸、粒度不断细化，并且正由"产品模式"向"服务模式"转变，作为连续性资源的唯一性标识，ISSN 在数字出版环境中并没有发挥出被广泛应用的作用。

## 2.4 关联关系更加复杂

在数字出版环境下，连续性资源的关联关系往往更加复杂，不仅包括连续性资源与其内容之间的关联，也包括不同载体连续性资源之间的关联。这种关联关系不仅包括不同连续性资源依据某种元素产生的关联（例如同一责任者或某一领域的不同连续性资源），也包括连续性资源之间错综复杂的承接关系（如替代、继承、分自等）。这些错综复杂的关联关系也为连续性资源的描述带来一定的困难。

### 2.5 开放程度有待提高

为适应数字出版环境，ISSN 网络一直不断完善连续性资源的书目数据，推进数据库建设，希望可以联通信息孤岛，实现连续性资源的书目数据的开放共享。现阶段，用户能够从各个国家中心网站及 ISSN 国际中心免费获取的数据通常只包含 ISSN、题名等主要信息，完整的数据只能通过成为 ISSN Portal 的订阅用户获取。面对信息时代各类用户更全面、更深层次的信息需求，现有的数据开放程度是远远不够的。这也使得部分用户不得不转向互联网去获取所需数据，而这些数据往往是不规范的，甚至是不准确的。

## 3 ISSN编目的应对策略

为了解决数字出版环境下 ISSN 编目面临的问题，ISSN 网络一直在积极寻找应对策略。ISO 3297: Information and Documentation—International standard serial number（ISSN）标准自发布后就一直不断进行修订，制定具体 ISSN 政策规则的《ISSN 手册》也随之不断更新[5]。例如，在 2003 年版的《ISSN 手册》中增加了适用于电子资源的编目规则；在 2007 年的一次修订中，扩大了 ISSN 的分配范围，涵盖了数据库、网站等所有连续性资源。同时，ISSN 网络也在积极建设适用于连续性资源的资源描述框架、关联数据模型等。

### 3.1 补充对载体类型的描述

对不同载体的连续性资源，可以从以下几个方面对其进行区分。

首先，可以通过不同的 ISSN、识别题名区分不同载体的连续性资源。例如，在 MARC21 数据 210 字段的缩略题名（仅针对英文资源）和 222 字段的识别题名加限定词 "Print" 或 "Online"，可以区分同一题名的不同载体版本。

其次，可以借助 RDA 推荐的内容类型、媒介类型和载体类型对连续性资源进行更加细致的描述。例如，在 MARC21 的 336 字段中，确定连续性资源的实际内容，如果是文本类型，则其所选取的术语是"text"（文本）。在 337 字段中，确定连续性资源的媒介类型，"computer"则是需要通过计算机获取网络内容；"unmediated"即无媒介，表示无须中间设备反映其内容。在 338 字段中，描述连续性资源所选取的载体类型，如果是网络版则为"online resource"。

最后，通过其他代码字段进行连续性资源的载体描述。当印刷版连续性资源内容类型为文本时，则 007 字段 00 字符位（资料类型）为"t"，即文本，01 字符位（特殊资料标识）为"a"，即普通印刷本；008 字段 21 字符位（连续性资源类型）为"p"，即期刊，23 字符位（载体形态）为"r"，即普通印刷本。当网络版连续性资源内容类型为文本时，其 007 字段 00 字符位（资料类型）为"c"，即电子资源，01 字符位（特殊资料标识）为"r"，即远程访问；008 字段 21 字符位（连续性资源类型）为"w"，即更新的网页，23 字符位（载体形态）为"s"，即电子文献。例如：

印刷版连续性资源 MARC21 记录：

leader 01955nas a22004457i 4500

007##ta

008##140708c20149999cc qr|p|r |||||||a0eng

0220#$a2095−7505$222

2101#$aFront.Agric.Sci.Eng.$b（Print）

222#0$aFrontiers of Agricultural Science and Engineering$b（Print）

24510$aFrontiers of Agricultural Science and Engineering.

336##$atext$btxt$2rdacontent

337##$aunmediated$bn$2rdamedia

338##$avolume$bnc$2rdacarrier

85641$uhttp:engineering.cae.cn/fase/EN/column/column214.shtml

网络版连续性资源 MARC 记录：

leader 01955nas a22004457i 4500

007##cr

008##150504c20149999cc qr|w|s ||||||||a0eng

0220#$a2095-977X$222

2101#$aFront. Agric. Sci. Eng.$b（online）

222#0$aFrontier of Agricultural Science and Engineering$b（online）

24510$aFrontiers of Agricultural Science and Engineering.

336##$atext$btxt$2rdacontent

337##$acomputer$bc$2rdamedia

338##$aonline resource$bcr$2rdacarrier

85641$uhttp://engineering.cae.cn/fase/EN/column/column214.shtml

## 3.2 加强对连续性资源的动态维护

连续性资源通常是连续出版的（有些只出版一期，也有些出版时间长达几个世纪），按照连续性资源的编目规则，需要对连续性资源的书目记录进行定期更新和维护。连续性资源随着出版时间的推移，有些发生较大的变化（通常是题名的变化），则需要建立一条新的记录；而一些较小的变化，如尺寸大小或出版信息，则不需要新建记录，但是需要对记录进行动态的维护。连续性资源的复杂性在面临数字化出版时会面临更大的挑战。

### 3.2.1 题名的变更

根据 ISSN 编目规则，通常题名发生变化时，需要重新分配 ISSN 并建立新的书目数据记录。同样地，在 RDA 的规则描述中，连续资源出版物的题名变化或大或小，大的改变需要建立新的记录，小的改变则不需要[6]，这与 ISSN 的编目规则相一致。因此，当连续性资源发生题名变化时，先判断是否需要重新建立书目记录，如果不需要，则需对原来的数据进行维护。例如，题名为《南亚东南亚研究》（*South Asian and Southeast Asian Studies*）的期刊更名为《东南亚南亚研究》（*Southeast Asian and South Asian Studies*），依据 ISSN 编目规则，不需要变更识别题名和正题名，只需要在 MARC21 的 246 字段补充变更后的新题名即可。如下所示：

222#0$a South Asian and Southeast Asian Studies

2451#$a South Asian and Southeast Asian Studies

24611$a Southeast Asian and South Asian Studies

### 3.2.2　版本的变更或增减

在数字出版环境下，较为常见的变化就是连续性资源版本的变更或增减。当一个印刷版的连续性资源增加网络版本时，需要创建网络版本的新记录，两个版本也要通过 MARC21 的 776 字段进行链接，同时，需要在两个版本的书目记录中都增加 856 字段，建立链接。例如：

网络版：

7760#$tFrontiers of Agricultural Science and Engineering（Online）$x2095–977X

85641 $uhttp://engineering.cae.cn/fase/EN/column/column214.shtml

印刷版：

7760#$tFrontiers of Agricultural Science and Engineering（Print）$x2095–7505

85641 $uhttp://engineering.cae.cn/fase/EN/column/column214.shtml

## 3.3　提高与其他标识的互操作性

为了在数字出版环境中更好地发挥 ISSN 的作用，ISSN 国际中心积极尝试与 DOI、URN 等标识进行互通，ISO 3297：2007 标准中详细描述了 ISSN 在 DOI、URN、OpenURL 等标识体系中的应用语法[7]。

### 3.3.1　ISSN 与 DOI

数字对象唯一标识符，即 DOI，在互联网环境中作为永久、稳定、唯一的链接为数字化文献服务，ISSN 国际中心已经尝试将 ISSN 与 DOI 兼容，以适应数字出版环境。将 ISSN 号当作 DOI 连续性资源名称的组成部分，用于提供其资源的永久有效链接。连续性资源每种版本都应建立各自的 DOI，如果 ISSN 发生变化则应建立新的 DOI。

ISO 3297：2007 标准中介绍了 ISSN 号用作期刊 DOI 的前缀的格式，将前缀 "issn"（小写字母）及一个点号置于 ISSN 号（含连字符）之前[8]。例如：

题名：Učenyezapiskiuniversitetaimeni P.F. Lesgafta

issn：1994–4683

DOI：http://dx.doi.org/10.5930/issn.1994–4683

### 3.3.2　ISSN 与 URN

统一资源名称，即 URN 的设计旨在确保与现行标准标识符系统（例如 ISSN 或任何其他新标准系统）具有互操作性。ISSN 国际中心在 2000 年时，就实现了 ISSN 的 URN 功能，是最早接受 URN 方案的书目标识符，通过查找按 URN 语法标记的 ISSN，可以返回符合条件的元数据及摘要信息或连续性资源的数字版本。URN 拥有与标识符系统挂钩的命名空间，有别于其他持久性标识符系统（例如，DOI 前缀并不代表任何标识符系统，而是指明提供标识符的相关组织）。每一个 ISSN 号都可根据以下语法以 URN 形式予以表达：

URN:ISSN:××××–××××

urn:issn:××××–××××

UrN:IsSn:××××–××××

（××××–×××× 即转化为 URN 的 ISSN 号）

例如：urn:issn:1234–1231

此外，也可以将 URN:ISSN 记录于开放获取的网络资源的嵌入元数据中。以 HTML 文件为例，URN:ISSN 应录入于 HEAD 部分，如下：

META NAME＝"Identifier" SCHEME＝"URN:ISSN" CONTENT＝"1234–1231"

URN 的用处不仅限于"互联网标识符"，还以"可操作指针"（actionable pointer）形式通过解析机制帮助计算机和用户，对标识资源或对其予以描述的相关元数据进行检索。该请求将对 ISSN 门户网站所提供的 ISSN 数据及指向该资源的 URL 进行检索[9]。ISSN 国际中心为"URN:ISSN"提供了解析器[10]。通过该解析器检索 ISSN 相关元数据时采用的语法如下：

https://urn.issn.org/urn:issn:××××–××××

https://urn.issn.org/URN:ISSN:××××–××××

https://urn.issn.org/UrN:IsSn:××××–××××

（××××–×××× 即目标 ISSN）

例如：

https://urn.issn.org/urn:issn:2639–5983

https://urn.issn.org/URN:ISSN:2639–5983

https://urn.issn.org/UrN:IsSn:2639–5983

## 3.4 建立 ISSN 关联数据模型

关联数据是万维网联盟（World Wide Web Consortium，W3C）推荐的用来发布和关联各种数据、信息的格式规范[11]。关联数据的出现增加了对标准、永久标识符的需求。ISSN 标识符可以把异构的元数据集关联起来，使这些元数据更易于访问，而不是存储在封闭的数据库中。利用关联数据来描述连续性资源，不仅可以充分展现其整个生命周期动态的关联关系，还可以向其用户提供更多相关且丰富的信息。ISSN 关联数据模型需要与其他的图书馆参考模型（如 IFLA Library Reference Model，IFLA LRM）保持一致，并且充分考虑到连续性的特殊性，特别是动态性和面向事件的性质。

为了促进 ISSN 数据的使用、交换和再利用，ISSN 网络从 2017 年开始尝试建立 ISSN 关联数据模型，将 ISSN 注册数据库中的书目数据映射到关联数据，提供给不同数据库和应用程序的用户使用。ISSN 关联数据模型沿用了来自 schema.org、都柏林核心元素集（Dublin Core）、BIBFRAME、MARC21 RDF 的现有词表对 RDF 中的 ISSN 数据进行建模（来源见表 1），并由以下实体组成：ISSN 资源（ISSN 网络已分配 ISSN 的连续性资源）、ISSN 数据（ISSN 网络在将 ISSN 分配给连续资源时创建的书目数据）、ISSN 数据建立的事件以及 ISSN 的出版事件[12]。

表 1　ISSN 关联数据模型词表来源

| Prefix | URI |
| --- | --- |
| rdf | http://www.w3.org/1999/02/22-rdf-syntax-ns# |
| rdfs | http://www.w3.org/2000/01/rdf-schema# |
| prov | http://www.w3.org/ns/prov# |
| dcam | http://purl.org/dc/dcam |
| dc | http://purl.org/dc/elements/1.1/ |
| dct | http://purl.org/dc/terms/ |
| dctype | http://purl.org/dc/dcmitype/ |
| bibo | http://purl.org/ontology/bibo/ |
| schema | http://schema.org/ |
| bibschema | https://bib.schema.org/ |
| gn | http://www.geonames.org/ontology# |
| m2100x | http://marc21rdf.info/elements/00X/ |
| m213xx | http://marc21rdf.info/elements/3XX/ |
| m21terms | http://marc21rdf.info/terms/ |
| bf | http://id.loc.gov/ontologies/bibframe/ |
| bfrel | http://id.loc.gov/vocabulary/relators/ |
| bfmarc | http://bibfra.me/vocab/marc |

目前，ISSN 注册数据库的描述数据已经可以通过多种 RDF 格式（包括 RDF/XML、Turtle 和 JSON），作为关联数据提供给用户，但是不同用户的权限有所不同，ISSN 注册用户可以访问所有类型数据中的所有书目信息，而未注册用户仅限于获取部分基础的元数据。

## 3.5　促进 ISSN 数据的开放共享

为了推动学术资源的开放获取，与教科文组织的行动保持一致，ISSN 国际中心开始将关联开放数据应用到连续性资源，并创立了开放存取学术资源目录（the Directory of Open Access Scholarly Resources，以下简写为 ROAD）项目。ROAD 是对教科文组织推出的全球开放式获取门户（Global Open Access Portal，GOAP）的补充。在联合国教科文组织交流和信息部门的资助下，ISSN 国际中心提供免费的 ISSN 注册数据集（提供 180 多万条书目记录的订阅服务）。该数据集包括在开放获取（Open Access，以下简写为 OA）环境下描述学术资源且已获得 ISSN 网络分配的国际刊号的书目数据，例如期刊、连续出版的专著、会议记录、开放的机构文献、研究记录等。这些书目数据由 ISSN 网络制作，并得到来自索引库及相关目录的补充，例如开放存取期刊目录（Directory of Open Access Journals，DOAJ）、Latindex 计划、The KeepersRegistry。2018 年 6 月起，ROAD 不再是独立网站，而是嵌入 ISSN 门户网站中，ROAD 记录既可以 MARC XML 格式下载，也可以 RDF 三元组的形式表达。

ISSN 网络在制作书目数据时，需要辨别已分配 ISSN 的连续性资源是不是 OA 学术资源。2013 年 7 月，ISSN 国际中心开始从 130 000 的在线资源中鉴别出 20 世纪 90 年代末至今由 ISSN 网络分配过 ISSN 的 OA 学术资源，并且在 2014 年完成这项工作[13]。与此同时，自 2013 年 10 月以来，ISSN 各个国家中心在分配 ISSN 时，会在书目数据中为 OA 学术资源提供特定的代码，并在 856 字段进行标识。例如：

85641 $uhttps://www.engineering.org.cn/ch/journal/sscae$xOA–J

此外，ISSN 各个国家中心也会检查、更新相应的 ISSN 数据。ISSN 的记录数据正式创建后才会被应用到 ROAD 项目，必要时，ISSN 中心会对 OA 学术资源的 ISSN 记录进行检查和更新（例如 URL、出版商等信息）。

## 4　结语

面对网络时代出版环境的变化，ISSN 网络也根据自身发展的需要，不断修订和完善《ISSN 手册》，并希望通过提高数据质量、加强与其他标识符及元数据标准的协调和互通、提供关联数据服务、促进数据开放共享等方式，使 ISSN 在更加广泛的领域被识别和应用，也让 ISSN 数据在最大范围内实现交流与共享。相信在未来的发展中，ISSN 能够在数字出版环境下发挥更大的作用。

## 注释：

［1］《中华人民共和国国民经济和社会发展第十四个五年规划和 2035 年远景目标纲要》，http://www.gov.cn/xinwen/2021-03/13/content_5592681.htm，访问日期：2021 年 6 月 2 日。

［2］中国国家图书馆：《ISSN 中国国家中心》，http://www.nlc.cn/newissn/，访问日期：2021 年 6 月 10 日。

［3］详见：https://portal.issn.org。

［4］ "The ISSN Network," ISSN, accessed June 12, 2021, https://www.issn.org/the-centre-and-the-network/our-organization/le-reseau-issn-en.

［5］ Reynolds R R and Hanson M, "Revising the ISSN Standard：The Challenge of Change," *The Serials Librarian* 72, no. 1-4(2017), pp. 172-176.

［6］ Han M K, Carlstone J and Harrington P, "CatalogingDigitized Continuing Resources in a Shared Record Environment," *Cataloging & ClassificationQuarterly* 56, no. 2-3(2018), pp. 155-170.

［7］ "ISO 3297：2007 Information and documentation—International standard serial number （ISSN）," ISO, accessed June 10, 2021, https://www.iso.org/standard/39601.html.

［8］ "ISSN Manual," ISSN, accessed June 10, 2021, https://www.issn.org/understanding-the-issn/assignment-rules/issn-manual.

［9］ "URN," ISSN, accessed June 21, 2021, https://www.issn.org/services/online-services/urn.

［10］详见：https://urn.issn.org。

［11］刘炜：《关联数据：概念、技术及应用展望》，《大学图书馆学报》2011 第 2 期。

［12］ "ISSN linked data application profile," ISSN, accessed June 21, 2021, https://www.issn.org/understanding-the-issn/assignment-rules/issn-linked-data-application-profile/.

［13］ "ROAD，the Directory of Open Access Scholarly Resources," ISSN, accessed June 21, 2021, https://www.issn.org/services/online-services/road-the-directory-of-open-access-scholarly-resources.

# 浅析公共图书馆图书编目人员工作中面临的问题及解决方法

李　颖①

**摘　要：** 在信息技术不断发展的今天，公共图书馆图书编目人员在工作中需要不断地提升自我，以适应不断变化的工作需求，从而更好地做好读者服务工作。但是，他们在工作中也不可避免地会遇到各种各样的问题。针对这些问题，本文进行了概括和分析，并给出了可供参考的解决方法。

**关键词：** 公共图书馆；编目人员；工作问题；解决方法

随着时代的进步和信息技术的不断发展，公共图书馆的各项工作也发生了不同程度的改变。在工作改变的同时，每个图书馆员工根据自己的实际情况进行着改变，以便更好地完成为读者服务的工作。作为公共图书馆的图书编目人员，也在这个过程中，不断地改变自己、提升自己，但是，在长期与图书、数据打交道的过程中，难免会遇到一些问题或者阻碍，而这些也正是图书编目人员必须面对和解决的挑战。

## 1　公共图书馆图书编目人员在工作中面临的问题

### 1.1　公共图书馆图书编目工作繁杂

图书编目工作看似简单，但实际上不仅是一个复杂的过程，也是对体力和智力双重考验的工作。首先，图书量大。公共图书馆的图书量一般来说比较大，所以图书编目人员每天的编目数量也相对较多，搬书自然也就多，需要有较强的体力。其次，外

---

① 李颖，国家图书馆馆员。

包公司人员能力参差不齐，质量不好控制。因为每个人对编目规则的掌握有不一致的地方，所以质量也是好坏不一。最后，因为外包公司管理机制的问题，有个别外包公司的图书编目人员为了追求数量而忽视质量，从而造成图书书目数据质量的错误率较高，加大了后期图书编目人员的工作难度。

## 1.2 图书编目人员知识体系单一

由于图书编目工作是一项需要长期学习，而且重复性较高的工作，所以大多数图书编目人员多少年来都一直从事图书编目这一项工作，对其他流程的工作知之甚少，甚至一概不知，因而在各个环节的沟通上有时候会陷入"尴尬"。

## 1.3 遭遇职业"瓶颈期"

每一种工作都有可能遭遇职业"瓶颈期"，而图书编目人员遇见的概率可能更大。究其原因，主要有以下四个方面。

第一，工作内容单一。图书编目人员的工作以图书编目为主，通常就是一人一书一机器，工作内容和方式都相对固化。

第二，工作环境相对闭塞，与外界互动少。

第三，公共图书馆图书量大，长期工作下来，容易造成精神和身体的双重疲惫。

第四，激励机制不完善。有一些图书编目人员由于自身能力或者其他原因，在科研方面少有或者没有成果，从而造成晋升困难。在没有其他激励措施配合的情况下，容易使他们陷入职业"瓶颈期"。

## 1.4 科研能力受限

科研能力受限主要体现在以下四个方面。

第一，自身科研能力有限。有些图书编目人员由于受自身学识、经验等方面的制约，对科研工作不感兴趣，科研能力不强，科研成果不多。

第二，科研时间不足。由于图书编目工作受图书数量、质量、难易程度等因素的影响，有些图书编目人员在完成编目工作之后，少有时间进行科研工作。

第三，科研培训时间不足。公共图书馆图书编目工作比较繁忙，在各项工作安排上存在时间冲突的问题，因此，科研工作的培训有时会被忽略。对一部分图书编目人员来说，他们本身不擅长科研，提升他们的积极性和研究能力的有效方式之一是科研培训，因而，科研培训时间的不足对他们来说有很大的影响。

第四，科研方式少，参与度小。目前，参与科研的方式局限于写论文、做项目、承担课题等，而这几种方式参与的人群一般都会比较集中或者固定，无法形成大范围的参与模式。

## 2　解决公共图书馆图书编目人员在工作中所面临问题的方法

### 2.1　优化流程、统一规则、加强管理、化繁为简

优化流程是基础。由于公共图书馆图书量比较大，采编环节一般是分开的，中间的流程也会被分解成几个部分（如：缴送—编目—加工—上架—阅览），因而优化流程，减少不必要的环节是十分重要的。比如，在制定各流程工作方案的同时，要严格执行流程负责制，即一个流程的工作由该流程完全负责，不把问题带入下一个流程，从而减少工作上的重复；尽量减少图书的流转频次，能尽快上架的要尽快上架；流程中可以整合的环节尽量整合，能减少的环节尽量减少。

统一规则是过程。统一规则不仅是减少图书书目数据错误率的有效手段之一，也有利于达到提高工作效率的目的。其内容主要体现在两方面，一是统一书目数据编制规则，尽可能细化和固定规则。比如题名的选取、责任者的选取、内容提要的撰写要求等，这些都可以有固定模式，套用即可，如果遇到个别形式比较特别的，可以单独讨论。二是统一培训对各项规则的理解和认知。只有在培训阶段统一规则，才能保证后期外包人员提供的图书书目数据标准一致，从而保证后期图书编目工作的"纠错"工作减少。

加强管理是手段。就目前公共图书馆图书编目业务量而言，图书编目业务外包是图书馆图书编目工作的有效形式之一，也直接影响着后续流程的工作效率[1]。因此，加强图书外包公司的管理是提高编目工作质量的一种有效手段。首先，加强对外包公司图书书目数据质量的管理，可以提高公共图书馆图书编目人员的工作效率。公共图书馆的图书编目工作中的原编工作大多由外包公司承担，他们提供的图书书目数据质

量的好坏直接影响了后期图书编目兼校对人员的工作效率。因此，解决好外包公司图书书目数据质量的问题，就是解决了公共图书馆图书编目人员工作效率的问题。其次，制定合理的图书书目数据反馈制度。这种反馈应该是双向的，图书馆编目人员可以把问题反馈给外包人员，同样，外包人员也可以把问题反馈给图书馆编目人员，形成良好的互动，互相取长补短。最后，明确图书书目数据质量标准，促使外包公司自查。图书书目数据质量的好坏不能仅依靠图书馆编目人员的抽查与反馈，外包公司也应该有自己的校对机制，从源头上保证图书书目数据质量达到要求。

化繁为简是目的。在做好优化流程、统一规则、加强管理三方面工作的基础上，图书编目工作才有可能从繁杂到简单，同时保证图书书目数据的质量，从而达到提高编目工作质量的目的。

## 2.2　加强与外界的沟通，改善单一的知识体系

内部轮岗，形成完整的"锁链式"知识体系。公共图书馆的图书编目工作是一项"承上启下"的工作，从缴送到阅览，这期间由多个环节配合完成。因此，作为图书编目人员，不仅应该了解自己工作的内容，也应该了解这个过程中其他环节的工作内容，形成"锁链式"的知识体系，以便做好"承上启下"的工作，同时，也能从宏观上检视图书编目工作的情况。

外部交流，取长补短，共同进步。作为公共图书馆的编目人员，不仅应该了解自己内部的工作流程和内容，更应该多参加一些业务交流活动（如编目会等），以此不断改善自己的工作方式，提升自己的业务技能。

## 2.3　完善激励机制，提高图书编目人员积极性，摆脱"职业瓶颈"

公共图书馆编目工作是一项繁杂、枯燥的工作，长期的重复工作会使许多编目人员对自身的工作价值越来越缺乏认同感，从而产生职业倦怠[2]。因此，完善激励机制，拓展发展空间，提升编目人员工作积极性，有利于他们摆脱"职业瓶颈"。

首先，增加奖励形式。奖励形式不仅可以采取通常的超额奖励方式，也可以采取设置单项奖，如季度奖、半年奖、质量奖、数量奖等。除此之外，还可以根据员工特点，设置相应的奖励措施，比如对于业务能力强、科研能力弱的员工，可以采用工作实绩替代科研成果的方式鼓励他们努力工作，避免遭遇职业"瓶颈期"。其次，平衡业

务与科研之间的关系，鼓励图书编目人员多维度发展。图书编目工作是一项实践性很强的工作，在工作的过程中，有的人可能会偏于业务，有的人可能会偏于科研，平衡二者之间的关系，才有利于图书编目人员"两条腿"走路，拓展更多的发展空间。最后，在平衡业务与科研之间关系的基础上，还应该拓展更多的晋升渠道，这样可以激发图书编目人员的主动性、积极性，让图书编目人员充分挖掘自身优势，拓展出更多的发展空间。

## 2.4 培养科研兴趣，改善科研方式，提升科研能力

图书编目人员应该根据自身的特点，增加学习计划，培养科研兴趣。图书编目人员在平时的工作中，应该注意总结，尽可能把工作成果转化为科研成果。与此同时，也应该积极参与科研活动，向其他人虚心学习，逐步提升自己对科研的兴趣。

不同的科研活动形式和内容有时候决定了参加人群的水平和范围，因此，丰富科研活动的形式，提供初级、中级、高级不同水平的活动，有利于吸纳更多的图书编目人员参与，尤其可以提高科研能力较弱的人员的参与度，提升他们参与科研的兴趣。

增加合作性更强的科研活动可以让不同水平的图书编目人员在同一个活动里充分交流、密切合作，达到老带新、强带弱的目的，以此提高图书编目人员整体的科研水平。

## 2.5 注重自我提升，促进职业发展

图书编目人员在工作中尤其应该注意自我提升，根据自身特点，不断学习新知识、完善业务技能、提升科研能力，从而使自己的事业稳步前行。

## 3 结语

综上所述，在社会不断进步、各项新技术层出不穷的时代，公共图书馆的图书编目人员在工作中不可避免地会遇到各种各样的问题。面对这些问题，图书编目人员应该找出症结，认真分析问题，解决问题，并在这个过程中努力提升自我，破除"职业瓶颈"，实现职业的顺利发展。

**注释：**

［1］李颖：《浅析图书馆图书编目业务外包书目数据质量的现状》，载《第六届全国文献编目工作研讨会论文集》，国家图书馆出版社，2020，第 262—266 页。

［2］盛静：《高校图书馆编目工作人员职业倦怠分析》，《科技情报开发与经济》2011 年第 19 期。

# 浅谈民国时期图书普查数据常见著录问题

刘　俊①

**摘　要：** 民国时期文献普查数据在出版时间和版次、伪装本等特殊版本、丛书项、多卷书的集中或分散著录以及文献复本的个性化描述等方面还存在不足，应不断修订完善普查数据标准，加强普查人才培养。不仅要培训提高普查工作人员的业务水平，还应加强民国时期相关历史背景知识学习，把好思想意识形态关。

**关键词：** 民国时期图书；文献普查；文献著录

2012 年，针对民国时期文献底数不清、保护力度不够、纸张酸化老化加剧、再生性保护进展缓慢的现状，国家图书馆联合业界共同策划实施的"革命文献与民国时期文献保护计划"正式启动，民国时期文献普查工作也随之展开。民国时期图书（平装书）的普查工作率先启动，通过收集各收藏机构的文献书目和馆藏数据来进行普查。截至 2020 年年底，普查平台"革命文献与民国时期文献联合目录"已发布 37 家普查成员单位的民国时期图书书目数据 30 万条，馆藏数据 70 万条，供社会公众和业界、学界免费使用。"革命文献与民国时期文献保护计划"的文献普查工作虽然取得了一定成绩，但从收集到的普查数据来看，也存在一些不足。

## 1　常见著录问题

### 1.1　版本项著录

民国时期是在晚清出版业完成近代化转型的基础上，传统出版业完成向现代出版事业的转变时期[1]。无论是在出版机构，还是在出版物的种类、数量上都得到了较大

---

① 刘俊，国家图书馆副研究馆员。

发展。民国时期出版的图书不仅数量大，而且版本众多。同一种书由多家出版机构出版、同一种书在同一个出版机构出版多次等情况相当普遍。图书出版发行信息是书目数据著录的重要环节，对于辨别选择版本、数据查重和收录补全版本至关重要。民国时期图书与现代图书相比，出版发行信息记录不甚规范，加上常有破损导致信息丢失，给普查数据的编制带来困难。

民国时期出版物情况复杂，版权页信息也不规范，有的图书甚至没有版权页。版权页上的信息记载常有缺失，比如有的图书没有明确的出版地、出版者，有的没有出版时间，不一而足。

### 1.1.1 出版时间与版次

民国图书的出版发行时间大多为民国纪年，伪满洲国出版图书使用康德年号，还有的图书直接使用公历纪年。《民国时期图书联合目录数据暂行标准》规定出版年为非公元纪年时，原样照录，将换算后的公元纪年著录在之后的方括号内，规范著录形式如"民国三十五年［1946］""民国二十四年六月［1935.6］"。民国时期图书再版重印情况十分普遍，有的图书一年之内重版多次，甚至有的图书在一个月内再版。如由朱笠夫编著、抗战出版社出版的《二万五千里长征记》，1937年11月就出版两次。因此，《民国时期图书联合目录数据暂行标准》要求在编文献出版发行时间印有月份时，著录到月，版次也要如实著录。但在实际普查数据编制中，一些数据还是依据现代中文图书著录惯例，只著录到年，版次著录也时有遗漏，给书目数据查重比对带来困难。

### 1.1.2 伪装本等特殊版本著录

伪装本又称"托名本""伪装书"，是将封面印上其他书名以掩饰其内容的书。中国共产党领导及其影响下的出版机构，为应对反动当局查禁革命、进步书刊，常常将书刊进行伪装传播，其具体做法通常是采取封面伪装、不断变化书刊名称以及伪托别的出版社名号等。伪装本多用古典名著、宗教读物或通俗读物的封面来掩人耳目，实际为传播马列经典著作、中共领导人著作，通过各种渠道发行到敌占区和国统区，以此宣传革命理论。国家图书馆馆藏伪装本如封面伪装题名《新金刚经》，伪托"开封三教圣会"出版，实为敌占区地下出版，实际内容为《一九四五年的任务（毛泽东同志十二月十五日在陕甘宁边区参议会的演说）》。封面伪装题名为《修道新介绍》，封面有

"辛巳年菊月""非卖品""轮流公看功德无量倘不敬重或有隐匿罪莫大焉"字样。出版时间据封面"辛巳年菊月"推断，应为 1939 年 12 月，实际内容为毛泽东撰写的《中国革命和中国共产党》。伪装书"有的仅仅伪装封面，有的是封面伪装，书中内容部分伪装"[2]。如油印本《教育学提纲》，托名昌潍县政府翻印，首 18 页和尾 5 页皆谈教育问题，中间有 11 页收录抨击国民政府不抵抗政策及一九四四年七月七日《解放日报》社论《在民主与团结的基础上加强抗战，争取最后胜利——纪念抗战七周年》等内容。

伪装本是版本学上一个重要且特殊的版本形式，反映了当时政治斗争的曲折和多样性。关于伪装本的著录，并未统一，主要有两种方式。一是客观著录，著录伪装题名、出版等信息，再以相关字段著录真实内容信息。二是根据内容著录，相关字段著录伪装题名、出版等信息。从文献著录规则、读者服务和实际管理来看，客观著录为佳，此方式在《民国时期图书联合目录数据暂行标准》中应予以明确。现代计算机编目通过对真实内容信息进行揭示并设置检索点，在版本项对伪装本予以说明，使伪装本的发现与获取都十分便捷。

其他特殊版本如"国难后 × 版""粤版""沪版""翻印本"等均应著录于 205$a 字段，翻印本如图书上注明翻印出处，应在版本附注项著录，如"翻印自解放社 1938 年版"。此外，还有如签名本、毛边本、编号本等也应在版本附注项注明。

## 1.2 丛书与多卷本，分散著录与集中著录

出版业系统化程度越高，丛书出版就越繁荣。上海图书馆 1979 年编辑印刷的《中国近代现代丛书目录》，据不完全统计，收录了上海图书馆所藏 1902—1949 年出版的丛书 5549 种，包含图书 30 940 种。就已出版的有关民国时期图书目录来看，丛编项的著录并不受重视。《民国时期总书目》和《北京图书馆馆藏革命历史文献简目》对图书的丛编项有所著录，而《解放区根据地图书目录》和《馆藏革命文献书目》对丛编项著录甚少，大多着眼于图书内容本身，忽视丛书信息。这也与有些丛书题名大而无当、过于空泛、缺乏检索意义等实际情况有关。此外，民国时期的图书保存状况不佳，破损情况较为严重，信息也有所缺失，这也给编目工作带来一定困难。比较遗憾的是，现有民国时期图书普查数据中，也有一些数据没有著录丛编项。

丛编项著录有集中著录和分散著录两种方法。编制 CNMARC 数据时，丛书多是

分散著录。因为丛书的各个分册都是可以单独存在的完整著作，每个分册单独著录，制作一条书目数据，能够更好地揭示每个分册的内容和特征。比较通行的方式是将单册题名著录在 200 字段，丛编及分丛编题名著录在 225 丛编字段，并在 410 字段做连接，作为一个检索点。这样即使分散著录，也便于聚合。相对来说，多卷书更适合集中著录。因为多卷书各册之间一般是相互关联的，若各册内容比较独立或多卷书未收录完全，也可采用分散著录的方式。丛书和多卷书如有所缺失，在进行文献普查和联合目录建设中，还能进行补充。如《太原市军事管制委员会政策法令汇集》原本只有第 1 册数据，2020 年河南省图书馆的普查数据补充了第 2 册。各普查成员单位在面对丛书、多卷书时，可根据馆藏文献的具体情况选择适宜的著录方式，应尽量与联合目录保持一致，以减少数据查重比对后的整合或拆解。

### 1.3　个性特征

联合目录通常反映文献的共性特征，在不同文献存藏机构中所藏相同文献个体间的差异和独有特点常被忽视。古籍普查对每一部书都进行普查登记，民国时期文献普查则是对每一种书的不同版次进行普查登记。存藏机构之间或同一机构之中，复本之间的差异都难以体现。比如某种书多个单位有藏，A 单位所藏为签名本，B 单位复本破损严重，往往无法在联合目录中反映。这些特殊情况，书目格式其实也提供了著录方式，通常是著录在与个体特征相对应项目的附注字段，$4 来记录机构代码和复本标记。但这样的话，联合目录在进行书目查重整合时需要保留不同单位的复本描述相关字段，不仅工作难度加大，而且书目数据变得庞杂。

现在通行的独立式馆藏形式，其实提供了更为自由地体现复本个体特征的方式。民国时期文献普查数据标准要求每一个复本建立一个 852 字段，每一复本的个体特征其实可以充分反映在此字段中，比如每本图书的破损状况，如果能在普查时予以记录，能为后续的文献保存保护提供第一手资料。但目前对 852 字段的设置和应用比较有限，也没有进行严格要求。各普查成员单位也更重视文献书目信息的客观著录和内容揭示，对复本的个体差异关注较少。

### 1.4 字体与排版干扰

民国时期的出版物主要以繁体字印行，同时也有使用简体字、异体字印行的情况。因此，要求编目人员具备繁体字的识读能力，掌握繁体字与简体字之间的转换和对应以及异体字的使用情况。有的字情况比较复杂，如"乾"，既属于现在通用汉字，又是"干"字的繁体形式之一。又如"萧"字，是独立存在的汉字，在作为姓氏时，又常简化为"肖"。有的普查数据中，著名作家"萧红""萧三"常著录为"肖红""肖三"，这是不正确的。

在进行民国时期文献普查数据的制作时，还要注意文字的排版方式对著录的影响。民国时期的出版物很多仍采用传统竖向排版，因此会对文献著录造成一些干扰。如由黄祖英、沈长洪、陈怀白编，东北书店 1949 年印行的《近百年史话》，受竖向排版方式影响，某条普查数据责任者项就著录成"黄沈陈、祖长怀、英洪白"。在对著录信息不确定时，可以借助不同版本的著录信息和网络资源来帮助判断。

## 2 改进措施

### 2.1 不断修订完善普查数据标准

开展全国性普查工作，需要标准先行，统一标准能保证普查工作有效开展、普查结果客观准确。民国时期文献普查是以收集各收藏机构编制的文献书目和馆藏数据的方式进行的。民国时期文献普查主要依据《中国文献编目规则（第二版）》《新版中国机读目录格式使用手册》《中国图书馆分类法（第四版）》等现行编目参考文献，结合民国时期文献出版的特点，编制了民国时期图书和连续出版物的普查数据标准。同时，"革命文献与民国时期文献保护计划"特别重视革命历史文献、红色文献的甄别与发现，通过自定义字段专门予以标记。但在具体的普查实践工作中，跨系统的收藏机构和编目基础薄弱的图书馆，对 MARC 数据不熟悉，虽然专门设计了简明扼要的表格以供填写，但在数据转换过程中难免有信息缺失的情况。

很多民国时期的文献不仅具有文献资料性，还具有历史文物性。民国时期文献普查数据标准在普适性和文献物理特性的揭示方面还不够完善，最好能根据文献普查和文物普查的双重需要完善标准。不仅要客观著录相关书目信息，揭示文献思想内容，还要重视文献的物理特征（如破损情况、载体特点等），以及文献的采访来源信息等。通过普查，为民国时期的文献建立一份全方位的总台账，为后续文献的精细化管理和精准保护打好基础。普查标准还需要在实践中不断完善，以更好地约束和规范民国时期文献的著录工作，更好地展示其价值[3]。

## 2.2 加强民国时期文献普查人才培养

为普及文献保护理念，培养专门人才队伍，"革命文献与民国时期文献保护计划"自启动开始就举办专门的培训班。截至2020年年底，已在全国18个省（自治区、直辖市）举办培训班20期，线上专题培训1期，"革命文献与民国时期文献保护计划"成果展览18场，培训全国各类文献收藏机构业务骨干2879人。在民国时期文献的具体普查工作中，由于各收藏机构编目沿革、人员构成等差异较大，对普查数据标准的理解和执行也不一样，普查数据的质量有所差异。因此，培训的内容以文献著录、标引、数据上载为主，另外，对"革命文献与民国时期文献保护计划"进行介绍，宣扬民国时期文献保护的理念。同时，还根据收藏机构的需要，派出专家实地指导，建立相关工作群，实时线上答疑解惑，以多种方式提升革命文献与民国时期文献从业人员的工作能力和专业水平，为做好文献保护工作，深入开展人才培养和专业力量储备。根据学员普遍反映的培训时间紧、知识量大、难以短时间消化、希望加强实操训练等问题，准备采取普通班与高级班相结合的方式，增加实际操作环节，不断优化培训内容，提高普查数据质量。

"一般来说，凡国家统一，阶级矛盾缓和，民族关系融洽，社会安定，出版事业就有极大的发展。反之，出版事业不但发展缓慢，甚至要惨遭厄运。社会政治变革的需要又常常成为推动出版活动发展的强大动力，我国近现代史上改良派和革命派都以出版书报刊作为变革社会的手段。"[4]民国时期的文献是近代历史的主要载体，其中的红色文献，更是中国共产党诞生并发展壮大，带领中华民族争取民族独立与国家振兴光辉历程的原始记录，具有较高的历史价值、学术价值与重要的现实意义。革命文献、红色文献是民国时期文献的重要组成部分。民国时期的文献普查在力争全面普查的同时，与专题普查相结合，甄选出约2万条革命历史文献书目数据予以专门字段标记。革命文献、红色文献的甄别，不仅需要普查人员具备较强的业务能力，还要具有较高的思想认识水平，能严把思想意识形态关。普查人员还应加强中共党史、革命史、近现代史等方面的培训学习，提高鉴别红色文献、革命文献的能力。

## 3　结语

民国时期的文献普查是对民国时期文献进行整理、保护和开发的基础性工作，普查数据的质量高低决定着对文献的揭示是否完整充分，是否有效地体现文献价值。当今社会，智能技术在经济社会各领域的应用日益广泛，图书馆正面临智慧化转型，从信息组织方式到服务理念都在进行积极探索，文献普查也要善于利用新技术、新手段来促进工作。很多民国时期的文献具有较高的历史文物性、学术资料性和艺术性，应以国家图书馆"革命文献与民国时期文献联合目录"为基础，发挥图书馆、档案馆等文献存藏机构的整理优势，辨章学术、考镜源流，进一步摸清家底。在此基础上，联合专业科研单位对革命文献、民国时期文献的深层内涵进行深入研究，推出更多资料建构完整、亟待研究、服务现实的文献整理成果，为"传承文明，服务社会"作出应有的贡献。

### 注释：

［1］肖东发、杨虎：《中国出版史》，北京大学出版社，2017，第 235 页。

［2］黄霞：《简述国家图书馆藏革命历史文献中的伪装本》，《文献》2003 年第 4 期。

［3］李海瑞、朱慧：《从版本价值角度探析民国平装书版本信息著录——基于民国时期文献联合目录平台》，《图书馆学刊》2019 年第 1 期。

［4］同［1］，第 240 页。

# 基于智慧图书馆背景下的个性化服务

刘雪雯①

**摘　要**：在现今信息爆炸的时代，人们获取知识的途径和体量较以往更加多样和丰富。因而，人们不满足于广泛涉猎式地获取信息，对提高效率精准获取自己所需要的信息有了更高的需求，即所谓的个性化服务。本文首先介绍了目前图书馆信息服务的方式，并列举了现今信息服务的优点和缺点；其次以智慧图书馆信息服务为前提，构想个性化信息服务的方式，并讨论了在构建智慧图书馆的过程中信息组织工作者的身份转变。

**关键词**：智慧图书馆；信息服务；个性化服务

## 1　图书馆的信息服务

### 1.1　图书馆的设立

早在公元前 3000 年，人类就有记录社会记忆并保存的行为。世界上最早的图书馆可追溯于美索不达米亚平原的尼尼微古城的亚述国王巴尼拔图书馆。当时的人类用泥板记录历史、政治、地理、法律、商业等信息，存放在密封的泥罐里，并制作标签简要记录存放位置。所有的罐子再集中保存在某个地方，即为最初的图书馆[1]。在我国古代，历代保存文献的机构常称某府、某阁、某楼等。根据《在辞典中出现的"图书馆"》的记载，图书馆一词最早见于 1877 年的日本文献。直到 1894 年《教育世界》第 62 期中所刊出的一篇《拟设简便图书馆说》，我国本土文献中第一次提到了"图书馆"一词。

---

① 刘雪雯，国家图书馆馆员。

图书馆设立的初衷是为了储存人类的社会记忆。公共图书馆除了收集、整理、保存文献信息，并提供查询、借阅及相关服务，还承担着社会教育的职责[2]。因此，用文字或者图表将其记录在载体上可以长久地保存下去，成为各个时代的选择。随着时间的演变，载体由结绳、石板、木板、竹简，逐渐发展至较广泛使用的纸张，再被装订成册，分类保存，便成了早期图书馆的雏形。图书馆需要有足够的空间来存放这些载体，也要兼顾不同载体对温度、湿度、光感度的要求，进行分别存放，长期维护。如今，图书馆不断智能化，载体不限于纸质，也包含音像制品、缩微制品、数字资源等新型知识载体。而纸质载体依然占有一大部分比例，因而，传统图书馆的设计依旧是以贮存纸质文献为主，所提供的信息服务也主要围绕纸质文献展开。

## 1.2 传统的图书馆信息服务

以当今大部分图书馆为例，当用户需要信息服务时，首先需要到达图书馆所在的地址，然后向图书馆员表达需要什么样的信息服务，再由管理员帮助检索和筛选，最后得到所需要的信息。部分具有移动客户端的图书馆则可以使用远程登录代替第一步，接着由用户直接获取信息，一切服务在线上展开。如果用户需要更加个性化的服务，在进行上述步骤的同时，需要根据自身的需求对信息进行提取和筛选。这一步可能是由图书馆员完成，也可能是由擅长使用图书馆设备的用户本身完成。无论是谁、如何完成这一过程，都是为了使服务与需求更加精准地匹配。

而当这种匹配不符合预期时，即没有得到很好的个性化服务。传统图书馆信息服务受限于时空，即受限于图书馆的开放时间、图书馆的馆藏资源储备，以及是否无条件对用户开放（例如，某些文献属于档案或者机密，用户应遵守相应的借阅和保密要求；有些文献属于文物，需要用特殊的方式保存，为了减少损耗，也需要限制用户直接查阅等）。甚至进一步而言，即使图书馆没有任何的时空限制，所有的馆藏文献也不可能无条件对用户开放。用户依旧可能因为个体处理信息能力的差异，无法获取所期望的信息服务。

## 1.3 现有信息服务的局限性

如前文所言，提供信息服务的图书馆本身是有限的。而对于用户来说，从有意向去图书馆获取信息服务开始，就已经受制于信息处理能力差异的局限。用户需要先简单了解自己将要前往的图书馆是否能够提供相应服务，如是否含有相应的馆藏资源，是否有相应的借阅条件（是只能在馆内阅览，还是可以外借离馆；如果不能外借文献，是否可以使用其他形式复制文献内容等），是否具有盲文、古籍等特殊文献阅览条件等。了解这些信息的过程已经是一次对信息的处理，因为每个人处理信息的方式和偏好不同，所以在获取信息的效率上也存在差别。现有图书馆组建联合平台共享数据资源，用户在一定程度上避免了因实际馆藏资源的缺乏而造成的信息获取不足。但是，面对更加海量的信息资源，信息处理的效率则变得更为重要。图书馆员虽然能提供部分信息处理上的协助，本质上依然受限于个人的业务能力，无法确保信息服务质量达到期望。对于图书馆而言，馆藏资源建设的速度和利用率、馆员的业务能力培养，都影响着图书馆信息服务带来的体验。

## 2 智慧图书馆的信息服务构想

### 2.1 智慧图书馆的概念

智慧图书馆是伴随着智慧社区、智慧城市，乃至智慧地球而产生的一种概念，最早由芬兰的学者指出：智慧图书馆（Smart Library）是一个不受空间限制的、可被感知的移动图书馆服务，它可以帮助用户找到所需图书和相关资料[3]。通过增设智能设备、使用互联网技术、构建图书馆联盟类平台等方式完善信息网络建设，增强信息与信息之间的关联，从而便于用户获取更优质的知识信息服务。这样的举措概括来说是智能技术在图书馆服务中的应用，但是这些只是智能图书馆的体现，智慧图书馆能够做到的远远不止如此。智慧图书馆是一种综合性的生态系统，它囊括了人的智慧、物的智能，是在数字图书馆、移动图书馆的基础上更高级的图书馆形态[4]。它是一个生长着的、可持续发展的智慧体，具有学习功能，并以此应对用户需求展开服务。

### 2.2 智慧图书馆信息服务

不同于智能图书馆用设备帮助用户节约时间，智慧图书馆注重的是在信息技术基础上的整合集群与协同管理[5]。即智能图书馆本质上依旧是围绕"物"展开服务，"物"的存在是先决条件。用户在使用"物"的时候如何能够更方便，管理"物"怎样能够更高效，是智能图书馆在解决的问题。结合前文而言，即智能图书馆能够为用户提供更舒适的环境，提供更简单易操作的设备，从而帮助用户节省信息检索的时间。而智慧图书馆是围绕"人"展开服务，现阶段需要人为的事情，都交由图书馆收集、整理、规划，直接提交最终的方案给用户。用户在智慧图书馆不再需要亲自处理信息，而是直接表达简单需求，即可得到图书馆给予的答案。在脱离了时空限制的智慧图书馆环境下，用户甚至不用亲自前往，通过终端就可随时随地获取信息服务。

## 2.3 个性化服务构想

当图书馆对用户的意义不仅仅是查阅资料时，智慧图书馆的优势得以显现。智慧图书馆能够帮助不同需求的用户定制专属方案，提供个性化服务。图书馆可以为每一位用户建立服务档案，通过不断记录用户的使用内容和使用习惯，推测用户的偏好和需求，从而给出对应的推荐。可以进一步追踪用户动态，利用大数据对用户行为进行组织、管理和分析后得出结论，及时掌握用户偏好的变化，完善服务档案中的用户画像，提供更精准的推荐[6]。图书馆拥有海量的信息资源，比普通的社交平台拥有更全面的信息数据。用户在图书馆获取信息服务后，产生的反馈同样成为智慧图书馆用以学习的信息。由此，用户和智慧图书馆形成了长久的循环发展[7]。这样的发展同样属于智慧图书馆的持续发展。

## 2.4 面临的挑战

目前，图书馆提供的几种常见的知识信息服务，如学科服务模式、真人图书借阅、信息检索等，都是馆员利用现有的馆藏资源、信息数据等显性知识，以及自身经验、认知等隐性知识，为用户提供符合其需求的综合性服务[8]。在构建智慧图书馆后，这样的服务都交予图书馆完成。构建智慧图书馆需要大量的数据支持、技术支持，其中也离不开图书馆员的智慧。用户需要的知识信息，用户可能需要的知识信息，则是在构建智慧图书馆的过程中信息组织工作者需要考虑到的事情。是否能单纯增加信息知识的体量，将信息运用全权交给智慧图书馆，甚至进一步将信息的采集和加工都由智慧图书馆按照预设好的程序处理，图书馆员只承担校准与验收工作。图书馆员在构建智慧图书馆的过程中扮演了建设者的角色，在建成后由智慧图书馆分担原本图书馆员的职责。图书馆员定位的转变，同样是智慧图书馆发展过程中必然出现的事实。

## 3 结语

正如著名图书馆学家阮冈纳赞提出的"图书馆学五定律"那样：书是为了用的，每个读者有其书，每本书有其读者，节省读者的时间，图书馆是一个生长着的有机体[9]。图书馆如果只是单纯储存资源而不加以利用，则削弱了图书馆本身设立的意义，不符合人类传承知识信息资源的初衷。信息资源和用户的数量日渐庞大，在用户前往获取信息服务时，怎样将资源与用户精确匹配，并帮助用户节省处理信息的时间，是图书馆长久以来一直致力解决的问题。随着科学技术的进一步发展，用户的需求更加精细化和个性化，智慧图书馆的出现和普及是必然的，而我们所要做的，是令这种必然早日实现。

## 注释：

［1］黄坤坊：《古代亚述的尼尼微档案图书馆》，《湖南档案》1993 年第 4 期。

［2］《中华人民共和国公共图书馆法：最新修正版》，法律出版社，2018。

［3］钱媛媛：《智慧图书馆的特征和发展策略研究》，《内蒙古科技与经济》2014 年第
　　 12 期。

［4］初景利、段美珍：《从智能图书馆到智慧图书馆》，《国家图书馆学刊》2019 年第
　　 1 期。

［5］王世伟：《未来图书馆的新模式——智慧图书馆》，《图书馆建设》2011 年第 12 期。

［6］王庆、赵发珍：《基于"用户画像"的图书馆资源推荐模式设计与分析》，《现代情
　　 报》2018 年第 3 期。

［7］洪亮、周莉娜、陈珑绮：《大数据驱动的图书馆智慧信息服务体系构建研究》，《图
　　 书与情报》2018 年第 2 期。

［8］项姝珍：《高校图书馆知识服务的互动生态圈》，《内蒙古科技与经济》2021 年第
　　 8 期。

［9］希雅里·拉马里塔·阮冈纳赞：《图书馆学五定律》，夏云、王先林译，书目文献
　　 出版社，1988。

# 基于红色文化资源整合、开发与推广的集成架构设计和实施 ——井冈山大学智慧图书馆建设成果之一[①]

吕咏梅[②]

**摘　要：** 随着计算机技术和资源保护技术的发展，在共建共享大数据背景下，井冈山大学依托智慧图书馆建设的契机，充分发挥地域优势，开展红色文化资源数字化建设与推广的研究，加大对红色文献、红色文物、红色史料、红色精神等资源的收集和开发力度，自建红色资源数据库，并创造性地搭建纸电资源互补、线下线上关联、收集加工同步、校内外联合推广多头并进的一体化架构，实现资源传承、保护与开发利用的高度融合，对赓续红色血脉、传承红色基因具有重要意义。

**关键词：** 红色文化资源；数字化建设；开发推广

## 1　引言

党的十八大以来，习近平总书记多次强调，要把理想信念的火种、红色传统的基因一代代传递下去，让革命事业薪火相传，血脉永续[1]。井冈山是中国革命的摇篮，井冈山精神是中国革命精神之源。轰轰烈烈的革命斗争，给这片红土地留下了丰富的红色遗存，使江西吉安成为"没有围墙的红色博物馆"，成为陶冶思想的爱国主义教育基地。为弘扬主旋律，更好地传承井冈山精神，作为地处井冈山革命根据地的高校图书馆，对收藏、开发与推广红色文化资源，负有不可推卸的责任。

"互联网＋"是一种经济社会发展的新形态，网络空间正成为信息集散地、舆论策

---

① 基金项目：2024 年吉安市社会科学研究规划项目 24GHA488，《基于红色文化资源数字化整合、开发与推广的集成架构设计与实施——以工作实践为基础》。

② 吕咏梅，井冈山大学图书馆副馆长、副研究馆员。

源地与思想交锋的主阵地[2]。为科学整合和有效利用地方特色资源，服务地方红色文化研究，井冈山大学图书馆借智慧图书馆建设之势，依托学校对井冈山革命斗争时期的前期研究，主动对接井冈山干部学院、井冈山博物馆、学校井冈山研究中心等单位和部门，收集整理红色文化资源及相关研究资料，在红色资源研究、红色文献保障、红色文献资源数字化、红色文化资源信息共享平台建设等方面积极开展实践和探索工作。

## 2　红色文化资源数字化集成架构建设的目标

红色文化资源数字化集成架构有效整合相关的纸质资源与电子资源，融合资源的数字化建设及推广利用，以纸质资源与电子资源互补、在线推广与线下借阅关联、原创文献收集与二次文献加工同步、校内与校外联合推广齐头并进为建设目标，实现红色文化资源管理、应用、保护和开发相融合相匹配的高度集成体系。

## 3　红色文化资源数字化集成架构建设的意义

### 3.1　强调实用性，紧扣红色特色，更好地服务地方红色文化研究

图书馆对红色文献提出了应采尽采的要求，实现红色文献单独采订与加工，每年购置经费优先考虑红色文献书目订单的采购，同时将馆藏与电子书中的红色图书集中归置，专题推出。利用红色文化资源集成架构的强大功能，打造红色文化资源展示大厅，集纸质资源、电子图书和音视频于一体，开展红色阅读季、红典诵读等活动，积极融入校园和地方红色文化建设的潮流。强调与地方政府、部门的合作，重视资源共建共享，利用本校资源和人才优势，积极促进井冈山地区红色文化研究的发展。

### 3.2　突出前沿性，注重与时俱进，把握红色文化研究的发展方向

集成架构建设重视与本地、本校有关专家的沟通与交流，强调专家引领、板块设计和数据内容，把握红色文化研究发展的前沿信息，实现实时更新。集成平台成为井

冈山干部管理学院、井冈山研究中心开展研究的重要资源支撑，是当前掌握井冈山研究学术发展趋势、发现高价值学术文献的首选网站和重要学习研究工具。

### 3.3 重视差异性，彰显红色传承，关心特殊载体红色资源的保护

红色文化资源数字化架构的建设和推广，更好地落实了习近平总书记提出的红色传统的基因一代代传递的重要指示，使红色基因的传承变得更具体、更直接、更自觉、更广泛，具有可持续发展的生命力。中共中央办公厅、国务院办公厅印发的《关于实施革命文物保护利用工程（2018—2022年）的意见》中，明确提出推进红色文化资源数字化，是让革命文物等红色文化"活起来"的基础性工作和重要手段，对于保护和传承红色文化、培育弘扬社会主义核心价值观、强化社会主义意识形态建设等具有重要意义。红色文化资源数字化平台将图片、音乐、口述、实物等特殊载体的资源，通过电子转换、录音、拍照等手段进行有效保存，既有利于资源的重复使用，又有利于历史的传承。

## 4 红色文化资源数字化集成架构的设计与实施

图书馆充分发挥地处井冈山革命根据地的红色优势，从红色文化资源的多途径收集整合、多层次开发利用与多角度推广切入，确定了集收集、整理、加工、推广与共享于一体的红色文化资源整合、开发与推广的灵活度高的集成架构。如图1所示，集成架构是由传统红色文化资源与数字化红色文化资源两大模块和12个层面交融的立体框架结构。

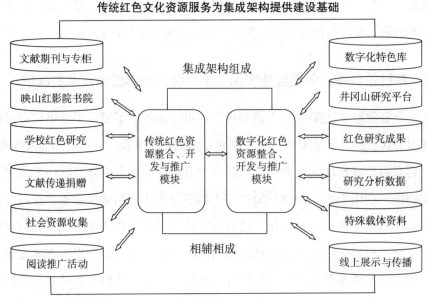

图 1　集成架构组成模块

## 4.1　传统红色文化资源资料的整合、开发与推广模块

该模块由红色文献、井冈山研究文献、红色阅览室、红色思政大厅、多功能厅主题推荐专柜、映山红影院书院、红色文化资源捐赠、社会及网络资源、红色经典阅读推广活动等组成，通过楼宇智能化建设和现代技术的运用，将传统资源有效植入红色文化资源大集成架构中。

纸电同步：通过自购、捐赠、传递等多种形式收集资源，面向社会，实行网上预约借阅与线下借阅同步。

书籍单列：在校园映山红书店设置红色图书专柜，提供阅览和荐购，读者将荐购图书放入自助采书柜，图书馆及时为读者采购；图书馆十二楼设立红色特藏阅览室，一楼大厅和多功能厅设立红色书籍专柜，实现红色主题书籍单采单列单阅。

文献传递：读者可依托文献传递的形式，获取井冈山干部管理学院、同济大学等相关合作部门和单位的有关资料。

形式多元：打造映山红影院和映山红书院，利用资源场地优势开展红色经典诵读、红色观影、快闪、征文等活动。

采访独立：传统红色文化资源模块的文献建设实现了单独采访加工入库，注重互通有无和资源共享，目前共有红色纸质资源 1.1 万余种、2.19 万余册，专柜里的红色图书实时更新。

服务广泛：各类红色文献面向社会免费开放获取，既服务于红色文化研究专家，也接受中小学生到馆开展红色文化教育活动；既提供文献服务，也提供场地服务；既与兄弟院校实现红色资源共享，也与政府部门积极探索地方红色文化基因的有效传承。

## 4.2　数字化红色文化资源的整合、开发与推广模块

该模块由红色文献数字化资源、歌德电子资源、电子图书瀑布流、自建的《井冈山研究特色图书库》《井冈山研究发现平台》等数据库、相关研究成果、分析数据、线上展示与传播等组成，依托智慧图书馆的建设，数字化资源既自成一体，又与传统文化资源优势互补。

### 4.2.1　整合推送馆藏红色电子资源

图书馆通过组织红色文献瀑布流以及文献传递等形式，为读者提供电子文献资源，拥有数字化红色图书 8800 余种，收录井冈山干部管理学院图书馆馆藏中 1355 种重要的数字化电子图书，实现定期更新和实时下载。

### 4.2.2　打造图书馆红色思政大厅

利用智慧图书馆的建设，开展线上线下一体的红色文化资源的展示与推广，将图书馆大厅变成红色重点书籍和歌德红色数字资源推送一体的红色思政教育大厅。建成红色资源推介、展览、浏览、下载、学习心得展示和红色活动交流的场所，实现红色纸质文献与电子资源集中推送，师生踏入图书馆的那一刻就被多角度、多类型、多方式、浓郁的红色文化氛围包围。红色思政大厅成为学校思政教育的重要阵地之一，对牢牢铸就师生理想信念的政治高地发挥引领作用。全年多个学院党委及基层党支部将党员活动安排在图书馆红色思政大厅举行，近年来在大厅开展的丰富多彩的红色文化活动被"学习强国"、江西新闻网、大江网等多个媒体报道 40 余次，产生了巨大的媒体效应。

### 4.2.3 数字化加工馆藏红色文献

开展馆藏红色文献数字化建设，自建《井冈山研究特色图书库》。图书馆将红色馆藏文献进行数字化建设，电子资源中扫描红色馆藏近6000种，面向校内外读者和社会研究人员开放，既拓展馆藏文献受众面，又形成了自成一体的特色馆藏，为红色文献的收集保护、整理与传承开创新局面。

### 4.2.4 创建红色文化资源共享平台

通过多年的探索与实践，逐步搭建起"井冈山研究发现平台"，成为红色文化资源集成架构的重要板块，它是集红色文化资源的文献发现、知识深度挖掘、全方位知识关联的知识发现服务系统。平台支持多类型资源导航，提供题录、封面、章节、标签、评论、馆藏等多层次信息浏览。所有资源根据史料集锦、史海钩沉、学术资源、影音资料四个部分进行归类，按革命宣传、书信手稿、文物史迹、指示电文、采访记录、回忆故事、口述历史、人物传记等专题进行组织和揭示，特殊载体资源得到推广。平台收集井冈山研究特色资源学术与学位论文8400余篇，视频资料130集，传记、口述、故事等资料713篇，导入数字化井冈山研究特色学术资源1.41万余种，并实现定期更新。

### 4.2.5 重视红色资源分析应用数据开发

红色文化资源数字化架构的建设实现了红色资源的发现和推送功能，整合了实体馆藏和网络相关资源，可供利用的中文期刊引用分析数据达7000万条、引文关系数据总共超10亿条。通过书目实时推送、引文在线分析、分面精准筛选、立体可视化图谱等手段，使红色文化资源实现了有序管理，可根据需要进行任意维度的组配检索，协助进行深度数据分析、资源二次开发和知识关联发现，揭示多重学术文献资源以及元数据信息的保存和获取，提高资源的使用率和推广运用的便捷性。

上述两大模块12个层面的内容与服务相辅相成、相互促进，传统文献与研究为数字化建设提供了坚实基础，集成化架构的建设为传统借阅与推广服务带来了勃勃生机，它们共同组成了红色资源整合、开发与推广的架构，赋予了图书馆服务强大的生命力，实现了红色文化资源获取更便捷、开发更有效、推广更便利、服务更广泛的目标。

## 5　红色文化资源集成架构建设的创新点

长期以来，各类特色资源在管理与推广过程中，普遍存在资源类型零散、整合度低、信息保障率不高、检索和获取困难、保护与利用矛盾等问题。井冈山大学图书馆红色文化资源整合、开发与推广的集成架构设计，在特色资源的管理和利用上进行了有益的探索和实践，具有以下创新意义。

### 5.1　依托智慧图书馆，确立特色资源建设、开发与推广的一体化并进目标

一体化建设目标发挥了智慧图书馆的优势，融合了建设、开发与推广的需求，利于史料收集与保管，在很大程度上减少了红色文化资源尤其是红色实物资源的损坏或者遗失，有效避免了有些资料因年代久远在进行翻阅时造成的破碎和残缺，杜绝了反复利用对资源造成的不可修复的伤害。数字化建设使得文献资源的储存、传输和检索快速有效，并且让文献资源的保护与使用不再矛盾，有利于资源的共享与利用，促进地域性的宣传与交流。

### 5.2　突破传统服务限制，探索和创新了红色文化资源数字化服务与推广的新形式

一体化集成架构，实现了纸质资源与电子资源互补、线下与线上并进、多载体形式的保存与利用，服务形式多样、服务内容丰富、服务场所不限，服务成果不仅局限于资源数字化整合、提供题录与全文检索下载服务，还实现了有关井冈山研究的趋势分析、机构与个人的学术产出分析、引文引证分析、成果关联图谱等功能。平台内置学术研究辅助系统，通过可视化技术，全面揭示井冈山研究的热点、机构、成果、趋势及相互关联的关系。

### 5.3　尝试一体化创新发展，为其他特色资源数字化建设提供了整合、开发与推广的范本

红色文化资源的架构建设，结合了本馆的实际情况，参考了 DC 元数据、资源描述与检索（RDA）、图书馆参考模型（LRM）、书目框架模型（BIBFRAME）、《国家图书

馆电子图书元数据标准》等各类型文献著录规范和著录规则，逐步确定了井冈山大学图书馆学术论文、图书（电子图书）、古籍、舆图、网络资源等各文献类型的元数据收录标准和规范，对于日后庐陵文化等其他专题特色资源的保护、开发和利用具有良好的参考与推广示范作用。

## 6　结语

对红色文化资源进行数字化采集和保存，能够有效解决红色文化资源在时间长河中逐渐消失以及碎片化的问题[3]。一体化集成架构的建设有效突出本地区红色专有优势，让红色文化资源逐渐以藏为主转向集收集、开发与利用于一体，符合信息社会发展的新趋势。通过集成平台的搭建，图书馆红色文化资源的数字化建设更上一层楼。它充分发挥了对学科建设、科研工作、课程思政的辅助支撑作用，提高了学校的整体办学水平，促进了地方红色文化的研究发展。同时，通过平台面向校内外开展的无时不在、无处不在的红色阅读推广活动，坚定了学生的理想信念，筑牢了学生的精神篱笆，用图书馆行动为党育人、为国育才，落实教育部立德树人的根本任务。

### 注释：

［1］人民网—人民日报：《让红色基因代代相传》，http://opinion.people.com.cn/n1/2016/1119/c1003-28880624.html。

［2］张从海：《"互联网＋"时代红色渡江文化资源数字化利用研究》，《滁州学院学报》2019 年第 6 期。

［3］许丽：《红色文化资源数字化保护与创新发展路径》，《人民论坛》2021 年第 1 期。

# 利用 ChatGPT 为少年儿童图书馆提供智能化的服务和交互

史 彦①

**摘 要：** 图书馆作为知识传播和文化传承的重要场所，需要与时俱进，利用人工智能技术提高服务质量和效率。针对少年儿童这一特殊群体，以智慧型图书馆为背景，本文分析了 ChatGPT 这一基于深度学习的对话生成模型在服务和交互方面的应用价值和优势。通过 ChatGPT，少年儿童图书馆可以实现智能化的服务和交互，从而激发少年儿童的阅读兴趣和创造力，增强图书馆的吸引力和影响力，推动知识的传播和创新。

**关键词：** 智慧型图书馆；ChatGPT；少年儿童图书馆；智能化服务；智能化交互

## 1 引言

少年儿童图书馆是为少年儿童提供图书资料、阅读指导和文化活动的专业机构，是培养少年儿童阅读兴趣和能力，促进其全面发展的重要场所。随着社会的变化和信息技术的发展，少年儿童图书馆面临着新的挑战和机遇，如何提升服务质量和效率，满足少年儿童多样化和个性化的阅读需求，增强其与图书馆的互动和参与，成为少年儿童图书馆工作的重要课题。

ChatGPT 是一种基于深度学习的自然语言生成模型，能够根据给定的上下文和关键词生成连贯和有意义的文本。ChatGPT 具有强大的语言理解和表达能力，可以适应不同的语言风格和场景，为少年儿童图书馆提供智能化服务和交互带来了新的可能性。例如，ChatGPT 可以作为少年儿童图书馆的智能助理，根据少年儿童的阅读兴趣和水

---

① 史彦，湖南省少年儿童图书馆馆员。

平，推荐合适的图书资料，提供阅读指导和反馈，参与阅读活动和讨论；也可以作为少年儿童图书馆的智能创作者，根据少年儿童的创意和想法，生成有趣和富有教育意义的文本内容，如故事、诗歌、歌曲等。

## 2 相关工作

### 2.1 国内外关于少年儿童图书馆服务和交互的研究现状

少年儿童图书馆服务和交互是图书馆学的一个重要分支，关系到儿童阅读素养、信息能力和文化自信的培养。国内外对这一领域的研究有不同的侧重点和发展水平。根据相关文献综述，可以从以下方面进行概括。

国际上，少年儿童图书馆服务和交互的研究较为成熟，有一系列的标准、指南和最佳实践可供参考。例如，国际图联儿童与青少年图书馆部制定了《国际图联 0—18岁儿童图书馆服务发展指南》（*IFLA Guidelines for Library Services to Children Aged* 0—18）[1]，涵盖了儿童图书馆的使命、目标、资源、活动、评估等方面，为各国图书馆提供了指导和借鉴。此外，国际上还有许多专业的组织、期刊、会议等，致力于推动少年儿童图书馆服务和交互的理论与实践的发展和创新。

国内，少年儿童图书馆服务和交互的研究起步较晚，但近年来有了较快的发展。一方面，政府部门出台了一系列政策和措施，加强对少年儿童图书馆建设和服务的支持和规范。例如，文化部发布了《关于进一步加强少年儿童图书馆建设工作的意见》[2]，提出了加强文献信息资源建设、开展多样化阅读活动、培养专业人才等方面的要求。另一方面，学术界也开展了一些有价值的研究，探讨了少年儿童图书馆服务和交互的理念、模式、方法、评价等问题。例如，新华网报道了 2021 年公共图书馆儿童阅读推广会在广东中山举办[3]，会上多位专家学者围绕儿童阅读素养培育、特殊儿童融合阅读素养培育等话题进行了深入探讨。

尽管国内外都取得了一定的成就，但少年儿童图书馆的服务和交互仍然存在一些问题和不足。如何适应数字时代的变化，如何满足多元文化社区的需求，如何促进普通儿童和特殊儿童的融合阅读，如何提高服务质量和效果等，都是需要进一步研究和解决的问题。

## 2.2　国内外关于 ChatGPT 在图书馆领域的应用和研究现状

ChatGPT 是一种基于大型语言模型的人工智能聊天机器人。2022 年 11 月，Open AI 正式发布 ChatGPT 模型（又称为 GPT–3.5），ChatGPT 与 Instruct GPT 的训练方式相似，但 ChatGPT 主要被用于对话领域，能够识别语境、理解语义和生成自然语言，其对话能力已接近类人水平[4]。在图书馆领域的应用和研究现状如下[5]。

关于应用方面，ChatGPT 可以为图书馆提供更加智能化的服务，如图书检索、预约管理、客户服务等。它可以帮助图书馆更快地收集信息，分析图书馆资源的使用情况，提供更加及时、准确的查询服务，提高图书馆的效率和服务水平。此外，ChatGPT 可以提供关于图书馆的建议和服务，根据用户的需求，提供更具针对性的服务。ChatGPT 的语言模型可以帮助图书馆工作者更有效地为用户提供服务，减少用户等待的时间。ChatGPT 可以帮助图书馆工作者更快地查找特定信息，提高工作效率。最重要的是，ChatGPT 还可以帮助图书馆工作者更好地理解用户的问题，提供更好的服务体验。关于研究方面，ChatGPT 可以为图书馆的工作带来新的思路和方法，如数据挖掘、知识服务、内容创作等。它可以帮助图书馆工作者更有效地为用户提供知识服务，利用大规模的数据挖掘，为学术研究和教育提供有价值的信息。

关于局限性方面，ChatGPT 也存在以下局限：一是依赖于大量的语料库和算法，可能存在数据质量和安全性的问题；二是缺乏对人类情感和价值观的理解和尊重，可能产生不符合人类道德和法律规范的文本；三是缺乏对自身能力以及个人责任的认识，可能导致人类对其过度依赖或滥用。

# 3　ChatGPT在少年儿童图书馆服务和交互中的应用

## 3.1　基于 ChatGPT 的少年儿童图书馆智能化服务和交互系统

一个基于 ChatGPT 的少年儿童图书馆智能化服务和交互系统，旨在为少年儿童提供个性化、有趣和富有教育意义的图书馆体验。该系统由以下架构和功能模块组成。架构由三个主要部分组成，分别是"前端""后端"和"数据层"。前端是读者与系统交互的界面，包括网页、移动应用和语音设备。后端是系统的核心，负责处理读者的请求，调用 ChatGPT 模型生成合适的回复，并与数据层进行交互。数据层是系统的基础，存储了图书馆的图书信息、读者信息和历史记录等数据。功能模块包括"图书推荐"、"图书查询"、"阅读辅导"和"知识问答"。图书推荐模块根据读者的兴趣、年龄和阅读水平等特征，为读者推荐合适的图书。图书查询模块根据读者的输入，为其提供相关的图书信息，如作者、简介、评价等。阅读辅导模块则是根据读者阅读的图书，为其提供阅读理解、词汇拓展和写作指导等服务。知识问答模块根据读者提出的问题，为其提供准确、简洁和有趣的答案。

## 3.2 ChatGPT 在少年儿童图书馆服务和交互中的应用模式

### 3.2.1 智能问答模式

ChatGPT 可以根据少年儿童的提问，快速准确地回答相关的图书馆知识、文化知识、科学知识等，提高少年儿童的学习兴趣和阅读效率。

### 3.2.2 智能推荐模式

ChatGPT 可以根据少年儿童的阅读喜好、年龄特点、阅读水平等，推荐适合他们的图书、电子资源、活动等，增加少年儿童的阅读选择和参与度。

### 3.2.3 智能辅导模式

ChatGPT 可以根据少年儿童的阅读难点、疑惑、反馈等，提供个性化的阅读辅导、建议、评价等，帮助少年儿童提升阅读能力和审美情趣。

### 3.2.4 智能创作模式

ChatGPT 可以根据少年儿童的创作主题、风格、要求等，协助他们进行文学创作、艺术创作、科技创作等，激发少年儿童的创造力和想象力。

### 3.3 ChatGPT 的多种应用模式

#### 3.3.1 咨询模式

用户可以通过 ChatGPT 向图书馆咨询各种信息，如开馆时间、藏书目录、活动安排等。ChatGPT 可以根据图书馆的官方网站等数据源，快速准确地回答用户的问题。例如，用户可以问："湖南省少年儿童图书馆周末开放吗？"ChatGPT 可以回答："是的，湖南省少年儿童图书馆周末开放时间为 9：00—17：30。"

#### 3.3.2 推荐模式

用户可以通过 ChatGPT 获取图书馆的个性化推荐，如适合阅读的图书、感兴趣的活动、有趣的资源等。ChatGPT 可以根据用户的年龄、性别、爱好、阅读历史等特征，为用户推荐合适的内容。例如，用户可以问："我喜欢科幻小说，有什么好书推荐吗？"ChatGPT 可以回答："你可以看看《三体》系列，这是一部获得了雨果奖的硬科幻小说，讲述了人类与外星文明的对抗和合作。"

#### 3.3.3 互动模式

用户可以通过 ChatGPT 与图书馆进行有趣的互动，如玩游戏、听故事、学知识等。ChatGPT 可以根据用户的输入和情绪，生成富有创意和趣味的回复。例如，用户可以说："讲个笑话吧。"ChatGPT 可以回答："你知道什么时候最容易睡着吗？当你在图书馆里看书的时候。"

## 4 ChatGPT在少年儿童图书馆服务和交互中的效果评估

### 4.1 基于多维指标的 ChatGPT 在少年儿童图书馆服务和交互中的效果评估方案

#### 4.1.1 确定评估目标和指标

评估目标是检验 ChatGPT 是否能够提高少年儿童的图书馆使用率、满意度、知识获取和创造力的关键指标。评估指标包括以下四个方面：图书馆使用率，即少年儿童使用图书馆的频次、时长和范围；图书馆满意度，即少年儿童对图书馆服务和交互的满意程度和忠诚度；知识获取，即少年儿童通过图书馆服务和交互获得的知识量和质量；创造力，即少年儿童通过图书馆服务和交互展示的创造力水平和表现力。

### 4.1.2 选择评估对象和方法

评估对象是两组各 50 名年龄在 10—15 岁的少年儿童，其中一组使用 ChatGPT 作为图书馆服务和交互的工具，另一组使用传统的图书馆服务和交互方式。评估方法是采用定量和定性相结合的方式，包括以下四种：问卷调查，用于收集少年儿童对图书馆服务和交互的满意度和忠诚度；日志分析，用于记录少年儿童使用图书馆的频次、时长和范围；知识测试，用于测量少年儿童通过图书馆服务和交互获得的知识量和质量；创造力任务，用于评估少年儿童通过图书馆服务和交互展示的创造力水平和表现力。

### 4.1.3 计划评估活动

计划在两个月内分别对两组少年儿童进行前测、中测和后测，分别在开始使用图书馆服务和交互、使用一个月后和使用两个月后进行。我们在每次测验后都对数据进行整理和分析，并对结果进行比较和解释。

### 4.1.4 撰写评估报告

根据评估活动的结果，撰写一份详细的评估报告，总结 ChatGPT 在少年儿童图书馆服务和交互中的效果，并提出一些改进建议和未来展望。

## 4.2 ChatGPT 在少年儿童图书馆服务和交互中的效果数据

用户满意度，即用户对 ChatGPT 提供的服务和交互的满意程度和反馈；用户参与度，即用户与 ChatGPT 进行的对话次数、时长、内容和质量等指标；用户学习效果，即用户通过 ChatGPT 获取的知识、技能和信息等方面的提升；用户创造力，即用户通过 ChatGPT 激发的想象力、创新力和表达力等方面的发展。我们将使用问卷、访谈、观察和日志分析等方法，对不同年龄段、性别和兴趣的少年儿童用户进行全面和深入的评估，以了解 ChatGPT 在少年儿童图书馆服务和交互中的优势和不足，以及明确改进和提升的空间和方向。

### 4.3　ChatGPT 在少年儿童图书馆服务和交互中的优势和不足

ChatGPT 可以作为针对少年儿童的智能阅读服务和交互平台，它能够根据每个孩子的阅读需求和兴趣，提供个性化的阅读推荐和指导，激发孩子们的阅读动机和兴趣，提高他们的阅读能力和素养。ChatGPT 还能够利用多媒体和互动技术，为孩子们提供丰富多样的阅读体验和活动，激发他们的想象力和创造力[6]，培养他们的综合能力和品德。此外，ChatGPT 还能够通过智能对话和反馈，与孩子们建立良好的沟通和信任关系，增强他们的自信心和自我价值感，促进他们的情感发展和社会适应能力。ChatGPT 还能够根据孩子们的不同特点和需求，提供差异化和融合化的服务，尊重孩子们的个性和多样性，促进普通儿童和特殊儿童的共同成长和发展。

ChatGPT 在少年儿童图书馆服务和交互中展现了明显的优势，为图书馆开拓了儿童阅读服务的新路径。当然，ChatGPT 也存在一些不足之处，例如：ChatGPT 的语言能力、知识库、逻辑推理等方面还有待提高；ChatGPT 的服务内容、形式、质量等方面还需要更多的监督、评估、改进；ChatGPT 的服务范围、对象、效果等方面还需要更多的数据支撑、分析、优化。因此，在未来的研究中，我们建议继续探索 ChatGPT 在少年儿童图书馆服务和交互中的应用场景、方法、技术、策略等方面，以为图书馆提供更高效、更智能、更人性化的少年儿童服务。

## 5　结论及本文的贡献和创新点

ChatGPT 是一种基于深度学习的自然语言生成技术，可以为少年儿童图书馆提供智能化的服务和交互，提高少年儿童的阅读兴趣和能力，促进少年儿童的全面发展。

首次将 ChatGPT 应用于少年儿童图书馆的服务和交互领域，拓展了 ChatGPT 在图书馆领域的应用范围和深度；提出了四种 ChatGPT 在少年儿童图书馆服务和交互中的应用模式，丰富了少年儿童图书馆的服务内容和形式，提高了少年儿童图书馆的服务质量和效率；设计了一个基于多维指标的 ChatGPT 在少年儿童图书馆服务和交互中的效果评估方案，为评价 ChatGPT 在图书馆领域的应用效果提供了一种科学合理的方法。

## 注释：

［1］"*IFLA Guidelines for Library Services to Children Aged* 0—18," IFLA, accessed January 25, 2023, https://www.ifla.org/wp-content/uploads/2019/05/assets/libraries-for-children-and-ya/publications/ifla-guidelines-for-library-services-to-children_aged-0-18.pdf.

［2］文社文发〔2010〕42 号：《文化部关于进一步加强少年儿童图书馆建设工作的意见》，http://www.gov.cn/zwgk/2010-12/14/content_1765361.htm，访问日期：2022 年 12 月 26 日。

［3］宫辞：《2021 年公共图书馆儿童阅读推广会在广东中山举办》，https://meiwen.gmw.cn/2021-11/30/content_35349267.htm，访问日期：2023 年 1 月 24 日。

［4］吴若航、茆意宏：《ChatGPT 热潮下的图书馆服务：理念、机遇与破局》，《图书与情报》2023 年第 2 期。

［5］王启云：《ChatGPT 对图书馆工作的影响——圕人堂专题讨论综述》，《大学图书情报学刊》2023 年第 2 期。

［6］林厚梅：《公共图书馆少年儿童阅读推广的实践探析》，载《中国西部公共图书馆联合会 . 自信 和谐 共建——中国西部公共图书馆联合会第四届（2017）年会暨学术研讨会论文集》，中国国际出版集团，2017，第 141—145 页。

# 民国时期文学作品的题名著录问题探讨
## ——以民国时期文献联合目录平台数据为例

宋韵霏①

**摘　要：** 随着"民国时期文献保护计划"的开展，国家图书馆联合国内文献收藏机构开始了对民国文献的普查、征集与整理工作。2012 年，发布了"民国时期文献联合目录平台"系统，目前已汇集书目数据、馆藏数据 10 万条。随着大量数据的上传，由于著录格式不规范导致的重复数据也日益增多。本文以平台数据为例，试对民国时期文学类作品的题名著录问题进行初步探讨，以期解决民国文献编目格式不统一的问题。

**关键词：** 民国时期文献；文学作品；题名著录

## 1　引言

民国时期的中国经历了前所未有的变化，经历了政治、经济、思想文化的新旧嬗变，是中国历史上不可缺少的组成部分。由于民国时期，西方文化不断涌入，国内各种社会思潮相互激荡，形成了百花齐放、百家争鸣的态势，大批优秀的科学、文化巨匠辈出。他们以敏锐的洞察力，或针砭时弊，或讴歌人性，用文字的形式记录了时代变迁、世间百态。

民国图书，是指 1911 年至 1949 年 9 月在我国出版的中文图书，也包括 1911 年前印行，之后又连续出版的多卷书。这一时期出版的文学类图书，在内容上涵盖了中国古典文学、中国近代文学，以及域外翻译文学等诸多领域，从不同的角度反映了当时

---

① 宋韵霏，国家图书馆副研究馆员。

的政治、经济、文化等方面的社会面貌；在形式上由传统的线装逐渐转变为平装或精装，并融入了具有鲜明时代特征的封面、插图、版式设计。因此，民国时期出版的文学书籍，不仅有着极高的文学价值和社会历史价值，还具有独特的艺术收藏价值。

## 2　民国时期书目数据整理现状

由于各种历史原因，民国文献的保存现状十分堪忧。为了抢救、保护民国时期的珍贵文献，继承、弘扬我国的优秀文化，国家图书馆于 2012 年联合国内多家文献收藏单位启动了"民国时期文献保护计划"，对全国范围内民国图书的收藏状况进行全面梳理。目前，项目已取得了一批阶段性成果，包括开展全国性民国文献普查、海外文献征集、专题文献的影印出版、特色数据库建设，以及原生性保护的论证与研究等。截至 2018 年年底，民国时期文献联合目录系统平台已收录 28 家文献收藏单位的书目数据 30 余万条、馆藏数据 60 余万条，其中 2 万余条包含目次与全文[1]。其中，文学类书目数据达 4.1 万余条，占有相当大的比重。基于普查数据，国家图书馆启动了《民国时期文献总目（图书卷）》的整理、编撰工作，并按学科分册出版。新版总目在收录种类和数量上与已出版的同类书籍相比，实现了显著突破[2]。

## 3　文学作品题名著录的重要性及难点

题名是作品的直接表达或象征，直接反映作品的主题及内容特征，揭示作者的观点及写作意图，能够帮助读者了解文献内容、特点、用途，是读者识别和利用文献的重要依据[3-4]。对于一般文献而言，题名著录不规范会降低数据质量，影响整个采编流程的顺利开展，并且会给读者检索、利用文献带来不便；对于民国文献而言，题名著录不规范会导致相同数据的重复上传，识别困难，给后续整理工作带来不便，不利于数据库的建设。

由于所处特殊的历史时期，民国时期的图书出版具有很大的复杂性。因此，题名著录一直是文献采编工作的重中之重。

第一，民国时期出版的文学书籍，很大一部分是重印、再版的明清时期的文学作品。众所周知，在我国古代出版史上，文学作品尤其是小说类作品，经常在传抄或出版时被易名，造成一书多名的情况。根据《中国通俗小说总目提要》的粗略统计，该书收录的小说有异名者多达二百多部，且很多小说不止一个异名，有的多达十余个[5]。如大家熟悉的《红楼梦》，又名《石头记》《情僧录》《风月宝鉴》《金陵十二钗》等，后又有《程甲本红楼梦》《程乙本红楼梦》《甲戌本红楼梦》《己卯本红楼梦》《庚辰本红楼梦》等书名。如此繁多的书名信息，若同时出现在图书的各个信息源中，需要编目员在著录题名信息时认真分析，做到既客观又全面。

第二，民国时期出版的文学书籍在版式、封面、扉页、书脊、封底等装帧设计上尤为突出。设计者以人物、事物、景物、图案、线条等为创作主体，结合绘画、书法、印章等艺术形式，二者相得益彰，展现了书籍丰富的内涵与人文价值[6]。文字经过艺术设计后，可能会在原有文字的基础上发生形状的改变，甚至直接用图形代替，这就需要编目员具有良好的文学素养，对在编作品十分熟悉，才能进行准确著录。

第三，民国时期的图书发行量激增，但出版界缺乏统一的标准，图书出版时不同信息源的题名信息有可能完全不同，即使是同一套图书，也有可能在后续的出版过程中更改书名及信息源位置。如何确定正题名，如何进行题名附注，对编目员来说也是一项挑战。

第四，由于民国时期社会动荡、战乱频繁，加之一直以来对民国文献的保护力度不足，导致大部分民国图书损毁严重。信息源缺损不全，也给编目员的信息著录带来一定困难。

## 4 民国时期文学作品题名著录存在的常见问题及分析

普通图书的 CNMARC 著录需遵循《中国文献编目规则（第二版）》《新版中国机读目录格式使用手册》《中文书目数据制作》等参考工具。针对民国时期书目数据的特殊性，国家图书馆联合编目中心还制定了专门的《民国图书联合目录数据暂行标准》和《民国图书联合目录数据制作的阶段性要求》等细则，以保证各成员馆上传至平台的数据的准确性和质量的统一性。

通过组织专业人员对平台数据进行质检、整合发现，各成员馆上传的原始数据质量参差不齐。由于各馆对著录规则的掌握标准不统一，并且在实际操作过程中可能根据本馆的馆藏文献特色制定一些本地化细则，加之有些编目员责任心不强，对著录信息没有仔细核对，导致出现大量由于题名著录错误、不规范造成的重复数据。下面本文将以民国时期文献联合目录平台上传数据为例，对民国时期文学类作品的常见题名著录问题进行分析。

## 4.1 文字著录问题

《中国文献编目规则（第二版）》中规定，普通图书的题名著录在原则上应依据题名页进行客观著录，包括有语法关系的标点符号、空格等[7]。民国时期的印刷字体非常繁杂，文字简、繁、异共存，以繁（异）体字为主[8]。表达习惯以及遣词造句方面都与当代有很大不同，给编目员判断信息带来了一定影响。编目员若不具备较好的文学基础，或对语言文字的发展历史不够熟悉，很容易出现著录错误。

### 4.1.1 文字、标点符号著录错误

例1：2001#\$a 衔微日记 \$b 专著 \$f 蔡文星著

正确：2001#\$a 衔微日记 \$b 专著 \$f 蔡文星著

例2：2001#\$a 汉魏小说采珍 \$b 专著 \$f 马俊良编纂

正确：2001#\$a 汉魏小说采珍 \$b 专著 \$f 马俊良编纂

例3：2001#\$a 问题在哪里？\$b 专著 \$f 赵熙著

正确：2001#\$a 问题在那里？\$b 专著 \$f 赵熙著

例4：2001#\$a 人、兽、鬼 \$b 专著 \$f 钱钟书著

正确：2001#\$a 人·兽·鬼 \$b 专著 \$f 钱锺书著

### 4.1.2 繁（异）体字转换有误

例1：2001#\$a 醉裹 \$b 专著 \$f 罗黑芷著

分析：原书题名中第二个字实为"里"的繁体字"裏"，编目员误录为"裹"。

正确：2001#\$a 醉里 \$b 专著 \$f 罗黑芷著

例 2：2001#$a 睇乡斋秘录 $b 专著 $f 陈赣一著

分析：原书题名中第二个字实为"向"的繁体字"嚮"，编目员误辨为"乡"。

正确：2001#$a 睇向斋秘录 $b 专著 $f 陈赣一著

例 3：2001#$a 青春的悲哀 $b 专著 $f 熊佛西著

分析：原书题名中"的"字实为"底"。"底"字在古典白话初兴时也用于表达领属关系，不属于繁（异）体字，应客观著录。

正确：2001#$a 青春底悲哀 $b 专著 $f 熊佛西著

例 4：2001#$a 粹庐诗抄 $b 专著 $f 刘潜著

分析：原书题名中的"抄"字实为"钞"。"钞"字在古代书名中为常用字，现在仍可沿用，不属于繁（异）体字，应客观著录。

正确：2001#$a 粹庐诗钞 $b 专著 $f 刘潜著

## 4.2 信息源选取问题

《中文书目数据制作》中规定，200 字段的规定信息源为题名页或代题名页。无题名页时，代题名页的选取顺序为：版权页—封面—书脊—序言—后记[9]。若不同信息源的题名信息不一致，尽量选取题名信息较为完整或为世人所熟知的信息源作为代题名页。民国时期文学作品的出版情况非常复杂，序言、目录页、卷端、逐页等处都有可能出现题名信息，且题名信息有时不完全一致，需要提供尽量完整的检索途径。若编目员对不同信息源的题名信息不加甄别、随意选取，导致相同作品在不同成员馆的著录格式不统一，各馆分散上传至平台后，就会出现大量的重复数据。因此，编目员在著录时需兼顾信息的客观性、完整性以及读者的检索需求，在保证信息源选取顺序准确的前提下，对规定信息源以外出现的题名信息在 3×× 字段进行附注，并在 5×× 字段提供检索点。

### 4.2.1 信息源选取顺序有误

例 1：2001#$a 全部鼎盛春秋 $b 专著 $f 林如松编

分析：查阅原书可知，"全部鼎盛春秋"为封面题名，题名页题名应为"鼎盛春秋"。在图书有题名页的情况下，应首选题名页为信息源，将封面题名在 512 字段提供检索点。

  正确：2001#$a 鼎盛春秋 $b 专著 $f 林如松编

    5121#$a 全部鼎盛春秋

  例 2：2001#$a 张资平佳作选 $b 专著 $f 张资平著 $g 巴雷，朱绍之编

  分析：查阅原书可知，"张资平佳作选"为版权页题名，题名页题名应为"张资平杰作选"。在图书有题名页的情况下，应首选题名页为信息源，将版权页题名在 312 字段进行附注，并在 517 字段提供检索点。

  正确：2001#$a 张资平杰作选 $b 专著 $f 张资平著 $g 巴雷，朱绍之编

    312##$a 版权页题名：张资平佳作选

    5171#$a 张资平佳作选

### 4.2.2　信息源选取不全

  例 1：2001#$a 白牡丹 $b 专著 $f 潘裕章校阅

    304##$a 本书无题名页，200 字段信息取自版权页

  分析：本书系上海大达图书局出版。查阅原书可知，由于图书没有题名页，200 字段信息取自版权页。封面题名为"正德戏白牡丹传"，目录页、卷端题名为"新式标点前明正德白牡丹传"，逐页题名为"前明正德白牡丹传"。各题名间差异较大，均具有检索意义，应在 5×× 字段提供全面的检索点。

  正确：2001#$a 白牡丹 $b 专著 $f 潘裕章校阅

    304##$a 本书无题名页，200 字段信息取自版权页

    5121#$a 正德戏白牡丹传

    5141#$a 新式标点前明正德白牡丹传

    5151#$a 前明正德白牡丹传

  例 2：2001#$a 批点东莱博议 $b 专著 $f（宋）吕祖谦著

  分析：本书系上海昌文书局出版。查阅原书可知，题名页题名为"批点东莱博议"，封面题名为"足本评注东莱博议"，卷端题名为"东莱博议"，逐页题名为"评注东莱博议"。虽各题名都含有完整的"东莱博议"关键词，但为了更完整地展示图书信息，方便与其他版本进行区分，宜在 5×× 字段提供全面的检索点。

正确：2001#$a 批点东莱博议 $b 专著 $f（宋）吕祖谦著

5121#$a 足本评注东莱博议

5141#$a 东莱博议

5151#$a 评注东莱博议

## 4.3　字段使用问题

题名信息包括正题名、交替题名、合订题名、共同题名 / 分辑题名、并列题名、其他题名信息（副题名）等。不同题名信息适用的字段不同。不属于题名信息的其他内容信息应按其性质选择相应字段进行合理著录。字段、子字段使用不规范，题名著录格式不统一，就会导致数据库的重复建设。

### 4.3.1　$e 子字段误用

民国时期的文学作品在出版时经常会在作品名前、后缀有"古本""足本""洁本""节选""新编""绣像""绘图"等简明字样，以示版本特色，应视为正题名的组成部分，如实著录于 200$a 子字段。

例 1：2001#$a 儒林外史 $b 专著 $e 足本 $f（清）吴敬梓著

正确：2001#$a 足本儒林外史 $b 专著 $f（清）吴敬梓著

例 2：2001#$a 东周列国志 $b 专著 $e 新编 $f 林迭肯著

正确：2001#$a 东周列国志新编 $b 专著 $f 林迭肯著

例 3：2001#$a 明清两代轶闻大观 $b 专著 $e 补遗 $f 李定夷编

正确：2001#$a 明清两代轶闻大观补遗 $b 专著 $f 李定夷编

例 4：2001#$a 上古神话演义 $b 专著 $e 一百六十回 $f 钟毓龙著

分析：查阅原书可知，题名页除正题名信息外，并无其他题名信息，因此不需要著录 $e 子字段。除目录页外，其他信息源处也未印有"一百六十回"字样，该信息在提要字段予以说明即可。

正确：2001#$a 上古神话演义 $b 专著 $f 钟毓龙著

### 4.3.2　与225字段混用

例1：2001#$a 松雪斋词 $b 专著 $e 简编 $f（元）赵孟頫撰

分析：本书系长沙商务印书馆出版。查阅原书可知，"简编"取自丛编信息"万有文库第一二集简编五百种"，该丛书收录了商务印书馆排印、影印的综合性图书——"万有文库"第一、二集中的重要部分，是重新印刷的。因此，"简编"是对丛编题名的限定，而非对单册内容的限定，不应作为题名信息著录于200字段。

正确：2001#$a 松雪斋词 $b 专著 $f（元）赵孟頫撰

例2：2001#$a 镜中花月 $b 专著 $e 文学笔记说部 $f（清）袁枚著

分析：本书系上海大达图书供应社出版。在平台数据中搜索"文学笔记说部""大达图书供应社"组合关键词，检索出相关数据59条。由此可判断，"文学笔记说部"为丛编信息，应作为丛编题名著录于225字段。

正确：2001#$a 镜中花月 $b 专著 $f（清）袁枚著

　　　 2251#$a 文学笔记说部

### 4.3.3　与300字段混用

例1：2001#$a 五代史演义 $b 专著 $f 许慕羲编著

　　　 300##$a 绣像仿宋完整本

分析：查阅原书可知，"绣像仿宋完整本"与正题名同时出现在信息源上，是用来限定、补充、解释正题名的文字，应作为其他题名信息著录于200$e 子字段。

正确：2001#$a 五代史演义 $b 专著 $e 绣像仿宋完整本 $f 许慕羲编著

例2：2001#$a 和平的梦 $b 专著 $f 顾均正著

　　　 300##$a 科学小说

正确：2001#$a 和平的梦 $b 专著 $e 科学小说 $f 顾均正著

## 4.4　特殊题名的著录问题

民国文献中特殊题名的著录依然遵循普通图书的著录方法。编目员需要严格按照规定格式进行著录，以保证数据的准确性。以下重点讨论交替题名、合订题名、复合题名三种情况。

### 4.4.1　交替题名的著录问题

例 1：2001#$a 新鸳鸯谱货值传 $b 专著 $f 杨邨人作

分析：本书题名页题名信息为"新鸳鸯谱（原名货值传）"。依据规则，正题名由两个或两个以上部分组成时，连接词"又名""一名""原名""或"等前后出现的题名应视为交替题名。此时，交替题名与连接词应如实著录于同一个 $a 子字段，并分别在 517 字段提供检索点。注意，此时正题名没有检索意义，200 字段的指示符 1 应改为 0。

正确：2000#$a 新鸳鸯谱，原名，货值传 $b 专著 $f 杨邨人作

5171#$a 新鸳鸯谱

5171#$a 货值传

例 2：2001#$a 哀吆 $b 专著 $a 原名，绵绵哀吆录 $f 黄香阁主著

正确：2000#$a 哀吆，原名，绵绵哀吆录 $b 专著 $f 黄香阁主著

5171#$a 哀吆

5171#$a 绵绵哀吆录

例 3：2001#$a 新水浒 $b 专著 $e 又名太湖游击队 $f 谷斯范著

正确：2000#$a 新水浒，又名，太湖游击队 $b 专著 $f 谷斯范著

5171#$a 新水浒

5171#$a 太湖游击队

例 4：2000#$a 慧琴小传，原名，非洲毒液 $b 专著 $f 包天笑译著

5171#$a 慧琴小传

5171#$a 非洲毒液

分析：本书题名页题名信息仅有"慧琴小传"，并无原名信息。原名信息出现在卷端，不符合交替题名的定义。因此，200 字段应依据题名页客观著录即可，原名信息可在 312 字段进行附注说明。

正确：2001#$a 慧琴小传 $b 专著 $f 包天笑译著

312##$a 本书原名：非洲毒液

5171#$a 非洲毒液

### 4.4.2 合订题名的著录问题

例1：2001#$a 花间集绝妙好词笺 $b 专著 $f（五代）赵崇祚，（宋）周密编 $g（清）查为仁，（清）厉鹗笺

分析：本书无总题名，属于两部作品合订的著作。依据规则，由两个或两个以上著作组成的无总题名的图书，应按顺序依次著录。对于同一责任者的合订书，每一部作品题名应计入重复的 $a 子字段；对于不同责任者的合订书，将另一责任者作品题名计入 $c 子字段。

正确：2001#$a 花间集 $b 专著 $f（五代）赵崇祚编 $c 绝妙好词笺 $f（宋）周密编 $g（清）查为仁，（清）厉鹗笺

例2：2001#$a 圣母像前 $b 专著 $a 死前 $a 威尼市 $a 埃及人 $f 王独清著

分析：本书无总题名，属于四部作品合订的著作。依据规则，若题名超过3个，则只著录前3个，未予著录的其他题名和责任者在304字段进行附注说明（若责任者相同，可省略著录）。

正确：2001#$a 圣母像前 $b 专著 $a 死前 $a 威尼市 $f 王独清著

304##$a 合订著作还有：埃及人

### 4.4.3 复合题名的著录问题

例1：2001#$a 东方创作集 $h 上 $b 专著 $f 东方杂志社编

210##$a 上海 $c 商务印书馆 $d 民国十四年七月［1925.7］

215##$a112 页 $d15cm

2001#$a 东方创作集 $h 下 $b 专著 $f 东方杂志社编

210##$a 上海 $c 商务印书馆 $d 民国十四年七月［1925.7］

215##$a89 页 $d15cm

分析：查阅两书的出版年可知，两书是同批单次出版的。且两书仅有卷次信息的

差别，其他著录信息均一致。不应作为多卷书处理，在后续质检过程中应将两条数据进行合并著录。

　　正确：2001#$a 东方创作集 $b 专著 $f 东方杂志社编

　　　　　210##$a 上海 $c 商务印书馆 $d 民国十四年七月［1925.7］

　　　　　215##$a2 册（112；89 页）$d15cm

　　例 2：2001#$a 创作小说选 $b 专著 $e 第一、二集 $f 申报月刊社编

　　　　　210##$a 上海 $c 申报月刊社 $d1933.9–1934.8

　　　　　215##$a2 册（244；158 页）$d19cm

　　分析：查阅两书的出版年可知，两书是分两次跨年出版的。因此，应作为多卷书处理，将记录进行拆分著录。

　　正确：2001#$a 创作小说选 $h 第一集 $b 专著 $f 申报月刊社编

　　　　　210##$a 上海 $c 申报月刊社 $d1933.9

　　　　　215##$a244 页 $d19cm

　　　　　2001#$a 创作小说选 $h 第二集 $b 专著 $f 申报月刊社编

　　　　　210##$a 上海 $c 申报月刊社 $d1934.8

　　　　　215##$a158 页 $d19cm

　　例 3：2001#$a 重楼诗集 $h 一 $i 火葬 $b 专著 $f 阎重楼作

　　分析：若丛书的分辑题名具有完整的检索意义，可独立检索，则宜采取分散著录的方法，将分辑题名作为正题名，将共同题名置于 225 字段集中描述。

　　正确：2001#$a 火葬 $b 专著 $f 阎重楼作

　　　　　2251#$a 重楼诗集 $v1

## 注释：

［1］熊远帆:《"革命文献与民国时期文献保护计划"在长展示保护成果》，https://baijiahao.baidu.com/s?id=1643745384088263198&wfr=spider&for=pc，访问日期：2021 年 6 月 20 日。

［2］朱青青、高凌云:《新版民国总书目编制研究》，《上海高校图书情报工作研究》2017 年第 1 期。

［3］徐文:《关于文献题名几个概念的辨析》,《图书馆学研究》1995 年第 6 期。

［4］张琪玉:《文献题名初步研究》,《江西图书馆学刊》2006 年第 3 期。

［5］万晴川:《明清小说的一书多名现象》, http://www.chinawriter.com.cn/n1/2020/1102/ c404063–31914789.html,访问日期：2021 年 6 月 20 日。

［6］章亦倩:《民国时期新文学图书史料信息的详细著录》,《图书馆杂志》2016 年第 8 期。

［7］国家图书馆《中国文献编目规则》修订组:《中国文献编目规则（第二版）》,北京 图书馆出版社, 2005, 第 30 页。

［8］谢英:《民国图书著录方法探讨》,《图书馆研究》2018 年第 2 期。

［9］全国图书馆联合编目中心、国家图书馆中文采编部:《中文书目数据制作》, 国家 图书馆出版社, 2013, 第 86 页。

# 国图专题图书导向化检索的策略研究

孙　珀①

**摘　要：** 在信息爆炸的当下，图书馆现有的信息检索形式已无法很好地满足读者的检索需求。本文以国家图书馆现有的检索形式为例进行解释和剖析，明确文献检索方式转变的缘由，并在此基础上提出导向化检索的新观点，以及通过对专题图书进行内容标签化，从而实现导向化检索。

**关键词：** 专题图书；检索形式；导向化检索；检索界面；标签

随着信息技术的不断发展，图书馆的检索方式也需要不断更新和改进。本文将以国家图书馆的检索形式为例，探讨专题图书导向化检索的实现途径和方法。本文通过对国家图书馆检索系统的介绍和分析，为读者提供更加便捷和高效的专题图书检索服务。

## 1　国家图书馆检索形式的现状

### 1.1　国家图书馆目前的检索形式

国家图书馆（以下简称国图）的信息检索方式一般是读者输入需要检索的内容关键词，并通过关键词和数据库资源信息的匹配达到检索功能。检索形式分为基本检索和高级检索两种。基本检索可以通过在检索框内输入要查找的关键词，选择"所有字段"选项，然后单击"书目检索"按钮，从而获得所需的搜索结果；还可以通过题名、著者、主题词、中图法分类号、丛编、ISBN 号等信息查找相关文献。高级检索包含多

---

① 孙珀，国家图书馆馆员。

字段检索、组合检索、多库检索、通用命令语言检索、浏览、分类浏览六个选项。

## 1.2 国图检索形式单一

当读者通过关键词搜索时，可能会检索出大量无关结果或检索结果为"零"的情况，无法非常准确地搜索到相关文献。如果读者想要通过 ISBN 号、主题词、分类号等信息查找相关文献，则需要在阅读前了解书籍的某些信息，以及了解这些选项所对应的信息。这种方式对读者的检索能力要求过高，影响了读者检索的准确率，同时也降低了读者检索的积极性。可见，国图的检索形式过于单一，没有给读者提供一种多样选择且具有导向性的检索方式。

## 1.3 国图检索界面缺乏互动性

国图的检索界面仅设有一个检索框，过于简洁且单一，供读者选择的信息相对较少，这不能满足读者的检索需求，也无法很好地与读者互动，让读者缺乏参与感。读者通常只能够接受图书馆单方面提供的书目信息检索，缺少符合读者思维习惯的检索形式。国图的检索界面给读者提供的参考信息较少，缺少与读者的交流渠道，从而降低了读者的使用率。

## 2 图书馆文献检索方式转变的原因

在这个信息爆炸的时代，国图的检索形式已无法很好地满足读者的检索需求。如果不调整检索界面的结构和内容，就难以提高用户的使用效率，影响文献资源的建设和利用。为了解决这一问题，需要对检索工具进行改革，使之能够更好地为读者服务。国图作为公共图书馆，其检索服务关系着文化阅读的积极性，因此及时改变检索方式是很有必要的。

## 2.1 国图检索形式单一，无法满足读者需求

国图的检索形式单一，这导致没有具体阅读方向的读者无法快速且精准地找到自己感兴趣的图书。例如，当读者想阅读一本小说，但不知道具体的阅读方向时，进入

国图检索界面输入小说的关键词，得到的结果可能过于繁杂，不利于读者快速找到自己需要的图书。

当读者在检索框中输入"小说"点击搜索后，左边搜索出的结果是一个无序的列表，而右边的主题词表框中则会出现类似长篇小说、古典小说、惊险小说等主题词。这些主题词只是将小说进行了宽泛的分类。如果点击长篇小说这一主题词，会出现与左边搜索结果相同的无序检索。此外，小说没有内容简介，只看到题名时，读者无法了解小说的具体内容。因此，读者需要先去百度、豆瓣等网站搜索一些感兴趣的题材，然后确定图书信息再回到图书馆检索进行借阅。这种单一的检索方式无法让读者快速地找到自己感兴趣的图书。

## 2.2　国图检索界面互动性差，降低读者的使用率

国图的检索界面只能展示图书本身的信息，缺乏与读者互动的功能。当读者查询图书时，无法了解到其他读者对该书的看法和评价，也无法与其他读者分享自己的想法。这种检索界面不能很好地与读者互动，降低了读者的使用率。

## 2.3　读者阅读习惯的改变带来了新的检索需求

在信息和媒介多样化的背景下，出现了多种社会阅读应用，如网易阅读、QQ阅读等，这些应用改变了读者的阅读习惯。读者不必先了解图书的各种信息再去查询，这些阅读应用会将图书类别细分，让读者找到自己需要的一系列图书。这种查找方式更加直接、快捷、方便，也导致读者在阅读时更加依赖导读功能。

## 2.4　图书馆功能的转变

图书馆正从"以书为本"向"以人为本"转变，实现从"以藏书为轴心"向"以读者为轴心"转变，从"单纯的文献传递服务"向"多元化信息服务"转变[1]。这表明图书馆的功能已经不只是为读者提供查找文献的场所，更是一个读者学习知识的场所。然而，国图现有的检索形式无法给读者提供学习知识的助力，因此改变检索形式是十分必要的。

## 3　图书馆检索形式的新思路——导向化检索

### 3.1　何为导向化检索

导向是引导方向的意思，导向化检索就是具有引导功能的检索形式。读者不需要输入关键词，通过图书馆网站界面上的导图，就可以快速高效地找到相关图书。导向化检索可以将查找文献的范围逐层变小的同时，又可以最大限度地查找到同一类别的所有图书。读者在没有阅读方向的情况下，也可以根据自己偏好的主题选择图书。

"图书馆学五定律"中的第三定律为"每本书有其读者"（Every book has its reader）。该定律的基本思想就是为每本书找到它们潜在的读者，就像是读者需要找到它们一样[2]。如果图书馆只提供单一的检索方式，可能会导致需求者不知有其"书"，成为只能被动地等待读者的"死书"。因此，图书馆的首要任务是为读者提供内容丰富的阅读源，让"死书"复活，从而帮助读者找到自己感兴趣的图书[3]。导向化检索可以给没有方向的读者提供很多选择，也引导读者找到适合自己的图书。针对专题图书进行导向化检索，可以节省读者的时间和精力，简洁明了地找到自己感兴趣的图书，激发读者的阅读热情。

### 3.2　国图专题图书导向化检索的优势

国图是担负国家总书库职能的图书馆，中文图书以求全为准则。导向化检索可以更好地诠释专题图书的全面性，可以为那些专题研究人员提供全面丰富的图书资料，为专项图书采购提供有力的参考，并且可以与其他公共图书馆合作与共享资源。

## 4　具体做法——专题图书内容标签化

### 4.1　标签的定义以及运用

标签是表示某一种用户特征的符号，可以通过关键词、关键字发现用户信息内在的关联性，从而搜寻到拥有某类特征或某个特征的一类群体或个体。

很多应用都用标签来建立联系，比如 QQ 阅读的标签分为玄幻、武侠、都市、历史、游戏、科幻、轻小说等 15 大类。可以看出 QQ 阅读主推小说类图书，并在 15 大类的基础上，细分出更丰富的标签：热门标签、情节主题、行文流派、时空背景、角色身份、角色性格、内容风格、衍生同人。

当在分类页面点击"武侠"模块进入后，在界面上方会出现属于武侠类别中的各种标签。这些标签是可以重复选择的，这样就能更准确地筛选出读者感兴趣的小说。当选中"升级流""至尊王者""穿越"等标签时，下面就会显示涵盖这些标签的小说，这样读者就可以更加快速、直观地找到自己心仪的小说。

从检索出来的小说中随意选中一个打开，会在界面中出现所有对这本小说描述的标签，这样读者就能很直观地了解这本小说的内容。例如，温茶米酒所写的《无限辉煌图卷》的描述标签有武侠、无限流、江湖恩怨、至尊王者、热血等。

QQ 阅读的检索界面设计具有很强的导向性。通过一个个标签，读者能够快速找到感兴趣的图书，从而大大调动了读者的阅读兴趣。然而，QQ 阅读对小说设计的标签过于网络化和商业化，缺乏规范性。

## 4.2 专题图书标签的设置方法

故宫（北京故宫）是目前非常热门的旅游景点，同时也拥有丰富的历史和文化价值，值得人们去了解和研究。故宫包括故宫（北京故宫）、沈阳故宫、南京故宫、中国台北故宫、伪满皇宫博物院。与这些故宫相关的图书可以作为专题图书来进行细分，按照馆藏数量的多少，可以将这些图书划分为五大故宫类图书，或者划分为故宫（北京故宫）类图书和其他故宫类图书两大类。由于故宫（北京故宫）馆藏文献丰富，可以细分为服饰、宫殿、建筑、历史、历代皇帝、传统节日等模块，并添加各种标签来丰富信息源，读者可以根据自己的兴趣选择图书。同时，在选择一个模块时，与其相对应的图书也会被检索出来，读者在点击每本图书时，也会出现揭示内容的标签，让读者能够快速清晰地了解这本书的大致内容。

下面以《宫里过七夕》这本书为例进行说明。《宫里过七夕》的目录分为掌故、节俗、佳话三个章节，内容包括何时开始过七夕、何时开始祭织女、乞巧之法、应节的宫廷剧目、爱情故事的雏形等。

根据《宫里过七夕》的目录，可以得知此书讲述的是与七夕节有关的主题，因此可以为其添加"七夕节"标签。

从"第一章掌故"的简介中可以得知，"七夕节又称乞巧节"。因此，我们可以为其添加一个"乞巧节"标签，以便与馆藏数据中包含"乞巧节"关键词的图书进行关联，并且与七夕节相关的图书建立链接。由于七夕节是中国的传统节日，因此我们可以为其添加一个"传统节日"标签，以便将其归纳到传统节日模块中。

从"第二章节俗"的内容可以看出，本书介绍了清宫在七夕时会组织各种活动，因此可以判断书中写的是关于故宫的事情，给出标签"故宫（北京故宫）""皇宫七夕活动"。这样就可以归总到故宫大分类中故宫（北京故宫）的传统节日模块里面。最终，这本书给出的标签包括故宫（北京故宫）、传统节日、七夕节、乞巧节、皇宫七夕活动。

历史类的书籍可以帮助人们开阔视野和拓展思维，如果能将这些书籍通过丰富的标签建立链接，就可以让读者迅速直观地选择图书。历史类书籍可以根据时间线进行分类梳理，读者就可以在检索的同时对历史有整体的认识。

当我们为标签加上时间线，就能清晰地了解它们所处的时代。例如，明朝（1368—1644）、日本室町时代（1336—1573）、拜占庭帝国即东罗马帝国（395—1453）、欧洲文艺复兴（14—16世纪）。这种做法将中国历史和世界历史联系起来，读者在检索时既能找到适合的图书，也能学习历史知识。

对中国历史中各个朝代的皇帝，我们可以对他们的登基顺序给出标签，例如朱棣（1360—1424），在位时间为（1402—1424），可以加上"明朝第三位皇帝（1402—1424）"的标签。国图规范库中揭示了朱棣的生卒年以及年号，但并没有揭示其在位时间以及皇帝顺位，这样不能很直观地看出整个明朝皇帝的在位顺序。

## 4.3　专题图书标签的著录形式

专题图书标签应放在一个具有检索功能且可重复的字段进行揭示，所用词语应该简练且严谨。然后利用计算机抓取技术形成信息源，并在图书馆网站的界面上呈现导图，从而实现导向化检索。这种著录形式也是逐渐向 RDA 过渡的一个契机。

# 5 实现导向化检索的具体措施

## 5.1 开展编目员的培训

实现导向化检索需要编目员通过标签的形式对专题图书进行准确的揭示。这需要编目员全面了解主题词表和专题图书的相关知识。在进行专题图书编目时，编目员应先对所有涉及的主题词进行培训，以更准确地揭示专题图书。编目员之间应经常开展知识交流和经验交流，通过工作交流，编目员可以发现自身编目的问题，也可以获得更多启发。此外，各部门可以合作完成这项工作。馆员结合自己的专业知识，针对熟悉且了解深入的专题图书进行标签揭示，最后由编目员进行校对和规范。

## 5.2 图书馆间相互合作共享

充分利用高校图书馆的学科知识体系，与高校图书馆进行合作，并针对每个学科领域的图书进行精准地揭示，从而实现资源共享。此外，还可以与一些专科图书馆进行合作，如医学图书馆、法律图书馆等，利用其丰富的专业知识来编制全面且准确的标签，以实现更好的共享。

## 5.3 扩充主题词表，丰富标签的选取范围

提高专题图书的标签正确性需要扩充主题词表的词量。这样选取的标签就会更加精准和规范，能够准确且全面地揭示专题图书的内容，为读者提供更加丰富的信息源。为了贴近读者的检索习惯，主题词表应扩大范围，将网络信息词汇规范纳入词表中，实现与网络信息的融合。

## 5.4 建立标签库

通过积累建立标签库，将使用过的标签进行汇总。当编目员遇到类似图书的时候，可以参考标签库中的标签进行著录。这种做法既方便编目员使用，也为导向化检索系统的形成奠定基础。

### 5.5 参考阅读软件以及读书网站的标签

杭州图书馆将各大知名读书网站的热门标签重新整理、归类，建立与分类号的对应关系，数据库商优化图书馆集成系统，实现了将标签外挂于书目数据的功能。在OPAC上，读者可以通过标签途径进行文献检索[4]。编目员可以通过浏览读书网站以及阅读软件上的标签，对其进行优化和规范。这样做不仅更贴近读者的社会阅读习惯，还丰富了图书的信息源。

### 5.6 设置读者个人图书馆，鼓励读者对图书设置标签

图书馆应该为每位读者设置一个"我的图书馆"板块，让读者能够为每本书编写不同的标签以及书评。这些标签和书评都在图书馆网站上展示，以供其他读者参考。编目员应该从读者提供的标签和书评中筛选出有用的信息，并对读者编写的优质标签进行积分奖励，以鼓励读者编写更好的标签。读者可以用积分换取一些福利，例如借阅更多的书籍或者赋予读者某些活动的参与权。

### 5.7 建立读书社区分享机制

读书社区是为读者提供的网络平台，用户可以在这里查找和分享阅读经验、书评、书单等内容，并与其他读者进行交流和互动。建立读书社区分享机制，鼓励读者分享相关专题图书的信息和经验，提高专题图书导向化检索的互动性和参与度。

### 5.8 完善和更新专题图书资源

图书馆采访人员应该随时关注专题图书的出版情况，并及时购买最新出版的图书，以完善和更新专题图书资源。这样可以丰富专题图书导向化检索的内容和形式，提高其吸引力和适用性。此外，还应该定期评估和调整专题图书资源，分析读者的需求和反馈，以此为基础更新和完善专题图书资源，为读者提供更好的服务和体验。

### 5.9 利用人工智能等先进的技术手段

利用先进的技术手段，如人工智能、自然语言处理和数据可视化工具等，对专题图书进行深度分析和处理，以提高导向化检索的效果和精准度。

图书馆检索系统需要满足用户便捷且丰富的信息需求，因此需要改变之前的检索形式。通过对专题图书设置标签，为读者提供丰富的信息源，并利用先进的技术手段实现导向化检索，更加符合读者的检索需求。总之，实现专题图书导向化检索需要图书馆系统、图书馆员、读者等多方面的努力和支持，需要定期进行优化和调整，提高其服务质量和效率。

## 注释：

［1］成胤钟：《图书馆文献资源检索与利用研究》，北方文艺出版社，2022，第18—19页。

［2］胡舒莉：《长尾理论与图书馆学五定律的当代实现》，《江西图书馆学刊》2008年第4期。

［3］秦德洪：《PDA采购模式对图书馆学五定律的诠释——以广州大学附属中学"品质阅读"采购模式为例》，《河北科技图苑》2019年第4期。

［4］孙更新：《国际性编目规则及其发展研究》，武汉大学出版社，2019，第341页。

# 浅谈基于 Excel 的古籍编目与书目数据制作
## ——以石刻拓片编目为例

孙羽浩[①]

**摘　要：**古籍存藏和使用环境较为特殊，书目信息采集与书目数据制作这两个环节不能同时进行。使用 Excel 表格来承载数据并利用编目系统的批量输入功能，可以实现书目数据制作环节的等效前移，以达到将书目信息采集与书目数据制作同时进行的效果。基于 Excel 的编目方法将完整的编目任务分为数据模板生成、书目信息录入、数据格式转化和数据批量输入四个环节，并借助相关工具实现。基于 Excel 的编目方法具有普适性，对于字段有限且数据规整的小规模数据使用效果更好。Excel 数据不仅在文献编目和校对中具有一定的优势，而且在数据的整合、检索及其他格式数据的生成等方面都有不错的效果。

**关键词：**古籍；编目；书目数据；Excel；ALEPH；批量输入

古籍编目是国家图书馆古籍馆的基础业务之一。近年来，为尽可能满足科研工作者及社会大众了解和使用馆藏古籍资源的需求，我们也在不断进行新藏品的采访和旧藏品的回溯工作，编目数量也在逐年递增。

自 21 世纪以来，中国图书馆界逐渐以计算机编目取代原来的卡片编目，这无疑是符合时代潮流的正确之举。机读目录与卡片目录相比，在数据管理、检索、调取等诸多方面都具有极大的优越性。但是对于古籍编目而言，需要布置在局域网中的图书馆管理系统，在实际使用中仍有一些不便。

一般文献的编目流程，通常是在阅读文献的同时，将需要采集的书目信息直接录

---

① 孙羽浩，国家图书馆馆员。

入编目系统中。由于古籍相对较为珍贵且形式多样，其存藏和使用环境比较特殊，古籍文献的编目工作通常在库房中或其他比较空旷的工作环境中进行，这样的地点一般不能提供局域网环境，即不能在阅读文献的同时在编目系统中录入书目数据。我们只能人为地将编目流程拆解为书目信息采集和书目数据制作两个独立的环节：先将需要采集的书目信息记录下来，再到有局域网环境的地点将其录入编目系统中。

根据编目科组的业务传统和编目员的个人习惯，书目信息采集通常有两种方式，一种是将需要著录的信息抄写在编目卡片上，另一种是录入简易的 Excel 表格中。无论采用哪种方式，都要在书目信息采集完成之后，将编目卡片上或 Excel 表格中的信息转录到编目系统中。这种二次转录，不仅增加了工作环节，增添了工作量，而且极易产生错误，大大降低了编目数据的质量。如果为了提高编目数据的质量，在转录前后增加校对流程，工作量则会成倍增长。而且由于编目环境的问题，数据校对也无法在阅读文献的同时进行。为解决因编目环境而产生的书目数据质量与工作量的矛盾，笔者尝试从改变编目流程出发，提出一种基于 Excel 的编目方法，并阐述该方法的适配文献和在编目中的优势，以供业界参考。

## 1 编目流程的设计

### 1.1 现有流程存在的问题

在古籍的编目中，书目数据质量与工作量的矛盾，其本质在于书目信息采集和书目数据制作不能同时进行。除了因二次转录造成的书目信息损耗，我们还应注意以下两个问题。

第一，书目信息采集时，由于缺少编目系统中字段的提醒，很容易出现遗漏。例如，石刻拓片编目要著录书体，在责任者有书写人的情况下，一般随责任方式著录在 200 字段的 \$f 或 \$g 子字段，而在没有书写人的情况下，则要作为编码字段 191 的附注著录在 302 字段。使用卡片编目时，遇到没有书写人的情况，有时会忘了标注书体，到了录入数据时需要填写 302 字段，只能再次核验拓片重新确定书体。

第二，书目数据制作时，由于缺少文献的直接参考，编目员会经常性地对卡片上所采集的书目信息产生怀疑，更遑论书目信息采集者和书目数据制作者不是同一个编目员的情况——书目数据制作者甚至从未阅读过该文献，完全想不到书目信息采集者为何记录下那些可疑的书目信息。

## 1.2　新流程的设计

由于编目环境的特点，现有流程中书目信息采集和书目数据制作这两个环节的拆解是不可避免的，我们就需要通过改变书目信息采集或书目数据制作的方式使其重新整合在一起。新流程的设计思路是寻找一个媒介将两个环节重新联结，这个媒介就是 Excel 表格。如果我们把 Excel 表格视作一个小型的单机编目系统，且可以和局域网中的图书馆编目系统无损交换书目数据的话，相当于实现了书目数据制作的等效前移，那么在非局域网环境下就可以实现书目信息采集和书目数据制作环节的合并。

文献的编目信息一般通过不同标准和格式的数据来进行传递。成熟的图书馆编目系统中通常内置了书目数据的批量输入功能，这样在已有数据（如其他图书馆的编目数据）的基础上进行简单修改，就可以完成待编文献的编目工作，大大降低时间成本，减少工作量。以国家图书馆使用的 ALEPH 系统为例，它针对 MARC、MARC_GBK（R）、USMARC、UNIMARC 等多种不同格式的数据有专门的转换程序，用以批量输入。这使得 Excel 表格和图书馆编目系统无损交换书目数据成为可能。

很遗憾的是，Excel 表格并不是一种可被识别的书目数据来源。因此，我们需要把 Excel 表格中的数据转换为某一种可被识别的数据格式。业界一般是通过软件实现 Excel 数据向 MARC 数据（ISO2709 标准）的转换。例如，北京大学图书馆开发了能够由 Excel 生成 MARC 文件的自动转换程序，对数据库商提供的 Excel 书刊文件列表，进行批量编目和维护[1]。清华大学图书馆则利用冠景公司数据处理软件 Marcpro 中的 DBF2ISO 数据转换程序，将部分含有期刊刊名等信息的 Excel 列表转换成 ISO 文件[2]。互联网上也有一些企业或个人制作的图书编目软件或工具，可以实现 Excel 数据和 MARC 数据的互相转换。

但是，无论使用哪种软件或工具，都需要 Excel 表格具有特定的格式。比如，北京大学图书馆的自动转换程序在将 Excel 文件转换为 MARC 文件之前，不仅要将数据库商提供的 Excel 文件的字段值标准化，而且要据此数据表定制 MARC 模板[3]。

由于古籍编目是全流程编目，而不是对半成品数据进行加工，因此笔者选择将生成特定格式的 Excel 表格（称为"数据模板"）作为整个编目流程的准备工作。新的流程在阅读文献的同时，将书目信息直接填入数据模板，填好数据的 Excel 文件经工具转换为可被编目系统识别的数据文件后，再批量输入编目系统中，如图 1 所示。虽然新流程看似比现有流程的环节更多，但数据模板生成、数据格式转化和数据批量输入都是由工具软件完成的，只有在数据模板中录入数据这个步骤由编目员完成。如此，便实现了近同于一般文献的编目流程。

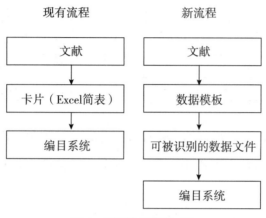

图 1　新旧编目流程对比

## 2　基于Excel编目的具体实现

按照新的编目流程，将编目任务分为数据模板生成、书目信息录入、数据格式转化和数据批量输入四个环节。

### 2.1　数据模板生成

为了生成数据文件时，格式转换程序能更好地识别和调用，在使用 Excel 编目之前，需要预制一张 Excel 表格，即数据模板。数据模板不仅要清晰显示每一个数据值所属书目，同时还要标注其字段名和子字段名。采用的数据模板样式是以工作表中的一行为一种文献。表头占四行，分别为字段标识符（附 2 位指示符）、子字段标识符、字段内容说明和缺省值，见表 1。其中，字段标识符和子字段标识符为必备项，字段内容说明和缺省值为非必备项。括注的字段标识符意味着其下面的子字段标识符不是这个字段中的第一个子字段。

表 1　数据模板示例（局部）

| 序号 | 191# | 2001# | （2001#） | （2001#） | （2001#） | 215## | 215## | 306## | （905##） |
|---|---|---|---|---|---|---|---|---|---|
| | a | a | 9 | f | g | a | d | a | c |
| | 编码数据字段：拓片 | 正题名 | 拼音 | 第一责任者 | 其他责任者 | 拓片数量及单位 | 尺寸 | 行款 | 索书号 |
| 0 | aaeq^^f^bcfa | — | — | — | — | 1 张 | × cm | 行行字 | 墓志 |
| 1 | aaeq^^f^bcfa | — | — | — | — | 1 张 | × cm | 行行字 | 墓志 |
| 2 | aaeq^^f^bcfa | — | — | — | — | 1 张 | × cm | 行行字 | 墓志 |
| 3 | aaeq^^f^bcfa | — | — | — | — | 1 张 | × cm | 行行字 | 墓志 |
| 4 | aaeq^^f^bcfa | — | — | — | — | 1 张 | × cm | 行行字 | 墓志 |
| 5 | aaeq^^f^bcfa | — | — | — | — | 1 张 | × cm | 行行字 | 墓志 |

录入数据时不变的字段可以填为缺省值，需要部分改动的字段，可以将某种格式（如 215$d 字段的"× cm"）或出现次数较多的数据（如 215$a 字段的"1 张"），作为缺省值填入模板。

数据模板生成是基于 Excel 的编目流程中的准备工作。数据模板由自研工具生成。该工具的基本功能是由编目员根据编目需求选择字段和子字段，以自动生成相应的数据模板。数据模板的调整可以在工具中进行，也可以使用其他数据模板直接修改。

## 2.2　书目信息录入

书目信息录入，即在数据模板中按书目数据规范填写需要采集的书目信息，与一般文献的编目方法并无二致。当然，对于习惯使用卡片编目的业务科组或编目员，也可以先用卡片编目，再将书目信息录入数据模板中。

部分字段需要生成拼音子字段（$9），可以在批量输入编目系统后，由系统自动生成，但较为麻烦，准确性也较差；也可以使用一些软件先生成好相应字段数据的拼音并存入数据模板中对应位置。互联网上汉字转拼音的工具较多，我们为了使用方便也自行开发了一款工具，主要是对多条目转换和多音字识别的需求进行一些相应的优化。

## 2.3　数据格式转化

数据格式转化，是将填好的 Excel 数据转化为图书馆编目系统批量输入功能支持的数据格式。国家图书馆使用的编目系统是 Ex Libris 公司的 ALEPH 系统，其底层数据库中的数据格式是 Aleph 顺序格式（Aleph Sequential）。不同于 MARC 格式以记录为单位的存储方式，Aleph 顺序格式以字段为独立存储单元，通过 9 位系统号，将一种书目的全部数据串联在一起。Aleph 顺序格式中字段的基本形式为"系统号（9位）+ 空格 + 字段标识符（3 位）+ 指示符（2 位）+ 空格 +L+ 空格 + 字段数据"。头标在该格式中也被视为一个字段，其字段标识符是"LDR"，指示符皆为空格（未定义）。字段数据由多个子字段数据连续书写而成，每个子字段数据的形式为"$+ 子字段标识符（1 位）+ 数据"。Aleph 顺序格式文件是后缀为".txt"的文本文件。相比于 MARC（ISO2709 标准）格式，Aleph 顺序格式的文档结构明晰、形式简单，也更易生成，因此我们选择这种格式作为 Excel 数据的转化目标。

数据文件通过自研工具生成。该工具的基本原理是将数据模板中的每一个数据值按照 Aleph 顺序格式的基本形式输出为一个或多个 Aleph 顺序格式文件。

### 2.4　数据批量输入

借助 ALEPH 系统的批量输入功能，将制作好的 Aleph 顺序格式文件作为输入文件，转换程序选择"Aleph Sequential"，即可完成数据格式的转换。然后在输出文件中逐条编辑（如果在 Excel 数据中已填充全部 $9 拼音字段则不需要任何改动）并保存记录到服务器，就完成了全部的编目过程。ALEPH 系统中显示的数据由数据模板中的数据无损转化而成，无须额外的校对工作。

## 3　基于Excel编目的适配文献

理论上说，基于 Excel 的编目方法具有普适性，它实质上是构建了一个小型单机编目系统，自然可以应用在任何种类文献的编目中。但在实践中，我们认为使用字段有限且数据规整的小规模数据，与该方法更为适配。古籍即是较为典型的适配文献。

### 3.1　使用字段有限

在数据模板中，字段（子字段）以列的形式呈现。如果一个数据模板中的数据使用的字段过多，会导致表格具有很多列，在编目时需要频繁左右移动表格，非常不方便，而有限数量的字段在 Excel 表格中显示起来不会显得特别冗长。另外，一些使用率较低的字段，会使得数据模板中存在整列只有少量数据的"空白列"，虽然并不影响后续数据文件的生成，但对表格文件占用的空间是一种浪费。

古籍编目使用的字段数量比较有限。以石刻拓片为例，《中文拓片机读目录格式使用手册》[4] 在《中国机读目录格式使用手册》[5] 的基础上，选择了其中适用于中文拓片的包含记录头标在内的 54 个字段进行说明。如果具体到某个类型的拓片，涉及字段数量还会进一步减少。比如墓志类拓片通常涉及的字段只有 26 个，且绝大多数都是较常用字段。

### 3.2　数据规整

如果一个数据模板中大部分字段的数据基本不变或变化较小，我们称其为规整的数据。这类数据在表格中可以通过缺省值的方法生成并在编目时微调，以减少数据输入的工作量。

石刻拓片编目中，固定不变的字段如 200$b（一般资料标识）字段、205$a（版本说明）字段的值均为"拓本"，变化较小的字段如 215$a（拓片数量及单位）的值大多是"1 张"，墓志拓片数据的 191$a（编码数据字段：拓片）字段的值一般是"aaeq^^f^bcfa"等。

另外，古籍多以具有共同特点的文献为一组进行编目，如一部丛帖中的子目、某个摄影师拍摄的一套照片或来源地相同的一批地契等。例如我们对一组采访自某传拓者传拓的山西省某市不同县的石刻拓片编目时，210$e（传拓地）、210$g（传拓人）、210$h（传拓时间）、345$a（采访信息附注）这几个字段的值都是不变的。在 620（出版地 / 制作地检索点）字段的子字段中，$a（国家）固定为"中国"，$b（省或地区）固定为"山西省"，只有 $c（县或市）需要修改。

### 3.3　规模小

一个 Excel 文件储存的书目数据条数越多，文件越大，处理文件所需的时间就越久。因此，数据规模越小，越便于操作。一组古籍文献一般不超过 300 条。

## 4 Excel数据的优势

### 4.1 编目、校对时的优势

在图书馆编目系统，编目界面只能容纳一种书目的数据，是一维数据。在 Excel 中，工作界面可以同时容纳多种书目的数据，变成了二维数据。纵向的数据观察对比在编目和校对工作中起到了十分重要的作用。

例如，墓志拓片编目时，其中一条 306$a 字段的内容为墓志的行款，格式为"A 行行 B 字"，有墓志盖时还需要加上"盖 C 行行 D 字"。在图书馆编目系统中编目时，有时候会将字段标识符录入错误，比如把 306 录为 305 或 307，如果不经仔细校对很难发现。这种情况在 Excel 表格中录入时就不会出现，因为其上下都是相同格式的数据，必然不会录到其他字段下面的单元格里。同时，如果数据未能按照固定格式著录，例如"王五墓志"的行款字段，少写了一个"行"字，在图书馆编目软件中是不易发现的，但在多条数据同一字段的纵向对比时，就比较明显了，见表 2。

**表 2　墓志拓片编目示例（局部）**

| 序号 | 2001# | 215## | 302## | 306## |
|------|-------|-------|-------|-------|
|      | a | a | a | a |
|      | 正题名 | 拓片数量及单位 | 编码信息附注 | 行款 |
| 1 | 张三墓志 | 1 张 | 正书 | 25 行行 22 字 |
| 2 | 李四墓志 | 2 张 | 正书，篆书 | 15 行行 15 字，盖 3 行行 3 字 |
| 3 | 王五墓志 | 2 张 | 隶书，篆书 | 51 行 51 字，盖 5 行行 5 字 |
| 4 | 孙六墓志 | 1 张 | — | 40 行行 40 字 |
| 5 | 赵七墓志盖 | 1 张 | — | 4 行行 4 字 |

另外，对数据基本不变或变化较小的字段，在图书馆编目系统中，一般使用模板来减少工作量。有时候一组文献的某个字段的数据值会重复若干条，之后变更为第二个值再重复若干条，然后再变更为第三个值，如此变更多次。如果遇到这种情况，编目员需要频繁修改模板内的数据，或者不使用模板逐次录入。例如上面提到的山西省某市不同县的石刻拓片，有 4 种石刻为 A 县，5 种为 B 县，3 种为 C 县，6 种为 D 县，如果使用模板，就要修改 4 次模板中的 620$c 字段并保存，否则就要重复录入这 4 个

县的名称。这显然并不能明显地减少工作量。

Excel 可以通过鼠标点击拖动下拉或者快捷键方式实现数据纵向或横向的自动填充，不仅可以实现模板的同等效果，同时又具有模板不具备的灵活和便捷。

### 4.2 其他优势

Excel 数据除了作为书目数据制作的中间产物，还可以进行二次利用。例如数据的整合，由于同类文献的数据模板大致相同，我们可以根据需求将不同编目批次的书目数据自由组合以形成独立的目录。现在通用的 Excel 软件的理论最大行数超过 100 万行，在不考虑文件大小和运行速度的前提下，一个表格文件可以承载至少 100 万条书目数据。

又如数据的检索，无论是从文献开发还是读者咨询的角度，我们都需要有目的性地进行书目数据检索和筛选。ALEPH 系统中的检索条件比较有限，且检索到的数据不易导出，而文本文件的查找功能又不足以满足基本需求。Excel 中的排序、筛选、公式等功能对于数据检索有非常重要的作用。

再如其他格式数据的生成，Excel 数据可以按照相应的规则，通过编程的方式转化为不同格式的数据，以匹配不同编目系统的批量输入功能，更易应对编目系统的调整。

在图书编目领域，Excel 的应用范围非常广泛，包括但不限于批量编目[6]、编目数据校对[7]、图书馆大数据编目质量筛查[8]和控制编目业务外包中的书目数据质量[9]等工作。将 Excel 应用于文献的全流程编目应当尚属首例，在理论和技术上仍有较大的提升空间。基于 Excel 的编目方法同样可以应用于与古籍编目具有类似特点的其他种类文献的编目中，部分工具也可以迁移至批量编目（文献信息列表处理）领域使用。

### 注释：

[1] 王亚林:《电子资源的编目策略》,《图书馆建设》2012 年第 2 期。

[2] 贾延霞、吕肖华、杨慧等:《电子期刊编目方法新尝试——以清华大学图书馆的实践为例》,《图书馆建设》2011 年第 4 期。

[3] 同 [1]

［4］中国国家图书馆:《中文拓片机读目录格式使用手册》,北京图书馆出版社,2002。

［5］北京图书馆《中国机读目录格式使用手册》编委会:《中国机读目录格式使用手册》,华艺出版社,1995。

［6］贾延霞、杨慧:《Excel 和元数据处理工具在电子资源批量编目中的应用》,《图书馆杂志》2014 年第 1 期。

［7］刘永久:《Excel 在 MARC 编目数据校对中的应用》,《数字与缩微影像》2018 年第 4 期。

［8］曾绍文:《利用 Excel 实现对图书馆大数据编目质量筛查》,《计算机与网络》2014 年第 22 期。

［9］吴小茵、吴燕芳、林岚:《基于 ILas Ⅱ 系统利用 Excel 表格控制编目业务外包中的书目数据质量——以海南经贸职业技术学院图书馆为例》,《农业图书情报学刊》2013 年第 6 期。

# 图书馆智慧化转型中信息组织工作面临的挑战及对策建议

唐　书[①]

**摘　要：** 智能经济高速发展，智能化已然渗透进社会生活的各个领域，智慧化建设迫在眉睫，"智慧化图书馆"建设也应运而生，图书馆不仅提供图书借阅服务，更应建立一套知识服务体系。图书馆智慧化转型的主要目的是使社会生活中各个成员组织能够得到来自图书馆的知识信息的支持和服务。在这一转型过程中，必将面临多种机遇与挑战。

**关键词：** 智慧化图书馆；信息组织；图书编目；信息检索；信息安全

图书馆智慧化转型已经开始。为加强与各个公共图书馆的文献借阅共享合作，发挥好各个图书馆在各自领域中文献资料、相关人才、行业组织的优势，共享优质图书，建立良好的文献借阅共享机制，国家图书馆近日已实施文献共享借阅计划。国家图书馆与湖北等六个省级图书馆展开合作，共计约有 72.5 万册文献纳入共享借阅体系之中，迈出了智慧化图书馆建设的第一步。通过国家图书馆与地方图书馆之间的合作，最大化地利用图书馆之间的系统优势，依据资产可溯化和文献资料最大化利用的原则，将各个图书馆的馆藏复制版本文献共享到其他图书馆的借阅体系中，实现资源最大化利用，满足全国各地不同读者对于不同文献的阅读需求。国家图书馆因地制宜，在文献共享中，优化文献管理，实现数据对接的透明化，并依据相应反馈做好信息组织工作，旨在建立一个服务质量高效、知识信息共享、安全快捷便利的图书馆借阅平台。

图书馆智慧化转型是管理、行政、用户、图书馆员的一个快速发展的领域。图书

---

① 唐书，国家图书馆副研究馆员。

馆智慧化转型中面临的信息组织工作的挑战可以被视为一个相对较新的主题。对图书馆来说，智慧化转型是一个普遍的机会，但从信息技术和信息组织工作的角度来看，这一变革所面临的主要挑战是多种多样的。信息时代下大数据、大变革的背景迫使我们在日常工作中逐步解决信息组织工作面临的困难，接受图书馆智慧化转型。

## 1　图书馆智慧化转型中信息组织工作面临的主要困难与挑战

图书馆智慧化转型过程中信息组织工作面临的问题极其复杂，包括但不限于以下方面。

### 1.1　传统编目工作有待转型[1]

传统的编目工作存在诸多问题，比如编目规则不统一、编目外包质量低、编目分散化等，对图书馆智慧化转型中的信息组织工作造成很大的困扰。

#### 1.1.1　编目执行细则不统一[2]

尽管指导文献著录和标引的国际标准、国家标准已颁布多年，如《国际标准书目著录》《中国文献著录国家标准》《中国文献编目规则（第二版）》等。但是由于不同机构、不同系统之间侧重点及目标的差异，导致对于编目工作标准的认知理解也不尽相同，由此产生了编目方面的诸多问题，阻碍了智慧化图书馆信息组织资源的有效共享。在图书馆智慧化转型中，绝大多数图书馆向着网络化和信息化的方向发展，要想做到网络化和信息化必须先统一编目标准，这是智慧化图书馆信息共享、资源交流的必要手段。此外，由于图书馆编目人员所采用的分类方法不同以及机器读取目录规则不同，编制出的规格不统一的目录也要改进[3]。

#### 1.1.2　外包编目质量参差不齐

由于图书馆编目工作量较大，常常采用外包责任制。虽然此种做法一定程度上弥补了图书馆编目技术人员缺乏的现状，也加快了图书编目的速度。但是，由于采用的是外包责任制，外包人员都是合同员工，人员流动性非常大，无法保证编目数据的稳定性和长期性。一般而言，由于计件工资制度，外包人员通常只追求数量不顾质量，造成了编目质量良莠不齐。

### 1.1.3 特定类型的图书编目分散化

不同编目员认知不同，会对丛书等类型文献产生自己的见解，经调查发现，图书馆编目人员对于丛书更倾向于分散著录。这会导致编目数据分散，不能实现有效检索。

## 1.2 图书馆员有待赋权

管理图书馆信息资源是一个具有挑战性的过程，尤其是在图书馆向智慧化转型过程中，信息资源的广泛数字化给图书馆员带来了新的压力，要求他们对新的技能和用户能力做出反应，有效地共享数字图书馆资源，更好地为学术活动提供支持。为了管理数字信息资源，图书馆比以往任何时候都更需要考虑最终用户的期望和需求，以及图书馆工作人员的限制和预算[4]。这些都是从图书馆的角度推出成功的信息组织工作的关键因素。图书馆员通过对信息素养的贡献，可以影响学术人员的自我效率和赋权。这种赋权会影响学术人员如何接受信息文化，以及他们如何在行为和组织方面发现自己对信息的使用。这给了图书馆在信息组织管理中的特殊地位，图书馆一方面塑造了用户的能力，另一方面又影响着科学信息领域的信息管理方法，即描述学术成果的信息管理方法。

## 1.3 馆藏书目数据库有待加大维护和管理力度

在人文科学和社会科学领域，人们越来越需要获得原始资料。馆藏部门一直并将持续作为主要信息资料来源的主要存放处。由于馆藏量巨大，即使图书馆馆员加大对编目数据的审查力度，也始终会存在人为误差因素以及诸如编目系统等其他不可控的因素，导致图书馆馆藏数据库输入的数据产生错误。图书馆必须加强对于馆藏书目数据库的管控力度，重视数据库的维护工作，最大化降低错误的发生概率。图书馆馆员也要不断强化自身的责任意识，秉持公正负责的态度，发现馆藏数据出现错误及时修复更正，并记录下来，避免再次出现同种类型的错误[5]。

### 1.4 信息选择与信息安全有待保障

信息检索目前存在一些问题。首先，信息检索程序的智能化程度较低，无法对用户提供的检索信息进行有效的甄别，产生冗杂且不必要的信息，降低了检索效率。其次，信息检索的更新速度较慢，远远落后于网络资源成长速度。在智慧化图书馆的转型过程中，信息组织工作的另一个难题是数据化的信息具有可变性、流动性、易改性等特征，这些特征使得信息的获取、迁移、修改和复制更加便利，但是会给智慧化图书馆的信息安全带来威胁，使得组织的信息不准确或者失真。因此，必须悉知元数据的相关知识，了解相关信息的来源以及搬运情况，确保信息安全，保证信息的可靠性。

## 2 图书馆智慧化转型中信息组织工作的对策建议

信息组织工作被描述为"社会上共享的行为、规范和价值观"，定义了信息在组织中的意义和用途。信息组织工作能够促进知识的结合，同时信息组织的信息文化可以继承和延续。图书馆作为知识结构的高层，能够较好地应对图书馆智慧化转型中信息组织工作中出现的问题。

### 2.1 传统编目工作的改进

在智慧化图书馆的建设中应设置统一的执行标准，建立健全一套完整良好的规章制度，规范图书编目工作，保证不同编目机构的编目细则统一，方便后续信息资源共享的正常进行。

重视特色文献编目，设立特色文献数据库。对于学术论文、古籍等专业性强的特色馆藏，一定要在外形上设置特殊标识，由于其标引、著录的难度高于普通书籍，且文章受众群体固定，除了对外表进行特殊标识，更重要的是对文章的实际内容做出标识，深入文章各个单元，找出文章内涵，充分体现出此类特殊文献的特殊价值，建立特色文献数据库。

开拓并深化电子信息数据编目工作。图书馆提供的信息是多方面的，提供的信息价值也同样是多种多样的。随着文献内涵的丰富和内容的深化，数据库、电子期刊、网络资源等一系列的电子信息资源也不断成为图书馆馆藏的重要内容。对于这种信息资源的整理收集，可以运用元数据、编目规则以及 MARC 格式等进行数据的管理，解决组织电子资源的难题。

更新人才管理机制。在大数据环境下虽然一部分编目工作可以通过计算机实现，但是优秀的编目员仍是图书馆最重要的资源和财富。他们日积月累的编目工作经验已不仅是编目员的个人能力，更是图书馆的重要知识财产。在重视人才的同时也要创造人才，通过在职培训、业务进修等举措为编目人员提供学习深修的机会，提高编目人员的综合素养以及业务水平。同时应当设置一套良好的奖励制度，激发编目员在业务上的积极性和学习上的主动性，让其将所学与所用结合起来，使其行动更具有创造性和理论实用性，鼓励编目员通过自己的工作经验以及工作方法著作成书、撰写论文，留下理论性的成果供后人参考。智慧化图书馆进程中编目工作改进必不可少，编目员需要及时适应这一改变，不断学习拓展自身的知识面，提高自身素养[6]。

## 2.2 图书馆员赋权

员工赋权影响到整个图书馆系统的运作。图书馆员可以在这一领域发挥重要作用，他们通过发挥自己的兴趣，为创新的发展贡献力量。智慧化图书馆员的角色可以看作通过致力于发展信息能力来维持信息组织过程的一部分。图书馆作为一个组织可以帮助他们解决问题、发展技能，并实施激励制度，以尽量减少压力产生的风险。这些活动旨在唤起图书馆员工的满足感，这与充分发挥图书馆工作人员的潜力有关。建立员工赋权的过程漫长而缓慢，但也是信息组织工作中必要的一环。

图书馆员的努力以及改善信息组织的方法可能成为发展新的合作模式的动力，对于图书馆智慧化转型所带来的变革，此动力是应对信息组织工作带来的挑战的必要方法。正如艾德里安·库里（Adrien Curry）和卡罗琳·摩尔（Caroline Moore）所说："所有员工都能够获得成功执行日常任务所必需的信息。"通过信息组织工作，参与其中的人员可能被迫从事不同信息种类的工作，从定义信息需求开始，以信息使用结束。

## 2.3 构建图书编目审查体系

由于图书编目员仍是小众职业，人数占比较少，对数目庞大的编目数据很难再审查，或者审查难度很大。所以我们应该建立编目质量的审查体系，及时发现或者规避编目错误。在保证规范和标准的基础之上，严格编目要求。在完成编目工作后，图书馆工作人员还应及时给图书贴上标签与条形码，并且校对馆藏数据库的相关数据信息，最后交给馆藏人员进行最终的核对和校验。如果校验过程中数据已录入并且发现分类号和条形码不匹配，应当采用人工手段进行更正，对种次号和书标中不匹配的地方进行修改，及时更换原有的书标。

### 2.4　做好信息选择，保障信息安全

智慧化图书馆转型还要做好信息选择工作，确定好信息的范围。各大图书馆的联机馆藏、电子出版物以及信息数据等呈现出迅猛增长的趋势，并且互联网上的信息数据也非常庞大。社会信息资源数量庞大，智慧化图书馆不可能全部收揽，要对数据进行选择性接受，根据图书馆自身的需要，结合读者需求、读者知识层次等多方面考虑，仔细筛选信息范围，检索出最有效、最有价值的信息[7]。

智慧化图书馆的作用之一是向读者以及公众提供有价值的信息，因此要确定好信息价值，进行甄别。信息的价值衡量具有时效性，必须衡量好信息对个人现在的价值以及信息对个人未来可能的价值。社会需求日益复杂，信息的价值也越来越难以确定，这对于智慧化图书馆的信息组织是一道难题。为应对好此项难题，智慧化图书馆需要做到对现有的价值进行分析判断并且预测信息的未来价值[8]。

完善图书馆智慧化转型的信息组织，还要做到信息检索的有效及时，保证用户能从海量数据中检索出符合其需求的信息，同时还要避免信息组织过程中冗余信息的产生。要尽量摆脱传统关系数据库中信息检索效率过低，检索结果不全面、不准确等状况[9]。对于信息可以采用本体（ontology）、元数据进行标记，也可以将语义检索引擎作为核心技术设计信息检索逻辑。此外，还可以通过中文分词加强对于中文信息的再处理，确保所检索出的信息符合用户的检索需求。

### 注释：

［1］朱若侃：《网络环境下图书馆编目工作的现状与发展》，载《福建省图书馆学会2005年学术年会论文集》，福建省图书馆少儿分馆，2005，第3页。

［2］朱锰钢：《数字环境下图书馆编目工作的演变探析》，《内蒙古科技与经济》2009年

第 12 期。

［3］任再强，王庆前：《论图书馆文献分类编目的发展趋势》,《湖南大学学报（社会科学版）》2002 年第 1 期。

［4］孙玉洁：《计算机网络化背景下的图书馆联机编目工作》,《山西青年职业学院学报》2016 年第 2 期。

［5］李丹：《图书馆编目工作的问题与对策刍议》,《科技展望》2016 年第 2 期。

［6］同［5］

［7］李景：《本体理论在文献检索系统中的应用研究》，北京图书馆出版社，2005。

［8］Gruber T R, "A Translation Approachto Portable Ontology Specifications," *Knowledge Acquisition*5, no. 2(1993), pp.199–220.

［9］Studer R, Benjamins V R and Fensel D, "Knowledge Engineering Principles and Methods," *Data and Knowledge Engineering*25, no. 1(1998), pp.161–197.

# ChatGPT 赋能图书馆智慧服务的探索

田雅君[①]　李　璇[②]　陈文娟[③]

**摘　要**：ChatGPT 的横空出世引发了社会范围内广泛的讨论和关注，该技术与智慧图书馆的建设有着极为密切的关联。研究在智慧图书馆应用 ChatGPT 为代表的人工智能技术，能够为智慧图书馆的建设提供新的思路。本文通过分析 ChatGPT 和智慧图书馆的发展历程，归纳总结 ChatGPT 赋能图书馆智慧服务的应用前景，讨论 ChatGPT 赋能图书馆智慧服务的技术局限及风险，从而得出 ChatGPT 赋能图书馆智慧服务的启示。ChatGPT 技术展现出来的特性在智慧图书馆服务当中有着较大的应用价值，在全面推广使用 ChatGPT 技术前，要充分评估其伴随的风险性。

**关键词**：ChatGPT；图书馆；人工智能；智慧服务

## 1　引言

2023 年年初，以 ChatGPT 为代表的人工智能产品引起了社会的广泛关注，相比于传统的搜索系统，ChatGPT 通过人工智能筛选、过滤、整合海量相关信息，直接得出使用者想要的结果[1]。依据 2017 年国务院印发《新一代人工智能发展规划》，类似 ChatGPT 这样的人工智能产品、知识计算引擎等技术将是我国未来信息技术发展的重点[2]。基于这样的时代背景及目前市场已有的人工智能产品，图书馆的智慧服务模式急需迎合时代发展，合理吸纳前沿技术[3]。图书馆的发展大致可以分为传统图书馆、数字图书馆和智慧图书馆，目前正处于智慧图书馆的建设之中。本文将从 ChatGPT 和

---

①　田雅君，武昌理工学院馆员。

②　李璇，丽江文化旅游学院副教授。

③　陈文娟，武昌理工学院馆员。

智慧图书馆的发展历程，ChatGPT 赋能图书馆智慧服务的应用前景，ChatGPT 赋能图书馆智慧服务的技术局限及风险，ChatGPT 赋能图书馆智慧服务的启示四个方面，对 ChatGPT 赋能图书馆的智慧服务进行探索。

## 2  ChatGPT和智慧图书馆的发展历程

### 2.1  ChatGPT 的发展历程

生成式预训练变换模型（Generative Pre-trained Transformer，以下简写为 GPT），是一种基于 Transformer 的自然语言处理模型，其最早提出时的构想是：先在无标注的数据上训练获得一个生成式的语言模型，后根据具体任务进行监督和微调。GPT 的提出大大推动了自然语言处理的研究和发展[4]。

GPT 技术最早开发应用的时间是 2018 年 6 月，之后经历了 GPT–1、GPT–2、GPT–3、InstructGPT 和 ChatGPT 总计五个阶段[5]。至 2022 年 11 月，目前最成功的 GPT 产品 ChatGPT 被开发出来，ChatGPT 不仅有筛选文献、模仿人类等功能，还能够处理文案工作、代码工作，不仅得到了业内的认可，而且在整个社会引起了广泛关注[6]。整体来看，ChatGPT 的发展时间较短，但是产生的价值巨大，如何能够了解、掌握、应用 ChatGPT 这个技术，将会是未来一段时间各行各业都需要关注的问题，如表 1 所示。

表 1  参数对比

| 技术阶段 | GPT–1 | GPT–2 | GPT–3 | ChatGPT |
|---|---|---|---|---|
| 参数（Parameters） | 1.17 亿 | 15 亿 | 1750 亿 | 18 525 亿 |
| 解码层（Decoder Layers） | 12 | 48 | 96 | 192 |
| 连接标段（Context Token Size） | 512 | 1024 | 2048 | 4096 |
| 隐藏层（Hidden Layer） | 968 | 1600 | 12 288 | 185 652 |
| 批量标段（Batch Size） | 64K | 512K | 3.2M | 18.3M |

## 2.2 智慧图书馆的发展历程

智慧图书馆是图书馆建设的未来，在社会高速发展、新技术不断被开发应用的时代背景下，网络的日新月异、人机交互的快速转变等因素，深刻影响了图书馆的服务内容、服务手段以及服务方式，使图书馆服务的呈现形式、内容体系以及创作方式逐渐迭代，完成从信息到知识、从被动到互动、从单一到多元的发展[7]。从传统图书馆发展到智慧图书馆，其历程涉及技术、内容、服务方式等，可以总结为图1。从网络演进的方式来看，图书馆服务的技术呈现从 Web1.0 单向传播式到 Web2.0 双向交互式，逐渐向 Web3.0 用户参与式扩展的局面发展[8]，推动图书馆发展为用户互动、分享并参与建设的智慧图书馆[9]。从生产内容上来看，从专业生产内容（PGC），到用户生产内容（UGC），到人工智能生产内容（AIGC）。人工智能技术的迅速发展，大大加快了智慧图书馆的发展进程[10]。目前智慧图书的建设还处于发展当中，不少概念还停留在理论阶段，智慧图书馆想要发挥出最大的价值，还要等技术上更大的突破。ChatGPT 的出现则大大加快了智慧图书馆的建设进度，将会成为服务智慧图书馆建设的重要支撑。

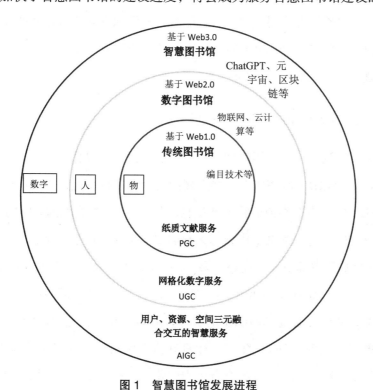

**图1　智慧图书馆发展进程**

## 3　ChatGPT赋能图书馆智慧服务的应用前景

### 3.1　Translation：智能语言翻译

在传统图书馆和数字图书馆的使用过程中，资料筛选是一个漫长且低效的工作环节[11]。进入数字图书馆时代以来，筛选、查询资料效率大大提高，但是面对这些海量的资源，不少使用者还是很难在短时间找到自己需要的资料。ChatGPT的出现则解决了这个问题，直接向人工智能提问能够迅速得到一个相对准确的结果。图书馆使用者在查阅资料、收集文献、筛选信息过程中，需要面对各个国家的文献，而ChatGPT的智能语言翻译功能在图书馆智慧服务中能够体现出如下三个优势。第一，能够在较短的时间内，筛选不同语言的资料库。通过智能翻译，同时搜索不同语言的资料库，给使用者提供更加充足、广泛的资料[12]。第二，智能语言翻译的翻译能力、翻译准确度大大提高。相比于之前的翻译软件，ChatGPT不仅处理效率更高，而且翻译的准确度也大大提高。学习使用者使用习惯之后，能够轻松做到不同语言之间的文献转换，大大提高办公效率。第三，ChatGPT能够识别、学习使用者习惯语言，能够针对使用者的资料进行侧重筛选，进而影响评价。

### 3.2　Transformation：智能交互性服务

交互性是人工智能技术鲜明的特征之一，ChatGPT最初受到学术圈以外关注的主要原因之一是：ChatGPT能够像人一样直接和使用者进行交流，并且能够和人探讨问题。在ChatGPT之前也有类似的技术和信息产品，ChatGPT的性能相比于以往的技术产品有着颠覆性的提高。图书馆作为每天都需要交换大量信息的平台，ChatGPT在智慧图书馆服务之中有着如下三个优势。第一，大大减轻了图书馆管理人员的工作负担，充分解放了图书馆的劳动力。ChatGPT的交互服务，基本能够满足图书馆使用者所需要的基本交流，使用者通过ChatGPT的引导，能够正确顺利地使用图书馆所有功能。第二，高效的资料查询。ChatGPT的高效性在查询资料的过程当中体现得非常明显。不管是查询特定资料还是只对资料有着模糊的印象，都可以查询，而且保持着相当高的准确性。在传统图书馆或者数字图书馆中，对于查询资料并不是非常了解的使用者，往往很难获得真正需要的资料。第三，通过和 ChatGPT 的交流，能够为使用者提供有价值的讨论，对使用者查询资料的方向有一定引导作用。

## 3.3 Treatment：任务处理

ChatGPT 不仅能够寻找资料，还能通过任务处理编写的材料供使用者参考，能够大大提高使用者的工作效率。ChatGPT 任务处理的功能引起了社会的广泛关注，甚至恐慌。ChatGPT 在输入一定相关数据、信息的情况下，可以智能生成图片、表格、简单的柱形图和条形图等，还可以根据使用者的需求编写文案、编写程序、制作 PPT 等，这些工作如果由人力来完成，都是需要一定专业技术支持的。在这样强大的任务处理功能下，赋能图书馆的智慧服务过程中有以下两个要点。第一，编写简单的程序能够辅助科研、学习等。在信息技术高度发达的今天，程序编写从之前只有少数人掌握的技术，变成了一个基础技能。尤其对于科研人员来说，在进行试验、数据统计时，如果能够掌握一定的编程能力，就可以大大提高工作效率。通过 ChatGPT，即使是对于缺少编程基础的科研人员也能够轻松获取自己需要的程序，对于整个学术界来说都是有正向意义的。第二，ChatGPT 通过简单的文案编写，对于处理基础文字工作的图书馆使用者来说，能够高效批量处理大量固定格式的文案。ChatGPT 的存在使得图书馆从一个纯粹的资料储存单位，变成了具有一定生产力的机构。

## 3.4 ChatGPT 赋能图书馆智慧服务的应用场景

图书馆高质量发展需要人工智能的赋能。ChatGPT 以内容赋能图书馆资源建设、以主题赋能科研服务、以模型赋能参考咨询服务以及以理念赋能文化服务，形成多功能应用场景，协同图书馆资源增值能力（Resources）、服务专业能力（Services）、咨询智慧能力（Reference）、文化均等能力（Culture）的发展。基于此，本文构建了ChatGPT 赋能图书馆智慧服务的应用场景，并命名为"RSRC"框架图，如图 2 所示。

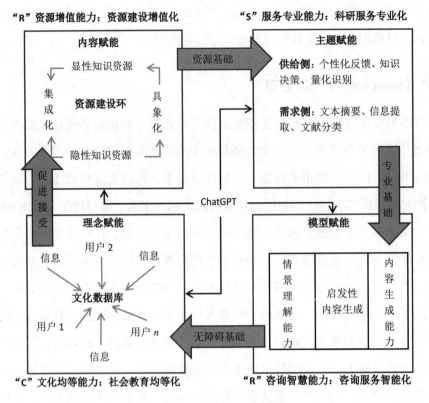

"R"资源增值能力：资源建设增值化　　　"S"服务专业能力：科研服务专业化

图2　"RSRC"框架图

# 4　ChatGPT赋能图书馆智慧服务的技术局限及风险

## 4.1　技术上的局限性

ChatGPT 的性能在很大程度取决于其训练数据和计算资源的质量，大规模的优秀标注数据与计算资源将有助于 ChatGPT 给予用户更准确的回复，技术上不断地改进也会使 ChatGPT 的模型持续优化，ChatGPT 目前在技术上仍存在局限性[13]。另外，ChatGPT 相比于以往的人工智能产品，展现出了跨越时代的性能。但 ChatGPT 并非一个完美的产品，通过社会各界人士的测试，也多多少少发现了 ChatGPT 在技术上的局限性。技术是需要不断发展的，对于人工智能这种变化迅速的科技产品更是如此[14]。在 2018—2022 年短短四年内，ChatGPT 就进行了五代的演替，平均不到一年就进入下一代。不断变更的新产品，对使用者的训练时间、训练成本都是一个巨大的挑战[15]。

## 4.2  使用上的风险性

ChatGPT 在使用中有一定的风险，主要体现在以下四个方面。第一，政治风险。当前国际的政治形势严峻复杂，ChatGPT 目前还不支持中国 IP 的手机号注册，但已经有很多中国用户通过一些方式在使用 ChatGPT。ChatGPT 的实际控制权毕竟是其他国家，一方面如果中国用户大量使用 ChatGPT 进行任务处理、资料查询等工作，可能会被别有用心的机构统计推算，甚至会出现国家机密泄露的情况。另一方面，使用者在给 ChatGPT 提问获得的回答当中，可能会掺杂一些明显的政治倾向，在长期潜移默化的影响下，可能会造成严重的社会问题。第二，知识产权风险。ChatGPT 目前编写的文字并不是直接由人工智能创造出来的作品，而是通过大量整合网络相关内容，套用、抄袭已有的文章，如果使用者提供的材料非常有限，那么将会引发复杂的知识产权纠纷。就目前 ChatGPT 展现出来的功能，笔者并不建议通过该技术直接编写商用产品。第三，学术道德的风险。目前 ChatGPT 编写的论文，仅仅从语言逻辑、文章结构等方面达到了极高的完成度。但是对于科研来说，论文是结果，是对研究者研究课题的总结。没有通过实际调查、实验数据支撑编写出来的论文只是空中楼阁，经不起推敲。ChatGPT 在学术圈如果不加以控制，必然会出现大量伪论文，破坏现有良好的学术圈的研究氛围。第四，图书馆名誉的风险。在智慧图书馆的建设中，使用 ChatGPT 这种新兴技术，连带产生的政治风险、知识产权风险和学术道德风险都会在一定程度上影响相关图书馆的名誉。虽然直接使用者并不是图书馆，但是这样的技术在图书馆使用不加以任何限制，极大可能出现上述风险，直接或间接影响图书馆的名誉。

# 5  ChatGPT赋能图书馆智慧服务的启示

## 5.1  ChatGPT 对智慧图书馆发展的应用需要时间沉淀

类似 ChatGPT 等前沿新兴的人工智能技术，目前依然处于开发阶段，笔者认为以 ChatGPT 为代表的新技术迅速发展需要经历时间的沉淀才能检验其实用性。ChatGPT 之所以会成为学术界内外都热衷讨论的一个新兴技术，是因为 ChatGPT 的功能是划时代的，不仅能够和使用者流利自然地沟通，还能够完成需要一定特殊技术、有难度的工作。为使 ChatGPT 能够广泛应用到各个图书馆中，可以从以下两个方面入手。第一，先在部分图书馆进行试点。智慧图书馆的服务建设是长期的，其间必然会多次涉及 ChatGPT 这类的新兴技术，在新技术尚未成熟，尚未得到时间沉淀的阶段，应该在试点图书馆充分实验后再全面投入使用。第二，关注实验期间的使用反馈。ChatGPT 有着诸多优点，能够大大提高智慧图书馆的效率，但是否适合图书馆，在图书馆使用中会出现哪些问题依然尚未可知。在试点期间，调查研究人员应客观详细地记录使用者的体验，经过实践之后再去评估 ChatGPT 对智慧图书馆建设的价值。

## 5.2　ChatGPT 对智慧图书馆发展的进程有促进作用

ChatGPT 作为人工智能代表性技术，受到了学术圈和整个社会层次的广泛关注，智慧图书馆的建设离不开以 ChatGPT 为代表的新技术。学术界最初提出"智慧图书馆"这个概念是在 21 世纪初期，距今不过 20 多年，当时对智慧图书馆很多功能都只是设想，依靠当时的技术是很难实现的。ChatGPT 的出现，让过去的很多想象都有了实现的可能。理论设想和技术发展是智慧图书馆建设的两条腿，有时候理论设想走在前面，有时候技术发展走在前面，智慧图书馆的建设不仅需要一个合理的规划、计划，同时也要基于目前已有的技术水平。ChatGPT 是人工智能最前沿的研究成果之一，智慧图书馆要灵活、科学地应用该技术，完成智慧图书馆的建设。

## 5.3　需要警惕 ChatGPT 的风险性

智慧图书馆的建设中，ChatGPT 的优势面如果能充分利用，那么智慧图书馆的建设进程必然会大大加快。同时，面对 ChatGPT 潜在的风险性，图书馆管理人员也需要保持足够的重视和警惕。针对目前 ChatGPT 存在的风险，应用期间可以通过以下三种方式进行规避。第一，加强我国信息技术的发展，加快人工智能研究进程。ChatGPT 的研究成果并不属于我国，如果我国信息技术想要在未来的发展不再受制于人，就要加大对信息技术发展的投入，加速人工智能的研究进程。第二，技术提升并非一蹴而就，研究瓶颈也不是能够轻易突破的。在我国人工智能技术还不能够赶超国际先进水平前，应该从审核入手、管理入手。针对 ChatGPT 存在的政治风险和版权风险，可以制作针对性的审核插件，来规避 ChatGPT 存在的风险。第三，加强对使用者的教育。ChatGPT 是最前沿的信息技术产品，工具的使用是产生积极的结果，还是造成消极的危害，归根结底取决于使用者的素质。在推广应用 ChatGPT 的同时，应该加强使用者的素质水平，通过专题讲座、定期培训等方式，让使用者对 ChatGPT 存在的风险有一个清醒的认知，让所有使用者都能够保持警惕心理。

## 6　结语

通过对 ChatGPT 赋能图书馆智慧服务的探索，研究成果可以总结为以下三点。第一，以 ChatGPT 为代表的人工智能技术是智慧图书馆建设的标志性技术之一。智慧图书馆的内核和人工智能不谋而合，二者有着密切的联系，智慧图书馆的建设必须合法合规地使用相关技术。第二，ChatGPT 技术展现出来的特性在智慧图书馆建设当中有着较大的应用价值。ChatGPT 不仅能够解决传统图书馆、数字图书馆解决不了的问题，还能够大大完善并提升传统图书馆、数字图书馆已有的功能。第三，ChatGPT 的高效和风险是并存的。在充分利用 ChatGPT 优势的同时，也要警惕 ChatGPT 带来的各种潜在的风险。

### 注释：

［1］张慧、叶鹰：《智能、智识、智见：智慧图书馆之特征解析》，《中国图书馆学报》2023 年第 3 期。

［2］Cox C and Tzoc E, "ChatGPT: Implications for Academic Libraries," *College & Research Libraries News* 84, no. 3, (2023), pp. 99–102.

［3］Subaveerapandiyan A, Arockiasamy V and Tiwary N, "Netizens, Academicians, and Information Professionals' Opinions About AI With Special Reference To ChatGPT," *Computer and Society*, accessed May 15, 2023, https://arxiv.org/abs/2302.07136.

［4］Pecoskie J, Spiteri L F and Tarulli L, "OPACs, Users, and Readers' Advisory: Exploring the Implications of User-Generated Content for Readers' Advisory in Canadian Public Libraries, " *Cataloging & Classification Quarterly* 52, no. 4, (2014), pp. 431–453.

［5］Hopkins A M, Logan J M and Kichenadasse G, et al., "Artificial Intelligence Chatbots will Revolutionize How Cancer Patients Access Information：ChatGPT Represents a Paradigm-Shift," *JNCI Cancer Spectrum* 7, no. 2, (2023): pkad010.

［6］Radford A and Narasimhan K, "Improving Language Understanding by Generative Pre-Training," accessed March 22, 2023, https://cdn.openai.com/research-covers/language-unsupervised/language_understanding_paper.pdf.

［7］Jiao W, Wang W, Huang J, et al., "Is ChatGPT a Good Translator? A Preliminary Study," *Computation and Language*, accessed May 15, 2023, https://arxiv.org/abs/2301.08745.

［8］Zimmerman E, "Augmented Reality Exhibit Brings Historical Artifacts to Life," Washington College Archives, accessed March 18, 2023, https://edtechmagazine.com/higher/article/2018/08/augmented-reality-ar-archives-bring-historical-artifacts-life.

［9］Luan L，Lin X，Li W, "Exploring the Cognitive Dynamics of Artificial Intelligence in the Post-COVID-19 and Learning 3.0 Era：A Case Study of ChatGPT," *Computer and Society*, accessed May, 15, 2023, https://arxiv.org/abs/2302.04818.

［10］Qin C, Zhang A, Zhang Z, et al., "Is ChatGPT a General-Purpose Natural Language Processing Task Solver?" *Computation and Language*, accessed May 15, 2023, https://arxiv.org/abs/2302.06476.

［11］Eskridge H and Duckett K, "Personas:An Assessment Tool for Library Space and Service Design," accessed March 16, 2023, https://core.ac.uk/download/71426381.pdf.

［12］Reuters, "Ai Uncovers Unknown Play by Spanish Great Library Archive," accessed February 3, 2023, https://www.chinadailyhk.com/article/313346#AI-uncovers-unknown-play-by-Spanish-great-in-library-archive.

［13］Zhou C, Li Q, Li C, et al., "A Comprehensive Survey on Pretrained Foundation Models：A History from BERT to ChatGPT.*Artifcial Intelligenc*e," accessed May 15, 2023, https://arxiv.org/abs/2302.09419.

［14］郭亚军、袁一鸣、郭一若等:《元宇宙视域下的虚拟教育知识流转机制研究》,《情报科学》2022 年第 1 期。

［15］钟欢、王天一、马秀峰:《用户需求驱动下高校图书馆智能化学科服务平台构建研究》,《情报理论与实践》2022 年第 2 期。

# 探索图书馆少儿、教辅图书数据与服务发展新需求

王天琪[①]

**摘　要**：智慧时代面对海量阅读资源，引导少年儿童培养良好阅读习惯，提供优质阅读服务是图书馆重要的社会责任之一。当前图书馆少儿服务主要以少儿、教辅文献资源为主，但因少儿、教辅图书本身知识密度低、使用量小，故在数据加工和服务过程中常被简化乃至忽略。本文基于当前图书馆内的少儿、教辅图书数据及服务现状进行分析，提出应完善现有数据、创建个性化检索点、增强数据分析与资源关联、提供教辅图书使用功能等未来数据及服务发展的新方向，并就当前少儿、教辅图书数据与服务存在问题进行思考。

**关键词**：少儿图书；教辅图书；数据及服务；资源关联

## 1　图书馆少儿、教辅图书的新发展

2018 年施行的《中华人民共和国公共图书馆法》中提出："政府设立的公共图书馆应当设置少年儿童阅览区域，根据少年儿童的特点配备相应的专业人员，开展面向少年儿童的阅读指导和社会教育活动，并为学校开展有关课外活动提供支持。"根据该法中提出的"开展面向少年儿童的阅读指导和社会教育活动"及"为学校开展有关课外活动提供支持"的需求，在图书馆内提供具体服务和资源支持的主要内容为少儿图书和教辅图书。

---

① 王天琪，国家图书馆副研究馆员。

## 1.1 少儿、教辅图书出版与发展

教辅图书，顾名思义为教学辅导之用，即供中小学生使用的各种学习辅导、考试辅导等方面的图书。1978 年恢复高考后，教辅图书应运而生，随着我国教育体制的改革，教辅图书的发展基本上经历了以下阶段：20 世纪 80 年代教辅图书品种单一、出版量小，编辑和出版基本由出版社包揽；20 世纪 90 年代初期由于教辅图书利润空间大、销量好，出版市场开始迅速繁荣，教辅图书的品质也开始良莠不齐；2001 年新课改和教育改革后，政策开始严格限制出版和统一订购教辅类图书，教辅图书市场虽然受到一定波及，但仍蓬勃发展；后来市场经济发展，民营图书公司由最初的试探性、盲目性地出版教辅书，到有计划地挤入教辅图书市场并分得半壁江山，教辅图书出版品种繁多、竞争激烈，内容和装订上也花样百出。再到现在，教辅图书已经开始出现各自独特的品牌，出版介质不断更新，甚至有些出版单位已经逐步将教辅图书推上数字出版的道路。

少儿图书，广义上是指目标受众为少年儿童的图书。近十年，随着社会对少年儿童阅读生活关注度日益提高，少儿图书在分类与品种上也在不断细化。从目标受众年龄角度来说，少儿图书可分为学龄前儿童图书（0—6 岁）、中小学阅读读物（7—15 岁）、青少年类图书（15—18 岁）。从图书馆入藏角度来说，少儿图书可分为以下类型：儿童社会科学读物，包括中外人文、地理读物、思想品德教育读物、历史读物；儿童自然科学读物，包括科学知识读物、科幻小说 / 故事、科学童话 / 科学诗科学小品；儿童文学读物，包括儿童小说、童话 / 儿童寓言、儿童诗歌 / 散文、儿童剧本、古典文学 / 民间故事传说改编的儿童读物；儿童动漫、卡通、连环画；低幼启蒙类少儿图书（启蒙 / 认知 / 亲子），以学龄前幼儿为对象的儿童读物；儿童音乐、美术读物；工具书、实用书；成才励志类少儿图书；理论、资料、史料类儿童读物少儿图书。在出版量上我国少儿图书经历了快速增长期、平稳增长期，现在正逐步向成熟发展期过渡。《中国统计年鉴》显示，2008—2013 年我国少儿图书出版呈快速发展状态，五年间出版品种数增长了 186%；2014—2019 年我国少儿图书出版开始放缓脚步，五年间出版品种数增长了 18%；2020 年后少儿图书逐步开始向细分化、品牌化、精品化过渡。

### 1.2　少儿、教辅图书新特性

随着时代、科技的进步，少年儿童对于知识和阅读的需求也越来越多样化。在出版产业高速发展的今天，少儿图书和教辅图书各司其职，已逐渐演变出了各自独有的新特性。

教辅图书方面最为显著的特征是实用性逐渐增强，阅读性逐渐减弱。教辅图书从最初的课外辅导及相关阅读用书，演变为中小学生基本人手必备的日常功课"套餐"；从最初的增加少年儿童对课内知识深入理解和拓展为主要目标，逐渐转变成了考试提分、日常练习的"重要武器"之一。教辅图书也由最初的文化产品属性逐步向一次性快销品属性转移。

少儿图书方面最为显著的特征是互动性、多媒体娱乐性、出版材质和装帧方式多样化。互动性方面，随着新技术与出版业的融合，少儿图书根据阅读对象的年龄、认知特征等特点，将 VR、AR、MPR 等虚拟现实和多媒体技术融入少儿图书出版，为少年儿童提供沉浸式交互体验已成为出版新趋势。多媒体娱乐性方面，当当网发布的《2019 儿童阅读与亲子家教阅读报告》显示儿童听书的品种和销售占比与 2017 年相比有较大提升，品种占比由 7% 上升到了 14%，销售占比由 8% 上升到 35%[1]。家长对少儿图书的选择，除了文字内容，对画风、音频等艺术质感和多元媒介的呈现形式上也有更多的品质追求。出版材质和装帧多样化方面，出现了布艺书、立体折叠图书、不规则外形图书等。

## 2　图书馆少儿、教辅图书数据与服务发展新方向

少儿、教辅图书出版量的增加、出版方式的多样化给青少年带来全新阅读和使用体验的同时，也给图书馆的少儿服务指引了新的发展方向。

### 2.1　少儿、教辅图书数据发展新方向

#### 2.1.1　少儿、教辅图书数据的完善与个性化检索点的增加

少儿、教辅图书年出版量近些年来稳中有升，但大多数图书馆对少儿、教辅类图

书馆藏不多，尤其是教辅类图书，有些图书馆采取不收藏不服务的原则。当前少儿、教辅图书数据在大多数图书馆处于简单编目的状态，对图书的特殊材质、特殊形状、多媒体一体化载体等新形态缺乏合适的著录字段，更缺乏适宜少年儿童使用习惯的个性化检索点。随着信息技术的发展，图书馆的文献资源服务已不只局限于传统形式上的实体或电子图书，而是作为知识收藏、交流和再创造的复合空间。完善少儿、教辅基础书目数据既是未来图书馆少年儿童服务发展的需求，也是避免重要信息缺失、数据冗余的基本要求，更是少儿、教辅图书数据共享利用及服务再开发的基础。

### 2.1.2　少儿、教辅图书数据分析与资源关联的完善

少年儿童的逻辑思维还处于发散状态，在内容表达、语言使用习惯等方面与成年人差异明显，因此采用与成年人相同的检索逻辑和数据呈现方式对少年儿童来说并不适宜。为提高少儿图书馆服务使用效率，增强少年儿童对文献资源的自主选择权，建议在少儿、教辅图书书目数据著录过程中增加与资源关联的信息，便于后期根据少年儿童读者借阅检索习惯提供个性化检索点，为进一步个性化数据分析和数据服务奠定基础。

## 2.2　少儿图书服务发展新方向

### 2.2.1　少儿图书亲子共读及阅读分级需求的提升

少儿图书作为课外阅读的重要文化产品之一，学校、家庭、图书馆乃至全社会对少年儿童的阅读生活都倍加关注。亲子共读是提高少儿阅读能力、思维能力、表达能力，培养少儿良好阅读习惯的重要途径。而当前我国少儿图书馆和少儿阅览室更多以少年儿童为主体提供图书服务和阅读空间，对亲子共读的读物标记和阅读空间的建设尚处于待开发阶段。此外，阅读能力的分级也是提高少儿课外阅读兴趣，逐步培养其阅读能力的重要方法。根据《GB/T 36720—2018〈公共图书馆少年儿童服务规范〉》的要求公共图书馆馆藏资源配置遵循婴幼儿、儿童、青少年分级服务的原则[2]，我国少儿图书出版、少儿图书馆及少儿阅览室对于分级阅读还需进一步推广。

### 2.2.2 少儿图书阅读知识、娱乐属性的挖掘

网络时代面对海量碎片化的阅读资源，快餐娱乐阅读也从成年人渗透到少年儿童读者，使传统少儿图书阅读时长正在被各种网络娱乐阅读资源蚕食。面对当前少年儿童阅读现状，图书馆的少儿图书阅读服务包括但不限于提供阅读资料、阅读空间和阅读指导，还需深入挖掘少儿阅读的知识属性和娱乐属性，针对性地提升少年儿童的阅读兴趣，增强少年儿童阅读过程中的成就感、归属感和感官乐趣。

## 2.3 教辅图书服务发展新方向

### 2.3.1 提供教辅图书使用功能

教辅图书作为大多数少儿馆、少儿阅览室乃至整个图书馆界剔除的文献资源，每年却以数十万册出版销售。尽管教辅图书对于少年儿童来说是阅读学习生活中不可或缺的一部分，是满足其课内知识巩固和成绩提高的重要产品，但大多数少儿馆、少儿阅览室对教辅图书服务仍秉持拒绝或观望态度，对出版单位向各省级图书馆履行法定义务交存的教辅图书样本仅简单登记或直接剔除入库。少儿馆、少儿阅览室是否可以考虑对现有或接收交存到馆的教辅图书提供使用服务，对部分有困难的少年儿童提供相应的课内学习及教育资料使用机会。

### 2.3.2 基于知识点考核建立的碎片化资源互通

教辅图书除了要平衡其在图书馆收藏与使用功能，对教辅图书包含的课内知识拓展、知识与资源的链接也是细化服务的重要发展方向。虽然教辅图书因全国各地区教育实施方针、考核重点的差异而具有极强的出版地域性特点，但全国中小学教育知识考核内容大同小异并具有一定共通性，在资源层面对教辅图书进行个性化的知识拓展和资源链接，有便于提供更优质、更理想的智慧化服务。

## 3  少儿、教辅图书数据与服务发展思考

### 3.1  少儿、教辅图书数据当前存在的问题

#### 3.1.1  少儿、教辅图书重印、出版不规范造成的数据重复、冗余，缺乏相关培训

2019 年国家新闻出版署发布的《全国新闻出版业基本情况》显示，2019 年全国少儿图书重印种数已经超过新书种数[3]。少儿、教辅图书每年重印量大，在无法进行重印与原版图书实物对比的情况下，不同编目员对原版和重印图书信息选取存在差异，不可避免地出现了大量重复数据。目前，少儿、教辅图书编目信息可套录的书目数据来源众多，如联合编目、书商的 MARC 数据和 CIP 数据等。由于各数据制作单位对少儿、教辅图书的编目工作相对简化，且缺乏此类图书编目相关培训和标准，经常出现同一种少儿、教辅图书各单位耗费人力物力制作出的书目数据却存在一定差异，导致少儿、教辅图书编目数据在共享和使用时，仍需投入大量人力进行甄别、筛选和查重。

#### 3.1.2  编目信息有待完善，无法揭示图书本质

现行环境下图书馆对少儿、教辅图书重视程度不高，著录的字段也相对简单，现有的普通图书编目规则无法很好地揭示此类文献的内容和特征，读者很难进行选择判断。例如，一本带有电子设备的儿童玩具书，按照常规只是著录了价格、题名、责任者、出版等基本情况，并未对其形态、载体等特征进行描述，光看编目数据很难了解图书的具体情况。

#### 3.1.3  缺乏有效分级及资源拓展与链接

目前少儿、教辅图书还未广泛实行分级制度，编目数据中仅能体现出读者适用年龄段的读者类型代码一项，也仅作为数据内部标记，在少儿读者检索和使用过程中无法发挥指导作用。此外，目前读者在检索少儿、教辅图书的资源时，资源聚类仅以书目数据设置的检索点为限，且有限的数据检索点与读者的检索习惯还存在一定差异，无法实现资源的拓展与链接。

## 3.2　基于存在问题和发展方向的思考

少儿、教辅图书数据和服务的深化发展过程从本质上来说是对少儿文献资源的有序化和深度挖掘加工的过程。从广义上来说，所有图书市场流通的少儿、教辅图书都是少儿通识资源建设的对象与素材库，图书馆对于少儿、教辅图书进行定向整理、加工、揭示、控制等过程是未来进行数据和服务发展的必由之路。针对图书馆少儿、教辅图书数据及服务方面存在的问题，包括数据冗余，信息不完善，资源服务缺乏个性化、适宜性等提出以下思考。

### 3.2.1　规范、专业推进统一标准，建立开放、个性化完善数据体系，减少冗余

图书数据普适性原则适用于大多数的情况，而少儿、教辅图书在长久的发展过程中已经形成稳定特点，因此可考虑在保持总体原则一致的前提下，在少儿、教辅图书的书目数据加工时根据其特点制定并推广相应规范和专业标准，减少冗余数据。同时创建更加个性化、开放和完善的数据加工及共享体系，包括共享分级、联机数据完善与更新、分级共享权限等，为少年儿童使用少儿、教辅图书资源降低难度、增加选择，获得更优体验。

### 3.2.2　数据与资源链接与拓展

目前少儿、教辅图书对应的线上及电子类资源，在数据和服务层面均未进行链接与拓展，因此少儿、教辅数据及服务优化的另一方向应是少儿、教辅图书内部相关数据与资源的完整链接，并根据大数据技术进行关联知识拓展。

### 3.2.3　少儿、教辅知识建设与服务，更新相关少儿、教辅图书数据编制及服务的相关工具

少儿、教辅知识的建设与服务是对少年儿童知识体系的梳理过程，也是少儿、教辅数据使用和服务提升的前进方向。此外，目前对于少儿、教辅文献进行分类标引的主要工具是《中国图书馆分类法（未成年人图书馆版）》（第四版），此版分类法于2013年出版，截至2023年并未更新与扩充。但是这十年中，少儿、教辅图书出版形式和知识需求已经发生了巨大的变化。

### 3.3 少儿读者权利在数据及服务方面的思考

图书馆少儿、教辅图书服务的深化发展是一个循序渐进的过程，在此过程中保障少儿读者权利是重要的发展方向。1991 年全国人民代表大会常务委员会批准了《儿童权利公约》，2003 年国际图书馆协会联合会（IFLA）发布了《0—18 岁儿童图书馆服务指南》（第二版）[4]，并于 2018 年进行修订。根据上述文件结合我国图书馆少年儿童服务的实际发展情况，少儿读者的权利包括平等信息权、文化教育权、信息安全及隐私权和接受文化服务的权利。少儿、教辅图书数据及服务是保障少儿读者权利的最源头设计。

平等信息权，由于少年儿童及家长对其没有充分认识和了解，因此在少儿、教辅图书服务过程中也极容易被忽略。完善、公开、易获取的少儿、教辅数据是平等信息权的基础。文化教育权，IFLA 组织 2018 年提交的儿童服务指南中提到"促进每个儿童在闲暇时间获得信息、读写能力、文化发展、终身学习和开展创造发展活动的权利"，因此在少儿、教辅图书服务过程中应在数据层面，显示并提供符合其认知水平的文献资源。信息安全及隐私权，从引导少年儿童健康发展及保护个人信息隐私的视角出发，图书馆应在少儿、教辅图书数据资源层面设置一定的查看、修改和共享权限。少数少年儿童群体接受文化服务的权利，由于少数儿童群体专用的少儿、教辅图书较少，因此在书目资源整理方面需要一定专业保障，包括多语种编目能力（如盲文、少数民族语言等），特殊信息甄别处理能力，文化差异中立理解表达，等等。

## 4 结语

少年儿童的文化发展与阅读关系着整个社会的未来，不能因少儿、教辅图书使用量小，知识内容简单而忽略。少儿、教辅数据是服务的基础，服务是数据的实践应用。保障少年儿童权利，充分利用现有少儿、教辅数据与资源，为少年儿童提供更加优质的阅读体验是图书馆履行其社会教育职责的重要组成部分。

## 注释：

［1］环球网科技:《当当发布 2019 儿童阅读与亲子家教阅读报告》, https://baijiahao. baidu.com/s?id=1635042976609495923&wfr=spider&for=pc, 访问日期: 2021 年 5 月 1 日。

［2］杨柳:《GB/T36720—2018〈公共图书馆少年儿童服务规范〉》,《标准生活》2019 年第 3 期。

［3］国家新闻出版署:《2019 年全国新闻出版业基本情况》, https://www.nppa.gov.cn/ xxgk/fdzdgknr/tjxx/202305/P020230530663740561081.pdf, 访问日期: 2021 年 5 月 1 日。

［4］"Library Services for Children and Young Adults Section. IFLA Guidelines for Library Services to Children aged 0–18. 2nd Edition（revision of 2003 Guidelines）," IFLA, accessed July 1, 2019, https://repository.ifla.org/bitstream/123456789/241/1/ifla-guidelines-for-library-services-to-children_aged–0–18–zh.pdf.

# 图书馆的智慧化转型及信息组织工作刍议

王 燕[①]

**摘 要：** 图书馆实现智慧化转型，建设智慧图书馆，既是适应"智慧社会"发展的需要，同时也是满足不断升级的读者新需求的需要。在图书馆智慧化转型和发展智慧图书馆过程中，应把图书馆信息组织工作理解为智慧图书馆服务建设的内容，即如何建设好为读者提供满意的知识服务的智慧模式。根据目前相关技术发展情况并参考国内外图书馆的代表性做法，对图书馆智慧转型中信息组织工作模式提出较为可行的建议。

**关键词：** 图书馆智慧化转型；智慧图书馆；信息组织工作；知识服务

## 1 "智慧图书馆"已成为必然的发展趋势

国家"十四五"规划和 2035 年远景目标中指出，今后要加强数字社会、数字政府建设，提高公共服务、社会治理等数字化智能化水平。随着我国 5G 建设于 2019 年 6 月进入商用阶段，智慧城市建设已加快发展步伐。智慧城市是我国正在大力推进的新型城镇化建设的方向，是城市信息化建设的高级阶段。通过物联网、云计算和大数据技术等智能信息技术的运用，将城市里分散的、各自为政的碎片化信息系统整合起来，让这些信息资源具有感知化、物联化、共享化和智能化的特点，从而更好地服务社会，满足人民群众对更加美好生活的向往和追求。

图书馆服务是公共服务体系的一个重要组成部分，也是实现公共文化服务的主要渠道之一。图书馆没有了公共服务性也就失去了它存在的社会价值[1]。因此，适应智

---

① 王燕，国家图书馆馆员。

慧城市发展需要，传统图书馆必须进行智慧化转型，充分利用大数据和人工智能等具有颠覆性的技术，向智能化和智慧化发展，自觉地成为智慧城市建设不可或缺的重要组成部分，既要以知识和信息服务来助推智慧城市的发展，又要以智慧化的服务满足人民群众对文化服务的新要求。

"智慧图书馆"是一种新生事物，国内外对其概念的定义和特点的研究仍处于探索和认识阶段。从第四次工业革命和"智慧社会""智慧城市"的特征看，以移动互联网、云技术、大数据、人工智能等为代表的新技术应用汇聚在一起，将日益消除物理世界、数字世界和生物世界的界限，从而打开一个全新的时代，社会将进入一个全新的生态。

国内学者王春雨认为，智慧图书馆就是充分利用现代信息通信技术汇聚人的智慧，赋予物的智能，实现人与物的相连，人与人的相连，实现以人为本的智慧化服务和智慧化管理的新型图书馆，实现馆式阅读、读者服务、学习场所、阅读体验以及休闲娱乐的智慧化[2]。初景利认为智慧图书馆是馆员、资源和技术等不同要素的综合体，是通过人机交互的耦合方式致力于实现知识服务的高级图书馆形态[3]。王世伟认为数字化、网络化和智能化是智慧图书馆的技术基础，人与物的互通互联是智慧图书馆的核心要素，以人为本、绿色发展、方便读者则是智慧图书馆的灵魂与精髓[4]。

从以上这些专家、学者论述来看，"智慧图书馆"离不开传统图书馆在近一二十年间的数字化、智能化发展。智能图书馆是智慧图书馆的基础，智慧图书馆是智能图书馆的发展目标。从智能图书馆向智慧图书馆转变，是图书馆深化发展和提升服务能力的必然要求[5]。因此，根据这些论述并结合我国图书馆数字化、智能化、智慧化发展现状，我们不妨将"智慧图书馆"分为两个阶段来讨论，即初步智慧化（数字化和智能化）阶段和完全智慧化阶段。

## 1.1 初步智慧化阶段，即图书馆的数字化和智能化阶段

适应计算机和网络技术飞速发展的需要，图书馆（包括公共图书馆和教育科学机构图书馆等）将自己拥有的图书、期刊、地图、手稿、善本、影像等资源数字化，更好地满足读者多样化服务需求，对这些海量资源本身进行更好的存储和利用。数字化后的信息资源可以通过网络中的分布式数字媒体手段向读者传递，读者通过多样化手段完成资源获取，极大地节省图书馆的人力和物力，也极大地提高了馆藏资源的利用

效率。

数字图书馆的提法首先出现在美国国家研究促进机构（Corporation for National Research Initiatives）1988 年发布的一份工作报告中。1994 年，由美国科学基金委（NSF）、国防部高级研究计划（DARPA）和美国宇航局（NASA）联合策划的"数字图书馆研究计划"（Digital Library Initiative）启动后，这个概念才逐渐开始被业内广泛使用和流行起来[6]。传统图书馆和数字图书馆的特点对比如表 1 所示[7]。

表 1　传统图书馆和数字图书馆特点对比

| 图书馆类型 | 传统图书馆 | 数字图书馆 |
| --- | --- | --- |
| 馆藏资源 | 印刷品 | 数字化 |
| 运营模式 | 定性化，变化慢 | 变化快，发展迅速 |
| 馆藏资源的相关性 | 相对独立 | 多媒体化，关联性较强 |
| 馆藏资源保管技术 | 较少使用元数据技术 | 大量使用元数据 |
| 管理模式与查询渠道 | 集中式管理，查询渠道单一 | 分散式管理，查询渠道无限制 |
| 馆藏的物理与逻辑结构的相关性 | 馆藏的物理和逻辑结构相关 | 馆藏的物理和逻辑结构均为虚拟 |
| 传播模式 | 单向信息传播模式 | 实时对话式传播模式 |
| 服务收费模式 | 服务免费 | 服务可以部分收费 |

自印刷术发明以来，全世界出版的所有书籍不超过 10 亿种（现在每年不超过 100 万种）。假设 1 本书平均有 500 页，每页 2000 个字，即便不采取数字压缩技术，这样 1 本书进行数字化后也仅占用 1 兆字节的储存空间。因此，使用 10 亿兆字节储存空间就可以将全世界出版过的所有图书用数字化的形式储存起来。按每 10 亿字节的储存光盘价格为 20 美元来计算，10 亿兆字节的光盘费用约为 2000 万美元[8]。不但印刷品可以数字化，音像制品也可以数字化。与传统图书馆建设、运营的高投入相比，数字图书馆不但可以节省大量人力物力，而且投入也不大，必然是未来图书馆的发展趋势。

数字图书馆相比传统图书馆的优势可以概括为：数字化的资源储存空间可无限大，且节省费用；图书馆的物理空间、工作人员数量、采购和保管成本等都可以大幅度减少；不受营业时间限制，可以全天候为读者提供服务；不受地点限制，可以在图书馆之外其他地方使用这些数字化的资源；信息资源检索更方便。

图书馆的信息资源数字化后，在数字网格技术的推动下，借助先进的云计算、移动互联网、大数据等现代信息技术手段，搭建智能化的图书馆管理平台，实现资源的有效利用和更高的服务质量，图书馆进入智能化阶段。

## 1.2　完全智慧化阶段，即图书馆成为整个社会的信息提供中心

图书馆作为社会的文化设施，其功能主要是公共文化服务。随着计算机技术、信息通信技术、人工智能技术的迅猛发展，传统图书馆的业态将受到极大冲击。纸质书籍、期刊、报纸等馆藏品，甚至它们的数字化形式，未来将不再需要物理空间储存，每一份数字化的信息资源将同时可以被无数个使用者使用。在这种情况下，"图书馆"这一名称将成为过去时，因为原来的阅览室、书库等物理设施将失去用武之地。现在的"图书馆"将变为虚拟的"信息中心"，通过网络设备为注册的用户提供信息服务。这种信息中心不但不需要宽敞的阅览室、书库等物理空间，而且每个国家仅需设立一个这样的信息中心就可以为全国用户提供同样的服务。从理论上讲，全世界设立一个信息中心就可为全球用户服务[9]。

根据国内有关专家学者的论述，智慧图书馆的服务愿景体现在：服务场所泛在化、服务空间虚拟化、服务手段智能化、服务方式集成化、服务内容知识化、服务体验满意化[10]。目前，从服务手段智能化和服务体验满意化方面探讨智慧图书馆服务建设具有较强的现实意义。

## 2　图书馆智慧化转型中的信息组织工作

鉴于"智慧图书馆"的发展需要一个过程，在图书馆智慧化转型和发展智慧图书馆过程中，我们也应该把图书馆信息组织工作分为狭义和广义两个层次来讨论。

狭义上讲，信息组织工作即为原来图书馆学中的文献分类主题标引，只不过随着信息科学的兴起，从20世纪90年代开始，我国图书情报学界开始用信息管理学取代图书情报学，"信息组织"一词也顺理成章地替代了"文献分类方法"。"文献分类方法"的研究目的实质上是如何做好馆藏品的有序管理，从而更好地为读者做好借阅服务工作。

国内许多学术著作或文章对"信息组织"主要有以下代表性表述："信息组织，即信息序化或信息整序，也就是利用一定的科学规则和方法，通过对信息外在特征和内容特征的描述和序化，实现无序信息流向有序信息流的转换，从而保证用户对信息的有效获取和利用以及信息的有效流通和组合。"[11]"信息组织的基本目的和作用是序化

信息，方便人们检索利用信息。杂乱无序的信息不利于人们去认识事物的本质属性，而有序化的信息由于它更显式地反映出事物的本质联系，因而更有利于人们去认识和改造客观世界。"[12]"所谓信息组织，即指采用一系列的方法与手段使大量信息系统化和简明化的过程。它也是通过选择、著录信息内容，揭示信息之间的内在逻辑关系，按照某一规则对信息进行整序、提炼，使之系统化和浓缩化，以方便快速传递与信息交流的活动。信息组织通常是根据事物信息之间的共同性、包含性、交叉性和相关性等特征对信息实施序化与处理的信息加工过程。"[13]

还有其他一些定义和论述不再一一列举。从这些表述中看出，信息组织出现在图书馆这一语境中，反映了馆藏的数字化趋势。传统的文献编目由于其对象主要针对实体信息资源，对日益增多的数字信息资源尤其是海量的网络信息资源的组织越来越难以胜任，有被信息组织一词所替代之趋势[14]。

王松林认为，信息组织实际是信息资源的组织，分类标引不是信息组织的全部；图书馆的知识组织主要研究知识分类，图书馆的知识组织不是知识组织的全部。图书馆大可不必为自己的信息资源组织工作而妄自菲薄[15]。也就是说，绝对不能把数字图书馆或智慧化图书馆阶段的信息组织工作狭义地理解为如何对信息资源进行分类标引。

馆藏资源数字化特别是智慧化后，图书馆提供的公共服务将不再围绕纸质资料展开，而是围绕知识服务展开。馆藏资源数字化后通过网络中的分布式数字媒体手段整合文本、视频、图像等信息资源向读者门户提供服务，图书馆提供的只是便捷的信息检索设备或电子设备终端，以帮助读者学会用多样化的手段完成资源获取。数字化信息搜索使用关键词汇已足够，传统分类标引已不再是必需。到未来智能图书馆（信息中心）阶段，人们获取的信息将是整个社会提供的资源，这些信息和检索方式将在信息标准化和规范化的基础上，由不同层次、不同部门提供并交流共用，达到社会信息资源的最大配置和共享。

广义上讲，信息组织工作应该是图书馆（智慧图书馆）服务系统建设的内容，即如何为读者提供满意的知识服务模式。图书馆总是依附于用户而存在，用户需求是图书馆存在的基础与发展动力[16]。在"智慧社会"里，图书馆必须在智能技术的推动下，从服务理念出发进行彻底变革，向读者提供智慧化的服务，这是智慧图书馆服务系统建设的内容要求。

## 3 图书馆智慧化转型中的读者服务模式探讨

虽然图书馆作为信息密集型行业和公共文化服务机构，融入万物互联的智能化潮流中的发展趋势不可阻挡，但物联网、大数据和人工智能技术仍处于发展和探讨阶段，为图书馆提供的"智慧化"新技术环境也是动态的和不断更新的，"智慧图书馆"的定义、构成要素和发展构想较难在短时间内予以确定。

智慧图书馆是智慧化的综合体，由智能技术、智慧馆员和图书馆业务与管理系统这三个主体要素相互融合发展而成，是智能技术和智慧馆员作用于图书馆业务和管理体系所形成的智慧系统[17]。应该说，目前我国大部分图书馆仍处在由数字化、智能化向智慧化转型过程中。把智慧图书馆建设的首要目标定为"使社会知识活动中的不同角色都能够在图书馆得到供需适配的支持和服务"，图书馆运营模式亟待升级，不断提高知识信息服务质量和自身的运营效率。未来，读者（用户）的需求将更加个性化和深层次化，图书馆需要借助新技术手段在实现人与人的互联、机构和机构的互联、数据和数据的互联等方面下功夫，提高在新技术环境下读者对图书馆服务的满意度。

传统图书馆模式的中心工作是纸质书籍、期刊、报纸、手稿等的采集、收藏和借阅服务。图书采购到馆后（包括图书的接收和数据的接收），贴上条形码（又名资料编号，条码编号）并进行分类编目（标引和著录），由管理人员录入图书管理系统，然后整理上架，书架也按专门的分类方式摆放。读者借阅馆藏资料，仍需完成同管理人员间互动的借阅程序；资料在读者和图书馆之间的流转记录是通过计算机图书管理系统来实现的。馆藏也在进行数字化工作，但这些数字化的信息资源多局限于通过图书馆局域网才能查询或有条件地调取使用。图书馆的出入口需要安排安保人员或使用磁卡安全门，但这种安排，不仅影响进出图书馆的便利性，也为馆藏的安全留下了隐患[18]。

高度智能化是智慧图书馆突出的特征之一，网络信息技术的应用为图书馆资源定位、推送、定制和管理等服务的智能化创造了条件[19]。从传统模式向智慧化转型，大部分图书馆都是从安装磁卡门禁系统、主要依靠人力将馆藏资料上架以及在计算机图书管理系统中人工记录借阅者信息开始的，具体措施包括在图书资料里放置 RFID 芯片、烟感探测器、安全摄像头、自助借阅服务器、智能还书车、智能书架、具有远程遥控功能的智能门等。

本文选择四种目前国内外比较有代表性的模式做简单的介绍和比较。

模式1：图书馆管理系统物联化[20]。将馆藏图书资料中安置NFC磁条卡，通过手持型NFC阅读器可以对读者卡或智能手机进行扫描识别。主要特点是简化资料查询过程，可以极大减少馆藏被盗窃行为的发生。读者在书架上找到目标图书资料后，用手持NFC阅读器进行扫描获得资料的概况，如果决定借阅，需要再次扫描自己的读者卡。待图书资料归还后，管理人员同样进行扫描重新入库。

模式2：基于安装RFID芯片的图书查询系统[21]。将馆藏图书资料中安置RFID芯片，借此确定目标图书资料的存放位置，并在配套设置的小型液晶图形显示屏上提供获取图书资料的路径。主要特点是读者事先得知目标图书资料存放的书柜编号，然后将其输入带液晶图形显示屏的设备中，该设备能立即显示读者所处位置到目标图书资料的最佳路径。

模式3：利用物联网技术和NFC磁条卡图书查询系统。将馆藏图书资料中安置NFC磁条卡，并借助基于物联网技术的交互系统和无线定位系统，帮助读者查询、借阅和归还图书资料。读者通过指纹或人脸识别器进入图书馆，在内部计算机图书管理系统内输入要查找的目标图书资料，系统后端服务器将负责通过LPS定位系统把图书资料在书架上的位置传送到读者手中的智能手机上并办理借阅手续。归还图书资料时，读者仅需将其放在图书馆入口处的安装有NFC磁条卡阅读器的智能还书车内，该图书资料将自动从读者借阅单中删除。

模式4：通过使用RFID来实施图书管理。将感应门、智能查询台、RFID借书设备等组成图书管理系统。读者查询到目标图书资料后，使用RFID扫描阅读器来更新借还信息。还书时放入智慧收书盘即可。

以上四种模式的功能比较如表2所示[22]。

表2　4种模式功能比较

| 功能特征 | 模式1 | 模式2 | 模式3 | 模式4 |
| --- | --- | --- | --- | --- |
| 防盗智能安全门 | × | × | √ | √ |
| 智能还书箱（将归还的书投入） | × | × | √ | √ |
| 智能读者卡 | √ | × | × | √ |
| 在线联机目录（OPAC） | × | × | √ | √ |
| 无线射频识别（RFID） | × | √ | × | √ |

续表

| 功能特征 | 模式1 | 模式2 | 模式3 | 模式4 |
|---|---|---|---|---|
| 近场通信技术（NFC） | √ | × | √ | × |
| 读者自主查阅设备 | × | √ | √ | × |
| 书籍检索系统 | × | √ | √ | × |
| 预约功能 | × | × | × | √ |
| 图书馆内部管理系统 | √ | × | × | √ |
| 指纹识别设备 | × | × | √ | × |
| 最短路径显示器 | × | × | × | × |
| 智能手机确认系统 | × | × | √ | × |

上述四种模式虽然都使用了一些智能化的设备，简化了图书资料查询和流转的程序，但有些环节还需要进行人工操作。如在借阅环节，仍需要由管理人员在图书管理系统里输入书籍和读者的信息；在线联机目录（Web OPAC）里虽然显示某一具体图书资料在库数量，但无法显示图书资料在书架的位置，需要读者自己查询后，由管理人员协助找到这一目标图书资料，这无形中增加了图书馆工作人员的数量和工作量，等等。

借鉴现代企业管理中的业务流程重组理论（Business Process Re-engineering，BPR），将物联网技术（Internet-of-Things，IoT）运用到图书馆为社会提供知识服务的体系中，是图书馆智能化发展的重要途径。物联网技术是在计算机技术和互联网技术后的又一项重要技术，它将计算机技术、感应技术、智能化技术等集合于一身，将深刻地改变社会生产中的各个领域，如共享单车、移动POS机、电话手表、移动销售等都是物联网技术的实际运用。

对基于互联网技术，以减少人工、提高效率、消除错误、便捷有序为目标的未来智慧图书馆知识服务运作模式拟作以下设想和建议。

第一，图书资料的检索和服务。智慧图书馆的网络系统不仅是提供数字化的信息资源，而且要具备检索和预约功能。图书资料到馆后，自动通知读者上门借取。注册读者都有个人账号，账号之间可以进行已借图书的互换。

第二，出入口的自动控制。读者持装有RFID芯片的智慧卡接触感应器进出图书馆，而且图书资料内置RFID芯片，防止未办理借阅手续的图书被带出馆外。

第三，图书资料的定位查找。智慧图书馆的网络系统可以帮助读者使用高频RFID

读取器查找到目标图书资料书架的位置并在液晶图形显示器上提供最短路径。读者在家里预约该图书资料后，便可接收到附有路径视图的电子邮件。

第四，自动借还书程序。智慧图书馆设有安装 RFID 读取器的自理借书操作台，读者从书架取到书后，将书和自己的智慧卡分别放在读取器上进行感应操作，该图书资料的借出状态自动输入图书馆系统数据库。读者在出口再次进行感应操作，即可将图书带出图书馆。归还图书时，读者只要将图书放入门口的智能还书车内，还书车上的 RFID 读取器将自动读取书的信息和读者的信息，并在系统数据库里进行状态更新，以便图书管理人员直接将图书重新上架入库。

## 4 结语

物联网技术、信息通信技术、人工智能技术等发展迅速，将催生出新的业态，深刻地改变未来世界的发展。智慧化图书馆实际上是一种从实体图书馆（brick and mortar libraries）向虚实结合图书馆（click and mortar libraries）的转变[23]，随时将有最新的技术加入其中。智慧图书馆要把让读者获得满意的服务作为终极目标，提高智慧服务能力，不断适应时代的变化和新要求。对图书馆人来讲，最重要的是要转变观念，积极参与到信息共享的社会发展趋势中。

### 注释：

［1］郭海明：《公共服务体系下的图书馆服务的"公共性"解读》，《图书馆建设》2008年第 10 期。

［2］王春雨：《关于智慧城市建设背景下城市图书馆智慧转型的思考》，载《第 28 届全国十五城市公共图书馆工作研讨会》，2016，第 96 页。

［3］初景利、段美珍：《从智能图书馆到智慧图书馆》，《国家图书馆学刊》2019 年第 1 期。

［4］王世伟：《未来图书馆的新模式——智慧图书馆》，《图书馆建设》2011 年第 12 期。

［5］同［3］

［6］Bamgbade B and Akintola B A, "Comparative Analysis and Benefits of Digital Library over Traditional Library," *World Scientific News* 24, no. 1–7(2015), p. 3.

［7］Trivedi M, "Digital Libraries：Functionality，Usability，and Accessibility," *Library Philosophy and Practice*, (2010), p. 2.

［8］Bamgbade B, "Comparative Analysis and Benefits of Digital Library over Traditional Library," *World Scientific News*24, no. 1–7(2015), p. 3.

［9］Aithal S, "Smart Library Models for the future Generations," *International Journal of Engineering Research and Modern Education*1, no. 2(2016), p. 694.

［10］初景利、段美珍:《智慧图书馆与智慧服务》,《图书馆建设》2018 年第 4 期。

［11］周宁:《信息组织》, 武汉大学出版社, 2004, 第 5—6 页。

［12］储节旺、郭春侠、吴昌合:《信息组织学》, 北京交通大学出版社, 2007, 第 9 页。

［13］张帆:《信息组织学》, 科学出版社, 2005, 第 1 页。

［14］王松林:《信息组织论》,《图书馆学刊》2005 年第 6 期。

［15］王松林:《从图书馆的角度看信息组织和知识组织》,《中国图书馆学报》2006 年第 5 期。

［16］同［10］

［17］同［10］

［18］Kwok S and Cheung C, "Development of an RFID–enable Mobile Smart Library System," *International Journal of Enterprise Network Management*2, no. 2(2008), pp. 185–197.

［19］同［10］

［20］Patil N and Karande P, "Internet of Things for Library Management System," *International Journal of Engineernng Science on Computer*7(2017), p. 10021.

［21］Vaidya O, Kulthe S and kelan, "Design and Implementation of RFID based Book Tracking System in Library," *International Journal of Electrical and Electronics Engineers*9, no. 1(2017), pp. 834–840.

［22］Ozeer A, Sungkur Y and Nagowah S D, "Turning a Traditional Library into a Smart Library," in *2019 International Conference on Computational Intelligence and Knowledge Economy* (*ICCIKE*) (2019), pp. 352–358.

［23］AithaL P S, "Smart Library Model for Future Generations," *International Journal of Engineering Research and Modern Education*, no. 1(2016), p. 701.

# 元宇宙与图书馆的融合：基本关系、关键技术和未来发展

吴迎春①

**摘　要**：本文通过梳理元宇宙和图书馆的发展历史，归纳元宇宙与图书馆融合的基本关系；进而从构建元宇宙图书馆技术路径框架来阐述两者融合的关键技术；并从公共图书馆和高校图书馆元宇宙应用实践来描述两者融合存在的困难；最后从理念先行、制度规划、共建共享、人才培养、风险防范、文化传承、社会教育、伦理道德8个层面提出元宇宙图书馆融合的发展建议。

**关键词**：元宇宙；图书馆；融合；智慧化

## 1　引言

随着思想观念和信息技术的不断革新，人们一以贯之的文明、秩序、技术与"宇宙"关联起来进入了新的赛道"元宇宙"。元宇宙历经三个主要节点：第一节点，以文学、艺术形态为载体的古典元宇宙。如彼特拉克（Petrarca）的《歌集》（*Canzoniere*）、米开朗琪罗（Michelangelo）的《大卫》（*David*）等都属于古典元宇宙。第二节点，以科幻和电子游戏形态为载体的新古典元宇宙。如玛丽·雪莱（Mary Shelley）的科幻小说《弗兰肯斯坦》（*Frankenstein*）。第三节点，以"去中心化"游戏形态为载体的元宇宙。2003 年，美国旧金山林登实验室推出基于 Open3D 的《第二人生》（*Second Life*）；2009 年，瑞典 Mojang Studios 开发《我的世界》（*Minecraft*）游戏；2019 年，Facebook Horizon 成为社交 VR 世界[1]；2021 年，"元宇宙第一股"Roblos 正式在纽交所挂牌上市，"元宇宙"从科幻迈入应用阶段。

---

① 吴迎春，南京图书馆馆员。

图书馆作为信息技术交流中心一直关注着元宇宙发展动态[2]。杨新涯等提出"元宇宙是图书馆的未来吗"之问，展望元宇宙将为图书馆服务模式带来彻底性变革[3]；向安玲等以一个读者的数字化身在虚拟图书馆中借阅图书的场景为例，阐述元宇宙的虚实相融特征[4]；吴江等认为元宇宙将会成为具有数据融合化、领域协同化以及虚实一体化特征的数字社会，将会产生全新的用户信息互动机制[5]；许鑫等警示元宇宙发展过程中的乱象与风险，从信息管理视角提出防范方案[6]。国内图书馆界也召开了相关的研讨会[7]。2021年11月，湖南图书馆以"科技概念科普——元宇宙"为主题召开分享交流会，馆员围绕其概念、现实发展等内容展开交流，并聚焦"元宇宙"与国家治理及未来公共图书馆的新使命进行深入讨论[8]。2021年12月，全国智慧图书馆建设联席会议第一次会议上，浙江大学图书馆副馆长黄晨以《复合图书馆新议：基于"元宇宙"视角》为题分享了有关工作思考[9]。2022年3月召开的第十八届馆藏与出版论坛上，嘉宾们就"元宇宙环境的沉浸式网上采选环境开发"等议题展开深入交流和探讨。自2021年以来，国内各地政府相继发布元宇宙发展政策抢占元宇宙赛道，如表1所示。

表1 当前我国各省市元宇宙发展主要政策

| 时间 | 地区 | 内容 | 来源 |
|---|---|---|---|
| 2021-12-30 | 上海市 | 前瞻布局元宇宙新赛道 | 《上海市电子信息产业发展"十四五"规划》 |
| 2022-01-05 | 浙江省 | 将元宇宙列为未来产业重点方向 | 《关于浙江省未来产业先导区建设指导意见》 |
| 2022-02-23 | 北京市通州区 | 打造覆盖元宇宙产业的基金 | 《关于加快北京城市副中心元宇宙创新引领发展的若干措施》 |
| 2022-03-25 | 安徽省 | 引导企业布局元宇宙新兴业态，开展元宇宙平台建设，加速数字技术赋合赋能实体经济 | 《安徽省"十四五"软件和信息服务业发展规划》 |
| 2022-03-21 | 厦门市 | 打造"元宇宙生态样板城市"和数字化发展新体系 | 《厦门市元宇宙产业发展三年行动计划（2022—2024年）》 |
| 2022-04-08 | 广州市黄埔区 | 推动元宇宙相关技术、管理、商业模式的产业化与规模化应用 | 《广州市黄埔区广州开发区促进元宇宙创新发展办法》 |
| 2022-08-05 | 武汉市 | 促进元宇宙与实体经济融合推动元宇宙产业相关领域发展 | 《武汉市元宇宙产业创新发展实施方案（2022—2024年）（意见征求稿）》 |
| 2022-07-08 | 上海市 | 虚实交互、以虚强实为核心的元宇宙综合性科技与产业创新平台 | 《上海市培育"元宇宙"新赛道行动方案（2022—2025年）》 |
| 2023-02-14 | 合肥市 | 打造具有世界影响力的元宇宙产业创新高地 | 《合肥高新区元宇宙产业发展规划（2023—2028）》 |

综上，在元宇宙关乎未来整个经济社会发展模式的重要领域中，图书馆界应该有自己的思考和创新，不应对西方模式亦步亦趋。

那么，元宇宙将给图书馆带来什么？图书馆哪些资源、内容和业务可以融入元宇宙？元宇宙与图书馆融合的未来是什么？诸如此类问题，需要业界和学界共同去探究。鉴于此，本文以"图书馆与元宇宙的融合"作为研究切入点，基于国内外相关理论研究，针对基本关系、技术路径和未来发展三个方面进行探究，以期为业界提供参考借鉴。

## 2　元宇宙与图书馆融合的基本关系

### 2.1　元宇宙与图书馆发展历史

#### 2.1.1　元宇宙发展历史

最早在 1981 年，美国计算机教授弗洛·文奇（Vernor Vinge）在科幻小说《真名实姓》（*True Names*）中，描述了戴上"脑关接口"进入另一个虚拟世界的场景。1992 年，科幻作家尼尔·斯蒂芬森（Neal Stephenson）的小说《雪崩》（*Snow Crash*）中提出了"Meatverse"（元宇宙）和"Avatar"（网络分身），这是元宇宙概念的首次提出。2003 年，美国旧金山林登实验室推出基于 Open3D 的《第二人生》。自 2021 年以来，元宇宙驶入发展快车道。"元宇宙第一股"Roblos 正式在纽交所挂牌上市，成为"元宇宙第一股"；同年 Facebook 正式更名为"元"（Meta），将元宇宙转向应用。我国紧追元宇宙赛道，于 2021 年 11 月成立了第一个元宇宙行业协会——中国移动通信联合会元宇宙产业委员会，旨在推动我国元宇宙产业健康持续发展。2022 年 8 月，国家在上海成立元宇宙与虚实交互联合研究院，诞生了全国首个省市级元宇宙新型研发机构[10]。表 2 为元宇宙发展主要节点事件，包括演进过程、技术支撑、知识服务及用户需求等。

**表 2　元宇宙发展重要节点事件**

| 时间 | | 重要节点事件 |
|---|---|---|
| 年份 | 月份 | |
| 1981 | — | 美国计算机教授弗洛·文奇在科幻小说《真名实姓》中，描述戴上"脑关接口"进入另一个虚拟世界的场景 |
| 1992 | — | 科幻作家尼尔·斯蒂芬森的小说《雪崩》中提出了"Meatverse"（元宇宙）和"Avatar"（网络分身） |
| 1999 | 3 | 沃卓斯基兄弟（The Wachowskis）执导的影片《黑客帝国》（*The Matrix*），讲述人类文明与机器文明共存、现实与虚实交织的世界 |
| | 5 | 约瑟夫·鲁斯纳克（Josef Rusnak）执导的影片《异次元骇客》（*The Thirteenth Floor*），影片讲述了主人公为了还原真相，穿梭于真实世界与虚拟世界之间 |
| 2003 | — | 美国旧金山林登实验室推出基于 Open3D 的《第二人生》 |
| 2006 | — | Roblox 公司发布同时兼容了虚拟世界、休闲游戏和用户自建内容的游戏 *Roblox* |
| 2009 | — | 瑞典 Mojiang Studios 开发《我的世界》游戏 |
| 2010 | — | 克里斯托弗·诺兰（Christopher Nolan）执导的影片《盗梦空间》（*Inception*），讲述了主人公被迫盗取目标人物梦中信息并完成信息植入的故事 |
| 2018 | — | 史蒂文·斯皮尔伯格（Steven Allan Spielberg）执导的影片《头号玩家》（*Ready Player One*），讲述了主人公在虚拟游戏中历经磨难成功通关的故事 |
| 2020 | 5 | 美国加州大学伯克利分校在游戏《我的世界》中复制整个校园，举办"二次元"毕业典礼 |
| | 6 | 中国传媒大学动画与数字艺术学院的毕业生在游戏《我的世界》中举办"云毕业典礼" |
| | 6 | 美国嘻哈歌手特拉维斯·斯科特（Travis Scott）在游戏《堡垒之夜》（*Fortnite*）中举办了线上虚拟演唱会 |
| | 7 | Josh Eisenberg 策划，在《集合啦！动物森友会》举办动物森友会人工智能研讨会 |
| | 12 | 游戏《赛博朋克 2077》（*Cyberpunk* 2077）中，玩家通过身体改造实现数字永生 |
| 2021 | 1 | 清华大学新闻与传播学院新媒体研究中心沈阳教授团队发布《虚拟数字人报告 1.0 版》 |
| | 3 | "元宇宙第一股"Roblos 正式在纽交所挂牌上市 |
| | 4 | 字节跳动投资元宇宙概念公司 |
| | 8 | 百度世界大会设置 VR 分会场，推出虚拟空间多人互动平台 |
| | | 脸书（Facebook）推出 VR 会议软件，以数字人分身参加线上会议 |
| | | 显卡巨头英伟达（NVIDIA）宣布，全球首个为元宇宙建立提供基础的模拟和协作平台 Omniverse，将向数百万新用户开放 |
| | | 肖恩·利维（Shawn Levy）执导的《失控玩家》（*Free Guy*），让虚拟世界的机器人拥有人的意识将元宇宙中人机交互的可能性淋漓展现 |
| | 9 | 清华大学发布学界第一份元宇宙报告：《2020—2021 年元宇宙发展研究报告》 |
| | 10 | 马克·扎克伯格（Mark Elliot Zuckerberg）将脸书（Facebook）公司更名为 Meta |
| | 12 | 新华社成立元宇宙联创中心：共建新一代互联网数字空间新生态 |

续表

| 时间 | | 重要节点事件 |
| --- | --- | --- |
| 年份 | 月份 | |
| 2022 | 1 | 清华大学新闻与传播学院新媒体研究中心沈阳教授团队发布《元宇宙发展研究报告 2.0 版》 |
| | 4 | 清华大学新闻与传播学院成立中国首个元宇宙文化实验室"清华大学新闻与传播学院元宇宙文化实验室" |

### 2.1.2　图书馆发展历史

研究者普遍认为图书馆的发展历经三个主要阶段：第一阶段是以馆藏纸质资源为主的实体图书馆；第二阶段是构建信息化系统为特征的数字图书馆；第三阶段是提供智慧服务进行深化转型的智慧图书馆。实体图书馆主要特点是围绕固定场所，借助馆员力量提供纸质资源服务；数字图书馆主要特点是推动资源数字化，借助信息技术提供"线上＋线下"多重服务；智慧图书馆的主要特点是借助智能技术对图书馆进行全方位转型升级，尤其是依靠知识互联为用户提供智慧服务。未来图书馆也是朝着虚拟方向发展。图 1 展示了图书馆发展历程，主要包括演进过程、技术支撑、知识服务及用户需求等。

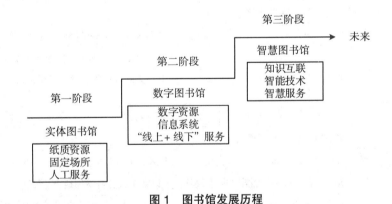

图 1　图书馆发展历程

### 2.2　元宇宙与图书馆融合的显性表现

元宇宙与图书馆融合的基本关系，依据上述发展历程判断两者之间存在相互吸引、互相融合发展的关系，如图 2 所示。元宇宙与图书馆既有着极其类似的发展历程，也有着相同的技术需求，基本关系表现在四个方面：第一，二者都是不断生长着的有机体。第二，二者有着类似的积累过程和进化方向，均是不断进行技术、资源、服务和最佳实践的累积和演进。第三，二者具有相同的技术支撑体系。元宇宙借助各种虚实交互技术如 ×R（AR/VR/MR）、区块链技术、大数据技术、脑机接口技术、人工智能技术等提供了一个与现实世界并行的虚拟世界。图书馆也在高度关注这些信息技术的发展，并进行研究和相关应用。第四，基于知识服务并满足用户需求。图书馆作为信息交流和知识传播场所，元宇宙需要图书馆作为信息与知识互通的港口，实现元宇宙中不同虚拟社群间关联。因此，元宇宙和图书馆两者间有着相同的技术支撑，朝着类似的进化方向发展[11]。一方面，元宇宙的发展需要图书馆中信息与知识资源的加持；另一方面，元宇宙给图书馆带来了新的发展机遇和挑战，让图书馆通向智慧图书馆的道路更加宽广。元宇宙与图书馆之间是相互赋能互促发展的关系，元宇宙可以通过其自身概念、技术、思维、环境等赋能图书馆建设，即元宇宙图书馆。反之，图书馆也可以赋能元宇宙，图书馆资源与服务是元宇宙重要的构成元素。元宇宙与图书馆的融合，能为用户提供从二维到三维、从虚实分离到虚实融合、从单一平面视觉到多维感官体验层面的三维沉浸式服务。

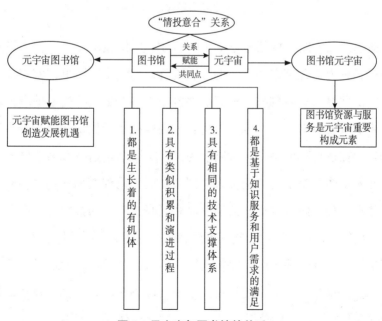

**图 2　元宇宙与图书馆的关系**

## 3 元宇宙与图书馆融合的关键技术

本文从元宇宙与图书馆融合的技术路径出发，搭建了实现技术路径的框架，如图 3 所示。主要由底层技术支撑、前端设备平台与场景内容入口三层构成，其中底层技术支撑包括基础设施和关键技术，场景内容包括运行环境和应用场景。

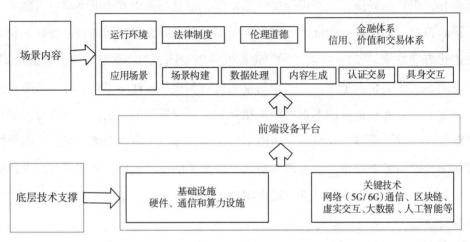

图 3　元宇宙图书馆技术路径框架

元宇宙图书馆技术路径框架概述如下文所述。底层技术支撑：基础设施和关键技术。网络通信和算力是元宇宙图书馆的基础设施，为元宇宙图书馆实现高速通信、万物互联以及资源共享搭建基础技术框架。关键技术将在下文详述。前端设备平台：体感设备、三维实景设备以及神经设备等为场景内容的实现做铺垫。场景内容：运行环境和应用场景。在运行环境中，法律制度为元宇宙图书馆运行和金融体系的规范提供法律遵循。元宇宙图书馆中的"虚拟人"同样要受到伦理道德的约束。应用场景包括场景构建、数据处理、内容生成、认证交易和具身交互，助推智慧型图书馆建设，推动图书馆在文化传承、资源管理、阅读推广和创新创造等方面发挥越来越重要的作用。

通过框架图可以清晰地了解元宇宙与图书馆融合的关键技术所处重要环节，也为探讨关键技术做好铺垫。本节主要探讨元宇宙与图书馆融合的关键技术，最为重要的在于技术的整合与运用。主要包括网络（5G/6G）通信技术、区块链技术、虚实交互技术、大数据技术和人工智能技术。具体内容包括以下五个方面。

第一，网络（5G/6G）通信技术。网络通信技术主要解决通信屏障相关问题，支持元宇宙所需要的大量应用创新。利用接入类技术全面接管人类的视觉、听觉、触觉和捕捉动作等实现元宇宙中的信息输入和输出。元宇宙与图书馆融合的发展在于"万物互联，数智融合"生态。为用户实现从二维到三维、从虚实分离到虚实融合、从单一平面视觉到多元感官的三维，感受自由穿梭于虚拟空间和实体空间的服务体验。

第二，区块链技术。区块链技术与非同质化代币（NFT）、非同质化权益（NFR）体系是元宇宙图书馆中文化数字化生产、流通、确权、交易、支付、版权等合规合法运行的技术保障，能够使虚拟造物被资产化。一方面，区块链所具有的去中心化、可溯源、不可篡改等特征，能够促进形成元宇宙图书馆数字资源存储、传输、交易和文化数字内容管理的生态体系构建，为数字资源分发、共享和版权认证提供支撑；另一方面，非同质化代币体系所具备的不可分割、唯一性以及不可篡改的特征，有助于图书馆元宇宙环境中的数字资源进行标识、检索、匹配等服务，实现数据流通和协同治理，能够对数字产品进行唯一化、非同质化的认证与交易管理[12]。

第三，虚实交互技术。虚实交互技术通常包含虚拟现实技术（Virtual Reality，VR）、增强现实技术（Augmented Reality，AR）、混合现实技术（Mediated Reality，MR）等。元宇宙图书馆利用 ×R 扩展现实技术实现原生世界、孪生世界和虚拟世界界面交互，让过去的"理想"照进"现实"，并且可以"触手可及"。元宇宙图书馆虚实交互是用于满足用户需求的服务场景和应用，利用 ×R 技术、脑机接口（BCI）、虚拟导览、虚拟数字人等技术来打造人机共生的虚拟环境，创建操控人与设备之间交互的信号通道，促进元宇宙中用户与信息的实时交互。

第四，大数据技术。大数据技术作为文化赋能的应用技术之一，借助大数据发展机遇期，鼓励多元主体依托国家文化专网，共同搭建文化数据平台，促进元宇宙图书馆系统硬件的智能虚拟化与软件的智能服务化改造，实现图书馆原始数据、开发数据和应用数据开放共享。进而形成庞大的信息整合新模态，实现元宇宙图书馆中数据全链条的无缝联结。

第五，人工智能技术。人工智能技术作为生成逻辑旨在通过语言识别、图像识别、自然语言处理等重构元宇宙图书馆智慧管理和智慧服务的业务全貌，重构知识生成、知识传播到知识获取的全链条。尤其是脑机交互将会成为下一代人机交互的主流方式，真正意义上为用户实现沉浸式体验。

## 4　元宇宙与图书馆融合的应用实践

元宇宙大环境下，部分公共图书馆和高校图书馆主动出击，抢占元宇宙赛道，积极尝试元宇宙融合图书馆的理念和技术推进智慧图书馆建设，并不断探索元宇宙与图书馆融合路径和方向。经过近几年的摸索和实践，积累了一些经验和教训，为后续元宇宙与图书馆深入融合提供有价值的参考。公共图书馆以上海图书馆为例，高校图书馆以重庆大学图书馆为例分别说明。

### 4.1　公共图书馆元宇宙应用实践

以上海图书馆为例，早在 2018 年上海图书馆东馆建设时，顶层规划上就嵌入了一批元宇宙应用项目，助推数字图书馆迈进智慧图书馆。据考证，这些项目最初的名称并不是元宇宙，是随着元宇宙的发展和项目的推进，逐步关联起来的。上海图书馆目前有四个元宇宙相关项目的开发实践，包括"红色骑行"项目、"家族迁徙"项目、"NFT 读者证"项目和"古籍区块链"项目[13]。以上项目存在的问题：因为最初没有统一的架构设计，所以缺乏一个完整的平台实现上下游的整合、内容创作的确权以及容纳所有的资源和服务。由此获取的经验是采取从个体到全局，将具备条件的项目先行先试，开发示范性应用，逐步推进并完善升级，构建元宇宙赋能的公共图书馆。

### 4.2　高校图书馆元宇宙应用实践

以重庆大学为例，重庆大学图书馆正着手构建满足读者现实需求的元宇宙服务场景和应用，最终确立元宇宙图书馆虚拟服务应用项目。目前已启动了四个元宇宙项目的开发实践，包括"虚拟导览"、"虚拟展厅"、"虚拟数字人"和"VR 读书"作为图书馆虚拟服务体系构建切入点[14]。后续发现存在的问题：图书馆尚未突破固有的思维范式，没有解决数字文献资源的确权问题。获取的经验：利用元宇宙带来的虚拟化转型，从而为后续引入元宇宙技术开展全方位智慧图书馆建设做好铺垫。

## 5　元宇宙与图书馆融合过程中存在困难

元宇宙给图书馆带来美好愿景，但实际操作中困难重重，本文主要从以下三个方面浅谈面临的问题。

### 5.1　没有统一的元宇宙图书馆互联互通平台

从以上海图书馆开展的元宇宙项目实践来看，截至目前，元宇宙应用的开发平台没有统一的架构设计，没有从底层到框架、从内容到交互、从故事到体验全面兼顾的解决方案。从而不能构成一个有机整体，不能形成统一的互联互通平台，不能实现全链条的贯通、内容创作的确权和容纳所有的资源和服务。从事的都是独立的、零散的项目，这是图书馆开展元宇宙实践面临的最直接问题[15]。

### 5.2　馆员与用户面对元宇宙图书馆的素养有待提升

元宇宙图书馆带来全新的数字化工作环境，给图书馆馆员和用户的数字素养、信息技能带来了新要求。一方面，图书馆员需要有新时代数字化、网络化、智能化服务能力，还要熟悉虚拟场景和相关应用项目的实操；另一方面，用户需要了解元宇宙图书馆项目，并具备规范操作各项应用的能力。目前，图书馆员对于元宇宙新技术的理解和应用能力还处于学习阶段，图书馆用户也需要进一步了解和学习实操这些应用的能力，馆员和用户面对元宇宙图书馆的素养都有待提升。

### 5.3　元宇宙技术引入图书馆更多的是风险

以 NFT 为例，在图书馆中的主要应用场景为藏品、展览、文创和服务，这些会产生潜在风险。在经济层面，NFT 存在巨大泡沫，可能有非法金融交易的风险；在技术层面，NFT 具有不稳定性，NFT 资产可能丢失；在伦理层面，趋于利益驱使，NFT 藏品真假难辨，这些仅仅是风险的冰山一角。

## 6　元宇宙与图书馆融合的未来发展

理念先行，行动慎行。元宇宙在各个领域的应用仍处于起步阶段，大家众说纷纭，厘不清背后的逻辑关系，我们仍然无所适从。虽然困难重重，但是图书馆人需要做好准备，思考在元宇宙视域下如何塑造新的场景，提供新的动能，更好地发挥图书馆职能。在元宇宙图书馆融合环境下，笔者从理念先行、制度规划、共建共享、人才培养、风险防范、文化传承、社会教育、伦理道德八个方面聚焦未来发展，期望为业界同人提供有价值的参考。

### 6.1　理念先行：拥抱元宇宙图书馆赛道

元宇宙论述众说纷纭，人们探索、观望、质疑，或抨击，但元宇宙已在我们身边，未来各个领域或早或迟都会步入元宇宙赛道。图书馆作为信息技术革新和应用研究的前沿阵地，要勇抓先机，主动对接新型工业化革命和科技化产业，融合新资源、塑造新业态、推出新服务。一方面，图书馆突破自身发展的瓶颈期，运用元宇宙关键技术推进数字化、智能化和智慧化的转型升级，让书写在古籍里的文字真正活起来，实现智能化场景与沉浸式虚拟服务；另一方面，图书馆具有开放包容的发展理念，元宇宙与图书馆的融合，推动图书馆向智慧图书馆进阶，推进"虚拟"和"现实"之间的大胆尝试，在资源和服务方面形成虚实交互，也是未来图书馆工作的开展方向，为图书馆发展注入新动能。

### 6.2　制度规划：构建元宇宙图书馆规范

围绕元宇宙图书馆新发展格局，做好顶层设计，积极推动元宇宙图书馆相关项目的开发，培育元宇宙图书馆生态，在探索中不断完善元宇宙图书馆制度建设，引导规范化、标准化和健康化发展。一方面，行政主管部门、行业协会和社会团体要在现实中制定元宇宙图书馆构建、运行和服务的基础标准、技术规则以及服务规范等，加强数字化、网络化和智能化的建设指导，形成全链条监管机制，提升对元宇宙图书馆的监管能力。另一方面，图书馆要敢于"无石头可摸"，通过实践探索、借鉴成果等方式形成规范和制度。图书馆需要通过建立健全一套完整的元宇宙规章制度，促进和推动新型图书馆形态朝着转型升级的方向迈进[16]。

## 6.3    共建共享：搭建统一的元宇宙图书馆平台

元宇宙图书馆平台构建是一项体系庞大、结构复杂、动态调整、多方协作的系统性工程，贯彻"创新、协调、绿色、开放、共享"五大发展发展理念。通过统一需求的架构设计，完成从底层到框架、从内容到交互、从故事到体验全面兼顾的解决方案。实现全链条的贯通、内容创作的确权以及资源和服务的容纳，深化图书馆内、行业间以及跨行的合作，发挥共建共享平台优势。

## 6.4    人才培养：提升元宇宙图书馆馆员素养

图书馆服务的基础是人才，拥有一支专业人才队伍，是提供优质服务的有力保障。元宇宙图书馆带来全新的数字化工作环境，给图书馆馆员和用户的数字素养、信息技能带来了新要求。因而要从实际出发，从图书馆内外两方兼顾，双管齐下建设专业人才队伍。一是建立人才保障机制。根据元宇宙图书馆建设需求招聘或引进相关专业人才；二是加强人才队伍培养。通过"传帮带"、培训交流等方式提升馆员和用户的整体素养。

## 6.5    风险防范：避免元宇宙图书馆技术引入风险

新技术引入给元宇宙图书馆带来了机遇和挑战，如何把握机遇、迎接挑战，需要从制度和技术两个层面加以防范。一是制度层面，参照 2021 年《"十四五"国家信息化规划》，制定可操作性、针对性细则，指导元宇宙图书馆技术引入具体工作的开展。二是技术层面，要拥有一支专业的人才队伍，对技术使用前、中、后做好严格把控，避免在文献版权归属、非法金融交易等方面出现风险。

## 6.6    文化传承：推动元宇宙图书馆守正创新

图书馆作为文化信息的存储、交流和传播机构，拥有丰富的古籍、地方志、电影资料、历史图片、民族民间文艺等资源，能够激发知识活力和繁荣社会主义文化。元宇宙图书馆借助数字藏品生成元宇宙通证，通过区块链技术、虚实交互技术、大数据技术、人工智能技术等应用于图书馆文化数字资产生产、流通、确权、交易、支付和版权，实现馆藏资源价值的多样化，推动文化以新形式传承、收藏和使用。元宇宙本身持有开放、包容的发展理念，开放与共享并支持用户生成内容。用户可以在元宇宙图书馆空间平台进行创造，开辟图书馆知识交流与空间应用的创新，促进图书馆在国家文化治理体系和治理能力现代化中发挥重要作用，推动元宇宙图书馆守正创新。

## 6.7　社会教育：拓宽元宇宙图书馆职能发展

新时代背景下，公共图书馆作为提供社会教育的主要机构之一，承担着提高全民信息素养与技能的重要职能。从广义讲，能够拓展社会教育模式、提升数字素养教育等；从狭义讲，能够为弱势群体提供教育帮助，保障教育公平。元宇宙图书馆社会教育形式逐步朝沉浸式、实时化的方向发展，如何让用户真正"零延迟"感受图书馆在虚拟教育空间内的使用效果是我们努力的方向。从时间维度讲，不会因为人群的时间维度不同，所获取知识服务不同。元宇宙图书馆通过场景化储存以及数据模型的运算和搭建，使用户都能享受到实时的教育服务，实现全域融合发展。从空间维度讲，地域差异的用户能够参与到图书馆的教育活动中来，方便用户能够随时随地接受图书馆所提供的社会教育服务。

## 6.8　伦理道德：塑造元宇宙图书馆文明

元宇宙不仅仅是一场革命，更像是一个新的文明。元宇宙图书馆是一种虚拟形态，用户将以数字身份进入元宇宙空间和场景，面临有限与无限、秩序与资源、伦理与文明的边界变化挑战[17]。首先，图书馆需要在保障用户信息安全的基础上审慎发展元宇宙项目，要根据自身的发展实际情况，判断是否开展元宇宙项目。其次，元宇宙与图书馆的融合需要遵守公序良俗和伦理道德，坚持公益属性，坚守"传承文明、服务社会"的初心。最后，用户行为在元宇宙图书馆环境中要有所规范，需要塑造元宇宙中的虚拟文明，促进虚拟文明与现实文明的良性互动和正向扩展。

## 7　结语

图书馆发展正处于时代交替的关键节点，元宇宙与图书馆的融合，一方面，元宇宙作为实现图书馆资源数字化、服务虚拟化和空间场景化转型的底层工具；另一方面，图书馆也作为元宇宙发展的生产资料，两者融合将创造无限可能。图书馆是一个不断生长的有机体，图书馆人要勇抓机遇，未雨绸缪，在高质量发展背景下以塑造元宇宙图书馆为契机，推动未来图书馆数字化转型、虚拟化升级和健康化发展。

## 注释：

［1］赵国栋、易欢欢、徐远重：《元宇宙》，中译出版社，2021，第3—4页。

［2］郭亚军、李帅、马慧芳等：《图书馆即教育：元宇宙视域下的公共图书馆社会教育》，《图书馆论坛》2022年第5期。

［3］杨新涯、钱国富、唱婷婷等：《元宇宙是图书馆的未来吗？》，《图书馆论坛》2021年第12期。

［4］向安玲、高爽、彭影彤等：《知识重组与场景再构：面向数字资源管理的元宇宙》，《图书情报知识》2022年第1期。

［5］吴江、曹喆、陈佩等：《元宇宙视域下的用户信息行为：框架与展望》，《信息资源管理学报》2022年第1期。

［6］许鑫、易雅琪、汪晓芸：《元宇宙当下"七宗罪"：从产业风险放大器到信息管理新图景》，《图书馆论坛》2022年第1期。

［7］张磊：《元宇宙图书馆：理论研究、服务场景与发展思考》，《图书馆学研究》2022年第6期。

［8］湖南图书馆：《紧跟科技前沿——湖南图书馆举行"元宇宙"主题分享交流会》，http://www.library.hn.cn/gxgc/gxgc_bsdt/202111/t20211109_801246.htm，访问日期：2022年3月18日。

［9］中国图书馆学会：《全国智慧图书馆建设联席会议第一次会议在北京召开》，https://www.lsc.org.cn/cns/contents/1186/15409.html，访问日期：2022年3月18日。

［10］赵志耘、林子婕：《元宇宙与智慧图书馆：科技赋能文化新路径》，《图书情报知识》2022年第6期。

［11］张兴旺、毕语馨、郑聪：《图书馆与元宇宙理论融合：内涵特征、体系结构与发展趋势》，《图书与情报》2021年第6期。

［12］董同强、王梅:《虚实融生：元宇宙视角下智慧图书馆的未来生态图景》,《图书
馆学研究》2022 年第 5 期。

［13］刘炜、祝蕊、单蓉蓉:《图书馆元宇宙：是什么、为什么和怎么做？》,《图书馆论
坛》2022 年第 7 期。

［14］杨新涯、涂佳琪:《元宇宙视域下的图书馆虚拟服务》,《图书馆论坛》2022 年第
7 期。

［15］严丹、徐亚苹、虞晨琳等:《元宇宙图书馆的理论进展、实践问题与未来展望》,
《图书馆杂志》2023 年第 2 期。

［16］张磊:《元宇宙图书馆：理论研究、服务场景与发展思考》,《图书馆学研究》2022
年第 6 期。

［17］只莹莹:《元宇宙图书馆：可期的另类文明空间》,《图书馆理论与实践》2022 年
第 5 期。

# 国家图书馆 WHO 出版物资源建设研究

武小瑞① 张婉莹②

**摘 要：** 笔者在工作实践的基础上，对国家图书馆 WHO 出版物的馆藏建设工作展开研究。首先，本文对 WHO 出版物的概况进行梳理和总结，对馆藏 WHO 出版物数量、出版物类型及出版物发展趋势进行概括。其次，从馆藏 WHO 出版物载体形式、出版数量、出版种类多个角度分析，充分挖掘 WHO 出版物的资源特点。当前该部分文献资源建设中存在的不足：获取途径单一；实体馆藏日益减少；馆藏数字资源不健全；特藏资源揭示力度不够。鉴于此，对智慧图书馆特藏资源建设提出以下设想：深化机构合作；完善资源数字化机制；升级专题服务平台；构建 WHO 专题开放获取知识库。本文的研究思路对于其他国际组织出版物的馆藏建设工作也具有借鉴意义。

**关键词：** WHO 出版物；特藏资源；资源建设；开放获取

世界卫生组织（World Health Organization，以下简称为世卫组织或 WHO），是联合国下属的专门机构之一，是国际上最大的政府间卫生组织，也是和我馆有文献托存协议的世界组织之一[1]。世卫组织图书馆，负责出版发行卫生科学相关的文献，并分发给各国使用。作为国家总书库，中国国家图书馆不仅拥有普通图书馆的各项传统职能，还肩负着搭建通向世界桥梁的使命。国际组织出版物是国家图书馆的特色馆藏之一，其历史悠久，馆藏丰富。同时，作为世卫组织的托存馆，对这部分文献的收藏最早可以追溯到 1946 年。

目前，国家图书馆正值智慧化转型的关键时期，各类文献的馆藏建设升级是重要的一环。WHO 出版物作为医学领域的学科文献，具有很大的研究价值。因此，本文基

---

① 武小瑞，国家图书馆馆员。

② 张婉莹，国家图书馆馆员。

于国家图书馆 WHO 出版物的馆藏建设工作，通过调研、梳理 WHO 出版物的发行情况，总结国家图书馆 WHO 出版物的馆藏建设现状，发现、分析现存问题，结合政策背景和实际情况提出有针对性的展望与建议，希望对国家图书馆其他国际组织出版物乃至其他类别文献的馆藏建设工作提供一定借鉴。

## 1　世界卫生组织及出版物

世卫组织是联合国下属的专门机构之一，成立于 1948 年 4 月 8 日，总部设置在瑞士日内瓦，是国际上最大的政府间卫生组织。世卫组织的主要职能包括：促进流行病和地方病的防治，提供和改进公共卫生、疾病医疗和有关事项的教学与训练，推动确定生物制品的国际标准[2]。为了更好地履行这些职能，世卫组织建立图书馆系统，出版发行卫生科学相关的文献，供各国使用。

WHO 的常设机构是办事处，目前在全球六个地方设有区域办事处，分别是：东地中海区域办事处、东南亚区域办事处、非洲区域办事处、欧洲区域办事处、西太平洋区域办事处和美洲区域办事处（泛美卫生组织）。这些办事处也负责区域出版物，但是每个区域侧重点不一样，比如东地中海区域办事处着重于区域性政策研究，泛美卫生组织着重于方法技术，等等[3]。

其主要出版物中包括的图书有《世界卫生统计》（*World Health Statistics*）、《世界卫生报告》（*The World Health Report*）、《国际卫生条例》（*International Health Regulations*）、《国际旅行和健康》（*International Travel and Health*）、《国际疾病分类》（*The International Classification of Diseases*）和《国际药典》（*International Pharmacopoeia*）。期刊有《世界卫生组织简报》（*Bulletin of the World Health Organization*）、《疫情周报》（*Weekly Epidemiological Record*）、《世界卫生组织药物信息》（*WHO Drug Information*）等[4]。

## 2　国家图书馆馆藏世卫组织出版物概况

### 2.1　馆藏数量

1947 年，国家图书馆（原北平图书馆）成为联合国文献的托存馆，开始接收联合国部分机构的资料。目前该部分特藏资源的建设和服务工作由国际组织与外国政府出版物组负责。截至 2021 年 12 月，该阅览室共有外文图书、中文图书、期刊、光盘 81 000 多种、155 000 多册（盘），实体资源总入藏量已达 97 万册（件）。其中来自 WHO 的出版物有 3562 种、3600 多册（盘），其中外文出版物 3284 种，中文出版物 210 种，期刊 37 种，光盘 38 种，馆藏种类与数量在该阅览室处于平均水平[5]。

馆藏众多 WHO 文献中，《世界卫生报告》《世界卫生统计》等 WHO 核心出版物均被收录。同时，根据国家图书馆的相关规定，大部分国际组织出版物均向读者开放，由阅览室为其提供闭架阅览服务。馆藏 WHO 出版物收藏年份如表 1 所示。

表 1　阅览室提供闭架阅览服务 WHO 出版物出版年份分布

| 年份 | 1946—1970 | 1971—1980 | 1981—1990 | 1991—2000 | 2001—2010 | 2011—2020 |
|------|-----------|-----------|-----------|-----------|-----------|-----------|
| 文献（种） | 109 | 825 | 635 | 717 | 805 | 206 |

由表 1 可知，该阅览室目前提供闭架阅览服务的 WHO 出版物中，1970 年之前与 2010 年之后文献占比较低，前者是由于联合国资料托存机制早期的尚未成熟，后者是由于全球经济处于衰退期，国际出版印刷成本、国际物流等各项费用上涨，免费分发纸本文献的托存机构越来越少，大多需经费购进，现有预算无法满足所有机构文献的入藏，以及信息资源数字化的趋势对实体文献的出版产生了影响。整体来看，该阅览室中大部分重要的 WHO 出版物馆藏在种类方面比较完善，数量方面也比较连贯。对于来自 WHO 的数字资源，其资源目录与数据库占据了重要地位。

### 2.2　网络资源

2013 年，国家图书馆专藏文献网站之一——国际组织与外国政府出版物网络资源整合服务平台正式运行，其宗旨是对联合国等重要国际组织和外国政府实体与数字资源进行系统整合，为读者提供资源导航、信息检索、用户交互等服务。截至 2022 年

3月，该平台已公开发布上百条机构资源目录与数据库信息，其中包括来自 WHO 的 30 种在线网络资源平台，并配有相应的介绍与链接。图书馆员可以借助这些资源信息，提高读者服务的针对性与效率。

### 2.2.1　重要在线出版物

在国际组织和政府出版物网络资源平台中关于世界卫生组织网络资源平台中保存了 WHO 的众多在线出版物，例如：世卫组织重要中文出版物一览（WHO Publications in Chinese），该平台上的大部分出版物都可以在线免费阅读和下载。

### 2.2.2　在线数据库

WHO 除了出版纸质印刷品，也建立了自己的专门数据库，并向世界各地免费开放。国际组织与外国政府组共计挖掘出 12 个专题数据库，其中利用率最高的是世卫组织在线全球信息库（WHO Global InfoBase Online）和全球卫生观察站（Global Health Observatory）。

### 2.2.3　电子图书馆

世界卫生组织在线图书馆——图书馆与信息网络知识数据库（Knowledge Database）也在国家图书馆网络资源平台，其完整保存了机构相关文件资料，也都可以免费查询或下载。

### 2.2.4　新书推荐

新书推荐是国际组织和政府出版物组资源建设和服务特色之一，每个季度都会在平台向读者推荐不同机构的最新出版物，保证资源建设的时效性。

## 2.3　开放获取资源

国际组织与外国政府出版物组对世界卫生组织文献建设，以图书、期刊等实体文献为主，以网络资源为辅。但近年来，我馆国际组织与外国政府出版物实体文献的到馆量总体呈递减趋势，有些机构已经宣布，不再为相关机构提供实体文献的托存服务，转为在线数字资源的利用[6]。鉴于此形势，我们也在积极探索持续补藏资源的新方法，即开放获取资源。2014 年我们对世卫组织开放获取资源充分调研，截至 2022 年年底，世卫组织开放获取数据共计 126 146 条，中文出版物 11 579 条[7]。世卫组织开放获取数据庞大，是当下经费紧张，补充特藏资源的有效方式。2021 年我们选取 WHO 作为可本地化开放获取资源的实验对象，但是手动获取数量有限，抓取的资源内容揭示难度大，如何发挥开放获取资源的价值是目前资源建设的主要问题。

## 3  国家图书馆馆藏WHO出版物的特点

### 3.1  主题明显，指导性强

大部分 WHO 出版物的内容围绕预防医学和健康卫生展开，不少内容涉及全球性卫生问题、民生医疗问题，比如计划免疫、食品安全、农药残留、吸烟危害健康等，面向这些问题的研究和指南对国家政府、基层机构、人民群众都起到指导作用。

### 3.2  通俗易懂，科普性强

WHO 出版物以英文为主，有多种语言版本，且大多图文并茂，大部分配图达到教科书级别的专业、高清，语言组织也并不高深莫测，即使英语水平不是很高的读者也可以尝试阅读并理解，因此具有很强的科普性。

### 3.3  追踪热点，时效性强

WHO 作为联合国专门机构，负责了解并研究世界上的卫生动态、及时发布与卫生相关的信息和数据，在第一时间为全球各国提供动态进展、科研数据、别国经验，使各国面对相关问题时更好地获取所需的信息资源。

### 3.4  官方出版，权威性强

WHO 出版物是一类专业出版物，其中统计资料由世卫组织专业团队从各国或者医疗机构获取资料搜集、整理和发布，因此比其他商业期刊的统计数据更具权威性。

## 4  WHO出版物资源建设中存在的问题

### 4.1  新增实体馆藏日益减少

联合国资料有购买、赠送、交换等三种来源，作为世卫组织托存馆，国家图书馆的WHO出版物来源主要为赠送，部分资源经费购买。近年来，由于网络的发展普及以及经费等原因，WHO发行赠送的出版物数量有所减少，由WHO图书馆官方网站查阅可知，不少重要期刊已经停止寄送服务，改为提供数字资源服务[8]。2002年前后，每年收到WHO的出版物多达100种，到2007年前后每年收到仅有60种，到2016年之后每年收到仅有3—5种。受购书经费削减以及外文文献价格上涨，国家图书馆采购量也大幅下降，这对于保证该阅览室WHO出版物的全面性和连贯性来说是不小的冲击。

### 4.2  馆藏数字化体系不健全

2005年，国家数字图书馆工程开始建设。2012年，国家图书馆制定了《国家图书馆数字资源管理办法》，其中包括各类数字资源的建设规划、保存方式、发布管理等内容。目前，国际组织与外国政府出版物网络资源整合服务平台的数字化资源为资源目录与数据库。该形式的数字资源具有较强的可操作性，但缺乏一定的便捷性。国际组织与外国政府出版物网络资源平台，没有内部检索功能，只能通过国家图书馆OPAC系统完成检索。因为检索受限，在完成高级检索或架位检索时，缺乏对"国际组织与外国政府出版物阅览室"（数据库）的限制，也缺乏对"世界卫生组织"（出版单位）的限制，检索范围扩大到全馆文献，增加了操作步骤。这也充分体现了该阅览室馆藏数字化体系具有较大的优化空间。

### 4.3  开放获取资源的版权问题

近年来，我馆国际组织与外国政府出版物实体文献的到馆量总体呈递减趋势，有些机构已经不再为相关机构提供实体文献的托存服务，转为在线数字资源的利用。然而，在图书馆获取这些信息之前首先要考虑的就是版权保护等相关法律问题，也就是采集和使用网络资源的合法性。WHO开放获取数据，包括在线出版物、数据库、电子书、电子图书馆，这些资源在政策上是允许非营利性使用和免费下载的，但大规模的刻录、翻译或者从中获利是不被允许的。但是因为网络资源存在不稳定性，为了保障资源建设的可持续性，需要大量本地化保存。针对大量资源刻录下载，还需要和 WHO 沟通，形成书面授权协议，避免日后产生版权纠纷问题。

## 4.4 本地化保存资源揭示难度大

WHO 属于非营利性质国际组织，只要事先得到有关机构或有关作者的许可和授权即可使用其开放获取资源。国家图书馆对开放获取资源本地化之后资源揭示遵循的规则主要包括：内容规则——ISBD（统一版）、AACR2（未来计划将参照 RDA）；格式规则——MARC21；特殊规则——《电子资源 MARC21 组织法》。但由于网络获取的数字资源数量众多、类型多样，具有许多独特的性质，在编目过程中必然会遇到诸多难点，主要体现在以下方面：信息复杂多样，难以确定首选信息源；资料类型混杂，难以确定记录类型；与传统资源关系密切，难以揭示横向联系。

## 5 智慧化图书馆特藏资源建设的设想

### 5.1 深化机构合作

为了持续性高水准建设 WHO 出版物馆藏，国家图书馆应继续开展并深化与相关机构的合作。

一方面，要继续与联合国图书馆、WHO 图书馆现有的合作，继续做好托存业务，优化文献的收藏管理。对于日益减少的实体出版物，尤其是赠送出版物，要关注由时代发展引起的文献本身的形式变化与出版单位的制度改革，积极做好应对措施。对于日渐增长的数字出版物，要关注使用数据库与获取文献的相关政策条款，进一步开展相应合作。

另一方面，为了发挥国家图书馆在全国各级图书馆中的先锋导向作用，与国内其他联合国托存馆的合作也不可或缺。以 WHO 出版物为例，国家图书馆与中国医学科学院医学信息研究所的编目规则、存储文献、读者类型、咨询服务均有同也有异，建立并加强双方的合作有利于双方馆藏建设的完善、读者服务的优化，也有利于通过合作将来自 WHO 的文献信息推广至全国各地有需要的读者。

## 5.2 完善资源数字化机制

在当前开放数据环境下，随着网络平台的发展与数据处理技术的精进，阅览室的数字化服务也应继续向多样化、精准化转型。通过开放获取扩大馆藏资源，在遵守 WHO 出版物开放获取及政策条款的基础上，将 IRIS 等整合资源引入专题服务平台，为读者提供更权威更丰富的资源目录链接。对于 WHO 核心出版物以及部分各种因素导致的不连续期刊，下载 PDF 格式文献及元数据，并进一步完善国际组织与外国政府出版物开放获取资源采集加工规范，严格执行"数据采集—加工整理—元数据编制—标注说明—数据备份—数据交接"流程，提高质量要求与验收标准，保障高质量文献的完整性。根据《国家图书馆数字资源管理办法》，可结合该阅览室特殊的编目规则，研究更全面、更有针对性的 WHO 数字资源编目方法及管理制度，加强技术层面的支持，进一步完善特殊资源数字化机制。

## 5.3 升级专题整合平台

国际组织与外国政府出版物网络资源整合服务平台的定位是为读者提供一站式信息服务，然而目前仅实现了资源目录与数据库的总结与链接引导。当务之急在于如何解决读者无法站内检索的问题，提高该阅览室文献的利用率，发挥出联合国托存资料的价值。除了解决站内检索问题，还要加强平台的更新维护，积极探索、梳理总结各数据库的实时更新情况，并及时发布。在平台的整体规划方面，则可参考"中华古籍资源库""中华寻根网""海外中国问题研究资料中心"等国家图书馆近年来打造的优质专题平台，全面升级国际组织与外国政府出版物网络资源整合服务平台。

## 5.4 推广经验至其他国际组织出版物

目前，国家图书馆国际组织与外国政府出版物阅览室的各类文献均存在与 WHO 出版物类似的问题：实体文献的减少、数字资源的匮乏、平台链接的陈旧。随着时代的发展进步、图书馆的智慧化进程不断推进，解决这些问题迫在眉睫。根据本文的梳理总结，针对 WHO 出版物馆藏建设工作的建议也可推广至其他国际组织出版物。

WHO 出版物的开放获取与数据库引入是目前的试点项目之一，该机构也是阅览室第一批尝试引入推广的国际组织。在完善 WHO 馆藏建设工作的同时，也要及时总结经验，积极发现并解决问题，为其他国际组织出版物的馆藏优化打下基础，这也是未来国际组织与外国政府出版物组的重要研究方向。

## 5.5　构建 WHO 专题开放获取知识库

近年来，以通过互联网免费获取全文各类信息资源为主要特点的开放获取运动在国内外迅速发展。WHO 的很多文献资料都是对整个社会开放的，无须用户名和密码，可以说完全符合开放获取计划有关精神。目前的问题是，开放获取资源具有网络资源普遍的异构性和不稳定性。联系国家图书馆的实际情况，作为和世界卫生组织有托存协议的托存馆，在取得世卫组织版权许可的基础上，对开放获取资源进行本地化保存；并对本地化保存资源进行梳理、格式转化、内容集成揭示。充分发挥国际组织和政府出版物网络平台，以"用户导向"为原则，构建医学专题资源知识库。

国家图书馆国际组织和政府出版物特藏资源建设工作至今有 70 余年的历史，也是国内最大的联合国文献托存图书馆。随着国家图书馆智慧化转型，特藏资源的建设和服务也应紧跟时代潮流，利用自身资源建设的优势，充分发挥开放获取大环境，更好地行使智慧化转型时代背景下图书馆特藏资源建设的职责。

## 注释：

［1］详见：https://www.un.org/en/。

［2］详见：https://www.who.int/。

［3］详见：https://www.who.int/library。

［4］魏龙泉：《世界卫生组织图书馆》，《医学情报工作》1981 年第 2 期。

［5］中国图书馆：《国际组织与外国政府出版物网络资源整合服务平台》，http://www.nlc.cn/gjzzywgzfcbw/，访问日期：2023 年 3 月 15 日。

［6］袁晓明：《国内外数字资源长期保存项目研究现状》，《情报探索》2013 年第 7 期。

［7］详见：http://apps.who.int/iris/?locale=en。

［8］王萌萌：《国家图书馆的特藏文献收藏——以国际组织和外国政府出版物为例》，《科技资讯》2015 年第 16 期。

# 学位论文主题标引探析

谢庆恒[①]

**摘　要：**学位论文主题标引是一项高度复杂的脑力劳动，因其知识面广、涉及领域多、研究深度大，本文基于作者平时工作实际，简要探析了学位论文主题标引的意义，结合具体实例分析探讨了主题标引的科学性、全面性和一致性问题，并从定期组织内部培训、鼓励参加外部会议、强化工作制度保障等方面对未来主题标引工作的改进提出了建议。

**关键词：**学位论文；主题词；主题标引；质量控制

学位论文（包括博士后出站报告）标引是学位论文编目工作的核心，也是编目工作中技术复杂、难度较高的部分[1]。学位论文特别是博士学位论文大都反映某一学科专业最前沿的研究成果，内容专深，学科交叉渗透，研究范围广，涉及社会科学、人文科学和自然科学各个领域。博士学位论文是我国拥有自主知识产权的重要信息资源，具有重大的开发和利用价值[2]。为了提高学位论文的利用率，扩大其影响力和使用价值，提供便捷、准确的论文检索服务尤为重要，而分类与主题标引工作就显得十分必要。学位论文标引的目的就是通过标引人员把学位论文与用户联系起来，使用户能在海量的学位论文资源中全面、迅速、准确检索到所需要的信息资源。

学位论文主题标引是指通过对论文内容的调查研究形成概念的过程，可以称为主题分析，将学位论文中具有检索识别意义的特征转换成相应的主题概念，并将其转换成情报检索语言标识的过程。主题词是指用以表达文献主题概念的名词术语，标引文献时用作索引款目的标目，称作标引词；检索文献时用来组成提问式，又称作检索词。

---

① 谢庆恒，国家图书馆副研究馆员。

一篇学位论文的主题词一般讲述一个完整的叙事，基本反映论文写作内容和过程：研究对象—研究方法—研究结论（研究创新）。要达到让读者通过阅读主题词即可了解所标引论文主要内容的效果，这就要求主题词具有科学性、全面性和一致性。已有学者就学位论文主题标引工作进行了实践探讨[3-4]，本文在前人研究的基础上对该话题继续进行探析，并创新性地提出标引的质量控制问题和解决方法建议，以期为学位论文主题标引工作带来一定积极意义。

## 1 主题词的科学性

科学性是指概念、原理、定义和论证等内容的叙述是否清楚、确切，历史事实、任务以及图表、数据、公式、符号、单位、专业术语和参考文献是否准确，或者前后是否一致等[5]。学位论文主题词的科学性是指主题词能够清楚、准确地反映论文所表达的内容，不会产生歧义。科学性是学位论文主题词的基本属性，也是准确表达学位论文主题的基本要求，具有简明、准确、规范的特征。在实际标引工作中，科学选取的主题词标引清晰、准确，主题词选取得不科学则标引模糊、偏误，科学性不够导致的标引不当现象时有发生。举例说明如表1—表6所示。

**表 1　缺乏科学性导致的标引不当现象（一）**

| 2001#$a 基于支持向量数据描述算法的宏基因组生物群落鉴定 $b 博士后报告 ||
|:---:|:---:|
| 修改前 | 修改后 |
| 6060#a 生物群落 | 6060#a 微生物群落 |
| 6060#a 基因组 | 6060#a 基因组 |
| 6060#a 生物多样性 | 6060#a 生物多样性 |
| 6060#a 数据处理 | 6060#a 数据处理 |
| 6060#a 支持向量机 | 6060#a 支持向量机 |

宏基因组学或元基因组学（metagenomics）是一种以环境样品中的微生物群体基因组为研究对象，以功能基因筛选和 / 或测序分析为研究手段，以微生物多样性、种群结构、进化关系、功能活性、相互协作关系及与环境之间的关系为研究目的的新的微生物研究方法。表1中第一主题词选用"生物群落"概念范围过大，专指性不强，科学性不够，属于对研究对象概念把握不清导致标引不够准确，应改用"微生物群落"一词。

**表2 缺乏科学性导致的标引不当现象（二）**

| 2001#$aAZ31 镁合金与 5083 铝合金瞬间液相扩散连接研究 $b 博士学位论文 | |
|---|---|
| 修改前 | 修改后 |
| 6060#a 镁合金<br>6060#a 铝合金<br>6060#a 连接技术<br>6060#a 液相扩散<br>6060#a 脉冲加压 | 6060#a 镁合金<br>6060#a 铝合金<br>6060#a 扩散焊<br>6060#a 脉冲加压 |

液相扩散连接是在一种材料的连接方法，属于一种焊接方式。规范用语是瞬时液相扩散焊（transient liquid phase diffusion bonding），是指在被焊材料之间加一层有利于扩散的中间材料，该材料在焊接加热时熔化形成少量的液相，填充缝隙，元素向母材扩散，形成冶金连接的扩散焊方法。表2中标引人员使用"连接技术""液相扩散"进行了组配标引，而"液相扩散"在主题词表中主要是指溶液的扩散，用在这里容易引发歧义，而且也略显冗余，应用主题词"扩散焊"代替，既简明又准确。

**表3 缺乏科学性导致的标引不当现象（三）**

| 2001#$a 功能性纤维素衍生物的结构设计、合成及其生物医用探索 $b 博士学位论文 | |
|---|---|
| 修改前 | 修改后 |
| 6060#a 功能材料<br>6060#a 纤维素<br>6060#a 结构设计<br>6060#a 光学性质 | 6060#a 生物药物高聚物<br>6060#a 功能材料<br>6060#a 纤维素<br>6060#a 结构设计<br>6060#a 光学性质 |

表3主要讨论的是一种医用高分子材料的结构设计和化学合成问题，属于一种功能性材料。标引人员给出的4个主题词只揭示了该种材料属于功能材料，但没有反映医用方面的用途属性信息，准确性不高，科学性不够。应增加"生物医药高聚物"这一主题词，以便表达该材料的生物医用属性，达到准确揭示该篇论文主要情报信息的效果。

**表4 缺乏科学性导致的标引不当现象（四）**

| 2001#\$a 甘蓝型油菜芥酸代谢相关 miRNA 分离与 amiRNA 调控研究 \$b 博士学位论文 | |
| --- | --- |
| 修改前 | 修改后 |
| 6060#a 甘蓝型油菜<br>6060#a 品质育种<br>6060#a 脂肪酸<br>6060#a 芥酸<br>6060#a 生物合成<br>6060#a 分子机制 | 6060#a 甘蓝型油菜<br>6060#a 品质育种<br>6060#a 不饱和脂肪酸<br>6060#a 合成代谢<br>6060#a 表观遗传学 |

表4所示的标引不当属于主题词使用专指性补强、主题词之间存在交叉重复的问题。芥酸是不饱和脂肪酸，和脂肪酸同时使用存在重复，应舍弃一个。而脂肪酸不够准确，应用"不饱和脂肪酸"代替。"生物合成"没有体现出代谢这一特征，而"合成代谢"则表达得更准确。同样"分子机制"太过笼统，精确性不够，应用"表观遗传学"代替，如此则更加准确贴切。

**表5 缺乏科学性导致的标引不当现象（五）**

| 2001#\$a 环氧树脂基类玻璃高分子（vitrimer）复合材料 \$b 博士学位论文 | |
| --- | --- |
| 修改前 | 修改后 |
| 6060#a 环氧树脂<br>6060#a 功能高聚物<br>6060#a 纳米材料<br>6060#a 复合材料<br>6060#a 钙钛矿型结构<br>6060#a 光学性质 | 6060#a 环氧复合材料<br>6060#a 纳米材料<br>6060#a 钙钛矿型结构<br>6060#a 光学性质 |

环氧树脂基复合材料是一种常用的先进树脂基复合材料。表5中主题词选用"环氧树脂""复合材料"进行组配来表达，略显冗余，而"环氧复合材料"一词即可表达环氧树脂基复合材料的意思，简明扼要，清晰明了。

**表 6 缺乏科学性导致的标引不当现象（六）**

| | 2001#$a 基于伪刚体模型和雅克比矩阵的柔顺机构拓扑优化方法 $b 博士学位论文 |
|---|---|
| 主题词 | 6060#a 柔性连杆机构 |
| | 6060#a 优化设计 |
| | 6060#a 数学模型 |
| | 2001#$a 空间绳网捕获后绳系组合体张力控制技术研究 $b 博士学位论文 |
| 主题词 | 6060#a 航天器 |
| | 6060#a 柔性连杆机构 |
| | 6060#a 张力控制 |
| | 2001#$a 起重机柔性臂架系统动力学建模与分析方法研究 $b 博士学位论文 |
| 主题词 | 6060#a 臂架起重机 |
| | 6060#a 柔性连杆机构 |
| | 6060#a 机械设计 |
| | 6060#a 有限元分析 |

表 6 中，标题中分别出现了"柔顺机构""绳网""柔性臂架"等字眼，表达的是一种通过具有柔性的构件变形而产生传动力的机械结构，实质上均为一种柔性机构，故均可用"柔性连杆机构"这一主题词进行规范化表示，方便统一检索。

## 2 主题词的全面性

全面性是与片面性相对应的概念，是辩证思维的基本要求之一，是认识事物时需要看到事物的各个因素、方面以及它同周围的其他事物的各种联系和关系[6]。学位论文主题标引的全面性是指主题词要充分揭示和反映学位论文中有价值的情报内容，为用户提供尽可能多的检索入口，具有广度和深度两方面的特征。广度指的是主题词覆盖的范围涵盖论文表达的主要内容；深度则指主题词揭示论文内容是否深入、具体。学位论文的多学科、跨学科特征决定了学位论文主题标引的复杂性，客观上对主题标引也提出了全面性要求。主题词的全面则能够充分揭示论文情报内容，为用户展示概而全的事实，提高论文的检全率。相反，主题词揭示内容深度和广度不够，难以给用户展示论文价值的全貌，给用户造成损失的同时也抹杀了论文作者的贡献。实际工作中由于论文跨学科、高复杂性的客观性与标引人员知识局限性、时间有限性之间的矛盾造成主题标引不全面的问题在所难免。举例说明如表 7—表 10 所示。

**表 7  主题标引不全面示例（一）**

| 2001#$a 冶金特种电力电子变换电源拓扑结构及控制方法研究 $b 博士学位论文 | |
|---|---|
| 修改前 | 修改后 |
| 6060#a 变换器<br>6060#a 逆变器<br>6060#a 电力电子技术<br>6060#a 质量控制 | 6060#a 电子整流器<br>6060#a 电力电子技术<br>6060#a 质量控制 |

根据表 7 可知，电子整流器是整流器的一种，此处使用"变换器"太一般化，难以全面深入地揭示论文表达的主题内容，属于标引深度不够，应改用"电子整流器"。

**表 8  主题标引不全面示例（二）**

| 2001#$a 大跨度铁路钢箱梁斜拉桥索梁锚固结构行为分析与疲劳性能研究 $b 博士学位论文 | |
|---|---|
| 修改前 | 修改后 |
| 6060#a 铁路桥<br>6060#a 斜拉桥<br>6060#a 钢箱梁<br>6060#a 桥梁结构<br>6060#a 疲劳载荷 | 6060#a 铁路桥<br>6060#a 斜拉桥<br>6060#a 长跨桥<br>6060#a 钢箱梁<br>6060#a 桥梁结构<br>6060#a 疲劳载荷 |

根据表 8 可知，此文属多主题因素的桥梁文献，涉及用途、结构、材料和形式等多种桥梁属性，应依据论文内容依次给出相应的主题词以全面充分地揭示文献主题内容，此处遗漏"大跨度"这一桥梁形式属性，属于标引广度不足，应加上"长跨桥"这一主题词。

**表 9  主题标引不全面示例（三）**

| 2001#$a 分级进水 DBR 处理猪场废水性能及微生物结构解析 $b 博士学位论文 | |
|---|---|
| 修改前 | 修改后 |
| 6060#a 废水处理<br>6060#a 微生物降解<br>6060#a 群落结构 | 6060#a 养猪废水<br>6060#a 废水处理<br>6060#a 微生物降解<br>6060#a 群落结构 |

根据表 9 可知，此文讲述的是运用 DBR 技术处理养猪场产生的废水以及废水处理过程中的微生物分解问题。此处用"废水处理"范围过大，标引深度不够，没有充分

揭示论文主要研究内容——养猪场的废水处理。应增加"养猪废水"这一主题词，以便更清晰全面地揭示论文主要内容。

**表 10　主题标引不全面示例（四）**

| 2001#$a 通信智能天线与特定用途天线研究 $b 博士学位论文 | |
| --- | --- |
| 修改前 | 修改后 |
| 6060#a 无线电通信<br>6060#a 智能天线<br>6060#a 天线设计 | 6060#a 无线电通信<br>6060#a 智能天线<br>6060#a 圆极化天线<br>6060#a 天线设计 |

根据表 10 可知，此文介绍的是一种用于无线智能通信的圆极化天线的设计和使用。标引中主题词只揭示了"无线电通信"这一用途属性，而没有揭示天线的工作原理，属于标引的广度不够，应增加"圆极化天线"这一主题词。

## 3　主题词的一致性

一致性即不矛盾性，是指事物具有相同、同质或是带有同样规律的状态。主题词标引的一致性主要是指对同一文献或相同主题的文献赋予相同的检索标识[7]。一致的主题标引可以使相同主题概念的文献集中在相同的检索标识之下，从而提高检索效率，保证读者在检索时能查全、查准。不一致主要体现在不同标引人员对同一主题的不同理解以及同一标引人员在不同时间对相似主题的不同理解，这种不一致就容易导致标引的不统一性，甚至产生前后矛盾，造成检索混乱，从而影响检全率和检准率。举例说明如表 11 所示。

**表 11　主题词不一致的情况示例**

| 2001#$a 线形梳状／星形梳状高支化脂肪族聚酯的研究 $b 博士学位论文 | |
| --- | --- |
| 主题词 | 6060#a 柔性连杆机构 |
| | 6060#a 优化设计 |
| | 6060#a 数学模型 |
| | 6060#a 结构性能 |

续表

| | 2001#$a 基于聚合物结晶的微结构对细胞行为的调控研究 $b 博士学位论文 | |
|---|---|---|
| 主题词 | 6060#a 功能高聚物 | |
| | 6060#a 细胞 | |
| | 6060#a 组织修复 | |
| | 2001#$a 基于乙酰乙酸纤维素的响应性多糖水凝胶构筑及其性能研究 $b 博士论文 | |
| 主题词 | 6060#a 纤维素 | |
| | 6060#a 多糖 | |
| | 6060#a 水凝胶 | |
| | 6060#a 性能检测 | |

在表 11 中，三篇论文的标题中"脂肪族聚酯""聚合物结晶""多糖""水凝胶"等关键词表达的均是一种生物聚合物，然而不同标引人员由于知识面和个人理解的差异给出的主题词不一致，这就影响到检全率，如用户想通过"生物药物高聚物"一词进行检索则会遗漏掉这些文献。故应以"生物药物高聚物"替代表 11 的三篇论文标题中的第一主题词，保持其一致性。

## 4　结论和建议

学位论文主题标引是一项高度复杂的脑力劳动，其基本特征和基本要求是知识面广、涉及领域多、研究深度大，科学性、全面性和一致性，这在一定程度上决定了标引工作的复杂性；而大部分标引人员，尤其是初学者不可能兼具各个领域的所有知识，加之近年来国内研究生教育的蓬勃发展带来学位论文收藏量的大幅攀升，标引人员的工作量急剧增大，标引质量难免良莠不齐（见图 1）。

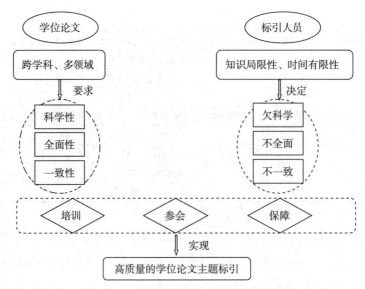

**图1 学位论文主题标引探析框架**

为了加强标引质量控制，单位应鼓励标引人员树立终身学习的意识，养成主动学习、不断探索的习惯，坚持优化知识、学以致用。具体建议从以下三方面开展。

第一，定期组织内部培训。定期举办内部培训会，讲解主题标引的基础知识，交流主题标引中遇到的各种疑难问题，总结主题标引中解决问题的方法，分享标引中积累的丰富经验，以老带新，推动形成热爱标引、快乐标引的良好氛围，以实际行动践行"活到老学到老"。同时可以聘请各领域的专家举办学术讲座，讲解各领域专业知识，丰富标引人员的知识面，增强专业性，如此在标引实践中能做到更科学、更规范。

第二，鼓励参加外部会议。既要"低头走路"，也要"抬头看天"，标引人员的成长离不开自身的辛勤耕耘，更离不开业内交流带来的思想火花。单位应积极组织参加业内举办的编目会论坛、图书馆发展论坛等各类国际国内培训会议，紧跟业界发展最新动态，不断汲取新知识、新见解，开阔标引人员的视野，潜移默化中扩大知识面。鼓励标引人员发表学术论文，参加学术会议，分享学术见解，增强标引人员的职业认同感和荣誉感。

第三，强化工作制度保障。"无规矩不成方圆"，凡事皆应尊重规则，遵守纪律，良好的工作制度保障是事业取得长久发展的重要条件。单位要积极营造主动作为、努力创造的工作氛围，广泛听取标引人员的工作诉求和良好建议，创新工作流程，形成工作制度，做到标引培训制度化、标引质量标准化、标引工作流程化，凸显标引校验工作，加强事中事后监管，做好标引质量控制。

## 注释：

［1］姚蓉、方怡：《学位论文编目实用指南》，北京图书馆出版社，2007。

［2］贺德方：《国家学位论文服务体系研究》，《情报学报》2004年第6期。

［3］田鹭璐：《网络环境下学位论文主题标引工作实践探讨》，《图书馆研究》2014年第6期。

［4］孙迪：《科技文献标引问题探析——以国家图书馆为例》，《图书馆建设》2020年第1期。

［5］王春林：《科技编辑大辞典》，第二军医大学出版社，2001。

［6］刘蔚华、陈远：《方法大辞典》，山东人民出版社，1991。

［7］李欣悦：《博士学位论文关键词标引工作浅析》，《河南图书馆学刊》2016年第3期。

# CNMARC 格式中繁体字版图书题名著录研究

杨国凤① 肖乃菲②

**摘 要**：针对当前国家图书馆数据和 CALIS 数据在繁体字版图书题名著录上的差异，结合某些图书编目软件及查询系统繁简不兼容的特性，本文参照国际标准书目著录及中国文献编目规则，提出繁体字版图书书目著录时应灵活运用 518、4×× 等相关字段，为正题名、其他题名、丛编题名提供规范的检索点。这样既遵守了客观、如实著录的基本原则，又能更好地揭示文献的真实信息、方便读者检索利用。

**关键词**：繁体字；题名著录；编目规则；规范格式

"繁体字和简化字作为汉字的两种形体，在社会发展的长河中起着重要的作用"[1]。自 1964 年我国通过了《简化汉字表》后，简化汉字作为汉字的标准书写方式在中国一直使用至今。但是，如北京大学出版社、国家图书馆出版社、中华书局等出版社也陆续出版一些繁体字版图书，所以，繁体字版图书在各馆的收藏中也占有一定的比例。以贵州师范大学图书馆为例，近几年购进的繁体字图书已达万余册，加上古籍特藏库里收藏的几乎都是繁体字版图书，也在做 CNMARC 数据。笔者在著录此类图书时遇到的难点也越来越多。如何确保繁体字版图书 MARC 数据的标准性和规范性，使之既符合中文图书的著录标准，又能方便读者检索利用？笔者将从工作实际出发，针对繁体字版图书的题名著录及现行中文图书的编目规则谈谈自己的看法，并力求总结繁体字版图书题名著录的规范化格式。

---

① 杨国凤，贵州师范大学图书馆馆员。

② 肖乃菲，贵州师范大学图书馆资源建设部主任，副研究馆员。

## 1　MARC中题名著录应遵循的原则

### 1.1　ISBD（国际标准书目著录）

ISBD（2011 年统一版）中对著录的语言和文字的要求如下："只要适当，就要用资源上出现的语言或文字。"[2]

### 1.2　国家标准《文献著录总则》

1983 年颁布的《文献著录总则》中在规定著录时使用规范汉字的前提下，也规定题名及责任者项、丛编项等均采用文献本身所用的文字著录。

### 1.3　《中国文献编目规则（第二版）》

依照《中国文献编目规则（第二版）》的规定："题名与责任者项、版本项……丛编项一般按所著录文献本身的文字著录。"[3]不难看出，在编制文献的书目记录时，应忠实于文献实体上的信息，真实、客观地反映文献本身的各项特征。也就是说，文献编目应以客观著录为原则。我们在编制繁体字版图书的 MARC 记录时，应该尊重文献本身，使用文献本身的字体。

## 2　两大编目机构繁体字版图书题名著录对比

国家图书馆的书目数据库（以下简称为国图数据）和中国高等教育文献保障系统的联合目录数据库（以下简写为 CALIS 数据）是目前国内最大的两个书目数据库。虽然两者都以书目数据资源的共知、共建、共享为原则，但是在著录规范和质量控制等方面存在一定的差异，导致同种图书在两个数据库中的记录不一致，繁体字版图书题名著录也是如此。

## 2.1 正题名的著录

正题名著录在 200 字段的 $a 子字段，对于繁体字题名的著录和检索字段的提供，国图数据和 CALIS 数据的处理方式不一样。

如《唐代史事考釋》（本文中所有示例数据只显示相关字段，后文不再说明）一书。

国图数据为：

2001#$a 唐代史事考释

CALIS 数据为：

2001#$a 唐代史事考釋

5181#$a 唐代史事考释

又如《明末清初勸善運動思想研究》一书。

国图数据为：

2001#$a 明末清初劝善运动思想研究

CALIS 数据为：

2001#$a 明末清初勸善運動思想研究

5181#$a 明末清初劝善运动思想研究

以上两条数据显示，对于只有正题名的繁体字版图书，国图数据的编目原则为直接用简化汉字著录正题名，CALIS 数据则是正题名如实著录，另在 518 字段提供了一个简化汉字书写的正题名检索点。

### 2.2 正题名以外的相关题名的著录

若文献有正题名以外的题名形式，根据著录标准，200 字段的 $d、$e、$i 分别著录出现在规定信息源的其他题名信息、分辑名等题名形式，5××字段用于生成 200$a、$e 子字段中题名以外的与在编文献相关题名的检索点。两大数据库在相关题名的著录略有不同。

如《風雨七十載——顧鴻燾回憶錄》一书。

国图数据为：

>2001#$a 风雨七十载 $e 顾鸿焘回忆录

>5171#$a 顾鸿焘回忆录

CALIS 数据为：

>2001#$a 風雨七十載 $e 顧鴻燾回憶錄

>5171#$a 顧鴻燾回憶錄

>5181#$a 风雨七十载

又如《教育道德人：品格教育的關懷取向》一书。

国图数据为：

>2001#$a 教育道德人 $e 品格教育的关怀取向

>5171#$a 品格教育的关怀取向

CALIS 数据为：

>2001#$a 教育道德人 $e 品格教育的關懷取向

>5171#$a 品格教育的關懷取向

不管是正题名还是其他题名信息，200 字段国图数据均以简化汉字形式著录，CALIS 数据则是按照规定信息源上出现的汉字形式如实著录，另在 517 字段提供了正题名的简化汉字形式的检索点，只是书目信息中并未提供其他题名的简化汉字形式的检索点。

## 2.3 丛编名的著录

《新版中国机读目录格式使用手册》（以下简写为《使用手册》）中规定，225 字段记录文献上出现的丛编题名，"丛编题名的检索形式应记入 4×× 款目连接块"[4]；410 字段"用于实现在编文献记录与含有该文献的丛编记录的连接"[5]；461 字段"用于实现对总集一级文献记录的连接"[6]。

如"翰墨璦寶"丛书。

国图数据为：

>2001#$a 欧阳询虞恭公碑

2250#$a 翰墨瑰宝 $e 上海图书馆藏珍本碑帖丛刊

461#0$12001#$a 翰墨瑰宝

CALIS 数据为：

2001#$a 歐陽詢虞恭公碑

2252#$a 翰墨瓌寶 $e 上海圖書館藏珍本碑帖叢刊

410#0$12001#$a 翰墨瓌寶

5181#$a 欧阳询虞恭公碑

又如《紅樓釋夢》一书。

国图数据为：

2001#$a 红楼释梦

2251#$a 国学精粹丛书 $v28

CALIS 数据为：

2001#$a 紅樓釋夢

2252#$a 國學精粹叢書 $v28

410#0$12001#$a 國學精粹叢書

5181#$a 红楼释梦


不管是正题名还是丛编名，国图数据一如既往地采用简化汉字著录。CALIS 数据则是 200 字段、225 字段按规定信息源上出现的汉字形式录入，410 字段丛书名检索点形式与 225 字段相同，只在 518 字段提供了简化字形式的正题名检索点。

从上述实例可以看出，无论实体图书的汉字书写形式是繁体汉字还是简化汉字，国图数据一律使用简化汉字著录。究其原因，笔者发现，即便输入繁体字的题名进行检索，也不影响该书检索的准确性。也就是说，国图使用的编目软件系统较好地实现了汉字繁、简的转换。国图的做法虽然有效简化了编目流程，却未能客观、真实、全面地反映出文献本身的各项特征，违背了客观照录的原则，没有反映文献实体本身的特色。CALIS 联合目录于 2002 年在其主页发布了《CALIS 联合目录关于繁体字著录的若干规定》，对繁体字版图书的著录做了较为详细的规定，严格遵循已有的著录及编目规则。但规定中只提供了正题名的规范检索点，而忽略了其他题名的规范检索形式，影响了用户的有效查询。

## 3 繁体字题名著录的相关字段及规范格式

目前能实现繁简互换的图书编目系统所采用的中文字符集多数为 Unicode 字符集，该字符集收录了 20 902 个汉字和 6811 个符号，同时支持汉字的繁体和简化两种形式，能较好地实现繁体和简化的转换。但由于 Unicode 字符集与其他中文字符集之间不兼容，无形中增加了软件的开发难度和非兼容性，导致某些图书编目软件无法使用该字符集。因此我们在要求软件开发人员做到无论是操作系统还是数据库管理系统均能支持繁体和简化两种汉字形式的同时，更应该细化图书编目规则，让编目人员有章可循，既不违反客观照录原则，又能提供规范的检索点。笔者研读《使用手册》后发现，不管是正题名还是其他题名、丛编题名均可以找到对应的规范题名检索字段。在实际工作中，编目员应该把这些字段的功能利用起来。

### 3.1 518 字段的功能及用法

在 CNMARC 格式中，518 字段为"现代标准书写题名"字段，"当题名为繁体字，需显示简体字题名或建立简体字题名检索点时使用"[7]。"本字段可根据需要生成检索点，并可由计算机系统自动生成附注。"[8]值得注意的是，这里并没有强调唯有正题名为繁体字时才使用该字段。也就是说，该字段可以为正题名、统一题名、其他题名等提供简化字题名检索点，对应的是 200、500、510、517 等题名字段。

#### 3.1.1 正题名的著录及规范检索点

若图书题名页仅有正题名，其规范化格式为：

2001#\$a 繁体字正题名

5181#\$a 简化字正题名

如《孔氏谈苑》一书，笔者认为规范的题名形式应为：

2001#\$a 孔氏谈苑

5181#\$a 孔氏谈苑

此书为宋代孔平仲撰写的一部古籍，题名页及正文部分均使用繁体字，故正题名如实照录繁体字。为方便读者检索，518 字段提供现行标准的简化字检索点。

### 3.1.2 其他题名信息的著录及规范检索点

有些文献的其他题名信息比正题名本身更具有检索意义，故提供正题名以外的其他题名的规范检索点尤其重要。若图书题名页既有正题名，又有其他题名信息，其规范化格式为：

2001#$a 繁体字正题名 $e 繁体字其他题名

5171#$a 繁体字其他题名

5181#$a 简化字正题名

5181#$a 简化字其他题名

如法国作家雷纳·格鲁塞的著作《蒙古帝国史》一书，一种版本题名为《蒙古帝国史》，另一种版本题名则为《活著就為征服世界：蒙古帝國史》，正题名为《活著就為征服世界》，其他题名信息为《蒙古帝國史》。如果仅提供正题名的规范检索点，就会造成后一种版本的图书的漏检，所以《活著就為征服世界：蒙古帝國史》一书规范的题名形式应为：

2001#$a 活著就為征服世界 $e 蒙古帝國史

5171#$a 蒙古帝國史

5181#$a 活着就为征服世界

5181#$a 蒙古帝国史

518 字段通常只使用 $a 子字段，该子字段著录"以现代标准书写方式重复而不带有任何其他题名信息或责任说明的文献的题名"[9]。所以"活着就为征服世界""蒙古帝国史"这两个题名不能记录在同一个 518 字段。该字段可重复，第一个 518 字段提供正题名的规范检索点，第二个 518 字段提供其他题名信息的规范检索点。

若图书题名页既有正题名，又有分卷题名信息，其规范化格式为：

2001#$a 繁体字正题名 $i 繁体字分卷题名

5171#$a 繁体字分卷题名

5181#$a 简化字正题名

5181#$a 简化字分卷题名

如《慈禧前傳》第 2 卷，题名著录规范化格式为：

2001#$a 慈禧前傳 $i 英偉親王

5171#$a 英偉親王

5181#$a 慈禧前传

5181#$a 英伟亲王

实体图书为繁体字版图书，题名页既有正题名又有分卷题名。200 字段的 $a、$i 字段如实用繁体字著录，第 1 个 518 字段提供正题名的简化汉字的规范检索点，第 2 个 518 字段提供分卷题名的简化汉字的规范检索点。

## 3.2 225 字段及 4×× 字段的用法

机读目录格式中，与 ISBD 的"丛编项"对应的是 225 字段，该字段"记录 200 字段中的题名所从属的丛编"[10]。当该字段第 1 指示符为 0 时，表示"225 字段的丛编说明数据与 4×× 字段中的检索点形式不同"[11]。《使用手册》中还用了一个实例进行说明：

2001#$a 巫术 $f（法）让·赛尔韦耶著 $g 管震湖译

2250#$a《我知道什么？》丛书

461#0$12001#$a 我知道什么？

"该记录 225 字段按文献题名页客观著录，461 字段记入该丛书名的规范名称。因与 4×× 字段检索点形式不同，225 字段指示符 1 置 0。"[12] 从实例得知，4×× 字段的丛编题名形式可以不同于 225 字段，直接记录丛编题名的规范形式。那么，当规定信息源上的丛编题名为繁体汉字时，225 字段如实著录，4×× 字段可以为该丛编名提供简化汉字的检索点。

如图书从属于某个丛编，其规范化格式为（此规范格式针对所有繁体字题名的图书）：

2001#$a 繁体字正题名 $e 繁体字其他题名 $i 繁体字分卷题名

2250#$a 繁体字丛编名（此处指示符为 #0 而非 #2）

461#0$12001# 简化字丛编名

5171#$a 繁体字其他题名

5171#$a 繁体字分卷题名

5181#$a 简化字正题名

5181#$a 简化字其他题名

5181#$a 简化字分卷题名

如《邊緣與非漢——儒學及其非主流傳播》一书，其规范的题名编目形式应为：

2001#$a 邊緣與非漢 $e 儒學及其非主流傳播

2250#$a 東亞儒學研究叢書

461#0$12001# 东亚儒学研究丛书

5171#$a 儒學及其非主流傳播

5181#$a 边缘与非汉

5181#$a 儒学及其非主流传播

为方便读者检索，重复用 518 字段提供正题名、其他题名的简化汉字的检索点。丛书题名的简化汉字检索点为 461 字段，因 225 字段与 461 字段的字体形式不同，故 225 字段的指示符为"0#"。

## 4　结语

"很多文献写就于繁体字，倘若简化为简体字则会不可避免丢失大量的文化信息，而这些信息往往格外重要。"[13] 在繁体字版图书的 MARC 格式中，为题名、出版、责任者等信息提供繁简两种汉字检索形式，既能反映图书的真实信息、揭示著（编）者的本意、符合图书如实著录的原则，又照顾了不同用户的检索习惯，可谓一举两得。当然，检索字段的建立不是盲目的，要遵循 CNMARC 中每个字段的使用范围及特定功能，确保 MARC 数据的规范及标准，以实现数据的共知、共建和共享。

## 注释：

[1] 周亚娟：《汉字繁简问题刍议》，转引自国家教师科研专项基金科研成果（七），云南大学旅游文化学院，2017，第 230—234 页。

[2] ISBD 评估组：《国际图联编目组常设委员会 . 国际标准书目著录（2011 年统一版）》，顾犇译，国家图书馆出版社，2012，第 28 页。

[3] 中国文献编目规则编撰小组：《中国文献编目规则》，广东人民出版社，2014，第5 页。

[4] 国家图书馆：《新版中国机读目录格式使用手册》，国家图书馆出版社，2004，第190 页。

[5] 同［4］，第 191 页。

[6] 同［4］，第 193 页。

[7] 同［4］，第 194 页。

[8] 辛苗：《中文普通图书 CNMARC 格式著录解析》，电子科技大学出版社，2014，第281 页。

[9] 同［4］，第 281 页。

[10] 同［4］，第 281 页。

[11] 同［4］，第 318 页。

[12] 同［4］，第 320 页。

[13] 胡江洁、易新语：《学生识读常用繁体字与繁体字文献利用率》，《教育现代化》2017 年第 46 期。

# 书目框架模型（BIBFRAME）的实施进程及未来应用场景思考

杨 静[①] 张 婕[②] 王 蓓[③]

**摘 要**：BIBFRAME 是 2011 年由美国国会图书馆牵头发起的一项"书目框架先导计划"，旨在开发一种基于关联技术的替代 MARC 的书目数据格式。如今 BIBFRAME 已发布了 2.0 模型，本文从 BIBFRAME2.0 书目框架模型出发，介绍了此模型的内容和特点，以及 BIBFRAME 在全球的应用发展及最新研究进程，最后对未来 BIBFRAME 书目框架应用场景进行了思考和设想，提出这些应用场景不仅面向图书馆工作人员，也面向读者，甚至是面向图书馆以外的机构使用。

**关键词**：BIBFRAME；关联数据；实施进程；应用场景

BIBFRAME 是由美国国会图书馆（Library of Congress，LC）联合 Zepheira 公司于 2011 年发起的"书目框架先导计划"，旨在开发一种替代 MARC 的书目数据格式。一方面，使得书目数据能够融入互联网环境中发挥价值，避免成为信息孤岛；另一方面，实现更多书目数据的关联发布，有利于用户获取的知识更加立体和多元。

2013 年 1 月 BIBFRAME1.0 模型发布，提供了具体的元数据方案，并联合德国国家图书馆、大英图书馆及联机计算机图书馆中心（OCLC）等机构进行了大量的测试和开发。后于 2016 年 1 月发布了 BIBRRAME2.0，此版本发布后吸引了更多国家申请加入测试，目前其官网发布了 BIBFRAME2.0 与 MARC21 之间的相互转换工具、转换规范、BIBFRAME 编辑器、BIBFRAME2.0 词表等。

---

① 杨静，金陵图书馆馆员。
② 张婕，金陵图书馆馆员。
③ 王蓓，金陵图书馆馆员。

## 1 BIBFRAME2.0书目框架模型

BIBFRAME2.0 书目框架模型将所要描述的信息分为三个核心级别：作品（work）、实例（instance）和单件（item）。三者共同构成了 BIBFRAME2.0 的三个层次，分别是作品代表的内容层次、实例代表的载体层次和单件代表的单件层次，再通过定义相关的类、属性、关系来对文献资源进行富含语义的关系揭示[1]。

作品层是一个抽象的实体，它集中的是不同名称以及不同表达方式的同一作品，可以描述文本、地图、数据集、静态图像、动态图像、音频、乐谱、舞谱、物体、多媒体、混合资料 11 种创作型作品资源类型，帮助用户识别和查找出作品的更多表现形式。2.0 模型作品还具有主题（subject）、代理（agent）、事件（event）等属性，其中主题属性描述了作品的一个或多个内容；代理属性指人或机构通过角色（如作者、编辑、艺术家、摄影师、作曲家、画家等）与作品的关联；事件属性指作品能与某事件相关的时间和地点关联起来。

实例描述的是载体层次，是作品的具体化表现。因为一个作品很可能包括很多实例，它可以在不同分面上（如出版日期、语种、出版者、版本）产生新的数据集合。这一层聚合了不同的载体（包括印刷型、手稿、档案、触摸及电子型五种资源类型），可以帮助用户实现更广泛地查找。实例具有格式（format）和出版者（publisher）两种属性，其中格式属性既可以是物理载体格式，也可以是电子资源格式；出版者属性可以是个人或者出版机构[2]。

单件通常为图书馆馆藏信息的描述，如借阅状态、副本信息等。该信息可以帮助用户直接获得所需资源。单件具有持有者（held by）和条形码（barcode）两种属性，其中持有者可以是个人也可以是图书馆；条形码是用户检索用的标识符，如索书号、位置标记等。

此外 2.0 模型基于关联数据技术，注重描述实体之间、实体属性之间的关系。如模型中作品、实例和单件三个核心级别之间存在"有"（has）的关系，作品"有"实例，实例"有"单件。需要指出的是，BIBFRAME2.0 模型还利用统一资源标识符（URI）来标识"作品""实例""单件"及其属性，使书目数据实现在互联网上的发布和共享。

## 2　BIBFRAME2.0书目框架的特点

### 2.1　与现行 MARC 格式兼容

虽然 BIBFRAME 诞生的目标是取代 MARC，但在目前还未开发完全的情况下，仍保持着与 MARC 的相互兼容。它继承了 MARC 的语义性和一致性，LC 在 BIBFRAME 官网上发布了 BIBFRAME 与 MARC21 的双向转换工具，并规定了转换规范和转换程序。

### 2.2　将书目数据分为抽象层次和具象层次

在 BIBFRAME2.0 模型中，作品层次集合的是抽象的内容，包含不同题名、不同语种或者不同表现形态的同一作品，具有主题、代理、事件等属性；而实例层次则描述作品的具象内容，具有格式和出版者两种属性，作品和实例之间是一对多的关系，因为同一件作品可能包含多个实例。举例来说，《不能说的秘密》这部作品在 BIBFRAME2.0 模型框架内就是一个抽象内容，因为它可以对应电影《不能说的秘密》、话剧《不能说的秘密》、电子书格式《不能说的秘密》、纸质版小说《不能说的秘密》等多个实例，而每个实例又都有不同的格式和出版者等属性。将抽象层次和具象层次分开描述，同时给抽象和具象的内容及其属性都赋予 URI，可以更准确地展示它们之间的关系，从而提高检索的准确性和全面性。

### 2.3　资源描述范围更加广泛

虽然 BIBFRAME 的名称叫书目框架模型，但其目标远不止对于书目数据的描述，还包括地图、数据集、静态图像、动态图像、音频、乐谱、舞谱、物体、多媒体、混合资料等多种形式的资源。在各国的应用测试过程中，BIBFRAME 也提供多种元数据映射方案，如元数据对象描述模型（MODS）、编码档案描述模型（EAD）、荷兰图书馆自动化中心一种元数据格式（Pica+）、都柏林核心集（DCMI）等。因此，BIBFRAME 的适用范围并不仅限于图书馆，还包括档案馆、博物馆等机构。

### 2.4 遵循关联数据四原则来描述书目信息

所谓"关联数据四原则"是万维网的发明者蒂姆·伯纳斯·李（Tim Berners Lee）于 2006 年提出的关于建立数据之间链接的四个原则。第一，给所有事物赋予一个URI。第二，用 HTTP URI 来标识资源，使数据资源能够在网络环境下通过 HTTP 协议访问获取。在 BIBFRAME2.0 模型中，不论在哪一个层级，不论是抽象还是具体的内容，或是其各种属性，都有一个 HTTP URI 标识。第三，当查找 HTTP URIs 时，用标准的资源描述框架（Resource Description Framework，以下简称为 RDF）来提供有用的信息。BIBFRAME 采用 RDF 的编码方式，当有人查询一个 URI 时，使用标准的RDF 提供与当前资源相关的其他有用信息。第四，当发布书目数据时，与更多相关资源的 HTTP URI 建立语义链接，提高用户发现、获取和使用网络中潜在的相关信息资源的能力。

## 3 BIBFRAME书目框架在全球的发展及研究进程

BIBFRAME2.0 于 2019 年进入测试推广阶段。根据官网公布的测试登记信息，BIBFRAME1.0 版本阶段有九家机构参与，BIBFRAME2.0 阶段又有九家机构加入。这些机构的类型包括国家图书馆、高校图书馆、专业图书馆、图书馆系统服务商、开源网络平台等；所在地覆盖美国、欧洲（德国、英国、匈牙利）、非洲（埃及）、南美洲（古巴）。测试内容有从 MARC 到 BIBFRAME 转换、BIBFRAME 编辑器的测试和工具开发、BIBFRAME 在非英语环境下的运行测试、BIBFRAME 书目数据的关联发布等[3]。

### 3.1 美国——LD4 系列项目

由梅隆基金资助的"图书馆关联数据 LD4"系列项目始于 2014 年，每两年建立 1—2 个项目。2014—2016 年开展 LD4L 2014 项目，由斯坦福大学、康奈尔大学和哈佛大学合作，旨在建立一个学术资源语义信息储存（SRSIS）模型，数据来源包括MARC、元数据对象描述模型（MODS）、编码档案描述模型（EAD），这样不仅在图书馆内部，还可以通过可扩展的关联开放数据网络吸纳档案馆等其他机构的元数据[4]。2016—2018 年开展了两个项目：LD4L Labs 和 LD4P，吸收了更多高校图书馆的参与，如普林斯顿大学、哥伦比亚大学、艾奥瓦大学等。其中 LD4L Labs 专注于加强关联数据创建和 BIBFRAME 编辑工具、探索关联数据关系的可视化、BIBFRAME 本体开发和 URI 持久化的工作，以帮助图书馆使用关联数据来改善对资源信息的发现、使用和理解[5]。LD4P 专注于跨域本体建模和元数据生成；特定领域的本体建模和元数据生成；加强和扩展 BIBFRAME 本体，以涵盖多种格式（如书籍、音乐、地图、视频等）；参与关联数据相关工具的开发，推动更广泛的图书馆参与进来，确保可持续和可扩展的环境[6]。2018—2020 年开展了 LD4P2 的项目，相关完成度还没有公布，但是其官网公布了第二阶段的七大目标[7]：由一个学术图书馆的核心小组，创建 BIBFRAME 表示的关联数据连续馈送池；开发基于云的沙箱编辑环境，以支持更多地参与图书馆（LD4P 合伙人）创建和重用关联数据；开发用于以标识符自动增强 MARC 数据的策略、技术和工作流程，使其尽可能清晰地转换为关联数据；开发用于创建和重用关联数据及其支持标识符作为图书馆核心元数据的策略、技术和工作流程；通过与 Wiki data 的协作，更好地将图书馆元数据和标识符与 Web 集成；使用基于关联数据的发现技术增强广泛采用的图书馆发现环境建设；通过开发一个名为 LD4 的组织框架来协调持续的社区协作。2020 年，新项目 LD4P3（2020—2022）得到批准，该项目的目标是闭环（closing the loop），为元数据的创建、共享和重用创建一个完整循环的工作模型[8]。

### 3.2 欧洲图书馆界 BIBFRAME 的发展方向

欧洲国家图书馆关于 BIBFRAME 有着不同选择，归纳起来主要有以下三个方向。

#### 3.2.1 将书目数据由 MARC 格式转换为 BIBFRAME 格式

匈牙利国立塞切尼图书馆（National Szechenyi Library）于 2017 年向美国国会图书馆申请开展 BIBFRAME 项目，该馆将书目数据由 MARC 格式转换为 BIBFRAME 格式，并上传至关联开放数据（Linked Open Data，以下简写为 LOD）云中，在转换中注重主题、作者、作品、出版者、实例、关联人物等实体，同时还为实体赋予 URI，与巴克斯范式（BNF）、国际标准名称识别码（ISNI）、虚拟国际规范文档（VIAF）、国会图书馆名称授权文档（LC NAF）等已有词表进行关联与聚类[9]。

芬兰国家图书馆虽然没有选择 BIBFRAME，但它利用 BIBFRAME 作为中介工具，将其书目数据从 MARC 转换为最终目标 Schema.org（Schema.org 是由谷歌、微软和雅虎共同推出的一个协作组织，为网络上的结构化数据标记创建并推广一套通用模式，Schema.org 有一套专为图书馆书目数据设计的扩展版 SchemaBibEX），其步骤是利用 MARC2、BIBFRAME 工具将 MARC 数据转换为 BIBFRAME 格式，再利用 SPARQL Protocol and RDF Query Language（以下简写为 SPARQL）构造检索式从 BIBFRAME 格式转换为 Schema.org[10]。

### 3.2.2　规范文档的整合与关联数据化应用

德国国家图书馆作为 BIBFRAME1.0 时代就参与实施的成员，致力于以 BIBFRAME 格式实现全部在线书目数据的关联数据发布。在 BIBFRAME1.0 时代，德国国家图书馆就持续将该馆数据从 Pica+ 转换为 BIBFRAME。该图书馆重点关注整合规范文档（主要是德语系）的建设及关联数据的应用。作为德语系国家 BIBFRAME 的积极倡导者，德国国家图书馆广泛召集其他图书馆、博物馆、档案馆等机构共同参与规范文档的建设，并且协同各机构提供关联数据服务。目前德国国家图书馆已经实现了人物名称、地理名称、作品、机构、会议、专业术语方面的整合，共有 1500 万条记录。在建设过程中，德国国家图书馆建立了规范文档（主要是德语系）本体、自定义的 RDF 元素集，复用了现有词表中的一些元素，使两者之间具有映射关系，给本体中的实例赋予一个 URI，通过 RDF 三元组实现链接[11]。

### 3.2.3　创建 BIBFRAME2.0 的联合目录系统

2012 年瑞典国家图书馆启动了 LibrisXL 系统，该系统以 BIBFRAME2.0 模型为核心，参考 LC 的映射方案，采用 KBV 词表自建本体。可以说 LibrisXL 系统是首个正式使用基于 BIBFRAME2.0 的联合目录系统，该系统可以使万维网理解图书馆的书目信息，各搜索引擎和 Wiki data 也可以更直接引用和参考 LibrisXL 的书目数据。这使图书馆的书目信息真正地搭上了互联网，创建了访问利用图书馆书目的新途径。另外，图书馆也可以利用关联数据链接到其他文化机构的领域，引用其他的关联数据集来完善自身目录[12]。

### 3.3 其他国家 BIBFRAME 的发展领域

#### 3.3.1 古巴何塞·马蒂国家图书馆

2014 年，古巴开始实施国家数字图书馆计划，参与此项工作的机构和单位包括古巴何塞·马蒂国家图书馆（Biblioteca Nacional de Cuba José Martí）、古巴历史协会、古巴国家档案馆、古巴语言文学协会、古巴艺术公司、美洲之家、古巴国务委员会历史事务办公室等。该计划旨在建立一个能与互联网相连接的国家数字图书馆，通过该网络将古巴全国所有的图书馆和重要机构联结在一起，实现资源共享[13]。

由于古巴国家图书馆的 OPAC 系统只收录了 1998 年以后的书目信息，1998 年以前的仍保留在卡片式目录中，因此该馆的 BIBFRAME 之路将分为两部分。对于 1998 年以后的书目信息，古巴国家图书馆利用 LC 提供的 BIBFRAME 转换器，将现有的 MARC 格式转化为 BIBFRAME 格式。对于存放在卡片目录中的书目信息，该馆将卡片目录数字化，创建一个虚拟的卡片图像目录或卡片图像公共检索目录（CIPAC）。基于 BIBFRAME1.0 的模型，古巴国家图书馆将这些卡片图像作为注释类来进行处理，即 BIBFRAME1.0 模型中的注释类的封面艺术属性，这将探索出一条将卡片式目录跨越式转化为 BIBFRAME 格式之路。

#### 3.3.2 埃及亚历山大图书馆

亚历山大图书馆（Library of Alexandria）作为中东最大的阿拉伯语图书馆之一，宗旨是成为生产和传播知识的中心，并成为不同文化和民族之间对话和理解的场所。该馆联合 LC 共同开发阿拉伯语的 BIBFRAME 转换器，使大量阿拉伯语的书籍、古籍珍本、手稿、地图的 MARC 格式转换为 BIBFRAME 格式。

### 3.4 国内图书馆 BIBFRAME 的应用情况

#### 3.4.1 上海图书馆家谱知识服务平台

2014 年年底，上海图书馆发布了家谱知识服务平台[14]，该平台以《中国家谱总目》收录的，包含 608 个姓氏的，来自中国香港、中国澳门、中国台湾等地区，日本、韩国、北美、德国等国家的收藏机构所藏的 5.4 万余种家谱目录为基础，析出姓氏 608

个，先祖名人 7 万余个，谱籍地名 1600 余个，堂号 3 万余个，以关联数据技术为基础，设计了 BIBFRAME 家谱本体，提取姓氏、人、地、时、机构等实体并赋予 URI，将 CRMARC 转换为 BIBFRAME 格式。

该平台有以下三个特点：第一，建立了全球家谱联合目录。用户可以直观地了解某一家谱在全球各个收藏机构的收藏情况。同时在上海图书馆开放数据平台上以 LOD 的方式公开发布整理的规范数据，如中国历史纪年表、地理名词表、机构名录，促进数据的重用和共享。第二，基于万维网的规范控制。该平台利用关联数据技术，使用 URI 作为规范数据的唯一标识符，实现基于万维网的唯一标识和统一定位。第三，支持书目控制的可持续发展。该平台不仅是一个展示系统，还是一个可写的、支持众包的平台，可以开放给相关经过认证的专家学者、社会团体，允许他们登录该平台修改、发布新的知识，发现数据冲突和错漏时及时修改，保证家谱书目的可持续发展[15]。

### 3.4.2　华东师范大学数字方志集成平台

华东师范大学开发的数字方志集成平台以异构数字方志数据为基础，力求为人文学者提供统一的数据资源管理、大数据分析、可视化展示和智慧型服务的人文研究环境建设思路。该平台基于 BIBFRAME2.0、FOAF（Friend–of–a–Friend）、RDF、RDFs 等词表构建数字方志知识库本体模型，运用可视化以及知识图谱技术实现数据之间的关联关系。通过自然语言处理（Natural Language Processing，以下简写为 NLP）技术实现文本深度挖掘与可视化检索，基于关联数据技术实现更大范围的数据集成。目前平台已完成一期建设，即将开启二期建设。

## 3.5　BIBFRAME 官方最新进展

在 2021 年 1 月美国图书馆协会（ALA）的年会上，LC 宣布了 BIBFRAME 100 指标，即 LC 百分百的编目人员开始采用 BIBFRAME 系统进行编目，新版编辑器也同步上线使用，2021 年将继续优化从 MARC 到 BIBFRAME 的双向转换。

## 4 未来BIBFRAME书目框架应用场景分析

根据 2013 年 8 月 BIBFRAME 官方发布的《BIBFRAME 使用案例与需求》讨论稿，提出了 15 个应用场景。这些应用场景不仅面向图书馆工作人员，也面向读者，甚至是面向图书馆以外的机构使用。以下将整合选取其中 8 个方面的内容试做分析，展示基于关联技术的 BIBFRAME 书目框架是如何揭示书目信息、简化编目工作，并且使书目信息随着网络发挥前所未有的价值，使未来社会知识活动中的不同角色都能够从书目信息中获得支持和服务。

需要指出的是，BIBFRAME 采用 SPARQL 语言作为查询语言，专门用于访问和操作 RDF 数据。W3C 的 RDF 数据存取小组（RDF Data Access Working Group，RDAWG）对其进行了标准化。2008 年，SPARQL 1.0 成为 W3C 官方所推荐的标准，2013 年发布了 SPARQL1.1[16]。

### 4.1 查找我附近的书

BIBFRAME 书目框架模型可以根据客户端的地理信息方便地为用户提供社交本地移动（Social、Local、Mobile，以下简写为 SoLoMo）服务。例如，当读者需要查找附近 30 英里以内的一本书，就可以用 SPARQL 语言实现如下。

```
SELECT ?work ?inst ?lib
WHERE {
        ?work bf:title "PhantomTollbooth"
        ?inst b:instanceOf ?work
        ?holdings bf:holds ?inst
        ?holdings bf:heldBy ?lib
?lib gs:nearby （40.1583 83.0742 30）

        }
```

用户输入作品题名（bf:title "PhantomTollbooth"），查找条件为该作品的某些实例（bf:instanceOf ?work），并查找这些实例为哪些图书馆馆藏（?holdings bf:heldBy ?lib），

通过用户查询的设备定位坐标（40.1583 83.0742 30）。其实这种 SoLoMo 服务早已植根于各类互联网应用中。如大众点评 App 中，用户可以根据某一位置查找附近某一距离内的餐饮、景点、住宿、休闲等服务，并可以按照距离、评价等顺序排列。同样，BIBFRAME 书目框架模型也可以根据客户端的地理信息方便地为用户提供 SoLoMo 服务，甚至可以加入距离内实体书店、档案馆、博物馆的关联数据搜索结果，只要他们同样采用 BIBFRAME 书目框架对书目、档案、藏品进行编目，由此可以增加用户发现资源、获取资源的途径。

## 4.2  资源自适应当前设备

用户在查找图书馆馆藏的某件作品时，BIBFRAME 会优先显示适应当前设备的实例类型，如手机端、平板端就会推荐电子资源，用 SPARQL 语言实现如下。

```
SELECT ?work ?inst ?lib
WHERE {
        ?work bf:title "Fahrenheit451"
        ?workbf:hasInstanceOf ?inst
        ?instrdf:typebf:Ebook
        ?instbf:fomat<http://idpf.org/epub>
        }
```

当读者需要找一本名为《华氏 451》（*Fahrenheit451*）的书时，BIBFRAME 根据当前设备的情况优先显示电子书资源种类，于是显示了一本来源于国际数字出版论坛（International Digital Publishing Forum，以下简称为 IDPF）网站上 epub 格式的电子资源实例。

## 4.3  扩大作品检索范围

目前，国内外的图书馆几乎采用的都是 MARC 格式的编目格式，其检索方式是用户查询某作品，须先进入图书馆 OPAC 检索平台，根据所选择的题名、责任者、主题词等检索点，才能检索出与 MARC 字段相对应的结果。在检索结果页面可以获得该作者在本 OPAC 系统上的其他作品链接，也可以获得豆瓣、当当、谷歌读书等网络社区关于本作品讨论、书评、购买的链接。而 BIBFRAME 以数据关联技术为基础，以统一资源标识符 URI 来标识"作品"或者其"主题""代理""事件"等属性，采用 RDF 数据建模，能够使书目数据易于被万维网识别和处理，扩大检索范围，提高检索结果的质量。以德国国家图书馆的检索作家歌德的结果为例：德国国家图书馆是早期加入 BIBFRAME 实施的图书馆之一，可以看到显示的搜索结果页面有很多围绕歌德的信息，有数据的来源、歌德的生卒年、出生死亡地点，还有歌德从事过的职业、与他人的关系，以及作者本人的作品、参与的作品以及围绕作者的相关作品。而且在检索结果中的很多字段都提供了 URI，用户可以通过点击链接继续获取相关对象的信息。

### 4.4 检索更具开放性和普适性

BIBFRAME 的设计比一般的书目格式更具开放性，不仅在图书馆领域，而且在档案馆、博物馆等机构同样适用。因为它可以描述文本、地图、数据集、静态图像、动态图像、音频、乐谱、舞谱、物体、多媒体、混合资料 11 种资源类型，其对某一资源的检索结果可以是全方位、多元化的立体属性，同时为 MARC、MODS、RDA、FRBR 等提供映射方案，为 BIBFRAME 联结世界打开了一扇窗户[17]。

可以设想当用户检索某一历史人物时，不仅可以检索到该历史人物在图书馆里单一文本形式的文献资源，还可以获得图书馆外的资源。例如博物馆里与该人物关联的历史事件、考古挖掘、出土文物，档案馆里与该人物关联的手稿、作品、档案，甚至是视频网站上与人物关联的影视作品等全方位的检索结果。这类似于维基百科的词条，可以通过链接自由跳转到感兴趣的对象或者内容上去。

### 4.5 简化编目工作

BIBFRAME 也简化了编目人员的工作流程。例如编目人员获得一件名为《影子俱乐部》（*The Shadow Club*）的电子资源，作者是尼尔·舒斯特曼（Neal Shusterman），需要将其添加至本地图书馆。那么编目人员只要在图书馆联合编目系统中搜索到关于该作者的所有电子资源，将符合条件的实例拷贝到本地，赋予一个本地 URI，并添加它与本地作品的关系，同时为该实例添加单件，即馆藏信息 URI。

第一，为符合条件新实例赋予一个本地 URI，并描述它与本地已有作品的关系，

i1 表示 instance1，w1 表示 work1。

<http://local.library.org/examples/shusterman/test001/i1>

…

bf:isInstanceOf<http://local.library.org/examples/shusterman/test001/w1>

第二，在本地作品中，添加新实例与其的关系。

<http://local.library.org/examples/shusterman/test001/w1>

a bf:Monograph;

bf:author<http://bibframe.org/auth/person/neal_shusterman>;

bf:language<http://id.loc.gov/vocabulary/eng>;

bf:title"The Shadow Club";

bf:targrtAudience<http://bibframe.org/auth/audiences/juvenile>;

bf:hasInstance<http://local.library.org/examples/shusterman/test001/i1>.

第三，为新实例添加 item 单件属性。

< http://local.library.org/examples/shusterman/test001/item1>

abf:Item;

bf:heldBys<http://local.library.org/library/olentagydistrict_library>;

…

bf:itemOf<http://local.library.org/examples/shusterman/test001/i1>

## 4.6　让编目系统四通八达

当一件作品用 A 语言出版后，可能会被翻译成 B 语种、C 语种、D 语种……全球发行，那么在书目信息中就需要经常更新信息。在 BIBFRAME 中，作品是以 HTTP URI 来标识的，具有唯一性和共享性。全球各地的图书馆员都可以通过互联网，引用该作品的书目信息，当有新的语种信息产生时，只需要通过触发器（Trigger），向原作品拥有者发出通知[18]。例如作者库尔特·冯内古特（Kurt Vonnegut）的作品《蓝胡子》（*Bluebread*）被翻译成了印地语，那么印度的图书馆员便会操作如下。

第一，在网络上的 BIBFRAME 规范控制服务中查询该作品的原作者。

<http://bibframe.org/auth/people/kurt_vonnegut>

…

bf:title"Bluebread"

第二，拷贝该作品书目信息到本地，赋予一个本地的 URI，编辑添加本地语种信息。

<http://national.library.org/barbablu/test001/w1>

abf:Monograph;

bf:title"Barbablu";

bf:author<http://bibframe.org/auth/people/kurt_vonnegut>;

bf:translator<http://bibframe.org/auth/people/pier_francesco_paolini>;

…

bf:language<http://id.loc.gov/vocabulary/languages/ita>;

…

第三，通过触发器（trigger）向原作品书目信息拥有者发出语种更新通知，对方根据本地规则接受更新后，原作就有了 bf:hasTranslation 的信息。

<http://local.library.org/bluebread/test001/w1>

…

bf:hasTranslation<http://national.library.org/barbablu/test001/w1>

## 4.7 "采""编"协作

BIBFRAME 中图书馆采编人员在文献采购阶段就可以率先开始部分编目工作了。由于采购人员在流程一开始就已经知道了采访对象的基本信息，所以可以在采购目录中添加"work（作品）""instance（实例）""item（单件）"等部分信息，读者在查询时也可以看到某作品或实例处于"on order 已订购"的状态。当编目人员正式开始编目时，会发现联合编目系统中已经有新采购资源的部分书目信息，这就是前期采访人员所添加的。此时编目人员只需接受更新，便会大大减少后期编目工作量。

第一，采访人员在联机编目系统中查找采购订单上的作品和实例。

<http://library.local.org/examples/king/test001/w1>

…

bf:hasInstance<http://biframe.org/examples/king/test001/i1>

第二，采访人员拷贝作品和实例的信息，初步添加单件信息。

<http://library.local.org/examples/king/test001/item1>

abf:Item;

…

bf:heldBy<http://bibframe.org/library/delaware_public>;

```
bf:status"on order";
bf:itemOf< http://biframe.org/examples/king/test001/i1>
```

在编目人员拿到具体实例之后就可以继续添加馆藏地（bf：physicalLocation）、分类号（bf：shelfMarkCLC）等单件信息。

## 4.8 对同一作者的多个笔名，创建 owl:sameAs 等同关系

在 MARC 编目中，编目信息之间缺乏关联，无法识别用户语义检索的需求。如在金陵图书馆 OPAC 检索系统中，责任者输入"冰心"，可以检索到 368 条记录。而输入"谢婉莹"则仅搜到 2 条记录，且不是同一个人。而在 BIBFRAME 中，可以利用关联数据中 owl:sameAs 在不同规范实体间建立等同关系。

```
<http://local.library.org/person/15680245>
 abf:Person;
bf:label" 谢婉莹 "
```

```
<http://local.library.org/person/58763549>
 abf:Person;
bf:label" 冰心 "
```

```
<http://local.library.org/person/15680245>
 owl:sameAs<http://local.library.org/person/58763549>
```

这样，当读者检索谢婉莹时，也能检索到冰心的作品。

## 5 结语

BIBFRAME 的问世表明了图书馆界也在积极顺应技术进步和社会需求，利用关联技术深度揭示书目信息所蕴含的知识，挖掘书目信息的价值。这不仅是对图书馆内部的采访、编目、参考咨询等业务在工作流程上全方位的革新，更是对图书馆人工作、服务理念的转变。图书馆人要着眼于服务知识生产、传播、消费等全生态链条，使知识生产、文化交流中的不同角色都能够在图书馆得到供需适配的支持和服务。

BIBFRAME 在 LC、Zepheira 公司、OCLC 以及高校图书馆的共同合作下持续完善。LC 已经宣布在 2021 年，其所有的编目人员开始采用 BIBFRAME 系统进行编目。

从新生事物的演化规律来看，一项事物一旦突破了关键技术的制约，就会迅速和蓬勃地发展，BIBFRAME 具有远超 MARC 的诸多优势和广阔前景。目前我国仅有上海图书馆的家谱知识服务平台，以关联数据技术为基础，设计了 BIBFRAME 家谱本体，将 CRMARC 转换为 BIBFRAME 格式；以及华东师范大学的数字方志集成平台基于 BIBFRAME2.0 等词表构建数字方志知识库本体模型，并正式上线服务。所以，我国图书馆界、图书情报界必须尽快达成共识，抢抓机遇、乘势而上，积极开展相关研究和国际交流，为我国"智慧图书馆"乃至"智慧社会"建设作出更大贡献。

## 注释：

［1］"Overview of the BIBFRAME 2.0 Model," The Library of Congress, accessed May 20, 2021, https://www.loc.gov/bibframe/docs/bibframe2–model.html.

［2］王景侠：《书目框架（BIBFRAME）模型演进分析及启示》，《数字图书馆论坛》2016 年第 10 期。

［3］"BIBFRAME 2.0 Implementation Register," The Library of Congress, accessed May 20, 2021, https://www.loc.gov/bibframe/implementation/register.html.

［4］"Linked Data for Libraries（LD4L），" BLAKE J, accessed May 20, 2021, https://wiki.lyrasis.org/pages/viewpage.action?pageId=41354028.

［5］"Linked Data for Libraries Labs（LD4L Labs），" WOODS A, accessed May 25, 2021, https://wiki.lyrasis.org/pages/viewpage.action?pageId=77447730.

［6］"Data for Production（LD4P），" Linked, accessed May 25, 2021, https://wiki.lyrasis.org/pages/viewpage.action?pageId=74515029.

［7］编目精灵 III：《BIBFRMAE 应用进展：LD4P 实施之路》，https://catwizard.net/posts/20180708101109.html，访问日期：2021 年 5 月 25 日。

［8］"Linked Data for Production: Closing the Loop（LD4P3），" Linked, accessed August 23, 2022, https://wiki.lyrasis.org/pages/viewpage.action?pageId=187176106.

［9］"BIBFRAME 2.0 Implementation Register," The Library of Congress, accessed July 10, 2017, https://www.loc.gov/bibframe/implementation/register.htm.

［10］宋琳琳：《欧洲国家图书馆 BIBFRAME 进程的调查与思考》，《图书情报知识》2020 年第 6 期。

［11］同［10］

［12］同［10］

［13］甘萍：《古巴实施国家数字图书馆计划》，http://www.cflac.org.cn/ys/xwy/201404/t20140424_253392.html，访问日期：2021 年 5 月 25 日。

［14］详见：https://jiapu.library.sh.cn.

［15］中国家谱知识服务平台：《藏以致用，以技證道——上海圖書館家譜知識服務平台 Beta 版 發佈説明》，https://jiapu.library.sh.cn/#/about，访问日期：2021 年 5 月 25 日。

［16］码农网：《SPARQL 入门（一）SPARQL 简介与简单使用》，https://www.codercto.com/a/77757.html，2021 年 5 月 25 日。

［17］贺艳松：《书目框架 BIBFRAME 研究及其应用》，南昌大学，2016。

［18］夏翠娟：《面向语义网的书目框架（BIBFRAME）：功能需求及实现》，《大学图书馆学报》2014 年第 6 期。

# 消除"孤岛" 打造"生态链"
## ——信息生态视域下的图书馆融合阅读服务[①]

杨庆怀[②]

**摘 要**：信息孤岛是在信息时代背景下，信息资源或信息服务的一种失灵状态。信息孤岛的存在，是图书馆事业在信息时代的一种尴尬现象。积极消除信息孤岛，打造智慧联通、协同共赢的信息生态圈，是图书馆转型发展的需要。本文从信息生态学视角，梳理了社会阅读的新特点，分析图书馆开展融合阅读服务的必要性、协同要素、存在的问题，并提出对策。

**关键词**：信息孤岛；信息生态链；图书馆；融合阅读服务

当前，社会在加速步入万物互联、万业互联的智慧时代。智慧时代以信息、资源、技术和媒介的广泛融合与连接产生价值，形成生态。物联网和人工智能带来的技术环境的突变，为图书馆这个"不断生长的有机体"带来了新的机遇和挑战。一方面，图书馆要积极适应新形势下的需求变化，重塑服务优势和价值，实现传统图书馆向现代图书馆转型。另一方面，图书馆要以开放思维、开放视野，博采众长，在跨界融合发展的信息生态链中，谋求一席之位，努力提升融合发展能力。

---

① 本文为湖南图书馆课题"图书馆在传承优秀传统文化中的作用与实践研究"（编号：XTX202006），以及2022 湖南省图书馆学会重点课题"强国愿景下图书馆主动服务乡村振兴战略研究"（编号：XHZD1019）阶段性成果之一。
② 杨庆怀，湖南图书馆数字技术部副主任，副研究馆员。

# 1　信息生态相关概念

## 1.1　信息生态学

信息生态学的研究最早开始于 20 世纪 60 代的美国[1]。1997 年，美国学者达文波特（Davenport）首次提出了"信息生态学"的概念，他认为信息生态学是指对组织内部信息利用方式产生影响的各个复杂问题采取整体的观点[2]。将生态学的研究方法和范式引入信息传播研究领域，是一种思路的创新。此后，陆续有学者将信息生态学的相关理论引入图书馆信息服务、资源建设、阅读服务、数字平台建设、联盟协作等领域，因此研究逐步升温。信息生态学的主要任务是要研究信息人、信息和信息环境三者的属性特征及彼此关系[3]。

## 1.2　信息生态链

国内不少学者都曾对信息生态链进行定义。付立宏、李美洁认为图书馆信息生态系统是以图书馆为依托，以更好地满足用户需求为目的，促进系统各构成要素之间相互联系、相互作用，并根据图书馆内外部环境的变化而不断进行自我调整，保证信息资源优化配置、高效流通，从而形成一种不断进化、动态平衡、开放的人工系统[4]。娄策群等认为，信息服务生态链是指在信息服务生态系统中，使信息生产者、信息服务机构和信息用户三者间进行信息流转的一种链式依存关系[5]。刘佳等认为信息生态链由信息人、信息、信息环境构成，其目的是实现信息的传递、共享与交互，在信息传递过程中不断追求信息生态链的动态平衡[6]。韩刚等认为信息生态链是存在于特定的信息生态中、由多种要素构成的信息共享系统[7]。笔者认为，信息生态链是一种效能和作用的关联体，是信息生态系统中具有流动属性的要素之间的协同共生关系。

## 1.3　信息孤岛

信息孤岛是在信息时代背景下，信息资源或信息服务的一种失灵状态[8]。图书馆界对信息孤岛的关注，是在数字化大行其道的背景下产生的。图书馆信息孤岛现象的产生有管理体制、机制的原因，有技术、数据和平台阻碍的原因，还有服务理念、服务意识的差异。技术和资源上的分隔相对容易解决，理念观念上的分隔较难解决[9]。

吴建中先生认为图书馆的孤岛不仅体现在图书上，而且体现在图书馆与外界的关系上[10]。图书馆文化数字资源建设深受传统管理模式的影响，孤岛现象严重[11]。在万物互联背景下，信息孤岛现象显然是一种逆潮流的表现。信息孤岛的存在，既与当前国家的文化发展战略初衷相背离，也与人民群众充分享受高质量文化服务的需求相违背。

## 2 信息生态视角下社会阅读的特点

改革开放 40 多年来，社会各界对阅读重要性的认知，已达到了相当的高度。全民阅读蔚然成风，社会阅读的各项保障条件和措施不断改善。当前，网络化信息化大行其道，社会阅读在新的文化环境、技术环境和阅读需求激发下，呈现出许多新的特点。

### 2.1 融合性

信息生态视角下的社会阅读，呈现明显的融合性。从阅读内容深浅程度看，通俗阅读和经典阅读都有市场。从阅读资源的载体看，数字阅读和纸本阅读都受到青睐，线上阅读和线下阅读相互补充，读纸、读屏、读网和听书可自由切换，各形态资源都有受众。从阅读目的看，学习型、求知型、娱乐消遣型阅读，呈现出碎片化交织共存的特点。从对阅读行为的包容性看，不同群体的各种阅读兴趣和习惯都受到尊重，阳春白雪和下里巴人共同构成了全民阅读的生动画面。

### 2.2 联通性

社会阅读的联通性，主要表现在社会阅读与其他社会行为可联通、可协同的状态，体现的是阅读在社会生活中的可融入性。各种文化参与力量，都可以将优势品牌和资源，引入导流到社会阅读的生态圈中，成为阅读生态链中有价值的一环。从资源供给的角度看，各种阅读资源跨越体制和权属的界限，为了共同促进社会阅读的目标，优势互补，形成一种"大资源"的格局。从服务获取角度看，社会阅读的联通性，使阅读服务有效嵌入社会生活的方方面面，社会阅读的各种基础设施便捷、均衡、散布，使阅读与人们生活的物理距离更短近，情感和心理距离更贴近，阅读的可获取性、易获取性和经济性都显著增强。阅读参与者，零成本或微成本，即可触达服务，享用丰富资源和优质服务。

## 2.3　泛在性

当前，全球正进入以人工智能为引领的第四次产业革命，这次革命以数据为主体，以人机共生为目标，知识、智慧、智能成为驱动发展的核心力量[12]。泛在学习、终身学习，成为社会各阶层提升素质，适应竞争环境的必然选择。社会阅读的泛在性，与泛在学习具有同理性。从阅读频次看，社会阅读的泛在性是个体充分利用时间，尤其是碎片化的时间，进行常态化、持续性的阅读。从阅读覆盖面看，社会各阶层，尤其是知识、经济、生存发展能力居于相对弱势的群体，都积极投身阅读。政府和文化服务机构，把阅读列入文化民生的服务范围，统筹兼顾，充分保障社会各阶层的文化阅读权利，在阅读服务均等化、公平性方面下功夫。

## 2.4　多元性

多元性，不仅是人类文明发展到一定程度的结果，而且是社会发展进步的体现。从生态学角度看，多元意味着生态链的丰富和完备。一是阅读资源生产主体的多元，数字出版和实体出版齐驱并进。信息消费和信息生产边界模糊，阅读资源持续保持体量与日俱增的状态。二是阅读服务主体的多元，以公共图书馆为主体的政府公共文化服务力量、商业服务机构中的文化服务力量、社会组织和民间阅读服务力量，都积极开展社会阅读服务，人们的阅读选择更多，选择的自主性更强。阅读主体的多元、资源的多元、服务力量的多元，共同构成了社会阅读的多元生态圈。

## 3 信息生态视野下的图书馆融合阅读服务

### 3.1 融合阅读服务的概念

融合，是将各种不同的内容、载体、要素、资源整合在一起，形成合力。图书馆融合阅读服务，是笔者提出的观点，来自"图书馆全域服务"理念的启发。王世伟先生认为："全域服务是在信息技术的支撑和保障下，将图书馆物理空间、读者学习空间、用户公共空间、家庭生活空间、网民数字网络空间等融为一体，将资源、馆员、读者和服务融为一体，实现资源全域连接共享，服务全域整合协同，实现无时空边界的服务。"[13]图书馆融合阅读服务，是图书馆为满足多元化阅读需求，以提升服务效能为目标，通过整合资源、联通技术、线上线下协同，提供的"一站式"阅读服务模式。图书馆融合阅读服务最大的特点是跨界融合。图书馆积极以牵头人的身份，有效整合馆内外的资源，促成一场阅读生态圈内的协同作战，为社会提供便捷、高效、优质的阅读服务。

### 3.2 图书馆开展融合阅读服务的必要性

#### 3.2.1 有利于提升图书馆服务效能

改革开放40多年来，我国图书馆事业取得了长足发展，实现了广泛覆盖的目标，目前正在从注重数量向注重品质发展转型。这种发展思路的转变，一方面是社会需求变化驱动的。在市场经济步入买方市场的环境下，社会文化需求的供给侧力量不断丰富壮大，图书馆也要积极融入竞争环境，以品质服务求生存。另一方面，是技术驱动阅读生态发生了深刻的变化，由于社会各领域都在追求效率和便捷性，一站式服务、自助式服务、保姆式服务、智慧解决方案等，具有广泛的受众基础。图书馆开展融合阅读服务，是新形势下提升服务效能的需要，也是图书馆通过优化服务争取用户、稳定用户的有效手段。

#### 3.2.2 有利于增强图书馆融合发展能力

在信息生态环境下，图书馆虽然信息中心地位不断弱化，但是智库功能正在加强，而且作为文化交流中心、泛在阅读优雅空间的优点得以凸显。图书馆是现代公共文化服务体系中的重要一环，需要和其他公共文化服务机构如博物馆、美术馆、文化馆等共担使命，文化事业的繁荣需要上述各服务力量相互支撑，优势互补，才能最大限度造福人民。积极构建服务共同体，是公共图书馆提升融合发展能力的关键。图书馆开展融合阅读服务，要整合信息生态系统中信息生产端、消费端、服务端的资源，形成一种良性循环可持续的服务生态，达到沟通、对话、合作、共赢的目标。

### 3.2.3 有利于图书馆引领社会阅读新风尚

图书馆作为公共文化服务单位，应充分发挥专业优势，积极引领社会阅读风尚。一是要积极利用新技术、新媒介、新平台推广先进阅读理念，通过优质阅读内容、创新服务模式和手段，吸引更多的人走进美好的阅读世界。二是要开展融合阅读服务，将阅读嵌入百姓生活，使服务下沉，服务触角延伸，着力解决服务"最后一公里"的问题，不断增强服务便捷性，使图书馆服务能力与社会需求同步，与社会发展同步。

## 4 图书馆开展融合阅读服务的协同要素

### 4.1 阅读环境

信息生态视野下的阅读环境，主要包括社会阅读需求环境、政策保障环境和技术环境三大方面。

#### 4.1.1 社会阅读需求环境

从社会阅读需求环境看，人们对阅读方式、阅读资源、阅读环境、阅读体验方面的期待不断提升。阅读作为一种文化消费行为，读者对图书馆阅读服务的期待直接对标商业领域的有偿服务标准。网络环境为信息传播提供了便利，社会阅读资源丰富，渠道多元且获取方便。但海量信息对读者的资源甄选能力、检索能力和批判思辨能力提出了更高的要求。阅读主体如果缺乏一定的信息素养，很容易受到不良信息的影响，过多过滥的阅读资源会造成用户的选择困难。

### 4.1.2 政策保障环境

从政策保障环境看，先后出台的《中华人民共和国公共文化服务保障法》《中华人民共和国公共图书馆法》对图书馆等文化服务机构提出了具体要求，在服务范围、时间、内容、资源、空间、人才、技术等方面都有规范，参考性很强。政府工作报告多次提到全民阅读，地方政府也纷纷提出了文化强省建设的具体措施，把促进全民阅读工作视为重要的文化民生基础工程。江苏、湖北、广东、山东、浙江等省纷纷出台了促进全民阅读的地方性法规，用以规范指导阅读服务和阅读推广工作。在全国图书馆界，中国图书馆学会（以下简写为中图学会）和地方各省学会将社会阅读服务和阅读推广工作列入了图书馆重要业务范畴，出台了服务标准、服务公约、服务宣言等指导性文件。各级各类区域图书馆联盟和合作组织，也积极开展阅读服务和阅读推广工作研究，中图学会阅读推广专业委员会还开启了"阅读推广人"培训计划，通过提升阅读推广人才队伍的专业技能，适应不断发展的阅读需求变化。

### 4.1.3 技术环境

各种阅读资源通过不断深化与网站、智能终端、微信公众号、小程序、阅读 App 等的联通，开展融合服务，在增强阅读趣味的同时，提升便捷性、互动性，优化阅读体验，并且在大数据收集、整理和研究方面，进行了大量创新性的工作。此外，阅读服务也广泛吸纳了融媒体发展的成果，不仅各种资源在统一平台分类展现，集中归拢管理，大大便利了读者，也为图书馆阅读服务智慧化、精准化布局奠定了基础。基于合作共赢的资源多媒介共享、一站式呈现、智慧化服务的融合发展模式，将有效联结资源、技术、服务、读者和图书馆，促进阅读服务供给侧和需求侧之间的隔阂逐步消除，使社会阅读更加便利高效。

## 4.2 阅读资源生产者

图书馆阅读资源，主要有三大来源。一是来自各类出版机构的实体出版物。图书馆实体资源采购一般采取政府招标的方式进行。图书馆的资源采购能力受制于经费规模，各公共图书馆会根据馆情和服务目标的不同，采取不同的采购策略。公共图书馆中，除极少数图书馆可以实现中文图书全采，其他都只能选择性采购。二是数字出版机构和数据库供应商提供的数字资源。在信息环境下，图书馆在数字资源采购方面，缺乏议价话语权。一些图书馆对数字资源采购缺乏长期规划，对数字资源使用情况缺乏效能评估。三是来自图书馆的自建资源，这种资源大多是具有地方特色的数据库、音视频或流媒体资源。这些资源是图书馆地域文化传承保护的成果，也是图书馆凸显地域特色、差异化发展的重要资源。

### 4.3　阅读消费者

阅读是一种文化消费。阅读消费者也可视为阅读主体，是直接从事阅读活动的个体。从理论上讲，每个人都是阅读消费者。但是阅读需要依赖一定的物质基础，并且在一定的时空场域内进行。公民的文化权利中包含了阅读的权利。现代公共文化服务体系建设，要致力于消除信息鸿沟，主要有三个维度。一是资源分布的方面，要解决城乡差异、分布不均的问题，解决机会公平的问题。二是服务覆盖方面，要合理兼顾各方需求，避免出现排他性的问题，解决机会均等的问题。三是服务对象方面，要对信息素养处于不同水平的人，提供分层、分众、分级服务，特别是为特殊群体，提供信息素养教育培训和援助，避免出现因素养差异造成门槛，解决技术适用公平的问题。

### 4.4　阅读服务者

从信息生态角度看，阅读服务者其实是信息传递者，承担着服务者或信息服务中介的角色。阅读服务者，可以是机构也可以是自然人，包含公共图书馆、学校图书馆、科研院所图书馆、民间图书馆在内的图书馆，只要有阅读服务的内容，都是当之无愧的阅读服务者。此外，一些商业服务机构、书店、公共场所或公共空间内提供阅读服务的阵地服务者都属于阅读服务者。

## 5　当前图书馆开展融合阅读服务存在的问题

### 5.1　图书馆阅读服务品质有待继续提升

当前，公共文化服务保障能力不足，发展不均衡不充分的问题依然有待化解。图书馆开展融合阅读服务，要形成一种"大服务"的格局，需要"大资源"的支撑。信息生态视野下，图书馆阅读服务保障能力不足，会对信息生态圈内的信息消费产生阻碍。图书馆阅读服务保障能力不足，主要表现为阅读资源存在同质化趋势、资源连通性不足、阅读资源质量缺乏科学评价机制或质量考核体系、阅读大数据采集分析研究能力不足、对阅读需求响应较慢等。

## 5.2 图书馆阅读服务融入社会发展能力不足

图书馆行业内的交流频繁，但是跨行业的合作很少。目前图书馆的跨界融合发展刚刚起步，许多合作还处于尝试阶段。在全民阅读深入发展的今天，图书馆阅读服务与社会大众的生活还存在一定的距离，图书馆服务融入社会发展的能力还有待继续提升。一是阅读服务品质与商业服务机构相比，有待进一步提高。二是阅读服务对社会需求的快速响应能力还有待提升，在智慧城市建设过程中，图书馆的存在感和服务知名度还有待增强。三是阅读服务精细化、智慧化介入百姓的能力有待提升。图书馆应积极参与社会文化治理，巩固社会阅读服务的主体地位。

## 5.3 图书馆宣传推广和阅读指导职能发挥不充分

阅读服务多主体参与的格局，会弱化社会对图书馆服务的依赖。长期以来，图书馆的宣传推广工作，普遍体现出保守的特点，如习惯被动式宣传，不善于主动宣传；习惯阵地宣传，而不善于拓展营销[14]；宣传手段单一、缺乏创意策划能力等，存在品牌和定位不清晰、社会形象模糊等现象。作为专业的阅读服务机构，社会阅读指导职能发挥不充分、缺乏新意，存在重服务轻指导、多灌输少互动的短板。

## 5.4 融合阅读服务生态链协同机制有待强化

图书馆信息孤岛现象的产生，从外因看可能是由体制机制障碍造成的。但从内因看，与图书馆和外界的关系、图书馆和外界的互动能力直接相关。图书馆一旦走向社会进入经济社会发展大循环中就不再有退路，否则将彻底退出历史舞台。只有充分借用现有平台、社会资源、外部智力，才能更好发挥应有功能[15]。当前，图书馆界正在积极探索融合发展新路径、新模式，但是融合阅读服务生态链协同制仍有待强化，需要进一步增强图书馆牵头调动资源的能力。

## 6 图书馆推进融合阅读服务的策略分析

### 6.1 以需求为导向，不断提高阅读服务品质

一是充分尊重多元的阅读需求，坚持图书馆的公益服务本质，统筹兼顾社会各阶层、群体的阅读需求，特别是特殊群体对阅读的需要，从资源布局、服务项目设置、服务技术方面给予必要的倾斜，让各界共享文化发展成果。二是对标新时代人民群众对阅读体验、阅读品质的期待，积极优化阅读环境和服务流程，提高阅读服务的温度，增强图书馆作为理想阅读场所的凝聚力和认同感，吸引更多的人参与阅读，爱上阅读。三是积极应用新技术、新平台，推进图书馆阅读服务与社会发展同步、与技术同步，让阅读引导人们与时俱进。

### 6.2 以读者为中心，推进阅读服务融入生活

图书馆的价值，是通过服务体现出来的。以读者为中心，需着力解决服务落地的问题。一是不断提高服务的便捷性，增强阅读服务的可触及性，推进零门槛、可互动、微成本、用户自主的服务模式，让阅读服务成为贴近生活的一道省心省力的选择题。二是积极争取，将丰富的优质阅读服务资源，嵌入公共文化、公共交通、公共消费、公共医疗、智慧城市建设的各个节点，增强阅读资源在不同平台的接入和服务能力，使阅读资源成为百姓生活中一种天天可见、时时可用、无所不在的民生资源。

### 6.3 以融媒体为平台，加强社会阅读引领和指导作用

图书馆要善用融媒体平台，让阅读以更加生动、更有趣味、更多新意的姿态展现在读者面前。一方面，图书馆要积极利用网站、微信、微博等自媒体平台，借助抖音、今日头条等短视频工具，通过各种网络群组开展阅读推广和宣传活动，营造阅读氛围，传播正能量。另一方面，要积极履行对社会先进文化、优秀文化的引领作用，积极参与社会阅读的教育和引导工作，在服务上发挥图书馆作为专业阅读服务机构的指导职能，让读书之风成为社会的主流风气。

## 6.4 以融合发展为目标，积极打造融合阅读服务新生态

一是要强化和资源供给端的合作，与出版社、数据库供应商开展联合生产和服务，提高资源品质。二是要积极与其他的阅读服务力量合作交流，开展协同"大服务"，共同推进社会阅读服务，引导更多社会力量加入服务阅读的大阵营。三是要积极与社会和媒体同频共振，将图书馆资源、阅读服务专业优势与媒体平台的传播优势结合起来，引领全民阅读新风尚。四是要积极与阅读研究机构和力量合作，加强对社会阅读行为、阅读大数据、阅读方法规律的研究。积极开展服务大数据技术布局、人才储备和合作工作，也是当前图书馆亟待完成的一项重要工作。

# 7 结语

信息孤岛的存在，是图书馆在信息时代的一种尴尬。图书馆应以一种开放包容的姿态，积极应对多元化的需求，只有不断提高服务品质，才能把握新的发展机遇。消除信息孤岛，建立协同高效的信息生态链，让阅读之花绽放在社会的各个角落，是时代进步的趋势，也是文化发展的呼唤。

## 注释：

[1] 傅荣贤、韩雷:《和谐信息生态环境构建》，知识产权出版社，2015，第8页。

[2] 肖钠:《基于信息生态链主体的图书馆供应链优化研究》，《图书馆理论与实践》2018年第10期。

[3] 何娟:《信息生态视角下的图书馆馆藏优化策略研究》，《四川图书馆学报》2019年第1期。

[4] 付立宏、李美洁:《图书馆信息生态研究的进展与深化》，《大学图书情报学》2017年第6期。

[5] 刘月学:《图书馆信息服务生态链构成要素与形成机理研究》，《图书馆》2017年第6期。

［6］刘佳、彭鹏、黄雨微:《面向科技创新的科技信息服务生态链模型构建研究》,《现代情报》2019 年第 6 期。

［7］韩刚、覃正:《信息生态链:一个理论框架》,《情报理论与实践》2007 年第 1 期。

［8］张敏、霍朝光、吴郁松:《我国公共图书馆数字平台的信息孤岛问题研究——基于社会化网络的分析视角》,《图书馆建设》2015 年第 11 期。

［9］王露露、徐军华:《语义网环境下的数字图书馆服务创新》,《图书馆理论与实践》2016 年第 1 期。

［10］吴建中:《高质量社会发展背景下图书馆面临的新课题》,《图书馆建设》2018 年第 4 期。

［11］吴建中:《国内外图书馆转型与创新动态》,《大学图书情报学刊》2018 年第 1 期。

［12］吴建中:《再议图书馆发展的十个热门话题》,《中国图书馆学报》2017 年第 4 期。

［13］王世伟:《论公共图书馆的全域服务》,《图书馆建设》2018 年第 4 期。

［14］杨沉、张家武、黄仲山:《全民阅读视角下新媒体阅读生态重构研究》,《图书情报工作》2018 年第 6 期。

［15］同［10］

# 浅析智慧图书馆建设框架下信息组织的发展趋势

于 洋①

**摘 要**：在我国社会高质量发展的新环境下，图书馆也将发展为一个新形态——智慧图书馆。智慧图书馆强化了知识中介功能，信息组织工作也面临巨大挑战。本文通过思辨研究从智慧图书馆建设的需求出发，结合实际工作，通过归纳分析智慧图书馆建设框架下信息组织存在的问题，思考应对策略，阐述信息组织向用户需求为导向、内容揭示深入化、系统兼容化与标准化发展的整体趋势。

**关键词**：图书馆；智慧图书馆；信息组织；发展趋势

## 1 引言

智慧图书馆（Smart Library）一词由芬兰奥卢大学（University of Oulu）图书馆于2003年首次提出，意在帮助用户快速、方便地查找所需的文献信息资源，是一种可感知的移动图书馆服务，不受空间限制[1]。2021年9月发布的《国家图书馆"十四五"发展规划》（以下简称为《规划》）中将"智慧转型"列为三大战略之一[2]，并提出建设全国智慧图书馆体系的总体构想。《规划》中阐述的全面提高资源和服务供给质量、全面提升业务管理精细化水平、全流程用户数据动态交互等都涉及信息组织的前沿理论；在信息爆炸和信息污染的复杂信息环境中，关键信息的获取和筛选成本日益增加，节约用户的时间成本将大于信息服务的价值，关键信息的浓度远比信息总量更加关键，这使信息组织工作更为重要。对智慧图书馆、信息组织等相关概念、命题的逻辑演绎推理，有助于促进智慧图书馆由概念构建走向实践探索。

---

① 于洋，丹东市图书馆助理馆员。

## 2 信息组织的发展历程

信息组织是从文献组织发展而来，并朝着知识组织方向发展。信息组织的诞生，伴随着人类大脑的不断发育，当人类大脑活动开始进行思考、分析、筛选、聚类等行为时，信息组织其实就已经产生。当人类文明发展，累积的文献越来越多，最早的古代文献分类组织便由此而来。古代信息组织的特点是以存储、揭示为目的，以文献本身为组织对象，由人工完成操作，主要成果为目录。

近代，由于知识门类、图书馆文献藏量的极速增加，学科体系的日益完善，传统的分类法已无法满足当时图书馆对于信息组织的需求，因此结构完善、等级分明、系统的分类法由此诞生，其中影响最为深远的当属《杜威十进分类法》（*Dewey Decimal Classification*）。《杜威十进分类法》最早在中国得到详细介绍是1910年，孙毓修发表在《教育杂志》的文章，此部著名的分类法在当时引起广泛关注。近代信息组织确立了学科分类法的主导地位，主题法初见端倪，索引、文摘的发展也为信息组织在日后现代通信技术时代的发展提供基础。

20世纪，图书馆事业蓬勃发展。计算机在信息组织中的应用，揭示了分类法、主题法两种独立的方法体系之间内在的联系，形成了分类主题一体化。面对新学科、新事物，出现了检索系统。不同于分类法和主题法，检索系统更简单方便，适应性更强，也逐步体现以用户为中心的指导思想。随着互联网的全球普及，人类获取、传递信息的方式发生了前所未有的改变。搜索引擎通过一定策略在互联网中收集、发现、理解、组织信息，用户通过检索获取相关信息。元数据的开发应用使网络信息有一个通用、规范的著录规则。语义网的研究实现了机器对互联网中信息的理解，为人机智能交互的发展奠定基础。元数据和语义网的产生，也是智慧图书馆建设的基础。

## 3 "全国智慧图书馆体系"建设框架

国家图书馆提出的"全国智慧图书馆体系"建设的总体框架为"1+3+N"[3]，如图1所示，依托国内数字图书馆平台，以现有的数字设施、资源和服务网络为根基。其中，"1"是指"云上智慧图书馆"，通过5G技术、物联网、云存储等搭建智慧图书馆云基础设施，采用"公有云"与"私有云"相结合的混合模式。"3"是指搭载在"云上智慧图书馆"的三方面内容：一是全网知识内容集成仓储，在数字资源建设项目的基础上，进行知识资源细粒度建设和标签标引，实现篇章级、段落级以及主题词、关键词的标引建设，实现快速扩大知识内容集成仓储；二是全国智慧图书馆管理系统，通过各类终端设备智慧互联、"微服务"系统架构实现全国图书馆文献资源业务协作、馆藏知识内容开放共享；三是全域智慧化知识服务运营环境，支持各级图书馆和第三方接入，打造一个多元化、互利互惠的知识生态平台，并且面向社会公众服务。"N"是指在全国各级图书馆及基层服务点普遍建立线下智慧服务空间，包含但不限于多媒体智能交互阅读场景、智慧服务网点、个性化服务空间[4]。

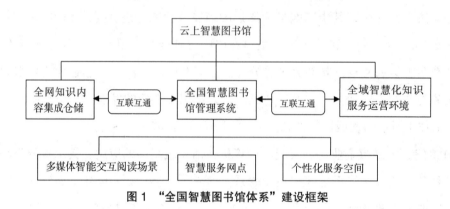

图1 "全国智慧图书馆体系"建设框架

为确保"全国智慧图书馆体系"科学发展，国家图书馆提出三个支持保障体系：一是智慧图书馆评价体系，对体系内图书馆的资源建设、服务效能、空间布设等情况进行多维度评价；二是智慧图书馆标准规范体系，围绕智慧图书馆业务、服务、资源建设、空间利用、技术支持等建立一套较为完善的标准规范体系，为全国各级图书馆的智慧化建设，提供统一标准支持；三是智慧图书馆研究及人才培养体系，围绕关键技术、标准规范、服务推广等在全国范围内、各级图书馆间开展长期跟踪调研及学术研究，并培养一批学科性、专业性馆员，以促进我国智慧图书馆理论和体系的后续完善及发展[5]。

# 4 智慧图书馆建设框架下信息组织存在的问题及应对策略

根据"全国智慧图书馆体系"建设框架可以看出，智慧图书馆在服务用户信息需求方面有着质的提升，通过收集用户属性，对用户进行画像，感知用户需求，自动为其提供所需及相关的信息，这种未来的服务趋势必然对现有信息组织造成冲击。

## 4.1 存在的问题

我们在进行日常工作时往往会发现，图书馆传统信息组织工作，对提升用户使用图书馆体验的意义越来越小，更多的是便于存储的作用。例如，在全国范围内使用的CNMARC 数据共分为十个部分，其中揭示信息内容最为直观的是 330 字段提要或文摘附注，整体占比不到 1%；第七大部分主题分析块（6×× 字段）虽也是揭示信息内容，但主题词相对固定，内容揭示不够直观、全面。再如，国内多数图书馆对文献数字化，包括老报纸、古籍、地方文献等只是单纯地使其形成数字文件，提供的检索条件相对简单。以国家图书馆数字古籍资源为例，高级检索中只有标题、责任者、出版者、出版发行项、善本书号五项检索点，全部用于描述文献外在信息，并无内容信息检索点。对信息内容的揭示，在信息组织理论发展过程中虽一直有所体现，但揭示的内容相对简单。出现这一局面，归根结底是没有把用户需求放在主导地位。全方位且详尽地描述信息的外在属性，方便图书馆对信息进行整理、存储和利用，但对于用户使用信息来说，学习成本较高，如何提升用户的使用体验，是信息组织工作在智慧图书馆建设框架下所面临的最大问题。

## 4.2 应对策略

互联网时代不同于传统信息的检索，人们获取信息成本变低，用户只需输入几个相关词甚至是一个字，便可以模糊搜索出相关的信息。例如，在百度搜索引擎中输入"蒹葭"两个字，可以检索出《蒹葭》全文以及相关内容，一张庞大的信息网络就呈现在用户面前。

但是，这些信息鱼龙混杂，缺乏筛选，是互联网信息的弊端之一。图书馆信息服务如何提升用户的使用体验，既可以像互联网搜索引擎简单快捷、关联内容全面，又使用户检索出的信息相对权威？面对这一问题，笔者认为，首先，图书馆要形成馆藏信息资源网络。通过对馆藏信息资源进行内容细化，从关键词到段落，利用中心度分析出枢纽作用的关键词，使信息内容之间形成联系，按照相关性大小，排序出某一检索条件下的信息内容。其次，在馆藏信息资源网络的基础上，整合互联网资源。为了能够相对全面地联系到相关信息，需要对关键词进行自然语言化处理，并对关联信息进行筛选。通过馆藏信息资源网络体系的关联、筛选，无须对互联网中的信息进行整理，就可以形成一个相对权威、有序的信息网络体系，这也符合"全国智慧图书馆体系"建设框架中构建全网知识内容集成仓储的构想。最后，利用现代技术及理论，使馆藏资源和互联网资源的信息组织工作更具可操作性。面对馆藏资源和互联网资源庞大的数据量，只靠人力是无法完成信息组织工作的，通过无线射频识别（Radio Frequency Identification，RFID）、物联网等智慧技术，通过共建共享的方式，可以大大减少所需的人力物力。

## 5　智慧图书馆建设框架下信息组织的发展趋势

通过阐述信息组织在智慧图书馆建设框架下存在的问题，笔者认为主导信息组织发展趋势的首要条件是用户需求。从这一角度继续深入分析，结合应对策略——建立信息网络体系，探索信息组织工作如何满足用户需求，从而探索信息组织未来的发展趋势。

### 5.1　以用户需求为导向的信息组织

2020 年国际数字图书馆联合会议（线上会议）议题中提到，用户行为和建模、用户社区和用户研究——用户需求已经成为主导图书馆发展的关键因素。笔者通过中国知网（CNKI），以"信息组织"和"用户需求"为主题，学科选择图书情报与数字图书馆，检索出 68 篇文献，导入 CiteSpace6.2.R2 进行分析，节点类型选择"关键词"，筛除出现频率三次以下的主题词得到共词图谱，并且分别选择"信息组织"关联主题词和"用户需求"关联主题词得到共词图谱。

词谱显示，"信息组织""用户需求"同时相关的关键词有信息服务、网络信息、信息聚合，其中信息服务的出现频率最高，然后是网络信息和信息聚合。由此可见，国内学者普遍认为以用户需求为导向的信息组织首要任务是满足信息服务。在共词图谱基础上继续选择 Timeline View，选择"Keyword"得到关键词聚类时序图谱。"信息服务"是由"个性化"发展而来的，与之相关联的是"知识组织"，这符合图书馆界普遍认为"文献组织—信息组织—知识组织"的发展趋势。另一组关键词，"信息聚合"是由"网络信息"发展而来的。信息聚合是 2019 年公布的《图书馆·情报与文献学名词》，出自《图书馆·情报与文献学名词》第一版，定义为多种来源的信息面向一定主题或内容的集中。信息的跨系统搜索、提炼和整合是其中的关键。笔者认为，以用户需求为导向，信息组织将向着不受平台、系统限制的知识组织发展。

## 5.2 信息内容揭示深入化

深入揭示信息内容，是信息组织与知识组织最直观的差别，是将信息点或知识点"打碎"再"组合"的过程，这意味着信息组织将不再局限于一般检索点，更多的是根据用户需求，从知识主体出发，形成知识间的有效联动。图书馆的智能化设备通过归纳学习、统计分析等办法得到信息组织数据间的内在特征从而实现数据深层次的挖掘与揭示，这也是实现信息网络体系的基础。例如多粒度资源组织，将图书、论文等文本较大的粗粒度碎片化，形成概念、图、表等资源较小的细粒度。碎片化后的不同粒度资源都可以用资源描述框架（Resource Description Framework，以下简称为 RDF）三段式描述，如图 2 所示，并且，每一个都是独立可被访问的。

**图 2 RDF 三段式描述**

## 5.3 信息组织系统兼容化与标准化

想要信息组织不受平台、系统限制，信息组织系统的兼容化和标准化是不可或缺的。如分类主题一体化词表的编制就是对信息组织中检索语言兼容化和标准化的尝试。为适应互联网时代信息服务和语义网建设，信息服务体系中的信息资源加工、描述、关联和服务等方面的标准和规范受到广泛关注。例如本体、关联数据、简单知识组织系统模型——SKOS，如图 3 所示。SKOS 模型是一种简单的知识组织系统，由 W3C 发布的一种知识组织工具，如词表的语义化，并可用于描述各种概念等实体之间的关系，具有简单、通用、易扩展等特性[6]。

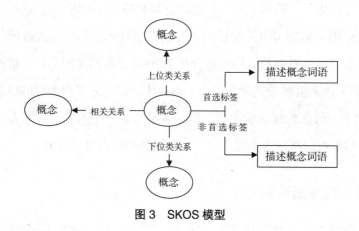

图 3　SKOS 模型

针对目前信息组织中仍存在的各自为政、标准混乱、缺乏规范等问题，通过"联合、开放、共享"的运作模式，建立科学适用的资源共享标准体系将是大势所趋[7]。

## 6　结语

在智慧图书馆发展的新浪潮中，信息组织也在经历着自身的变革，这既是契机也是挑战。虽然，现阶段还没有智慧图书馆的实体案例和具体标准作为参照，但从服务理念出发，我们也可以窥探未来信息组织的一角，这也为信息组织的发展带来了更多的不确定性和可能性。

**注释：**

［1］Aittola M, Ryhänen T and OjalaT, "2003. Smart Library—Location-Aware Mobile Library Service, " *Lecture Notes in Computer Science*, no. 2795(2003), pp. 411–416.

［2］徐婷:《从数字化到数据化：信息组织工作如何应对图书馆智慧化转型》,《图书馆界》2022 年第 2 期。

［3］周笑盈:《我国智慧图书馆体系下的知识资源建设：内涵、路径和策略分析》,《图书馆理论与实践》2022 年第 6 期。

［4］童忠勇、夏恩赏:《公共图书馆数字资源智慧化服务探究》,《图书馆学刊》2023 年第 2 期。

［5］饶权:《全国智慧图书馆体系：开启图书馆智慧化转型新篇章》,《中国图书馆学报》2021 年第 1 期。

［6］欧石燕:《基于 SOA 架构的术语注册和服务系统设计与应用》,《中国图书馆学报》2011 年第 5 期。

［7］徐红:《网络资源描述方法和功能差异分析》,《图书情报论坛》2011 年第 3 期。

# 智慧转型背景下公共图书馆
## 典藏资源智慧化建设研究与实践
### ——以南京图书馆为例

张利永[①]

**摘　要：**在新一轮技术革命和智慧社会建设的大背景下，公共图书馆如何在技术迭代中实现管理转型和服务升级，构建起成熟的图书馆智慧空间，这始终离不开馆藏资源建设和发展这一基础课题。南京图书馆作为江苏省省级公共图书馆，肩负省级智慧图书馆体系建设重任。近年来，南京图书馆一直致力于创新典藏文献智慧化建设，强化前沿技术应用，紧抓资源建设内核，开发新系统、新功能，提升典藏服务效能，优化读者的阅读体验，提高图书馆的服务质量和水平，在促进全省公共图书馆高质量发展中起到引领示范作用。

**关键词：**公共图书馆；智慧典藏；数据化

随着大数据、云计算、人工智能等为代表的新兴技术蓬勃兴起，智慧城市、智慧社区和智慧校园等智慧化实践不断推进，用户的信息需求也在不断升级，这些环境的变化为图书馆的发展带来了机遇和挑战[1]。公共图书馆是智慧城市中的重要一环，发展智慧图书馆已经成为行业热点、大势所趋。传统的公共图书馆不仅面临着建设模式与服务方式的变革，而且其典藏资源建设也面临着新挑战，如何深度结合新型信息技术，建设开发典藏资源，是值得关注与探讨的问题。

图书馆作为社会知识资源中心，在知识资源供给和利用方面发挥着重要作用，具有保存人类文化遗产的职能。省级公共图书馆承担着各地区文献信息战略保存的功能，一般设有保存本书库。随着社会的不断发展与进步，信息数据的飞速发展与信息交互

---

① 张利永，南京图书馆副研究馆员。

方式的有效传播已经逐渐代替了传统的图书借阅模式；在智慧化转型背景下，如何规划好典藏资源的开发与建设工作，对提升公共图书馆的服务效能、促进图书馆高质量发展具有重要意义。

# 1　南京图书馆馆藏现状

## 1.1　典藏文献总量大、品种多

南京图书馆是国家一级公共图书馆，作为江苏省图书保障中心的百年老馆，有着丰富的馆藏文献资源。馆藏书总量超 1248 万册，在中国图书馆界，总藏书量居第三位。其中中华人民共和国成立后典藏文献目前共计 441 万余册，主要有 1949—1957 年四十大类中文图书 49 547 种；1957—1975 年中小型中文图书 65 421 种；开始中图法分类编目的 22 类图书，包括德文图书、俄文图书、西文图书、港台图书、儿童连环画、少儿读物和历史资料等，还有中文期刊 3958 种，外文期刊 436 种，中文报纸 216 种，外文报纸 75 种。

## 1.2　典藏文献入藏时间跨度大、文献编目种类多

南京图书馆典藏文献是从中华人民共和国成立后至今，所以入藏时间跨度大、编目种类较多，典藏库文献编目情况如表 1 所示。

**表 1　南京图书馆典藏库文献编目情况**

| 文献大类 | 文献小类 | 编目规则 |
|---|---|---|
| 中文图书 | 四十大类 | HS + 流水号 |
| | 中小型图书 | HZ + 流水号 |
| | 港台图书 | X+ 年份（4 位）+ 流水号（6 位） |
| | 历史资料 | HW + 流水号 |
| | 其他中图法分类图书 | H + 流水号 |
| 外文图书 | 西文图书（英、法、德） | W（采）流水号（6 位） |
| | 日文图书 | （采）N+ 流水号（5 位） |
| | 韩文图书 | （采）K+ 流水号（7 位） |
| | 俄文图书 | （采）P+ 流水号 |

| 文献大类 | 文献小类 | 编目规则 |
|---|---|---|
| 中文期刊 | 中国大陆地区期刊 | K+ 年份（4 位）+ 流水号（6 位） |
| | 港台地区等期刊 | KX+ 年份（4 位）+ 流水号（5 位） |
| 外文期刊 | 西文期刊 | KWH+ 流水号（8 位）（2004 年前）<br>（读）KW+ 年份（4 位）+ 流水号（5 位）（2004 年后） |
| | 日文期刊 | KN+ 年份 + 流水号 |
| | 韩文期刊 | KS+ 年份 + 流水号 |
| | 俄文期刊 | KP+ 年份 + 流水号 |

## 1.3　馆藏地复杂、管理难度大

典藏文献主要存放在新馆和老馆书库，主要存于新馆六楼、七楼。典藏书库目前采用的是密集书架，新馆六楼、七楼共有 1030 仓，1904 面，藏书共约 170 万册，其中新馆六楼存放 1949 年后的自然科学类中文图书和 2007 年以后的中文期刊，七楼存放 1949 年以后的社科类中文图书。典藏文献的内容包括四十大类、中小型中文图书、港台图书、儿童连环画和少儿读物、历史资料，还有馆里禁止对外的封存本等资料。新馆负二楼典藏报纸库的库容约 10 万册，现收藏报纸合订本 3 万册，老馆九楼 9000 平方米的书库，存放有外文书刊和外文报纸约 130 万册。馆藏地情况如表 2 所示。

表 2　南京图书馆典藏文献馆藏地

| 馆藏地名 | 馆藏文献 |
|---|---|
| 典阅部七楼 | 港台图书、四十大类、中小型图书、中图法分类图书 |
| 典阅部六楼 | 中文合订本期刊 |
| 负二楼报库 | 2000 年后的合订报纸 |
| 成贤前八楼四楼 | 1949 年 10 月—2000 年合订西文报纸 |
| 成贤前八楼五楼 | 2000—2006 年典藏合订中文期刊 |
| 成贤前八楼六楼 | 1949—2006 年典藏合订中文期刊 |
| 成贤前八楼七楼 | 8CX7L 典藏合订 A 字头期刊<br>无条码中文图书 I 类 |
| 成贤前八楼八楼 | 典藏合订西文期刊 |
| 成贤后五楼一楼 | 2007—2018 年典藏合订中文期刊 |
| 成贤后五楼二楼 | 典藏合订港台期刊<br>典藏合订俄文期刊 |

| 馆藏地名 | 馆藏文献 |
|---|---|
| 成贤后五楼三楼 | 典藏合订日文图书 |
| 成贤后五楼四楼 | 典藏呈缴本典藏德文图书 |
| 成贤后五楼五楼 | 典藏西文图书 |

## 1.4 传统组织管理方式面临问题多

一是图书无法精准排列定位，对读者需要的图书，不能及时精准获取，无法有效地缩短读者等待时间。二是图书盘点工作量大，读者的数量和馆内外各类活动使用典藏文献逐年增加，频繁地取书和上架，造成典藏工作越来越繁重；由于时间、人力、财力的限制，不能及时准确地进行盘点。三是数据得不到挖掘利用，对于读者的图书需求，图书的利用率情况，以及隐藏资源未能充分挖掘和展现。

## 2 馆藏智慧建设探索

2021年6月10日，文化和旅游部印发《"十四五"公共文化服务体系建设规划》，提出设立全国智慧图书馆体系建设项目[2]。公共图书馆是公共文化服务的重要组成部分。南京图书馆作为江苏省省级公共图书馆，肩负省级智慧图书馆体系建设重任。在中国式现代化的文化发展需求和科技发展现状下，南京图书馆守正创新，积极调整服务理念并进行技术升级，加快图书馆智慧化转型，运用信息化手段高效系统化管理典藏文献，更好地保存与传承文化遗产，为促进全省公共图书馆高质量发展发挥示范引领作用。

在当今信息与传播技术日新月异的社会中，随着信息资源空前繁荣，网络日益发达，人们对公共图书馆的服务也提出了新的要求。为改善典藏现状，有效改进图书管理方式，提高工作效率，适应"智慧图书馆"建设发展趋势，南京图书馆始终把研究读者需求作为工作重点，不断改革创新，优化服务方式，积极探索实现图书馆智能化服务的技术手段，充分发挥公共图书馆知识管理和服务的主体作用。通过建设智慧典阅项目，开发新系统、新功能，优化藏书空间，提升典藏服务效能，提高图书馆的服务质量和水平，对推动图书馆事业高质量发展具有重要意义。

## 2.1　实现智慧化管理

一是建立虚拟书库模型，利用现代计算机技术，对南京图书馆新老馆 2 万多平方米典藏书库进行建模，分为 16 个馆藏地、198 个藏区的三维立体书库快速建模功能，生成每个藏区的书架排、列、层架位号和藏区模型，并可动态展示。二是实现图书定位功能，解决以往的图书查找困难、图书错架较难发现的问题。三是基于信息技术实现典藏文献快速、智能盘点，改变以往图书馆人工盘点、顺架烦琐耗时的局面，系统提供每层图书的清单和总数以供核验，达到精确核验文献固定资产的目的。四是提供手机端文献核验纠错补改剔除功能，方便主管级工作人员直接通过手机端实现对文献的核验纠错。五是文献手机扫码归架，读者归还文献后，工作人员扫描条形码即显示该图书的书架号，方便工作人员将图书归还到正确的位置。

## 2.2　创新典藏文献管理流程

一是实现典藏文献出入库信息录入功能，大大提升采集和读写文献唯一标识、图书建立日期、题名、作者、出版社、ISBN/ISSN 号、条码号、分类号、单册价格、图书变更日期、图书单册状态、分馆、馆藏地及书架号等信息的速度；同时，图书处理的方式更具多样性，既可以通过馆员工作站对出入库文献进行批量处理，也可以通过手机端对少量出入库文献进行处理。二是典藏文献借还流程信息化。新系统将改变以往的阅览方式，读者可以通过手机或者读者证登录新系统，检索到所需文献，提交阅览单。系统后台可统计阅览量，制作相应的报表，基于流通数据挖掘读者的阅读兴趣，以便更好地为读者提供咨询、推介服务。

## 2.3　促进典藏文献资源整合

一是实现典藏文献的大数据分析与可视化，利用数据屏幕展现藏区布局、每个藏区的书架展示图、对应每排书架的每列每层的清单列表和总数、馆藏图书信息等。二是提供文献整合检索功能，基于手机端、PC 端，实现文献题名、作者等目标字段检索功能。

### 2.4 建立智能互联的资源存储体系

南京图书馆根据典藏文献数量大、品种多，图书固定资产账单没有明细等现状，利用创新技术自主研发典藏管理录入系统和固定资产管理系统，以及扫码归架、"南图盘点"等小程序。通过纸质资源智慧化信息录入储存加互联网协同，推进数据云端储存、资源互通，最终实现智能互联的资源存储体系。一是文献固定资产管理系统包含：基础数据管理、文献固定资产数据管理、藏区书架号生成器、WFGD 文献属性管理、文献出入库管理、文献剔旧管理、码洋实洋生成器、文献固定资产统计（报表下载打印）、财政数据对接、用户权限管理等功能模块。文献固定资产管理系统的系统上线关联南图 Aleph500 业务管理系统，下线对接江苏省财政固定资产管理系统。二是智慧典阅系统包含：典阅文献出入库信息录入系统、典阅书库书架号建模及定位系统、典阅文献盘点系统、典阅文献借阅系统、典阅文献核验纠错补位小程序、典阅文献检索系统、典阅文献手机扫码归架小程序。三是典阅文献展示系统：通过电容壁挂式触控屏和电容触控展，提供定制化的大数据分析与展示，提供藏区布局、每个藏区的书架展示图、对应每排书架的每列每层的清单列表和总数、馆藏图书信息以及信息利用情况。

## 3 建设意义

智慧化时代背景下实现公共图书馆典藏文献的智慧化管理、提升智慧化服务，对推动公共图书馆事业高质量发展具有重要作用。南京图书馆在智慧时代进行智慧典阅项目建设的意义主要包括以下方面。

### 3.1 完善典藏资源数据化建设

利用现代科学技术创新自主研发智慧典阅输入系统，典藏文献新系统对出入库文献进行批量处理，也可以通过手机端对出入库文献进行处理。内容包括文献唯一标识、图书建立日期、题名、作者、出版社、ISBN/ISSN 号、条码号、分类号、单册价格、图书变更日期、图书单册状态、分馆、馆藏地及书架号等信息。典藏文献新系统提供定制化的大数据分析与展示，提供藏区布局、每个藏区的书架展示图、对应每排书架的每列每层的清单列表和总数、馆藏图书信息等。

### 3.2 推进典藏文献智能化管理

相较于传统的文献管理方式，智慧典阅项目基于新系统进行智能化管理。在新技术的应用基础上，图书馆可实现多种传统手工管理所无法达到的管理内容，如，精确典藏、灵活排架、迅速寻址归架、文献导航定位等。通过此次智慧典阅项目的建设，南京图书馆将实现典藏书库书架号建模及图书定位、典藏文献智能盘点、典藏文献核验纠错和文献手机扫码归架等功能，使文献资源组织更便捷高效。

### 3.3 提升典藏服务效能

随着社会的发展进步，人们对文化信息的需求越来越多样化、专业化，这就要求图书馆不断地提高专业服务水平满足新时期读者的需求。南京图书馆智慧典阅项目运用新技术可对典藏文献进行高效系统化管理，可有效减少人工管理中各类文献数据的误差，从而提高图书馆服务效率。典藏文献管理新系统也将不断升级和完善，将整合物联网技术，实现对实体文献的智能监控和管理。进一步拓展人工智能的应用范围，通过深度学习算法，实现对文献内容的深度挖掘和知识图谱构建，为用户提供更加精准和丰富的知识服务。

### 3.4 有助于提升公民文化素养

公共图书馆作为社会教育的重要组成部分，在民众素质提升中发挥着重要的作用[3]。因此，南京图书馆将通过智慧典阅项目完善信息基础设施，致力于提升公民文化素养、弥补数字鸿沟、打造多样化的文化活动，促进公共图书馆社会服务均等化，在"十四五"时期的重要战略机遇期凸显南京图书馆提升公民文化素养的价值和责任心，有助于实现南京图书馆的高质量发展。

### 3.5 发挥社会服务功能，提升文化软实力

随着新时代社会经济的快速发展，人们对精神文化的需求越来越高，对公共文化服务的需要越来越强烈。公共文化服务的高质量发展，是实现满足人民群众日益增长的精神文化需求的重要保障，公共图书馆是公共文化的重要组成部分，所以要更好地发挥图书馆社会服务的功能。智慧典阅有助于南京图书馆更好地发挥社会服务的功能。

智慧时代进行图书馆智慧典藏建设有助于加快城市文化建设步伐，为广大市民提供智慧服务、智慧生活的场所等，从而更好满足人们的精神文化需求。

习近平总书记强调：人民群众多读书，我们的民族精神就会厚重起来、深邃起来[4]。中华民族自古提倡多读书，建设书香社会。公共图书馆正是滋养民族心灵、培育文化自信的重要场所。南京图书馆将立足公共文化服务职能，紧紧围绕构建"信息集散、阅读学习、交流互动"三位一体服务新格局，高质量实施智慧典阅项目建设方案，努力打造成公共图书馆界的示范项目，为公共图书馆智慧化建设提供有益经验。

## 注释：

［1］段美珍、初景利：《国内外智慧图书馆研究述评》，《图书馆论坛》2019 年第 11 期。

［2］叶锦青：《论人本思想在图书馆创新实践中的应用》，《情报探索》2023 年第 1 期。

［3］郝芳：《智慧时代公共图书馆读者服务创新研究》，《河南图书馆学刊》2021 年第 9 期。

［4］新华网：《习近平：要提倡多读书，建设书香社会》，https://www.chinanews.com.cn/ m/gn/2019/08-22/8934218.shtml，2019 年 8 月 22 日。

# 中文名称规范数据共享工作现状研究

张　茜①

**摘　要**：随着图书馆智慧化时代来临，名称规范数据共享成为必然趋势。本文分析了中文名称规范共享现状，并就名称规范数据库建设、著录规则差异、异构挂接、规范数据挂接后同步更新等影响共享的重要因素进行了分析研究。

**关键词**：名称规范；用户服务；数据共享

## 1　引言

随着信息化的高速发展，公共文化服务体系建设得到了蓬勃发展。大数据、云计算、人工智能等新一代信息技术在公共文化领域的应用也逐渐深入。用户对资源需求的无限性和资源获取的便捷性要求逐步提高，传统图书馆和数字图书馆已很难满足用户日益多样的需求，图书馆正在探索由数字图书馆向智慧图书馆的过渡和转型[1]。智慧图书馆在数据资源管理模式上将有所突破，更强调对资源的描述和使用，更看重对数据的分析以及对资源的充分利用。未来会运用大数据技术与人工智能技术对用户的需求进行跟踪、收集和分析，巧妙地把资源与用户连接起来，为不同的用户提供差异化、个性化、精准化、高质量的数据服务[2]。数据关联和规范控制将在提供数据服务中发挥关键作用。

我国的名称规范工作起步较晚，在20世纪90年代中后期，国内一些大型的编目机构逐步开始了名称规范控制的实践工作。然而各个机构的数据资源存在因缺乏沟通导致的数据重合、因著录规则不同导致的数据差异等问题。为了降低机构建设规范数

---

①　张茜，国家图书馆副研究馆员。

据的成本，提高分散在各个机构的规范数据的利用率，将信息资源整合共享是必然结果。国外的名称规范数据共建共享已经发展得相对成熟，早在 1977 年，美国国会图书馆就推出"名称规范合作项目"。2001 年欧洲多个国家联合制定了"国际规范资料库合作建制项目"。2003 年，美国国会图书馆（LC）、德国国家图书馆和联机计算机图书馆中心（OCLC）共同发起了虚拟国际规范档案（Virtual International Authority File，VIAF）[3]。目前国内已建立名称规范库的单位有中国国家图书馆、中国高等教育文献保障系统（CALIS）、中国台湾地区图书馆（以汉学研究中心为代表）以及香港地区大学图书馆协作咨询委员会（Joint University Librarians Advisory Committee，JULAC）等[4]。我国现在已具备一些初期的中文名称规范数据共享基础，但从具体实践的角度来说共享仍处于探索阶段。

## 2 中文名称规范共享的意义

中文名称规范工作是伴随着中文书目不断发展而产生的。与传统书目编目不同的是，它对于编目员的综合素质要求比较高，除了要领悟书目编目和规范记录的编目规则，还需要能处理跨学科领域的信息，熟练掌握计算机技术。从欧美图书馆发展的经验可以看出，规范控制是一项建设成本高、复杂且艰巨的基础性编目工作，仅凭一个或少数几个图书馆的力量是无法负担的。在名称规范专业人员紧缺的情况下，名称规范建设走向共建共享成为必然趋势，需要依靠每一个图书馆的共同努力来实现。

无论是在传统图书馆时代还是在智慧图书馆阶段，数据的最终服务对象都是用户，数据提升的最终目标都要基于用户的需求。图书馆的主要数据用户是图书馆、商业用户、读者等。从图书馆的发展角度来看，规范统一的中文名称有利于完整地揭示责任者与书目数据的关系、有效地整合特定主题的相关信息、准确地选择检索点、进行深入的信息挖掘以及构建完整的知识网络[5]。通过共享让各馆实现名称规范控制，开阔视野，提升自身的业务能力，从而推进全国图书馆的数据革新。对于用户来说，他们所希望的是在信息获取时有更佳的使用感，只通过少量信息能快速准确地得到想要的结果，让他们所知的任何信息都能成为检索点。名称规范控制的广泛应用可以帮助他们达到这一目标，同时依托规范控制建立的知识网络能够根据用户的检索记录和偏好向其提供个性化的、创造性的信息服务。

## 3 我国名称规范共享的现状

名称规范控制是指为确保文献信息目录中著录标目的唯一性和一致性，运用相关文献标目法，确定题名、著者以及主题/分类的检索点及其规范形式。规范控制具有集中性、一致性和关联性等功能，实现的步骤共分为四步：建立规范记录、形成规范数据库、连接规范数据与书目文档和维护规范数据[6]。基于上述复杂的规则，国内能独自建立名称规范库的机构较少。我国已建书目规范数据库的图书馆中，比较成规模且能提供规范数据共享服务的数据持有机构有中国国家图书馆（以下简写为国图）、中国高等教育文献保障系统等。以国图为例，国图于 1995 年开始制作名称规范数据，截至 2021 年 6 月底名称规范库中有数据量 180 余万条。国图名称规范数据共享模式根据用户的使用效果不断调整。早期参照书目数据共享的模式，名称规范数据库通过联编中心向用户开放查询，但由于这种模式下需要用户有名称规范意识且能自主查询挂接，用户的使用反馈并没有达到预期的效果。因此提出了第二种共享模式，将已有的名称规范数据整体提供给所需机构，由该机构自行匹配连接。这就要求接收数据方具有一定的编目水平和软件操作技术，在推行了一段时间之后，数据挂接结果并不理想，且名称规范数据不能及时更新，失去了数据活性。随着计算机技术的成熟，提出了可以个性化定制的第三种模式，根据用户的实际情况做个性化定制方案，利用名称规范数据库对用户提供的目标书目数据及其他元数据进行名称规范控制。对于有名称规范库的馆，可以采用名称规范库同步的模式，即帮助用户做数据回溯的同时，完善用户数据格式，在改动尽量小的前提下使之能与国图名称规范数据兼容，同时将国图的名称规范库数据作为用户数据库的补充。对于没有名称规范库的馆，用国图的名称规范库根据用户的目标书目数据建立该馆自己的名称规范库。这一模式下对图书馆名称规范编制能力要求较低，同时又保证了数据更新的时效性。

## 4 影响名称规范共享的要素分析

从目前进展情况来看，虽然国内一些图书馆已在积极探索合作，但由于多方面的原因，中文名称规范控制还未在全国范围内真正实现。规范控制共享工作尚处于起步阶段，在这一过程中所遇到的问题和不足之处需要整合思路积极应对。

## 4.1 名称规范库建设

建立规范记录、形成规范数据库、实现规范控制是一项任务量大、涉及范围广且极其烦琐的工作。不同于书目数据仅限于在编文献本身，名称规范的原编数据的信息来源需要依靠网络、各种工具书、电话、电子邮件等多种渠道去查找获得；并且要求编目员能时刻保持客观科学严谨的态度，准确地处理各种跨学科知识。因此，一个成熟的编目员通常需要多年的积累和训练，并不断学习更新自己的知识库才能完善著录规范数据。现实情况是合格的编目员数量很少，这是建设数据库路上的主要阻力之一。

名称规范数据的另一重要特性是不断变化。一般情况下，数据维护是指实时更新和管理名称规范数据中的附加成分组成，如个人的自然属性（如生卒年、国别等）以及容易发生变动的社会属性（如职业身份、工作单位、研究学科等）[7]。特别是由于中国人姓名简短，常用名字少，导致重复的人名集中程度也相当高，这就需要附加足够的个人相关信息对这些重名记录进行区分[8]。技术的进步解决了应用层面的问题，然而机械并不能代替人工，从根本上规范数据的维护需要每位编目员保持对数据的敏感，只有坚持对规范数据库经常、及时、持续的维护，才能提高其整体功能。同时更需要越来越多的编目员参与进来，应积极推进名称规范数据培训工作，开展业务交流，挖掘有潜力的图书馆和编目员加入建设队伍中来。也可与百度百科、维基百科等机构开展合作，拓宽规范数据库数据来源。

## 4.2 数据挂接

规范数据与书目文档挂接是实现名称规范共享的重要一环。但在实践操作中仍有一些问题亟待解决。

### 4.2.1 数据著录标准不统一

国内各个规范数据库本身的著录规则不一。国图建立中文名称规范记录时比较重视标目附注，基本上每个个人名称和大部分团体名称都建立了标目附注，并以简体汉字和汉语拼音作为名称的规范形式。CALIS 比较重视规范名称的来源，基本上每条规范记录都有"参考数据源"项用来记录编制该条规范记录时参考的书目记录，著录时将简体汉字、繁体汉字、拼音都作为名称的规范形式[9]。这样的差异导致一是机构之间难以数据互通，二是图书馆用户在进行名称规范时比较有局限性，只能选择一家数据提供机构。此外，图书馆的书目数据著录标准多样化也导致了同样的问题。不同著录规则对7字段的著录规则不同，然而即使是微小的差别也使共享单位无法将规范数据直接挂接到7字段。目前解决方式需要程序员为每一个馆定制个性化程序，通过WebService进行挂接。如此一来势必导致挂接流程烦琐，处理周期长。对于差异化数据，繁杂的处理过程限制了能实现的机构。因此要从根本上解决这个问题，必须保证书目数据编目时的规范性和一致性，去除编目细则差异化。现阶段的规范数据共享势必要依赖国内的大型机构，没有统一的编目规则和机读格式会影响共享进程的推进。

### 4.2.2 图书馆集成管理系统差异

随着计算机和网络技术的普及，各类编目软件和操作平台层出不穷。不同的机构使用不同的操作平台、数据库系统和软件数据描述规则等都导致产生大量异构数据[10]。另外，使用的软件支持力度不够，也会给数据共享造成障碍。目前国内图书馆的主流 ILS（Integrated Library System）大都不支持名称规范控制。系统接口问题是实现名称规范共享的关键，这需要名称规范数据提供单位积极与各软件商合作，解决名称规范共享的系统接口问题。

## 4.3 数据维护与同步更新

实现共享后的规范名称数据应该动态地同步更新到所有使用该规范的关联书目记录。如果名称规范的提供机构不能及时为用户提供更新服务，势必会影响用户的使用。在规范库比较庞大的情况下，一条数据可能会被多次维护，那么更新数据的量更是非常可观的。目前处理挂接数据可以通过在规范数据中添加唯一标识符来实现，即将规范数据增加唯一标识符，当规范数据更新时，书目数据的7字段自动随之更新。网络资源、学术成果以及其他数字学资源也可以通过唯一标识符直接标记，对其相关实体进行规范控制，这使规范控制在智慧图书馆时代在更广泛的领域得到推广[11]。

## 5 结语

图书馆智慧化是伴随着数据资源的不断积累、纵向挖掘以及多维度的融合而发展的。名称规范可以通过聚集和区分把不同的信息关联起来，将其呈现为巨大的知识体系，为智慧化发展提供基础的数据保障。大力普及名称规范是图书馆迈入智慧化时代的首要任务之一。因此，要将前沿技术融合进名称规范控制中，依时依势制定可持续建设的共享方案，确保中文名称规范共享工作稳中有序发展。

## 注释：

［1］李玉海：《我国智慧图书馆建设面临的五大问题》,《中国图书馆学报》2020 年第 3 期。

［2］刘炜、陈晨、张磊：《5G 与智慧图书馆建设》,《中国图书馆学报》2019 年第 5 期。

［3］贾君枝、石燕青：《中文名称规范文档与虚拟国际规范文档的共享问题研究》,《中国图书馆学报》2014 年第 6 期。

［4］王彦侨、王广平：《中文名称规范数据的维护与整合》,《图书馆杂志》2017 年第 2 期。

［5］李慧佳、马建玲、张秀秀等：《中文机构名称规范库建设的实践与分析——以中科院机构名称规范库建设为例》,《图书与情报》2016 年第 1 期。

［6］王广平：《网络资源与规范记录的维护》，载《国家图书馆第九次科学讨论会获奖论文选集》，北京图书馆出版社，2008，第 86 页。

［7］曹玉强：《国家图书馆中文名称规范的探讨》,《图书馆建设》2007 年第 3 期。

［8］曹宁、仲岩：《论中国个人名称标目的区分问题》,《中国图书馆学报》2006 年第 6 期。

［9］张兰：《我国图书馆中文名称规范控制现状调查与分析》,《图书馆理论与实践》2014 年第 9 期。

［10］石燕青：《中文个人名称规范文档共享研究及语义化探索》，山西大学，2016。

［11］胡小菁：《规范控制：从名称选择到实体管理》,《数字图书馆论坛》2018 年第 1 期。

# 互联网信息获取工具对信息时代图书馆
# 编目工作的意义

周　平[①]

**摘　要：**随着网络技术的不断发展，目前知识组织的形态正在由基于数字化资源和基于信息集成服务的网络向基于用户需求的"语义网"转变，"语义网"在某种意义上等同于"知识图谱"。构建语义网（知识图谱），并且将之运用到文献编目的工作中，就需要对传统的文献编目规则进行改进，RDA 就是在这个背景下出现的。RDA 的前提是资源的获取，只有获取到了用户所需的资源，图书馆的文献编目人员才能对其进行描述与检索。从庞杂的网络信息中精准地获取用户所需的资源，就需要高效的互联网信息获取工具，因此初步了解并掌握这种工具，就对信息时代图书馆文献的编目工作具有重要意义。

**关键词：**RDA；语义网；编目工作；信息获取

## 1　馆藏文献的编目工作是图书馆知识服务工作的一部分

在信息时代，巨量的信息呈爆炸之势呈现在人们面前，为了使人们更加有效地利用信息，传统的图书馆需要向数字化的图书馆转型。在这个过程中，知识的载体由纸质文献逐渐向数字化和网络化的电子文献方向转变，知识的服务内容也相应地由为用户提供所需的文献服务向为用户提供所需的语义知识的方向转化。在这种背景下，图书馆的知识服务工作不仅要立足于对数字化知识的表达，更要强调对用户知识需求的表达。

---

[①]　周平，国家图书馆馆员。

如今，随着时代的进步，信息资源的生产、组织和利用的方式发生了巨大的变化，特别是在网络信息资源飞速增长的情况下，人类已经不可能对接收到的信息全部加以有效地分析和利用，在这种情况下，怎样从海量的信息中挑选出有用的部分并且使它们可以被不同的人利用成为一种迫切的需求，因此出现了"知识组织"的概念[1]。相较于资源揭示的理念，知识组织更注重对资源的深度整合和控制。早期的知识组织受限于工具的不完善，无法满足图书馆深层知识挖掘的需求。随着现代信息技术的发展，知识组织方式也经历了一系列的尝试，已经逐步确立了可用的知识表示、挖掘以及存储等技术方案。知识组织是知识服务工作的基础和前提，与知识服务工作是相辅相成的。

知识服务工作，是指以信息和知识的搜寻、组织、分析与重组的知识和能力为基础，根据用户的问题和环境，融入为用户解决问题的过程，并提供能够有效支持知识运用和知识创新的服务，或者说它是一个以用户需求为中心，对知识内容进行提炼并且提供解决方案的过程。知识服务工作从某种意义上说就是一个对各种信息进行加工的工作。具体到图书馆业务来说，对图书馆馆藏文献进行编目不仅是对有关知识进行组织的过程，也是知识服务工作重要的一方面。

## 2 语义网（知识图谱）与RDA

随着网络技术的不断发展，目前知识组织的形态正在由基于数字化资源和基于信息集成服务的网络向基于用户需求的"语义网"转变。语义网是一种能够根据语义进行判断的智能网络，可以实现人与电脑之间的无障碍沟通。语义网中的计算机能利用自己的智能软件，从互联网上的海量资源中找到人们所需要的信息，从而将一个个现存的信息孤岛发展成一个巨大的知识库。语义网并不是一个单独的网络，它是根植于现有网络中的一套技术，使机器不但能够理解网络上的词语和概念，而且还能够理解它们之间的逻辑关系。这样，语义网络上的信息除了能被人所理解，同时可以被计算机理解并处理。

语义网这种基于用户需求的网络，在某种意义上来说就相当于知识图谱。知识图谱是显示知识发展进程与结构关系的一系列各种不同的图形，用可视化技术描述知识资源及其载体，挖掘、分析、构建、绘制和显示知识及它们之间的相互联系，它在信息的组织和检索过程中可以发挥重要的作用。它有以下特点：用户搜索次数越多，范围越广，搜索引擎就能获取越多信息和内容；赋予字串新的意义，而不只是单纯的字串；融合了所有的学科，以便于用户搜索时的连贯性；为用户找出更加准确的信息，进行更全面的总结并提供更有深度相关的信息；把与关键词相关的知识体系系统化地展示给用户。在信息组织和检索的过程中，它可以使用户找到最想要的信息，可以为用户提供更全面的摘要，让用户的搜索更有广度和宽度。

文献编目是按照特定的规则和方法，对文献进行著录制成款目，并通过字顺和分类等途径组织成目录或其他类似检索工具的活动过程。其主要作用是记录某一空间、时间、学科或主题范围的文献，使之有序化，从而达到宣传报道和检索利用文献的目的。在传统的编目工作中，图书馆的文献编目人员只是对本馆的文献进行编目，服务对象也仅限于到本馆借阅的读者。但是随着计算机网络技术的发展，越来越多的读者会通过网络工具查询他们所需要的信息，这样图书馆传统的编目工作就显得有些力不从心了，因此，图书馆的编目工作者就要在文献编目的工作中使用语义网（知识图谱）。如果要在文献编目的工作中使用这种工具，那么就要对传统的编目规则进行必要的改进。知识图谱运用到文献编目中之后，给这项工作带来了资源揭示和知识组织这两个重要的工具。通过这两个工具，文献编目可以为读者提供按需服务、全文服务，甚至各种虚拟服务。图书馆的文献编目人员由此变成了资源的揭示者和知识的组织者[2]。

如前文所述，随着计算机网络技术的进步，传统的图书馆文献数据的生产和流通方式已经不能很好地满足人们的需求，而语义网则恰好就是一种可以满足人们查询需求的工具，可以使某一个图书馆的文献数据和其他图书馆的文献数据进行交互式的操作，为了使语义网这种工具可以在文献编目过程中有效地发挥作用，RDA 就出现了[3]。

所谓 RDA，就是"资源描述与检索"（Resource Description and Access），它是应数字环境的发展而制定的最新国际编目规则，是 AACR2，即《英美编目条例（第 2 版）》（*Anglo-American Cataloging Rules*, *Second edition*）的升级产品，其目标在于满足数字环境下资源著录与检索的新要求，成为数字世界的通行标准。其包容性与可扩展性、一致性与连贯性、灵活性与便利性、继承性与协调性以及经济性与高效性等诸多特点为国际编目界所瞩目。

以用户为导向是 RDA 的宗旨，关联数据的应用能够给图书馆员和用户带来前所未有的好处。对于图书馆员来说，主要体现在以下方面：提高编目质量；实现一定的语义互操作；提供可信的知识发布；提供规范有序的知识体系；实现互联网全域的规范控制。而对于用户来说，它的好处有：支持知识提问；提供知识链接；提高查准率；提供扩展查询；直接获取知识。关联数据可以说是对任何网上资源和数字对象进行"编目"和"规范控制"的基础技术，而 RDA 则可以看作传统图书馆向语义网时代图书馆过渡的一个重要里程碑。图书馆行业作为一个历来走在信息技术应用前沿的行业，如果可以把握住关联数据为代表的语义技术带来的千载难逢的机遇，就很有可能在成功实现向数字化、网络化转型的同时延续其知识保存、组织、传播和教育者的职能。

现在 RDA 已经成为一种通行的标准，广泛应用于图书馆的文献编目工作之中。它的优势在于形成一个由实体属性构成的网状结构，它不仅适用于实体文献编目，也适用于虚拟对象的编目，而且在编目中引入了 RDA 之后，联机编目由专业的编目人员独立编目变成有信息用户参与的方式，对于传统的图书馆文献编目工作来说，RDA 是一种新的挑战[4]。

RDA 的前提是资源的获取，只有获取用户所需的资源，图书馆的文献编目人员才能对其进行描述与检索。如前文所述，语义网可以让图书馆数据和外部数据互操作，而所谓"外部数据"，是存在于互联网上的海量数据。如何满足各行各业用户的需求，从这些数据中精准获得他们所需的资源，就成了信息时代图书馆文献编目工作者要解决的问题。而从这些数据中精准获得他们所需的资源，就需要用到高效的互联网信息获取工具，比如"网络爬虫"这样的程序或者脚本。

## 3　高效的互联网信息获取工具及其编写和使用

随着网络的迅速发展，互联网成为大量信息的载体，于是，如何有效地提取并利用这些信息就成了一个巨大的挑战。虽然网上有很多种通用搜索引擎，如谷歌（Google）、百度、搜狗等可供使用，当我们在试图从网上获取信息时，它们也是我们的首选，但是它们也存在一些局限性。比如：不同领域、不同背景的用户往往具有不同的检索目的和需求，通过搜索引擎所返回的结果包含大量用户不关心的网页；互联网数据形式的丰富和网络技术的不断发展，图片、数据库、音频、视频多媒体等不同数据大量出现，通用搜索引擎往往对这些信息含量密集且具有一定结构的数据无能为力，不能很好地发现和获取；通用搜索引擎大多提供基于关键字的检索，难以支持根据语义信息提出的查询。因此，就要有一种更加有效的网络资源获取工具，来解决通用搜索引擎不能很好解决的问题。于是，网络爬虫就出现了。

"网络爬虫"，是一类按照一定的规则，自动地抓取互联网信息的程序或者脚本，又称为"网络蜘蛛""网络机器人"。它们按照系统结构和实现技术，大致可以分为以下类型：通用网络爬虫、聚焦网络爬虫、增量式网络爬虫等。

通用网络爬虫又称全网爬虫，主要为门户站点搜索引擎和大型网络服务提供商采集数据，适用于为搜索引擎搜索广泛的主题，有较强的应用价值。

聚焦网络爬虫又称主题网络爬虫，是指选择性地爬行那些与预先定义好的主题相关页面的网络爬虫。和通用网络爬虫相比，聚焦网络爬虫只需要爬行与主题相关的页面，极大地节省了硬件和网络资源，保存的页面也由于数量少而更新快，还可以很好地满足一些特定人群对特定领域信息的需求。

增量式网络爬虫是指对已下载网页采取增量式更新和只爬行新产生的或者已经发生变化网页的爬虫，它能够在一定程度上保证所爬行的页面是尽可能新的。和周期性爬行和刷新页面的网络爬虫相比，增量式网络爬虫只会在需要的时候爬行新产生或发生更新的页面，并不重新下载没有发生变化的页面，可有效减少数据下载量，及时更新已爬行的网页，减小时间和空间上的耗费，但是增加了爬行算法的复杂度和实现难度。增量式网络爬虫有两个目标：保持本地页面集中存储的页面为最新页面和提高本地页面集中页面的质量。

可见，网络爬虫是一种高效的网络信息获取工具，它可以帮助信息时代图书馆文献编目工作者更加便利地从网上获取与文献编目相关的各种资源，了解并掌握这种技术，有助于构建他们在编目时所需的语义网（知识图谱）。

作为一种网络信息的获取工具，网络爬虫可以用高级计算机编程语言比如 PHP、C、C++、R、Java 和 Python 等编写出来。作为图书馆的中文文献编目人员，可以了解并且初步掌握其中的一种，这样可以在必要的时候编写这样一个网络爬虫程序或者脚本，帮助自己从网络中获取所需的信息或者对信息进行组织。在这些语言中，Python 相对来说比较简单，更便于不具备计算机专业背景的人掌握。

Python 是目前国际上最受欢迎的程序设计语言之一，具有简洁、易学、用途广泛、可移植、可扩充和可扩展等优点。其中"简洁"是指阅读一个良好的 Python 程序就好像阅读一篇英语文章一样，能够使你专注于解决问题而不必去搞明白语言本身；"易学"是指这种语言有非常简单的说明文档，很容易上手；"用途广泛"是指它既支持面向过程的编程，也支持面向对象的编程；"可移植"是指由它编写的程序可以运行在诸如 Windows、iOS、安卓之类的操作系统上面；"可扩充和可扩展"指的是在某种情况下，可以在 Python 语言程序中使用一些用其他语言编写的程序。编写网络爬虫就是 Python 语言程序典型应用之一。

用爬虫去获取互联网信息的过程与我们从网上获取信息的过程是非常相似的。当我们打算从网上获取信息时，首先会打开浏览器，输入要访问的网址，发起请求，然后等待服务器返回数据，通过浏览器加载网页，再从网页中找到自己需要的数据（文本、图片、文件等），最后保存自己需要的数据。而当我们准备利用爬虫获取互联网信息的时候，首先要用 Python 语言实现一个请求网页的功能，其次用它来实现分析请求到的网页的功能，最后要用它来实现保存数据的功能。一旦学会了 Python 语言，就可以掌握爬虫程序的编写和使用方法了。

总之，随着我国进入信息时代，我国的图书馆正面临着智慧化的转型。如果初步了解并掌握高效的互联网信息获取工具，并使之与语义网（知识图谱）和 RDA 有机地结合在一起，将对信息时代图书馆文献的编目工作具有重要意义，对图书馆的知识服务和信息组织工作也会有极大的帮助。

## 注释：

［1］李萍萍、李书宾：《基于语义 Web 的知识组织方法与应用》，《中华医学图书情报杂志》2009 年第 4 期。

［2］王宏：《从资源揭示到知识组织——在知识图谱环境下编目业务的进化》，《神州杂志》2020 年第 6 期。

［3］李恺：《RDA 和语义网》，《数字图书馆论坛》2010 年第 12 期。

［4］翁畅平：《国内图书馆 RDA 应用研究》，《河南图书馆学刊》2016 年第 1 期。

# RDA 规则在台版中文图书著录中的应用分析

朱　武①

**摘　要：** 台版中文图书以每年数万种的出版体量，在我国台湾地区的出版市场中占据举足轻重的地位，其作为一种特色文献资源，在我国图书馆界的收藏量正逐年增加。本文根据台版中文图书的出版特点，以 RDA 规则在其著录中的应用问题为分析对象，对 RDA 规则与《中国文献编目规则（第二版）》中关于著录信息源、题名、责任说明、出版发行说明等著录项目的规定进行对比，并结合相应的台版中文图书 CNMARC 格式著录实例予以说明。以期引起编目同人对台版中文图书 RDA 化的关注，也希望能为未来参照 RDA 编制新的中文文献编目规则提供一定的参考价值。

**关键词：** RDA；台版中文图书；图书著录；《中国文献编目规则》

## 1　引言

RDA 诞生于当今数字环境，是一部致力于涵盖所有内容类型和媒介类型资源的著录、描述与检索的新规则。RDA 规则只关注记录数据的内容，不规定采用何种格式记录[1]。自问世以来，一直为国际编目界所瞩目，现已被很多国家和地区所采用。我国编目界也始终关注着 RDA 的进展情况，相关研究也是硕果累累。随着海峡两岸关系的不断发展，文化交流正变得日趋频繁，台版中文图书以每年数万种的出版体量，在我国台湾地区出版业中占据着举足轻重的地位。因其涉猎学科范围较广、信息容量较大，已经逐渐成为广大读者获取有关信息的一条重要途径。为了满足读者日益增长的文献信息需求，台版中文图书作为一种特色文献资源，在我国图书馆界的收藏量正逐年增

---

① 朱武，国家图书馆副研究馆员。

加。目前台版中文图书编目工作依据的是《中国文献编目规则（第二版）》（以下简写为《规则》）中的相关规定。本文根据台版中文图书的出版特点，以 RDA 规则在其著录中的应用问题为分析对象，对 RDA 与《规则》中关于著录信息源、题名、责任说明、出版发行说明等著录项目的规定进行对比，并结合相应的台版中文图书 CNMARC 格式著录实例予以说明。

## 2　RDA规则在台版中文图书著录中的应用分析

### 2.1　著录信息源

RDA2.2.2.1 条款规定：构成资源本身一部分的来源作为首选信息源。RDA2.2.4 条款规定：如果识别资源所需的信息未在首选信息源上出现，则可从其他出版的资源描述资料、任何其他可获得的来源等其他信息源上获取。如果取自资源本身之外来源的信息是供题名、责任说明等元素所用的，则用附注或其他方式（例如，通过编码或用方括号）加以说明。[2] 由上述规定可知，RDA 规则中有关著录信息源的概念涉及的是首选信息源和其他信息源。《规则》1.0.5 条款中规定：主要信息源是文献著录的首选来源。各类型文献均有各自特定的主要信息源。规定信息源对文献的每一著录项目都规定了一个或多个信息来源。各类型文献的著录项目均需以各自特定的规定信息源及其选取顺序作为著录依据[3]。《规则》2.0.5 条款中规定：普通图书的主要信息源为题名页。普通图书各著录项目有各自的规定信息源及其选取的先后顺序；取自规定信息源之外的信息置于方括号内，必要时在附注项说明[4]。由此可见，《规则》中有关著录信息源的概念涉及的是主要信息源和规定信息源。通过对 RDA 规则与《规则》中有关著录信息源规定的对比可知，RDA 中并无《规则》中所述主要信息源和规定信息源的概念，取而代之的则是首选信息源的概念，并于 RDA2.2.2.2 条款中规定了首选信息源的选取顺序，即：题名页—封面—文首—刊头—书末出版说明—载有题名的资源内的另一来源—构成资源本身一部分的另一来源。另外，RDA 规则中规定取自资源本身之外来源的信息才需要加方括号，而《规则》中规定取自规定信息源之外的信息就需要加方括号，两者相较，显然是 RDA 规则体现了对著录信息源选取范围的扩大。

我国台湾地区出版图书的机构或个人数量众多，图书的出版情况完全是由市场决定。因台湾地区并无统一的图书出版管理机关对图书出版业的出版行为进行规范管理，所以一直以来，大量出版社的图书出版活动缺乏约束。很多出版商出版的图书都具有各自的特点，图书的出版形式往往非常随意，时常会令人感觉凌乱无序。非规范化已经成为台版中文图书出版的常态，诸如图书题名页或者版权页经常所印出版信息不全，甚至缺失题名页和版权页的情况屡见不鲜，而关于图书本身的出版信息则是散见于图书的各个位置。所以在台版中文图书的实际编目工作中是无法完全按照《规则》中有关主要信息源和规定信息源的规定进行著录的，通常在著录信息源的选取上会扩大至整个图书资源。因此就台版中文图书来说，在书中任何位置出现的出版信息都可以成为信息源据以著录，已不存在所谓的主要信息源和规定信息源之说。故笔者认为，RDA 规则中关于首选信息源的概念较之现有的《规则》中关于著录信息源的规定更加适合台版中文图书的实际著录工作。在编目实践中，因大量的台版中文图书所著录的信息并不是取自规定信息源，而没有取自规定信息源的信息也并未添加方括号，则此实践中的做法与 RDA 规则中关于方括号运用的规定相一致。下面列举出在实际著录工作中常见的对于台版中文图书著录信息源选取的处理实例。

### 2.1.1　题名页和版权页缺失时著录信息源的选取

当台版中文图书出现题名页和版权页缺失的情况，在实际编目工作中则可依据图书资源本身任何位置出现的出版相关信息进行著录且不必添加方括号，具体著录方法可参考例 1。

例 1：《量子霸权（Quantum supremacy）世界大战开打：量子电脑真的来了》一书由中国台北市深智数位股份有限公司出版。该书未见有题名页和版权页，在审阅全书后发现只有在封底折页上印有该书书名，则对其编目时可根据此处出现的书名信息进行著录，即该书题名项应著录为：

2001#$a 量子霸权（Quantum supremacy）世界大战开打

　　$e 量子电脑真的来了

RDA2.3.2.2 条款规定：正题名取自 2.2.2—2.2.3 所规定的识别资源的首选信息源[5]。

可见台版中文图书有关正题名的著录信息源选取在编目实践中的处理方法与 RDA 规则中的规定相一致。

### 2.1.2　题名页和版权页所印出版信息不全时著录信息源的选取

当台版中文图书出现题名页和版权页所印出版信息不全的情况，在实际编目工作中则可依据图书资源本身任何位置出现的出版相关信息进行著录且不必添加方括号，具体著录方法可参考例 2 和例 3。

例 2:《如诗般的植物课：将植物比拟孩子的成长历程，充满哲思想象力的美感体验》一书由中国新北市小树文化有限公司出版。该书题名页和版权页仅有正题名，而在该书封面上印有副题名，则对其编目时可根据封面处出现的副题名信息进行著录，即该书题名项应著录为：

2001#\$a 如诗般的植物课

　　\$e 将植物比拟孩子的成长历程，充满哲思想象力的美感体验

RDA2.3.4.2 条款规定：其他题名信息取自与正题名相同的来源[6]。可见台版中文图书有关副题名的著录信息源选取在编目实践中的处理方法与 RDA 规则中的规定相一致。

例 3:《疯潮 3D：Rhino 5 数位造型设计》一书由中国台北市上奇资讯出版。该书题名页和版权页未见有责任者信息，在审阅全书后发现只有在该书书脊处印有"白仁飞，刘逵著"字样，则对其编目时可根据书脊处出现的著者信息进行著录，即该书题名和责任说明项应著录为：

2001#\$a 疯潮 3D

　　\$eRhino 5 数位造型设计

　　\$f 白仁飞，刘逵著

RDA2.4.2.2 条款规定了与正题名相关的责任说明信息源的选取顺序，即与正题名相同的来源—资源本身内的另一来源—其他信息源之一。可见台版中文图书有关与正题名相关的责任说明的著录信息源选取在编目实践中的处理方法与 RDA 规则中的规定相一致。

## 2.2 题名

RDA2.3.2.4 条款规定：如果正题名的信息源载有多种语言或文字的题名，则选择资源的主要书写内容所用的语言或文字的题名作为正题名[7]。《规则》11.1.1.8.d 条款规定：含有中文与其他语种对照的出版物，应取中文题名作为正题名[8]。因我国台湾地区长期以来具有较高的国际开放水平，英语的普及程度亦较高。我国台湾地区出版的很多中文图书都同时具有英文书名、英文目次页、英文摘要及英文内容。部分台版图书的内容以英文为主、中文为辅，或部分台版图书仅仅具有中文书名，书中内容均以英文出版。因为我国台湾地区的文化受到日本文化的影响，日文在我国台湾地区有一定的普及率。一些台版中文图书还会同时带有日文书名、日文目次页、日文摘要及日文内容，甚至一些台版图书的内容以日文为主、中文为辅，或者仅仅具有中文书名，书中内容全部以日文出版。另外，还有一些台版中文图书同时具有英语和日语两个语种的内容，且英文内容与日文内容在图书中所占比重相等。在实际著录工作中，只要是台版图书的书名有中文，均可将其归为台版中文图书，按照《规则》中正题名著录的规定取其中文书名作为图书的正题名；而如果依据 RDA 规则中关于正题名选取的规定，对于书中内容以英文或者日文为主的这一部分台版图书，应该选择书中主要书写内容所用的英文或者日文的书名作为正题名进行著录，则此著录方式与现行的正题名的著录要求不相一致，具体著录方法可参考例 4 和例 5。

例 4:《台湾史英文资料类目》一书由中国台北市林本源中华文化教育基金会出版，该书有中文和英文两种题名，其内容均以英文出版。对其进行编目时，分别对应 RDA规则和《规则》中关于正题名著录的相关规定，该书正题名信息在 CNMARC 格式中应相应著录如表 1 所示。

表 1 《台湾史英文资料类目》正题名信息著录情况

| 字段 | 子字段 | 对应 RDA | 对应《规则》 |
| --- | --- | --- | --- |
| 2001# | $a | Abibliography of English-language sources for Taiwan history | 台湾史英文资料类目 |

例 5:《日文佛学期刊总目索引》一书由中国台北市华宇出版社出版，该书有中文和日文两种题名，其内容以日文出版为主。对其进行编目时，分别对应 RDA 规则和

《规则》中关于正题名著录的相关规定，该书正题名信息在 CNMARC 格式中应相应著录如表 2 所示。

表 2 《日文佛学期刊总目索引》正题名信息著录情况

| 字段 | 子字段 | 对应 RDA | 对应《规则》 |
|---|---|---|---|
| 2001# | $a | 日本語仏学ジャーナル総目索引 | 日文佛学期刊总目索引 |

作为高度概括资源内容的正题名是供用户识别所描述资源内容的重要依据，而正题名文种与资源主要书写内容文种相一致，有助于用户直观地识别所描述的资源[9]，这也符合 RDA 规则中对于资源描述与检索目标的规定。对于多文种正题名选取的处理，笔者认为 RDA 规则中的相关规定较之《规则》更为合理。然而如果正题名的著录应用 RDA 的规定势必会影响到读者对于台版中文图书的认定，而文献收藏方是否会基于此而改变台版中文图书的相关界定标准，从而将正文内容以外文为主的这一部分台版图书予以排除收录？另外，当台版图书出现正文中包含有多个语种且各语种在书中内容占比相同从而分不出主要书写内容文种的情形时，图书正题名的著录文种又将如何选择，也需要再进一步思考。

## 2.3 责任说明

### 2.3.1 责任者的选取

RDA2.4.1.6 条款规定：如果有多个责任说明，则在获取相联系的题名、版本标识、特定修订版标识、丛编题名或分丛编题名的信息源上，按序列、版面和字体设计所指示的顺序记录这些说明[10]。RDA2.4.2.3 条款规定：应用 2.4.1 所列的关于记录责任说明的基本说明，记录与正题名相关的责任说明。如果不将出现于一个或多个信息源的责任说明全部予以记录，则优先选择那些识别知识或艺术内容创作者的说明[11]。《规则》2.1.5.1 条款规定：责任说明包括责任者名称和各种责任方式，一般按规定信息源所题形式和顺序著录[12]。由于台版中文图书中有关责任者的信息较多，通常情况下，在实际编目工作中只需要著录该书的第一责任者和其他责任者中的译者即可。实践中的著录方法与 RDA 规则中关于责任者选取的规定相一致，如例 6 所示。

例6:《美丽猎食者：鲨鱼图鉴》一书由中国台中市晨星出版有限公司出版，该书在题名页上所印的责任者信息如下：田中彰监修、庄守正审定、游韵馨译。对其进行编目时，该书责任者信息在 CNMARC 格式中可著录为：

2001#$a 美丽猎食者
　　$e 鲨鱼图鉴
　　$f 田中彰监修
　　$g 游韵馨译

值得注意的一点是，有相当一部分台版中文图书的责任者信息中都含有"绘"者信息，而如果书中确实包含较多插画内容时，需要著录绘者信息，反之则不用著录。编目实践中这种根据图书内容判定责任者的灵活的处理方式也与 RDA 规则中关于责任者选取的规定相一致，即要记录那些识别知识或艺术内容创作者的责任说明，如例7和例8所示。

例7:《葛莉塔的呼吁：了解气候变迁的科学、知识，采取正确行动！》一书由中国台北市三采文化股份有限公司出版，该书在题名页上所印的责任者信息如下：瓦伦蒂娜·吉亚尼拉（Valentina Giannella）著、曼努埃拉·玛拉兹（Manuela Marazzi）绘、卢心权译。由于书中包含有很多插画作品，对其进行编目时，应对绘者信息予以著录，即该书责任者信息在 CNMARC 格式中可著录为：

2001#$a 葛莉塔的呼吁
　　$e 了解气候变迁的科学、知识，采取正确行动！
　　$f 瓦伦蒂娜·吉亚尼拉（Valentina Giannella）著
　　$g 曼努埃拉·玛拉兹（Manuela Marazzi）绘
　　$g 卢心权译

例8:《2.43 清阴高中男子排球社 second season》一书由中国台北市盖亚文化有限公司出版，该书在版权页上所印的责任者信息如下：壁井有可子著、山川ぁぃし插画、许金玉译。由于该书仅在封面处印有插画作品，而书中并未见有其他插画内容，对其进行编目时，可对绘者信息不予著录，即该书责任者信息在 CNMARC 格式中可著录为：

2001#$a2.43 清阴高中男子排球社 second season

$f 壁井有可子著

$g 许金玉译

### 2.3.2 责任方式不明确

RDA2.4.1.7 条款规定：如果题名、版本标识等与责任说明中列出的任何个人、家族或团体之间的关系不明确，则添加一个明确其关系的词或短语[13]。《规则》2.1.5.4 条款规定：责任者的责任方式未载明可根据著作类型选定，置于方括号内[14]。因台版中文图书的出版形式较为随意，很多图书的责任者信息在书中并没有给出相应的责任方式，这就有赖于编目人员根据图书的出版情况进行判断而给出。编目实践中直接将自行判断出来的责任方式予以著录即可，不必因为是编目员自拟的情况再添加方括号。此实践中的著录方法与 RDA 规则中关于责任者责任方式描述的规定相一致，如例 9 和例 10 所示。

例 9：《工作第一年就能存到钱的理财方法：完全搞懂存款、省钱、投资的秘诀》一书由中国台北市春光出版社出版，在该书题名页上印有"张真卿"字样，但没有注明为哪种责任方式。笔者根据经验判断，此处的责任方式应为"著"，对其进行编目时，该书责任者信息在 CNMARC 格式中可直接著录为：

2001#$a 工作第一年就能存到钱的理财方法

$e 完全搞懂存款、省钱、投资的秘诀

$f 张真卿著

例 10：《轻松玩 Google 漫步在云端！一定要会的 200+ 招实用密技》一书由中国台北市碁峰资讯股份有限公司出版，在该书题名页上未见任何责任者信息，仅在版权页上印有"作者：黄建庭"字样，也没有注明为哪种责任方式。笔者依据经验判断，此处的责任方式应为"著"，则对其进行编目时，该书责任者信息在 CNMARC 格式中可直接著录为：

2001#$a 轻松玩 Google 漫步在云端！一定要会的 200+ 招实用密技

 $f 黄建庭著

## 2.4　出版发行说明

### 2.4.1　出版者

RDA2.8.4.5 条款规定：如果列出多个个人、家族或团体作为资源的出版者，则按信息源上名称的序列、版面和字体设计所指示的顺序记录这些出版者名称[15]。RDA 规则中对出版者的著录数量没做限制。《规则》中规定出版者的著录数量最多为两个，超过两个出版者的则只著录第一个，并在其后加"[ 等 ]"字样，而剩余的出版者信息则在附注项做以说明[16]，可参考例 11。

 例 11：《不动产经纪相关法规概要》一书由中国台北市的柏澄、棨濧、濋慈三位个人出版者共同出版。对其进行编目时，分别对应 RDA 规则和《规则》中关于出版者信息著录的相关规定，该书出版者信息在 CNMARC 格式中应相应著录，如表 3 所示。

表 3　《不动产经纪相关法规概要》出版者信息著录情况

| 字段 | 子字段 | 对应 RDA | 对应《规则》 |
|---|---|---|---|
| 2001# | $a | 不动产经纪相关法规概要 | 不动产经纪相关法规概要 |
| 210## | $a | 中国台北 | 中国台北 |
| | $c | 柏澄 | 柏澄 [ 等 ] |
| | $c | 棨濧 | — |
| | $c | 濋慈 | — |
| 306## | $a | — | 出版者还有：棨濧、濋慈 |

### 2.4.2　出版发行日期

RDA2.8.6.3 条款规定：如果资源上出现的日期不是格里历或儒略历，则可添加对应的一个或多个格里历或儒略历日期。依 2.2.4 所列的说明，指示该信息取自资源本身之外的来源[17]。《规则》2.4.3.2 条款规定：用公元纪年表示的出版年一律用阿拉伯数字著录，非公元纪年依原样照录，在其后注明相应的公元纪年，并置于方括号内[18]。由此可见，RDA 规则与《规则》中关于出版发行日期描述的规定是一致的。但是如果按照规定将非公历年置于公历年之前，则在计算机编目系统中就会出现不能检索非公历出版发行年的情况。因此在台版中文图书编目工作实践中，当书中出版发行年采用的是非公历纪年时，在对其进行著录时可将相对应的公历年加上方括号放置于非公历年前面，同时将非公历年放于圆括号内。笔者认为，此种有关台版中文图书非公历出版发行年的著录方法既能很好地适应计算机检索的需要，又能较好地体现出 RDA 规则所倡导的客观转录的原则。具体著录方法可参考例 12。

例 12：《来自未来的超时代神人—尼古拉·特斯拉：足以让十九世纪进步到 2350 年的慈悲科学家》一书由中国台北市大千出版社出版，该书出版年为非公历年，即"民国 109 年"。对其进行编目时，该书出版年信息在 CNMARC 格式中可著录为：

2001#\$a 来自未来的超时代神人—尼古拉·特斯拉

　　\$e 足以让十九世纪进步到 2350 年的慈悲科学家

210##\$d［2020］（民国 109 年）

## 3　结语

台版中文图书作为台湾地区出版的一种常见的文献信息资源，已经逐渐成为读者获取各种信息的一条重要途径，我国图书馆界对其收藏量也正逐年增加。由于台版中文图书具有自身独有的出版特点，在对其进行著录时如若依据国际编目领域最新的 RDA 规则，则尚有些适用问题需要单独探讨。本文结合台版中文图书 CNMARC 格式著录实例对 RDA 规则与《规则》中关于著录信息源、题名、责任说明、出版发行说明等著录项目的规定进行对比，予以说明 RDA 规则在台版中文图书著录中的应用问题，以期引起编目同人对台版中文图书 RDA 化的关注，也希望文中所述能为未来参照 RDA 规则编制新的中文文献编目规则提供一定的参考价值。

**注释：**

[1] 朱武:《RDA 在台版中文期刊著录中的应用探讨》，图书馆研究与工作，2020 年第 4 期。

[2] RDA 发展联合指导委员会:《资源描述与检索（RDA）》，国家图书馆出版社，2014。

[3] 国家图书馆《中国文献编目规则》修订组:《中国文献编目规则（第二版）》，北京：北京图书馆出版社，2005。

[4] 同 [3]

[5] 同 [2]

[6] 同 [2]

[7] 同 [2]

[8] 同 [3]

[9] 辛苗:《RDA 在中文普通图书正题名选取中的应用分析》，图书馆研究，2018 年第 4 期。

[10] 同 [2]

[11] 同 [2]

[12] 同 [3]

[13] 同 [2]

[14] 同 [3]

[15] 同 [2]

[16] 同 [3]

[17] 同 [2]

[18] 同 [3]

# 零数据在图书馆服务中的优化应用研究

朱玉梅[①]　　杨佳鑫[②]

**摘　要：** 随着大数据技术的飞快进步，图书馆的资源、功能和用户群都日益丰富，用户的个性化需求也越来越高。因此，越来越多的学者开始深入探索零数据的价值，从中获取宝贵的信息，并利用它们改进图书馆的运营。本文将从现存的资料出发，深入探讨零数据的价值，从而实现图书馆的科学运营，改进其相应的管理与服务。

**关键词：** 图书馆服务；零数据

## 1　引言

随着社会发展的加快，图书馆的资源、功能以及用户的需求都发生着巨变，因此，图书馆必须进行改革，以满足用户的多元化、定制化的服务。而随着大数据的发展，人们有机会利用先进的信息科学、技术手段以及管理模式，实现更加高效、更加便捷的服务。随着越来越多的图书馆开始重视并使用大数据，"零数据"的核心概念也得到了广泛的认可。然而，许多具体的信息，例如潜在的读者群体、零使用率的图书以及其他文献，往往会因为缺乏充足的信息，而遭受系统过度处理，甚至最终消失。通过研究、分析、评估以及实施相关的策略，可以更好地挖掘出那些容易被忽视、无法满足规划需求且尚未得以充分开展的数据[1]，从而提升图书馆信息资源的建设、服务与管理水平。

---

① 朱玉梅，石柱土家族自治县图书馆馆员。

② 杨佳鑫，忠县图书馆助理馆员。

## 2 零数据理论

### 2.1 零数据的概念

随着大数据技术的发展，零数据已经不再仅仅是一个模糊的概念，它已经成为"不存在的数据"中不可或缺的一部分。零数据不仅是一种特殊的数据，它还可以揭示出许多复杂的问题，因此引发对零数据的重视显得尤为必要。由于零数据的形成有多种原因，除了零行为本身不能产生数据，一些系统误差、设备故障等也会影响数据的收集，甚至会导致数据的遗漏。因此，零数据的概念不仅局限于零行为，它还应该涵盖一些与预期标准偏差极大，甚至可以被忽略的数据，这些数据的实际意义与零行为没有太大的区别。

与大数据相比，零数据的特征是它们的尺寸和范围都很有限，甚至可能只有少部分，因此很难被快速收集和处理。但是，零数据的潜力远超过大量的数字，它可以帮助我们评估信息体系的可靠性、提升运营管控的效能、更好地描述个体的喜好。零数据还具有可靠性和可持续性特点，它可以帮助我们更好地掌握未来的发展趋势。零数据还有许多优势，如可通过间接方式收集、大规模、多样化、高价值、可靠性强等。零数据在洞察个体特征、指导公司运营、推动产业进步方面具备极其重大的价值[2]。当前，零数据由于受到了反向思考的影响，往往被大多数人所忽略，从而使它的有效使用率极低。

总而言之，零数据指的是那些无法满足预期需求、仍然存在的、仅仅可以通过间接方式收集的、种类较少、价值较大且可靠的信息。

### 2.2 零数据的成因

信息系统的运作与原定的计划存在一些出入。比如说，图书馆的门禁和座位预约功能，它们并不能完全反映读者的真正需求，因此，并不能满足系统的要求。此外，由于一些异常的数据可能会受到系统的影响，准确性不高，甚至会导致无法获取所需的结果。虽然有些异常的数据表明了某些问题，但我们仍然应该认真对待它们，以便更好地了解它们的来源。比如，检查系统的正确性、收集的信息的准确性，以及有没有针对某些特定的客户群等，都有助于我们更好地理解和处理零散的数据。根据"二八定律"，80%的信息可供开发使用，而80%的信息尚未开发，因此，如果没有进行有效的大数据分析，那么相关的馆藏信息，如总体信息、变化情况、副本信息，将会是零。通过深入研究，图书馆能够从各种不同的角度来获取信息，包括每天的入馆人次、男女比例、年龄阶段等。此外，我们还能够从未入场的读者中获取信息，并将其综合起来，形成完善的零散信息。

## 2.3 零数据的价值

虽然零数据未能像"资产"那样被认可，但它可以揭示出管理的漏洞、系统设计的欠缺、服务的不完善、营销的欠缺以及产品的缺陷，从而使它的价值得以体现，而这些价值往往是隐性的，难以被直接发现。根据零数据的价值链，当前存在三种模式：零数据的潜力尚未被充分开发，例如金融、证券、电信等行业；零数据的潜力尚未被充分开发，但可以通过专业知识的积累，为其他行业提供有效的支持；拥有零数据处理和分析能力的行业，例如图书馆、电子商务、搜索引擎等，这些领域不仅拥有零数据处理能力，还可以运用IT技术进行数据挖掘和分析，从而提升行业的竞争力。未来，我们应该努力摒弃零数据思维，积极采取措施，以最大限度地发挥信息系统的潜在价值，实现真正的价值转化[3]。

## 3 图书馆零数据

在图书馆领域，大多数零数据还没来得及发掘利用就被系统清理或淘汰，并没有被实际应用于实践或研究，而因为其本身获取方式间接和类型单一等特点难以简单直接运用，所以它又是海量数据中"未被发掘的宝藏"。图书馆零数据产生的途径：资源质量问题，大多数纸质资源和电子资源质量参差不齐，读者依靠"前人"的"大数据"推荐信息获取相关资源，让大量资源长期处于零数据状态；智能移动终端的出现让越来越多的人选择了移动阅读，加之图书馆的阅读推广和营销也做得不够全面，读者到图书馆进行借阅的需求降低，让图书馆系统留下了大量的零数据；在信息不对称问题下，图书馆自认为购入了有价值的资源和开展了有意义的服务和活动，但读者表现得不感兴趣[4]。

过去，由于忽视了零数据的重要性，未能充分发挥其作为一种重要资源的价值。因此，随着大数据技术的发展，为了更好地实现图书馆的管理与服务，图书馆需要构建一套全面的零数据收集、处理、应用机制。

### 3.1 零数据读者

#### 3.1.1 新读者

新读者是指那些尚未接触过或未能达到预期水平的人群。在公共图书馆，这一人群是阅读推广的重点。可通过宣传来吸引更多人参与阅读，并营造一种良好的阅读氛围。在大学图书馆，零数据指的是那些拥有校园卡但从未使用过的读者，他们没有入馆记录（门禁记录为零）。为了更好地推广阅读，需要根据他们的不同身份，分析他们的主观和客观需求，制定适当的阅读推广方案。

#### 3.1.2 非活跃读者

非活跃读者广义指的是那些没有登录的、只有极少次使用图书馆或者年平均使用记录数据低于设定范围次数的读者。狭义上的非活跃读者是指虽然在图书馆有过某段时间的密集使用史，但相关规定时间内没有或有过极少几次使用图书馆的读者（使用包括进出、借阅、书评、资源浏览下载记录等）。随着移动阅读的普及，读者阅读习惯发生改变，但由于图书馆缺乏创新且对阅读推广的重视程度不够，导致了非活跃读者的大量出现。因此，应该加强对这些非活跃读者的调研，以发现其中的内在原因，并找到可以改善的短板，从而制定出针对不同类型的非活跃读者的有效策略，以期有效减少这些读者的零数据[5]。

### 3.2 资源利用中的零数据

图书馆提供了丰富的信息，包括纸质和电子两大类。零借阅现象通常指的是，当一个人或一个组织使用一种或多种形式的信息，但这种信息并不存储。这种情况通常由信息的缺乏、信息的难以获取、信息的枯燥、信息的专业性和信息的及时性以及信息的价值和意义所导致[6]。为了更好地实现目标，馆员应该仔细研究由于各种形式出现的问题所带来的影响，并制定出针对性强、具体明确的阅读宣传方案。

对于数字资源的零数据，图书馆可以更加清晰地看到其中的差异。每一个数据库都应该把这些差异性的数据收集，比如书籍、论文、其他各种形式的资源，以此来衡量其质量和可用性；并且，这些差异性的数据可以用来制订相应的分析和评估报表，以便更好地推动资源的发展和利用。当前数据库的购置经费在各大图书馆显著提升，但对综合使用量大的数据库广撒网意义不大。如果想要降低数据库的平均成本，提高它们的价值，那么我们必须认真研究那些不太受欢迎的数据库，并根据它们的特点来进行宣传。这样，我们才能更好地帮助读者了解这些数据，提高资源利用率。

### 3.3　图书馆服务中的其他零数据

随着新技术的普及，许多新的、便捷的服务正在逐渐取代传统的读书服务，从根本上改善图书馆读者的使用体验。在图书馆服务发展中也出现了许多非传统的服务。这些服务包括：进行笔记本电脑和电子书籍的借阅，进行图书、手稿和文献的捐献，供给多种形式的视听资源，进行各种形式的展示活动，进行各种形式的科普活动，进行各种形式的专业培训和社会活动等。这些非传统服务的开展为图书馆读者带来更多的便利、更多的选择，在一定程度上改进图书馆的传统服务，是图书馆转型的发展新趋势。而非传统服务由于推出时间短、推广力度小，以及内容、容量和人资受限，其零数据在图书馆运行中同样广泛存在。

## 4　零数据在图书馆中的应用

### 4.1　阅读推广

#### 4.1.1　读者推广

通过对零数据用户的研究，我们可以记录他们在图书馆、馆舍和网站上的行为，并通过统计分析来深入了解他们的行为，从而有助于提高服务质量。尽管零数据的规模相对于大数据来说要小得多，但从 2000 年沈阳航空航天大学的借阅量统计表来看，零数据的规模却相当大。这些零数据暴露出了许多问题，例如，图书馆资源的配置不够合理，部分读者只在馆内或网上阅读，而不借书，对读书活动和志愿服务缺乏热情，不愿意参加图书馆活动[7]，也不愿意激活用户系统，甚至完全不愿意阅读。为了解决这个问题，图书馆需要积极行动。例如，定期向没有进馆记录的读者发送消息，并通过与他们的电子邮件或电话联系，来提醒他们尽快进入图书馆；或者为没有进馆记录的读者提供帮助，比如通过搜索他们可能感兴趣的书籍或论文，来帮助他们建立进馆记录；为没有进行过书评的读者提供帮助，通过搜索和借阅他们的资料，来帮助他们建立良好的书评体验，吸引其提交书评。

为了有效地处理和管理图书馆中的零数据[8]，图书馆必须制定一套全面的决策机制，尤其是在识别和处理这些数字时，必须灵活调整阈值，把一些较少的信息转换为更大的信息，以便更好地追溯和管理这些信息。金陵科技学院为了帮助那些没有接触过图书馆的学生，特别向他们发送一封电子邮件。通过这封邮件，许多学生都能够轻松地摆脱零数据的困境，但是，仍有许多学生处于零数据的状态。因此，图书馆需要进行更多的跟踪服务，比如向学院和辅导员提供学生的详细信息，并鼓励他们多多利用图书馆的信息；此外，图书馆还需要定期向学生提供关于图书馆最近的活动信息，让他们能够更好地理解并利用它。

### 4.1.2 图书推广

商店采用把一些畅销的产品陈列到显眼的部位，让消费者一眼就能看见，以此来提升其知名度；同样，许多图书室都采用这样的策略，比如在服务大厅里建立新书专柜、"谁都没有借过的书"主题阅读专柜。深圳职业技术学院更是利用"谁都没有借过的书"的精彩内容，举办一次精彩的展览，让更多的人知道"谁都没有借过的书"的精彩内容；另外，图书室还会根据需要，定期收集一些优秀作者的作品，或者一些热门的文学作品，陈列到一些显眼的位置，让更多的人一眼就能看见。在图书室的各个角落，例如阅览台、电梯口、公共休闲区，图书馆应该采用更多措施来吸引读者。例如，在这些位置安装显眼的标识，如使用独特的零数据书籍广告；创造有吸引力的阅读环境，如举办每年的零数据书籍挑战赛，鼓励零数据书籍的借阅；举办图书室零数据书籍挖宝比赛，让读者在借书过程中能够收益丰厚。

### 4.1.3 个性化推送

通过智能化的资源分类、标签化和关键词截取，图书馆可以有效地管理海量的零数据资源，并利用关联技术构建出一个完整的知识图谱。此外，图书馆还可以实时追踪读者的借阅记录，并对其行为进行分析，从而构建出一个精准的读者画像[9]。通过"你可能也喜欢""相似资源""同类新书""该作者其他书籍"等形式，将读者的阅读需求与已借阅或使用的资源进行关联，以零数据的方式向读者推送，尤其是那些有选择困难症、对自身阅读需求不清晰的读者，可以更好地满足他们的需求。通过主动提出需求并将其发布到图书馆，可以有效地消除零数据[10]。

## 4.2 信息资源建设

### 4.2.1 PDA 采购模式

作为流通环节的源头，采访环节需要调整策略才能实现消除资源利用的零数据。要想资源采购模式能绝大部分实现使用效果，则读者决策采购（Patron Driven Acquisitions，以下简写为 PDA）是当前大数据技术背景下的最优选择。通过使用PDA，数字图书馆可以在互联网的支持下，把用户的需求变成可衡量的指标，从而实现用户的最大价值。PDA 旨在通过激励用户的行动，来决策购买的内容和方法，从而提高采购效率，并有效地进行管理和监控购买效率，从而提升购买效果。通过改进文献采访方案[11]，图书馆可以改变传统的采访方法。PDA 技术可以让读者根据他们的喜好和需求进行选择，这样就可以有效地避免信息的浪费。为此，笔者建议所有的图书馆都能够充分利用这项技术。为了确保"下单"的有效运作，图书馆需要先完善相关的管理机制，包括建立"下单"规范，实施零数据比对，以避免出现过多的重复文件。此外，还需要预先限制个人的购书欲望，包括购书金额、每日购书次数、喜欢的内容、是否有恶意的加购以及是否按时归还。2016 年，杭州图书馆开启"悦读"服务项目，让读者可以通过 App 轻松地进行图书的网上订书，然后前往图书馆的 PDA 借书点，图书馆将为其收取相应的费用，从而极大地提升图书的使用效果[12]。

#### 4.2.2　学术资源利用

图书馆作为"资源库"，同样为学术研究提供其所需要的文献。为了更好地支持学术研究，图书馆能够收录并整合来自顶尖期刊的最新、有价值的学术资料，并且能够把这些内容编辑成一个系统，提供给所有有兴趣的人，从而让他们能够更轻松地获取有价值的知识，并且能够更有效地开展科研工作，从而有效地提高自己的技术水平。为了让科研人员获得最佳的学术服务，图书馆应该不断地建立和完善各类学术专题的推荐栏目，以便让他们能够获得最多的信息。然而，由于没有足够的信息，这些信息可能会导致巨额的投入和损失。因此，我们建议，学术馆长要主动和相关部门、科研机构和个人开展交流，以便获得最准确的信息，并制作最合适的研究专题。

"零关注"和"零被引与零下载"的科研主题都具有重要的意义，其中一些研究领域虽然相对较为冷门，但仍然不可忽视；而另一些领域则可能在短期内难以取得成功，但仍有巨大的发展潜力。因此，在没有被引用、没有被下载、没有受到关注的科学研究领域，图书馆应该进行辩证看待。

### 4.3　情报分析

#### 4.3.1　图书馆系统优化

为了有效地利用零数据，图书馆必须建立一条更加精确、系统化的数据采集与分析链，以满足馆藏图书管理的需求，应该充分整合资源采购、主页检索、读者门户、流通管理、数字资源等多种数据来源，以实现对零数据的有效捕捉和分析。可着重开发零数据分析模块，以便更好地分析提取的零数据，并找到它们的产生源头及时采取应对措施，从而改善零数据的状况。

经过精心地分析和评估，图书馆能够快速地找出管理系统的缺陷，比如零数据的情况、零数据的急剧上升以及正常的数据突然失效。这些信息能够帮助图书馆及时纠错，从而更好地完善图书馆的管理体系。通过零数据的分析，还能清晰地看到信息系统的缺陷，如缺乏必要的功能、吸引力以及受到的外部影响等，从而能够迅速发现并修复这些缺陷，实现更高的信息系统的有效性。

通过对用户行为的数据分析，可以实现对管理行为的全面记录，并及时反映出运行状态。此外，这种方法还可以被广泛应用于管理和运行绩效考核中，从而获得科学的绩效信息，而零星的数据和小数据也将成为后续评估绩效和弥补不足的重要依据。

### 4.3.2 馆藏环节动态调整

"采访—典藏—流通"的整个流程都包含了许多关键要素，其中包括：图书的采购和访问。图书馆在采购过程中，会考虑到学科的布局和偏好，以及专家的需求和技能，并评估复本采购的可行性；在典藏阶段，会考虑到图书的分类和摆放，以及如何进行上架和排列，以便进行存放和下架。在流通阶段，会考虑到读者的查询和检索、借出和归还、预约和续借、遗失和报废。零数据的存储有助于深入了解图书馆的各个方面，从而更好地掌握其运行状态，有助于提升其管理和服务的效能[13]。

基于零数据优化体系，可以更好地管理和优化图书馆的资源。首先，需要收集和分析所有相关数据，并根据它们来制定相应的策略和方案。其次，根据不断变化的数据，优化数据库，从而提高图书馆的服务水平。

## 5 结语

零数据具有巨大的潜力，但目前图书馆对其重要性的认知仍然不足，他们更多地关注已经产生的数据，而忽略了零数据这一部分重要的信息。通过分析图书馆内的零数据，我们可以清晰地看到管理和运行中的各种漏洞和缺陷，从而及时发现并采取有效的措施，提出改进方案，提高图书馆的管理和服务水平。

**注释：**

[1] 马晓亭、陈臣:《基于可信小数据的图书馆个性化服务研究》,《图书情报工作》2015 年第 4 期。

[2] 刘芳兵、王彦力、冉蔚然:《零数据在馆藏图书全流程优化中的应用研究》,《图书与情报》2020 年第 4 期。

[3] 王彦力、杨新涯、冉蔚然:《零数据理论及其应用模式研究》,《大学图书馆学报》

2019 年第 6 期。

[4] 孔超、丁璇:《高校图书馆零借阅率的量化分析与馆藏优化策略》,《新世纪图书馆》2015 年第 6 期。

[5] 许天才、冯婷婷、潘雨亭等:《高校图书馆阅读推广核心数据及边缘数据的管理与应用》,《大学图书馆学报》2020 年第 1 期。

[6] 伊玉凤、邵方新:《高校图书馆服务优化与发展模式研究》,《中国民族博览》2018 年第 5 期。

[7] 同 [4]

[8] 于利宏、张岩、许琳:《基于读者零借阅现象对策研究》,《内蒙古科技与经济》2020 年第 5 期。

[9] 杨九龙:《基于 The Shifted User 的图书馆个性信息推送服务模式研究》,《情报杂志》2008 年第 12 期。

[10] 萨支斌、许震:《基于个性化推送服务的数字图书馆学习资源提取》,《图书与情报》2019 年第 5 期。

[11] Zhang Y and Downey K, "Ebook ROI: A Longitudinal Study of Patron-Driven Acquisition Models," *Computers in Libraries* 37, no. 5(2017), pp. 4–8.

[12] 丁鑫:《基于大数据的图书馆读者决策采购模式探究》,《新世纪图书馆》2019 年第 1 期。

[13] 王静芬、闵翔、黄静:《零借阅中文图书出版社分析与馆藏优化策略研究》,《图书馆建设》2016 年第 4 期。

# 智慧图书馆下图书馆员所需素质研究

朱云秦①

**摘　要：**传统图书馆已经不能满足读者日益增长的需求，传统图书馆向智慧图书馆的转型已经是时代发展的迫切需求。智慧图书馆需要的是高素质图书馆员，为读者提供专业的信息服务，引领智慧图书馆发展方向。本文系统梳理了智慧图书馆的概念和特点，分析了在智慧图书馆大背景下，图书馆员所面临的机遇和挑战，重点介绍了11项图书馆员应具备的技能。笔者试图将这11项技能分为三个层面分析智慧图书馆下图书馆员所需的素质，以期为图书馆员实现自身价值、服务社会以及图书馆的长久可持续发展提供建议。

**关键词：**智慧图书馆；图书馆员；技能素质；图书馆建设

## 1　引言

"智慧社会"这一全新概念是在党的十九大报告中提出的，是对"智慧城市"概念的发展，建设智慧社会对于深入推进新型智慧城市建设、实现"四化"同步发展、实施乡村振兴战略等都具有重要现实意义，为社会信息化指明了方向，为我国经济社会发展提供了新动力[1]。随着国家经济的快速发展，社会水平的不断提高，进一步促进了科学技术的不断进步，人类社会的进步又得益于技术发展，技术发展与人类社会进步二者之间相辅相成。近年来，以人工智能为代表的新兴技术如雨后春笋般兴起，"智慧中国""智慧城市""智慧社区"等"智慧化"进程不断深入推进，智慧化环境的变化也为图书馆行业注入了新鲜的源泉。图书馆系统的更新、服务水平的提升、服务内

---

① 朱云秦，国家图书馆员。

容的创新也使图书馆由传统的模式转变为更加智慧的模式。

智慧图书馆是图书馆顺应时代潮流持续向前发展的必然选择，也是图书馆重塑形象服务读者用户的必然要求。相较于传统图书馆，智慧图书馆依托云计算、物联网和智慧化设备，摆脱了时间和空间对于图书馆发展的限制，实现了人与物、物与物之间的互联互通和馆内的智能管理，是图书馆面向用户提供智慧服务的发展模式，也是图书馆发展的高级阶段[2]。智慧图书馆不仅需要"智慧"的硬件设施，同时还需要"智慧"的图书馆员提供智慧的软件服务，相较于传统图书馆员来说，智慧图书馆要求馆员所提供的服务在内容、方式和水平等方面的智慧性、专业性和复合性特征更显著。在智慧图书馆发展的今天，如何优化工作流程、增强服务意识、完善服务水平、提高工作质量与工作效率，从而提升图书馆的业务能力和整体形象，努力建设更好更高效更智慧的图书馆，是值得每个图书馆员思考的问题。本文重点介绍了 11 项图书馆员应该具备的技能，并试图将这 11 项技能分为三个层面分析智慧图书馆大背景下图书馆员所需的素质，以期为图书馆员实现自身价值、服务社会以及图书馆的长久可持续发展提供建议。

## 2 智慧图书馆的相关研究

随着科技革命和产业变革蓬勃兴起，图书馆受技术革命浪潮与用户需求改变的双重驱动，在经历了传统图书馆、数字图书馆阶段后，正步入智慧化发展的新轨道。建设智慧图书馆是智慧社会建设与发展的迫切需要，更是图书馆完成升级转型，实现高质量发展的必然选择。2017 年国家颁布了《中华人民共和国公共图书馆法》，旨在促进公共图书馆事业发展，发挥公共图书馆功能。在此背景下，建设智慧图书馆，转变现有观念，推动图书馆高质量发展，是图书馆全面落实国家文化战略，实现自身文化使命和社会责任的必然之举。

### 2.1 智慧图书馆的概念

为帮助用户更加便捷高效地检索文献信息资源，芬兰奥卢大学（University of Oulu）图书馆的艾托拉（Aittola）等人早在 2003 年就提出了"智慧图书馆"这一概念，它代表一种不受空间限制并且可以感知的移动图书馆服务，旨在帮助用户快速便捷地找到所需要的文献信息资源[3]。近年来，国内专家学者从不同维度对智慧图书馆进行探讨。王世伟认为智慧图书馆是智能图书馆发展的更高级阶段，其三大特点是"互联""高效"和"便利"，应在互联层面上实现全面感知、立体互联和共享协同，在高效层面上实现节能低碳、灵敏便捷和整合集群，在便利层面上实现无线泛在、就近一体和个性互动[4]。初景利认为智慧图书馆是通过以物联网为代表的智能感知技术，提供智慧化服务和管理的综合生态系统[5]。陈进认为智慧图书馆是一个智慧协同体和有机体，有效地将资源、技术、服务、馆员和用户集成在一起，在物联网和云计算为核心的智能技术的支撑下，通过智慧型馆员团队的组织，向用户群体提供发现式和感知化的按需服务[6]。本文认为智慧图书馆就是图书馆员依托智能技术，在图书馆日常业务上为读者提供智能化服务；在图书馆日常运营维护上采用智能模式运转；在处理突发事件上启动智能预警系统。相较于传统图书馆，智慧图书馆对于信息反应更加敏感灵活，是一种智慧化服务和管理的图书馆模式。

## 2.2 智慧图书馆的特点

### 2.2.1 知识共享性

互联网的迅猛发展为智慧图书馆的产生和发展奠定了基础，图书馆的蓬勃发展得益于互联网时代的到来，馆藏资源可以通过数字化智能化的系统公开显示，智慧图书馆是未来图书馆发展的模式并且也是互联网时代发展的必然要求。智慧图书馆通过智能化技术架起读者、馆藏资源和图书馆员这三者的桥梁，通过网络化、数字化和智能化的方式将图书馆前台和后台工作相互连通，进而提供多层次全方位的高效服务，切实解决读者各类需求，实现知识相互共享。

### 2.2.2 服务高效性

传统图书馆在服务效率上已经跟不上时代发展需求，高效、便捷和灵敏是新时代对图书馆数字化和智能化提出的新要求，而智慧图书馆建设的突破之处就在于服务的高效性。现代化技术的应用，使图书馆的整个管理流程更加便捷高效；智慧化信息系统的引入，让图书资料的盘点以及管理、流通不再投入巨大的人力成本；智慧化信息系统也让读者自助地使用图书馆的服务，不受时间、空间的限制，从而使读者可以享受智慧图书馆带来的服务高效性。

### 2.2.3 使用便利性

图书馆是一所没有门槛的大学，旨在让所有读者都能无障碍地体验阅读带来的精神享受。智慧图书馆本着以人为本的理念让读者更加便捷地享受阅读，共享智慧化便利。智慧图书馆同时也为图书馆员的工作带来了诸多便利，图书馆员可以在智能化和自动化的基础上实现高效工作和管理，并且可以为读者提供快捷便利的信息查询服务。

## 3 智慧图书馆下采编人员所需素质

图书馆杂志通过向美国各高校图书馆或各公共图书馆馆长发放调查问卷，调查了馆长们认为未来智慧图书馆员应具备的职业技能素质，并总结了 11 项智慧图书馆员应具备的技能：宣传能力、协作能力、人际交流能力、创新能力、批判性思维能力、数据分析能力、灵活性能力、领导能力、营销能力、项目管理能力和专业技术能力。这 11 项技能素质大抵可以分为三个层面：良好的沟通能力、科学的方法论以及完善的知识储备能力。本文试图从这三个层面论述智慧图书馆下图书馆员所需的素质。

### 3.1 图书馆员应具备良好的沟通能力

"宣传能力""领导能力"和"营销能力"这三项本领仿佛与号称是"藏书阁守门人"的图书馆员是风马牛不相及的词语，在大众眼里，"藏书阁守门人"的图书馆员仿佛并不需要所谓的"领导力"或是"营销本领"。其实不然，当代的"藏书阁"已经需要从象牙塔走向通俗大众，并且不遗余力地宣扬图书馆能为社会大众提供高效、优质、体验化的服务。"宣传能力"一方面是指宣传图书馆的文化软价值，提升图书馆在社会中的地位，引起大众群体对图书馆的关注，提高图书馆对外的话语权，从而使图书馆在社会各界获得关注；另一方面，是提高图书馆的办事能力和办事效率，从过去的"以书为本"进而转化为"以人为本"的服务理念，宣传图书馆的社会公众服务能力，使社会机构或读者切实受益于图书馆的高效便捷的服务，促进智慧图书馆的可持续发展。"领导能力"是需要有领导能力的人才，在今天的图书馆管理者退休之后，下一任图书馆管理者能够承担管理和领导的职责。"营销能力"是指可以妥善处理各种复杂的社会关系，比如图书馆如何妥善处理与主管机构的关系，图书馆如何处理与社会组织的关系，以及图书馆如何处理与读者的关系等。通过有效地沟通，通过各种社会关系的推广，提升图书馆的社会地位。

"协作能力"和"人际交流能力"早已成为当今社会社交必备的技能之一。对于智慧图书馆下的图书馆员而言，良好的沟通能力也理应是必备的技能。沟通能力包括图书馆员同事之间的内部沟通，图书馆业界彼此的业务交流，图书馆与主管单位的上下级行政机构的领导沟通，图书馆与社会各界资金提供者的沟通，以及图书馆与普通的社会公众之间的有效的沟通，这些多角度多层次的沟通，所有的目的归根结底是推广图书馆，提升图书馆在社会中的地位，由传统型图书馆向多功能、现代型智慧图书馆转化。图书馆员是图书馆的基石，只有图书馆员掌握了良好的沟通技能，才能使智慧图书馆在可持续发展的道路上砥砺前行。《国际图联战略计划2016—2021》中明确提出了一项"能力建设"战略，其中包括在联合国2030年可持续发展议程框架内提升图书馆的地位、提供国际宣传项目、提升领导力项目等倡议，而这些倡议无一不强调沟通技能的重要性。

## 3.2　图书馆员应具备科学的方法论

科学的方法论看似属于比较抽象的宏观词语，与图书馆员具体的工作联系并不紧密，然而事实上，思维方式指导我们的日常工作方式，图书馆员具备科学的方法论可以有效地指导日常的图书管理工作。"创新能力""批判性思维能力""数据分析能力"和"灵活性能力"按照分层划分应属于方法论层面。如今我们处于信息爆炸的年代，我们得益于信息科技的发展所带来的检索信息的便利，同时又苦恼于如何从泛滥的信息中获得真正想要的信息。图书馆员应把握时代发展趋势，顺应图书馆界潮流的核心，顺应智慧图书馆的发展趋势，需要"创造性"和"灵活性"。处置海量数据，从中提取有价值的信息，就需要有很强的"数据分析"和"批判性思维"的本领，这些本领看似空洞不贴实际，但对于处理实际工作中碰到的管理问题有很大的帮助。在当今快速发展的社会，如何应对日益变化的新鲜事物，如何从爆炸性的大数据中进行数据分析，如何用科学的方法辩证地看待问题，都对智慧图书馆这一未来图书馆发展趋势起着理论支撑的作用。

### 3.3 图书馆员应具备完善的知识储备能力

传统认为，图书馆员应是古板、封闭的，现代社会的"项目管理能力"和"专业技术能力"似乎与图书馆员并不相干，其实不然，"项目管理能力"包含制订计划、公文写作和上报预算等，图书馆员无疑需要掌握项目管理的能力。"专业技术能力"指图书馆员自身的专业素质能力，能够从容自如地处理日常工作以及透过工作的表面现象看到问题的本质。同时，由于信息技术迅速发展，"专业技术能力"还应包括不断更新自身原有知识，不断再学习再充电的能力。现代社会是学习型社会，图书馆是一所没有大门的大学，数字图书馆、无纸化图书馆、虚拟图书馆、智慧图书馆等概念如雨后春笋般不断涌现，图书馆员应有持续学习的意愿，不断更新自己的知识，强化终身学习的理念；努力适应读者不断变化的需求，适应新形势下图书馆工作的需求；有意识地加强图书馆员自身的创造性思维，掌握一定的学习规律和学习方法，使图书馆员自身的价值观、生存能力、文化知识等都得以提升。此外，作为智慧图书馆下的图书馆员，不能因循守旧、不思进取，除了具备图书馆专业知识，还应具备创新意识和社会实践能力，完善自身的知识储备能力，做一名全方位的人才，推动智慧图书馆事业的发展。

## 4 结语

随着互联网的发展，读者对于图书馆的需求已经不单单是查询书目信息这一单一诉求，对于馆藏资源深入挖掘、咨询服务和文献检索服务也都有了更高的要求，这些服务不单单需要智能系统。管理图书馆的主体是人，提供图书馆咨询服务的也是人，运营图书馆各项工作开展的仍然是人，高素质的图书馆员才是图书馆的核心，智慧图书馆的建设离不开高素质的图书馆员，图书馆员才是智慧图书馆可持续发展的关键。

本文并没有具体论述智慧图书馆下图书馆员应具备哪些具体的专业图书馆学知识，例如，不仅会使用图书馆集成系统查询书籍、能看懂完整的书目数据、能完整编目书目数据并给出恰当的主题词及分类标引等这些琐碎的细节，而且从宏观角度出发，勾画出智慧图书馆下图书馆员的大致轮廓。总之，良好的沟通能力、科学的方法论以及完善的知识储备能力这三个层面勾勒了智慧图书馆员的轮廓。在这三个层面中，完善的知识储备是基石，奠定了智慧图书馆发展的基础，科学的方法论是支撑，支撑着智慧图书馆的发展方向，良好的沟通能力是上层建筑，促进着智慧图书馆的可持续发展。三个层面环环相扣，缺一不可。我们现在处于知识结构转型期，图书馆也在转型，已不再是过去单纯的"藏书阁"，也已不是高高在上的知识殿堂，而是社会的建设者、公共的服务者。图书馆员也必须自我调整，摆脱"古板""封闭"的刻板印象，以更积极的姿态融入智慧图书馆，做一名积极的参与者，以主人翁的姿态推动智慧图书馆的发展，拓展图书馆服务的范围，提升大众对图书馆价值的认识。

## 注释：

［1］单志广:《人民日报新知新觉：智慧社会为社会信息化指明方向》,《人民日报》2018 年 1 月 24 日，第 7 版。

［2］李伟超、贾艺玮、赵海霞:《近十年我国智慧图书馆研究综述》,《现代情报》2018 年第 3 期。

［3］Aittola M, Ryhanen T and Ojala T, "Smart library:location-aware mobile library service," *International Symposium on Human Computer Interaction with Mobile Devices and Services*, no. 5(2003), pp. 411–415.

［4］王世伟:《论智慧图书馆的三大特点》,《中国图书馆学报》2012 年第 6 期。

［5］初景利、段美珍:《智慧图书馆与智慧服务》,《图书馆建设》2018 年第 4 期。

［6］陈进、郭晶、徐景等:《智慧图书馆的架构规划》,《数字图书馆论坛》2018 年第 6 期。